重庆市志

主　修　唐良智
主　审　陆克华
总编辑　刘文海

重庆市志

民俗图志

重庆市地方志办公室　编纂

西南师范大学出版社

图书在版编目（CIP）数据

重庆市志. 民俗图志 / 重庆市地方志办公室编纂
. -- 重庆 : 西南师范大学出版社, 2020.12(2021.12重印)
ISBN 978-7-5697-0573-7

Ⅰ. ①重… Ⅱ. ①重… Ⅲ. ①重庆－地方志②风俗习惯－重庆－图集 Ⅳ. ①K297.19②K892.471.9-64

中国版本图书馆CIP数据核字(2020)第239438号

责任编辑：张昊越　万珊珊　周　杰
封面设计：张小卉　殷　智

重庆市志·民俗图志
CHONGQING SHI ZHI MINSU TU ZHI
重庆市地方志办公室　编纂

西南师范大学出版社出版、发行
重 庆 巴 南 彩 印 厂 印 刷
幅面尺寸：210mm×285mm　印张：49.75　字数：1100千字
2020年12月第1版　2021年12月第2次印刷
ISBN 978-7-5697-0573-7
定价：588.00元

重庆市地方志编纂委员会

主 任 委 员： 唐良智　市委副书记、市政府市长

副主任委员： 张　鸣　市委常委、宣传部部长

周　旬　市人大常委会副主任

陆克华　市政府副市长

宋爱荣　市政协副主席

程　洪　重庆警备区副政委

欧顺清　市政府秘书长

委 员 单 位： 市纪委监委机关、市委办公厅、市人大常委会办公厅、市政府办公厅、市政协办公厅、市委组织部、市委宣传部、市委统战部、市委政法委、市委编办、市发展改革委、市教委、市科技局、市经济信息委、市民族宗教委、市公安局、市民政局、市司法局、市财政局、市人力社保局、市规划自然资源局、市生态环境局、市住房城乡建委、市城市管理局、市交通局、市水利局、市农业农村委、市商务委、市文化旅游委、市卫生健康委、市退役军人事务局、市应急局、市审计局、市政府外办、市国资委、市市场监管局、市统计局、市高法院、市检察院、重庆警备区、市档案馆、市志办

重庆市地方志编纂委员会总编室

总 编 辑： 刘文海

副总编辑： 夏小平

《重庆市志·民俗图志》编纂人员

主　　编　刘文海
副 主 编　夏小平

执行主编　殷　智
执行副主编　司逸澈　陈欣如
编　　辑　戴克春　张平源　蔡玉葵　蒋　屏

《重庆市志·民俗图志》图片提供单位

万州区地方志办公室	黔江区地方志办公室	涪陵区地方志办公室
渝中区地方志办公室	大渡口区地方志办公室	江北区地方志办公室
沙坪坝区地方志办公室	九龙坡区地方志办公室	南岸区地方志办公室
北碚区地方志办公室	渝北区地方志办公室	巴南区地方志办公室
长寿区地方志办公室	江津区地方志办公室	合川区地方志办公室
永川区地方志办公室	南川区地方志办公室	綦江区地方志办公室
大足区地方志办公室	璧山区地方志办公室	铜梁区地方志办公室
潼南区地方志办公室	荣昌区地方志办公室	开州区地方志办公室
梁平区地方志办公室	武隆区地方志办公室	城口县地方志办公室
丰都县地方志办公室	忠县地方志办公室	垫江县地方志办公室
云阳县地方志办公室	奉节县地方志办公室	巫山县地方志办公室

巫溪县地方志办公室　石柱土家族自治县地方志办公室
秀山土家族苗族自治县地方志办公室　酉阳土家族苗族自治县地方志办公室
彭水苗族土家族自治县地方志办公室　万盛经济技术开发区地方志办公室

凡　例

一、指导思想　《重庆市志·民俗图志》以马克思列宁主义、毛泽东思想、邓小平理论、“三个代表”重要思想、科学发展观和习近平新时代中国特色社会主义思想为指导，遵循党和国家的路线、方针、政策、法律和法规，坚持辩证唯物主义和历史唯物主义的观点、立场和方法，客观记述重庆市的传统民俗。尤其是对部分违返国家现行法律、法规或带有封建迷信色彩的民俗，采用批判的观点进行记述。

二、时限　《重庆市志·民俗图志》记述上限以有始料记载为发端，下限为2018年，个别内容根据需要适当上溯或下延。

三、范围　《重庆市志·民俗图志》记述空间范围以2018年重庆市行政区域为准。

四、体例　《重庆市志·民俗图志》遵循按事物类别分篇的设置原则，采用述、记、图等体裁，以图为主，辅以文字说明。

五、文体、文字、标点、数字　《重庆市志·民俗图志》采用规范语体文、记述体，文字、标点符号、数字的使用遵从国家相关标准。

六、称谓　《重庆市志·民俗图志》称谓采用规范称谓和习惯性称谓。

七、数据及计量单位　《重庆市志·民俗图志》数据引用自相关业务部门统计资料。计量单位采用中华人民共和国法定计量单位。

八、资料来源　《重庆市志·民俗图志》图片资料主要来源于市辖38个区县（自治县）和万盛经济技术开发区地方志办公室。

目 录

综 述……1

第一章 物质生产民俗

第一节 农 耕……12
一、农 事……12
二、农 具……24
三、农 艺……52
四、农 俗……60
第二节 林 作……64
一、植树造林……64
二、伐木运输……66
三、林业工具……68
四、林副产品……71
五、林业习俗……73
第三节 渔 猎……74
一、渔猎方式……74
二、渔猎工具……84
三、渔猎习俗……87
第四节 采集养殖……88
一、采 集……88
二、养 殖……97
三、采养技艺与习俗……100
四、采养设施与工具……103
第五节 采掘冶炼……106
一、采 掘……106
二、冶 炼……108

第二章　商贸工匠民俗

第一节　商　贸……110
一、商贸方式……110
二、商贸工具……126
三、名店名铺……131
四、商贸习俗……133
第二节　工　匠……139
一、工匠种类……139
二、工匠技艺……151
三、工匠工具……169

第三章　饮食服饰民俗

第一节　饮　食……200
一、主　食……202
二、副　食……216
三、日常菜品……218
四、重庆名菜名吃……220
五、调味品……287
六、饮食习俗……294
七、饮食器具……304
第二节　服　饰……325
一、服　装……325
二、少数民族服饰……345
三、装　饰……360

第四章　居住出行民俗

第一节　居　住……374
一、村寨城镇……374
二、家居陈设……434
第二节　出　行……503
一、出行方式……503
二、出行设施与工具……512

第五章 岁时节日民俗

第一节 传统岁时节日……528
第二节 少数民族节日……546

第六章 人生礼仪和民间崇拜民俗

第一节 生 育……558
第二节 婚 嫁……564
一、婚 仪……564
二、婚 俗……576
第三节 寿 诞……582
第四节 丧 葬……586
一、丧 礼……586
二、葬 式……595
第五节 民间崇拜……601

第七章 游艺竞技民俗

第一节 音乐歌舞……612
一、音 乐……612
二、民 歌……634
三、舞 蹈……656
第二节 戏剧曲艺……669
一、戏 剧……669
二、曲 艺……678
第三节 游艺竞技……685
一、游 艺……685
二、竞 技……705
第四节 工艺美术……724
一、印染纺织刺绣……724
二、雕塑雕刻……735
三、绘画扎糊编织……746

附 录……763

1.重庆市国家级、市级非物质文化遗产名录……764
2.重庆市国家级历史文化名镇名村名录……779
3.重庆市国家、市级传统村落名录……779

编后记……783

综 述

一

（一）巴人之名

古代巴国、巴人的史籍留存不多，且散见于若干典籍。前人和今日学者，各据史源，也常矛盾其说，实难以折中一是，只好采其可信一说，比较判断。

古籍上对巴国、巴族、巴人的称谓，因时代和居住地区的不同而各异，或称“巴人”“巴氏”“巴族”，或称“巴国”“巴王”“巴子”“巴子国”，或称“夷”“蛮”“夷僚”；但“巴”之一名成为通称。

“巴”之名的来源，古人至少有三说。河流形状说——“阆、白二水东南流，曲折如‘巴’字，故谓之巴”；动物形象说——“巴，虫也，或曰食象它（蛇），象形”；植物名称说——“本因巴苴而得名，所以其字遂以苴为巴也”。周集云的《巴族史探微》认为“都是言之成理，持之有故的”，但他赞成《说文》的“巴，虫也”解释。编者以为：这也同巴人以“蛇”为图腾一说相合。彭邦炯在《关于巴的探索》一文中，确信《说文》“巴蛇”得名之说。他根据《淮南子·本经》所载有关巴蛇的传说加以考证，得出结论：巴人原来是一个以蟒蛇为图腾崇拜对象的氏族或部落，其族的最初聚居中心应在今湖南省洞庭湖东的岳阳……今岳阳地区古代正好为苗蛮集团的活动范围，而早期的巴人当属苗蛮中的部分。从考古文化看，这一带可属大溪文化的东南边沿。这是一个新的探索。

（二）巴人之源

巴人的起源，众说纷纭。《山海经·海内经》有“太皞氏”（即伏羲）之说；《华阳国志·巴志》有“黄帝后代”之说；《世本》又有“廪君种”之说。我们根据童恩正所著《古代的巴蜀》的考证，采取“廪君种”之说。

据《后汉书·南蛮西南夷列传》所引佚失之《世本》的记载：“巴郡南郡蛮，本有五姓：巴氏、樊氏、瞫氏、相氏、郑氏。皆出于武落钟离山（今湖北省长阳土家族自治县境内）。其山有赤黑二穴，巴氏之子生于赤穴，四姓之子皆生黑穴。未有君长，俱事鬼神，乃共掷剑于石穴，约能中者，奉以为君。巴氏子务相乃独中之，众皆叹。又令各乘土船，约能浮者，当以为君。余姓悉沉，惟务相独浮。因共立之，是为廪君。乃乘土船，从夷水（今清江）至盐阳（今大溪）。盐水（清江上游）有神女，谓廪君曰：‘此地广大，鱼盐所出，愿留共居。’廪君不许。盐神暮辄来取宿，旦即化为虫，与诸虫群飞，掩蔽日光，天地晦冥。积十余日，廪君伺其便，因射杀之，天乃开明。廪君于是君乎夷城（今恩施附近），四姓皆臣之。廪君死，魂魄世为白虎。巴氏以虎饮人血，遂以人祠焉。”

“廪君种不知何代”（《太平寰宇记》），以上记叙神话色彩极重，当是传说性的历史。但从中可以见到如下可信的历史信息：第一，“将巴人的发源地定在湖北的西南部，可能是比较符合事实的”；第二，廪君的时代虽然不可详考，但从“未有君长，俱事鬼神”等情况来看，可能当时巴人的社会发展阶段还停留在原始社会的后期；第三，“对于巴氏、樊氏、瞫氏、相氏、郑氏五‘姓’，应当理解为一部落中的一个氏族”，经过五姓竞赛争“酋长职位”，“巴氏子务相乃独中”“独浮”，而“因共立之，是为廪君”，说明“巴”的含义发生了第一次变化即由一个氏族的名称变成一个民族的名称了；第四，从“需要经常迁徙”的情况看，当时“巴族的经济，似乎是以渔猎为主”；第五，“廪君死，魂魄世为白虎”“遂以人祠”，可见，“在廪君的时代，这种人祭已经带上鲜明的阶级烙印了”。经过童恩正的翔实考察，巴人的来源，可以采取“廪君种”说。

但此说众说纷纭。史学者邓少琴在《巴蜀史迹探索》一书中，根据《史记·西南夷列传》等史籍，提出“巴人出自氐羌”之说，当是源于“巴蛇之巴”的另一说。[①]庄燕和在《巴人起源于何地?》中，根据“殷墟甲骨文中已有‘巴方’一名”，“说明汉水流域的‘巴方’，比清江流域的巴人更早，清江流域的巴人不是源，只能是巴人中的一支”，因而，“‘廪君种’不是古代巴人的远祖，而是巴族中的一部分，是殷武丁时‘巴方’的后代，是流而不是源”。[②]但却又有人赞同郭沫若释甲骨文“巴方”的“巴”应为“人方”，即“夷方”的见解。

追溯巴人之源，还应分清“巴地”和“巴国”“巴郡”的概念。巴地是一个纯粹的地域概念，可以是指具体的巴国之地、秦汉时期的巴郡之地，或指汉代末的“三巴”之地，乃至可以是泛指巴族足迹所到的即今四川、湘鄂西、陕南、黔北等地，甚至可以扩大到文物带“巴”之区域，如鄂东、江西、广东、关中、江苏昆山、山西、河南、甘肃等地。巴街、巴都则是一个有绝对空间观念的政治实体，如《华阳国志·巴志》所说其最盛时期所辖“东至鱼复，西至僰道，北接汉中，南极黔涪”的具体范围。我们即据巴国、巴郡的历史古籍和文物记载，追溯巴人之源。

（三）巴人之徙

巴族离开湖北西南地区之后，主要活动于川东、鄂西北、陕南汉中一带，这是历史多有记载的。但巴族究竟“是沿夷水东下或溯夷水西上，在历史上没有明确记载，近代的研究者也很少予以考虑”。“由于这个问题对于探讨巴族早期的历史十分重要”，童恩正抓住史籍中提到的夷水、盐水、盐阳、夷城这些关键地名，详加考证，认为“巴族迁徙的路线应该是自东而西的”。他先考定，夷水即今之湖北清江，盐水即清江之上游，盐阳即今大溪，夷城即今恩施相去不远的地方。然后确定巴族迁徙的路线——从清江上游，经大溪，从巫山县、奉节县入川。

巴族迁入四川之后，最初住在今涪陵，所以《巴志》说巴子先王之墓在“枳（涪陵）”。巴族的定居区域“东至鱼复，西至僰道，北接汉中，南极黔涪”。这说明廪君之后的巴族，势力迅速增长，其活动区域，也就更为广阔了：北面到达汉中，东面一度控制汉水流域的中上游，南面仍然保留了清江上游的老根据地。巴族入川之后，始终以江州（重庆）、枳（涪陵）为中心，顺长江上游上下发展。所以，可以这样说，在中国古代，巴族是“巴渝”地区的主要民族。

柳春鸣认为，廪君迁徙的路线，不是由东向西，也不是由北向南。而是由西向东进行的。廪君没有西迁进入四川东部，也就与后来“东至鱼复，西至僰道，北接汉中，南极黔涪”的巴国不存在渊源关系。柳春鸣的依据是《水经·夷水注》，他是以廪君的迁徙路线来证明入川的巴族与廪君没有“渊源关系”，否定了童说的“源”“流”论证。存此一说。

巴人之徙与巴人之源有密切关系。从“巴人之源”中，可以看出有两种预向性意见：巴族源于鄂西、川东的峡江流域；巴族源于陕南汉水流域上游。要考察巴人的源流，除了地城、空间概念之外，还须注意考古文物。据今考古文物发现的“大溪文化”“巫山人”等资料揭示，可以认为巴族是源于鄂西、川东的清江、峡江地区的。因为“大溪文化”等化石遗址，已被考古界称为“早期巴人遗存”。从这些考古资

① 邓少琴：《巴蜀史迹探索》，四川人民出版社1983年6月版第106页。

② 庄燕和：《古代巴史中的几个问题》，重庆出版社1988年7月版第1～16页。

料看，夏商时期鄂西、川东峡江流域的巴人遗存，就可证明巴族的源头在此，巴文化的源头也在此。

（四）巴人之族

古代巴国境内，除巴族之外，还有各种民族。《华阳国志·巴志》说：“其属有濮、賨、苴、共、奴、獽、夷蜑之蛮。”除“夷”为部族之总称外，其他都是巴国境内的7个民族。根据各历史学家考古、史料考察的结果，分别简述如下。

濮：又称百濮，为西南土著部族，参与周武伐纣的西南8个少数民族之一。春秋时期，主要活动于江汉流域，秦朝以后，分布于西南各省，在四川的濮人多散居于东部。在今重庆合川一带，曾有一个较大的濮族部落，亦出现于涪陵地区。在巴国境内，濮族人口相当多，直到汉晋时代，川东仍有很多濮人，此后，不再见于史书。他们与川东的部分巴族一样，混合于僚族之中而不能分辨。

賨：又称“板楯蛮”，川东的一种古老土著部族。活动中心在今渠县一带，主要居住于今嘉陵江、渠江及川东长江流域，汉末以后，有部分賨人迁徙至关中、甘肃、陕南、江汉流域。以“賨”为民族之名，源于上缴赋税“賨布”“賨钱”的“賨”；“板楯蛮”之称，源于他们使用的武器“板楯”之特点，古今不少研究者，将巴族和賨（板楯蛮）混为一谈，认为是“巴人的一支”。根据童恩正在《古代的巴蜀》中的考证，认为：“这两种民族的发源地不同，一在清江（夷水），一在嘉陵江（渝水）。姓氏不同，巴族有巴、樊、瞫、相、郑五姓，而板楯蛮有罗、朴、督、鄂、度、夕、龚七姓。传说信仰不同，巴人因‘廪君死，魂魄世为白虎’，是崇拜白虎的，而板楯蛮却‘专以射白虎为事’。”

苴：“苴音巴”（《索隐》），“苴即巴之异读”（《巴蜀史稿》）。“实际上就是巴族的一支”（《古代的巴蜀》）。据史籍、文物考证，“苴侯曾终被封于葭萌（今四川昭化一带），自巴郡北至今广元一带皆有苴人。”

共、奴：对于这两个部族，史家的考证结论多是“共、奴两种族属不明”“不详”。唯邓少琴推测，“共或即龚”，“即今酉阳之龚滩”，“在巴之南鄙”；“奴可能为击武王会师西土八国之卢”，“卢为楚灭，其族式微，也许庸灭于巴，而随入于巴宕渠，故宕渠有賨城，亦有卢城也”。①

獽：总的认为“族属不详”。“有人认为獽就是明代的獽人，与瑶族同俗”；有人又认为“賨、獽、夷实属同一系统的民族”；有人又认为“隋、唐以后，獽人散布各地，与獠人杂居，故风俗颇同，未必为同一族系”；有人根据“鱼复故城，东傍獽溪”的记载，推测獽人古时居住在今奉节县一带。

蜑：蜑是一种南方民族，属于古代南蛮的范围。“蜑”又称“蛮蜑”，足证“蛮”就是“蜑”，“蛮与‘蜑’均为槃瓠种”。这种民族估计发源于今日的江西地区，以后扩到川、鄂、豫、黔等地。蜑人主要活动于今日的川东地区，不迟于战国时，他们已经定居于此。唐宋以后又逐渐南迁至两广、福建一带。但邓少琴又认为：“夷蜑并称，夷蜑即巴蜑”，“此巴之部族”，“江州（今重庆）多重屋累居，结舫而居者五百余家，应多蜑人”。②“巴蜑皆水居之民，习于乘船。”③

庄燕和根据《尚书·牧督筒》的记载（武王……朝至商郊牧野乃誓，逖矣！西土之人……庸、蜀、羌、髳、微、卢、彭、濮人，称尔戈，比尔干，立尔矛，予其誓。）以及杨守敬的《水经注图》《水经注·江水篇》等史籍考解释，认为“‘巴人’这一族名，是彭人、賨人、板楯蛮夷、朐忍夷、阆中夷、白虎夷的总称”。“殷、周时间川陕交界地域内的彭人是巴人，但决不是从清江流域迁去的。”④

在中国古代，巴族是“巴渝”地区的主要民族，这是肯定的；巴族在历史的长河中，融合华夏各族，也是肯定的。至于今日“巴渝”地区的民族融合，就更大了。

① 邓少琴：《巴蜀史稿》，重庆出版社1986年4月版第81页。
② 邓少琴：《巴蜀史稿》，重庆出版社1986年4月版第81页。
③ 邓少琴：《巴蜀史迹探索》，四川人民出版社1983年6月版第61页。
④ 庄燕和：《古代巴史中的几个问题》，重庆出版社1988年7月版第6~8页。

二

（一）巴渝之地理人文背景

论及“巴渝文化”，首先要将“巴渝”之地理、人文背景加以分析，弄清巴蜀、长江、三峡、巴渝的概念与关系。

巴蜀：从周朝末期，巴、蜀就连在一起。巴渝——重庆在历史上，又是长期属于四川道、四川省的一个行政区划。历来的史书、文化书、文艺书，都以“巴蜀”立题，“巴”中有“蜀”，“蜀”中有“巴”，难以分割。如今专论“巴渝文化”，必须放置于这个大的地理、人文环境之中，方可确切。《华阳国志·蜀志》曰：“蜀之为国，肇于人皇，与巴同囿。”“其地东接于巴，南接于越（刘琳注：古代云贵地区曾为百越分布地），北与秦分，西奄（覆盖）峨嶓（峨眉山，嶓冢山一蜀地东北）。地称天府，原曰华阳。”“蜀王别封弟葭萌于汉中，号苴侯，命其邑曰葭萌焉。苴侯与巴王为好，巴与蜀仇，故蜀王怒，伐苴侯。苴侯奔巴，求救于秦。”“周慎王五年秋，秦大夫张仪、司马错、都慰墨等从石牛道伐蜀（此即秦、汉至南北朝间由关中人蜀的主道）……凡王蜀十二世。冬十月，蜀平，司马错等因取苴与巴。”“周赧王元年，秦惠王子通国为蜀侯，以陈壮为相。置巴郡，以张若为蜀国守。”[①]从此，“巴蜀”便连在一起，分分合合，合合分分，经济、文化相互渗透了。

长江：中国第一大河。从四川省宜宾市以下称长江，扬州以下旧称扬子江。流经青海、西藏、云南、四川、重庆、湖北、湖南、江西、安徽、江苏、上海等省（市、自治区），全长6300余千米。上海市为长江出海口，是龙头，重庆处于长江之尾部。沪渝两地既通水运、空运，也通陆运，水、陆沿途的各地经济、文化交流频繁。

三峡：长江上的大三峡——瞿塘峡、巫峡、西陵峡，重庆市拥有前两峡，还拥有巫山—巫溪大宁河的小三峡和马渡河的小小三峡。三峡文化源远流长，旅游资源丰富，正在深入发掘。

巴渝：源于巴国、巴郡、巴水、渝水（嘉陵江）、渝州，地处长江上游、嘉陵江下游，重庆城（古江州、渝州）即在长江与嘉陵江的汇合处。西周时的巴渝，东至今奉节，西至今日宜宾东境，北接陕南汉水流域，南到今黔、涪。明代的巴渝，辖上下川东道的33个府县。今天的巴渝，即重庆直辖市所辖的38个区县，总面积8.24万平方千米，其中25个区县名称与明代时的25个府县名称相同。可以说，今天的巴渝地域，在明代以前已基本形成。

将巴渝文化置于巴蜀、长江、三峡的地理、人文背景的大环境中，探讨起来才不会显得孤立。

（二）巴渝文化之源

巴渝文化源远流长，“巫山人”“烟墩堡旧时器遗址”“大溪文化”“哨棚嘴文化”等遗址的发掘就是证明。

大溪文化：1959年，中国考古学家于今重庆市的巫山县大溪地区，发现了新石器时代一种文化，故以大溪遗址为代表遗存，称为“大溪文化”。此种文化，分布于四川东部至江汉平原，湖北、赣北也有发现。文化特征以泥质红陶为主，少量灰、黑陶，多为素面，少量饰以篦纹、戳印文、镂孔及施彩，彩绘一般为红衣黑彩或赭彩，图案有各种变形线条几何纹、菱格、齿状纹等。石器生产工具制作精致，有铲、锛、纺轮等。经济以农业为主，渔猎为重要辅业。发现有木骨泥墙的地面建筑。年代约相当于公元前4400—公元前3300年。这为巴渝文化的考索提供了可靠文物。

① 张增祺：《中国西南民族考古》，云南人民出版社2012年3月版第198页。

巫山人：1985—1988年，以黄万波为领队的中国考古专家，在“大溪文化”的强烈吸引下，来到距大溪文化遗址30千米的庙宇镇古龙洞挖掘，终于在龙洞左侧约300米反背斜龙骨坡上，发现了“亚洲人类祖先‘巫山人’”。考古专家们经过多年考察发掘，先后发现了具有断代意义的扬子江中国乳齿象、最后双齿尖河猪、桑氏粗壮斑鬣狗和祖鹿等大批哺乳动物化石，一段左侧直立人下颌骨和一些具有人工痕迹的骨片；采集了包括爬行纲、鸟纲和哺乳纲在内的120种脊椎动物化石；又在发现的人类化石附近获得一枚直立人上门齿和几件石制品。这就是长江三峡龙骨坡发现“巫山人”的考古依据。据古地磁法、氨基酸等科学测定，龙骨坡第二地质层“巫山人”化石距今为201万至204万年。中外著名古人类学家贾兰坡称“巫山猿人”为“亚洲金牌”。据黄万波介绍：“巫山人”系统地位特别，门齿的铲形形态显示了黄种人特点。化石内侧内齿舌侧节结与北京人等中更新世化石不尽相同，和现代人相似，而与印度尼西亚桑吉（SB）的情形接近。“巫山人”的下前臼齿根不像北京人那样短粗，但远比现代人粗长，齿根高约为齿冠的三倍。综观这些性质，“巫山人”应属于直立人（能人），鉴于形态的特点，将其视为一新的亚种，称之为直立人巫山亚种（简称巫山猿人）。根据下颌上齿判断，可能为女性。门齿代表了幼年个体（7~8岁），下颌代表老年个体，或许40岁开外。

1997年10月至11月，黄万波又率队再次对龙骨山遗址进行发掘，“出土了大量200万年前的石制品，同时还发现了一批新的化石地点”，再一次引起国内外学术界的强烈反响，被评为1997年中国科技十大新闻，并被纳入国家“九五”攀登计划——“早期人类起源及其环境背景的研究”的课题。在此再次发掘的基础上，黄万波又提出建立“200万年前巫山古生物古生态环境保护开发区”这一堪称世界性创举的构想。截至1998年7月1日，“巫山扬子龙古人类研究所”在巫山庙宇镇龙骨坡“动工兴建”。

烟墩堡旧石器遗址：继1994年，在长江右岸丰都县新城建设区烟墩堡山梁上首次发现“烟墩堡旧石器遗址”后，1995—1996年两个年度，共发掘出土石制品1215件，包括石核、石片、断块和石器……石制品多数未经磨蚀或仅有轻度磨蚀。在A区第二发掘层发现的石制品中，发现有五组能拼合的标本，表明未经搬运或未经长距离搬运，基本上属于原地埋藏……从石核和石片上的打击分析，打片主要用锤击法，少量石片的特征表明，可能也偶尔使用锐棱砸击法。专家们认为：“石制品的一个突出特点是石器类型较多，包括石核刮削器、凹缺器、石锥、钝背刀、端刮器、刮削器、似盘状器和复合工具等。其中以石片石器为主，与中国南方旧石器中以砾石石器为主的文化不同。在一个遗址出土的石制品中，有这么多石器类型是中国南方旧石器中的首次发现，所具有鲜明特色可能代表一种新的旧石器文化。”根据长江上下游“河流阶地的结构，地层对比及石制品特点推测，遗址的时代可能为更新世晚期”。烟墩堡旧石器遗址发掘工程，以“可能代表旧石器时代（更新世晚期）一种新的旧石器文化”，而评选为“1996全国十大考古发现”。①《重庆晚报》1997年9月26日3版报道“丰都拟建烟墩堡遗址博物馆”。

哨棚嘴文化：1997年冬，北京大学考古系师生，在重庆市忠县㽏井沟的瓦渣地遗址、哨棚嘴遗址，发掘出“哨棚嘴文化”遗物。哨棚嘴遗址发掘显示，遗址堆积近20层，上自新石器时代，一直延续到六朝。遗址堆积之厚之丰富，是少见的。透过最下面的叠压层，可以想到巴人乃至他们的祖先当年的生活情景，可以肯定长江流域同黄河流域一样，也是中华民族文明的摇篮地。在崖脚地，发现了规模很大的墓葬群，这些墓葬，分布密集，多为战国至汉代遗迹。其中一座汉墓，有棺有椁，仅椁中的殉葬物，就有陶罐、陶盆、陶灯、铜壶、铁釜，还有不少陶俑，计数十件之多。

此外，在重庆市的巫山、奉节、云阳、忠县、丰都等地发现11处远古遗址、石器制作场及古脊椎动物化石点，其时代从旧石器早期之末到旧石器中期之初，晚的也已经进入新石器时代，绝对年代可能从距今10万年到距今1万年左右。

从地理位置考察，以上4处文化遗址，都在重庆直辖市区域内，可视为“巴渝文化”的古老根基。

① 《96全国十大考古新发现评选揭晓》，《中国文物报》1997年2月2日。

（三）巴渝文化源远流长

无论根据考古资料，还是史籍记载，巴渝文化都是源远流长的。

首先，“巫山猿人”的发现，将巴渝文化推向了人类最古的时代。仅就而今被收入辞书的二十多种中华著名文化比较，“大溪文化”产生于公元前4400—公元前3300年，仅在马家浜文化（公元前5000—公元前4000年）、河姆渡文化（公元前5000—公元前3300年）、新乐文化（公元前4850±145年）、仰韶文化（公元前5000—公元前3000年）之后，排名第五。就被收入辞书十多种中华著名古人类化石比较，“巫山猿人”距今201万～204万年，以最古位列第一，比元谋人（距今约170万年）、蓝田人（距今约110万年）、北京人（距今约50万年）都早。“烟墩堡旧石器遗址”反映了旧石器时代更新世晚期的文化；“哨棚嘴文化”遗物，就绝对年代，也是反映的距今5000年左右的文化。

其次，“巴渝舞”的产生、发展，也是源远流长的。巴族“前歌后舞”的时代，早在周朝以前，逐渐发展、演变成“巴渝舞”。“巴师勇锐，歌舞以凌殷人，前徒倒戈，故世称之曰‘武王伐纣，前歌后舞’也。”这是“巴渝舞”产生的最早记载。常璩又述其演变说：“阆中有渝水（嘉陵江），賨民多居水左右。天性劲勇，初为汉前锋，陷阵，锐气喜舞。帝善之，曰：此武王伐纣之歌也。乃令乐人习学之，今所谓‘巴渝舞’也。”巴，即巴州（今巴中县），渝，即渝州（今重庆市）。“巴渝”其名亦本此。“賨民”并非巴族，而是巴人的另一支“苗裔”，也没有参加过武王伐纣的战争，其舞显然是从巴族民间舞蹈学来的。汉高祖刘邦“令乐人习学之”，纳入庙堂乐舞的范围，而名古时“巴渝舞”，在上层社会中流行，就成了贵族富商欣赏的东西，待到“魏文帝黄初二年，改巴渝舞曰昭舞”（《通典》）之后，“巴渝舞”也就不再见于籍了。

第三，巴族民间创作的一种民歌“下里巴人”也是久远的。《文选·宋玉对楚王问》：“客有歌于郢中者，其始曰《下里》《巴人》，国中属而和者数千人……其为《阳春》《白雪》，国中属而和者数十人。”《下里巴人》是“下曲名”，《阳春白雪》是“高曲名”。顾名思义，人们一般认为“下里巴人”是巴族民间创作的一种民歌。这说明早在春秋战国时代，巴族就有了相当有名的民歌，它不仅传流到了楚国，而且“楚人能和巴歌”者，竟达“数千人”，而且还即兴以舞蹈配歌“巴子讴歌，相引连手而舞歌也”。郭沫若于1960年2月在重庆为重庆川剧院题诗：“蜀讴渝舞古来好，川剧高腔今出奇，可怜宋玉《登徒赋》，哪及巴人下里辞。”

第四，竹枝词的渊源久远广阔。庄燕和说：“汉以后的巴渝舞，在民间广为流传。至唐代中叶，新乐府诗就是根据巴渝舞的歌词演化而来的。唐代诗人刘禹锡（772—842年）就曾仿巴渝词写过新的竹枝词九篇。”[①]这是刘禹锡被贬官夔州后，亲眼见到巴族后裔，“扬袂睢舞，横吹短笛，唱竹枝词的动人情趣”，而“故余亦作竹枝九篇”的。杜甫客居夔州，亦曾感慨地说：“万里巴渝曲，三年实饱闻。”白居易被贬谪忠州（今忠县），其诗也多有反映“山上巴子城，山下巴江水”；“唱到竹枝声咽处，寒猿痦鸟一时啼”，“蛮儿巴女齐声唱，愁杀江楼病使君”；“蛮鼓声坎坎，巴女舞蹲蹲”。

综上所述，中国东南各省如今的文艺形式，多有巴渝古文化的深厚渊源。例如，现在仍流行的花鼓调、花灯调、连花调、唱川戏中的帮腔、川江号子、农村薅秧时斗唱的山歌、一人领唱大家合唱等，都可能是巴渝舞曲调演变而来。在现今舞台上仍能看到的舞蹈，属古代巴渝舞变种，又杂合其他民族舞乐而来的有羽衣舞、腰鼓舞、踏蹋舞、盾牌舞、摆手舞等。又例如，现代的巴渝民间歌谣，仍有竹枝词的风韵，一般四句，五句头民歌，更是突出的事例。

---

① 庄燕和：《古代巴史中的几个问题》，重庆出版社1988年7月版第27页。

（四）巴渝文化的特点

“水居渔猎”文化。根据各时期巴人生存和发展的自然环境看，巴渝文化的突出特点是“水居渔猎”文化。夏商时期的巴族，主要沿着清江和长江流域发展；西周至秦汉时期的巴人活动中心，不离江州、垫江（今合川）、阆中，都是沿长江、嘉陵江而居。由这个突出特点，便产生了“船棺葬”“悬棺葬”等葬俗文化。到了春秋战国时期，巴文化才开始增加农猎文化因素，从当时的史籍记载和出土的陶器、兵器、建筑遗迹以及文字、方言、民俗等可见。自秦并巴蜀到西汉中后期，巴渝文化又反映了巴族同华夏各族融合的特点，政治、经济、文化都加速向汉文化方向演变。到西汉时期，巴渝文化同中原文化已融为一体，在巴蜀地域，汉文化已占据主导地位。

巴渝文化是巴渝地域这片土地上，源远流长、丰富多彩的人文积淀，具有地域文化的鲜明特色。它既不同于南方“小桥流水、杏花春雨”的江南民俗风情，更不同于北方“大漠孤烟、塞马秋风”的塞外民俗风味，而是“巴蜀风、雄奇秀丽”所折射出的粗犷豪放、热烈朴实、幽默风趣的意味。管维良在《巴文化及其功能浅说》一文中，将它“独具特色”之点，概括为“六个方面”：(1) 独具特色的农副业生产——贡米、柑橘、荔枝、幏布。(2) 独具特色的手工业生产——清酒、五加皮酒、“重碧春”咂酒、“荔枝绿”胜绝名酒、五粮液前身的“杂粮酒”、“风曲旨酒”、“巴砂”（丹砂）、制盐。(3) 独具特色的生活习俗——穴居、吊脚楼（即由树居而来）、水居、扎椎髻、披坚执锐。(4) 独特的文化习俗——战歌战舞、竹枝歌、“跳丧鼓”“巴蜀图语”、落下闳的原始天文学。(5) 独具特色的宗教习信——崇奉白虎、崇拜巨蛇及信奉巫教（鬼教）等。(6) 独具特色的埋葬习俗——悬棺葬、船棺葬、岩棺葬。[①]由这些方面，可以追溯今日巴渝文化的发展变化历史。

人文环境的大变动——“湖广填四川”。较之其他地区，四川经济文化的发展，又有一个综合、融汇的特点，这就是人文环境的大变动——“湖广填四川”。重庆长期属于巴蜀统称之中，也具有综合、融汇的风味。

由于原来的历史观不同，无论史籍、民间传说，多说是张献忠血洗四川，“死得一个不剩”“一人不留”造成的。这不免有所夸大与渲染，出现偏差。其实，“湖广填四川”有明代初年和清代初年的两次高潮。明初、清初两次四川人口锐减的原因，“既有天灾，又有人祸”。明初，长期的战争，“在战乱中对人民直接的屠杀和劫掠”，是人祸。“在明代最后七十年中，有大旱，有大水，有蝗灾，有瘟疫”，是天灾。当时川陕路的人口，由南宋宁宗嘉定十六年（1223年）的660万人左右，减至元末明初的61万人，不到南宋时人口的1/10。于是，继明玉珍入川，带来十几万军队“移民”之后，明代初年，湖广地区的移民继续大量入川，掀起了“湖广填四川”的第一个高潮。到明太祖洪武十四年（1381年），四川人口就上升到146万，外地移民，特别是湖广移民占了这时期所增加人口的主要部分。[②]

明末清初张献忠、吴三桂等战乱和瘟疫等天灾交织，是人口锐减的综合原因。如“江津地区不少地方‘全村皆死’”。清顺治十八年（1661年），清代第一次户籍清理，“四川全省仅有人丁1.6万余人，按一丁五口计总人口才8万人左右”。于是，清王朝采取措施：一方面，大量裁撤、合并州县，如重庆府裁撤了大足、安居、璧山、铜梁、定远、武隆；另一方面，有组织地从外省移民。“清初的移民入川，规模大，时间长，官方措施具体。”“清初从今湖北、湖南、江西、福建、广东、陕西等省招来了大量移民，因为仍是以湖广地区为主，所以一般都称为‘湖广填四川’，这是继明代初年的移民入川之后，更大规模的“湖广填四川’。”到清咸丰元年（1851年），四川达到4400万人，占了全国总人口的10.36%。此后，四川的人口就长期居于全国首位，并占1/10左右的比例。两次大规模的“湖广填四川”，不仅是中华民族

① 胡邵华：《中国南方民族史研究文集》，群言出版社2005年1月版第335~336页。
② 袁庭栋：《巴蜀文化》，辽宁教育出版社1995年4月版第78～88页。

人口的大融合，也是经济、政治、文化的大渗透。但巴渝地区的巴人、巴文化并未消失，只是比例较古代大大减少了。

鉴于以上两个突出特点，论及巴渝文化，还应将它置于中华文化的大视野之中，方可全面、准确地见其所处历史位置和重要性。

根据我国考古史学工作者和专家的考察、论定，除了将“黄河文化”确定为“中国文化之摇篮”的主题之外，又先后在长江流域发现了“长江文化”系统中心、宁绍平原的河姆渡文化系统中心、太湖地区马家浜文化系统中心、江汉平原的屈家岭文化系统中心、巴山蜀水的三峡文化系统中心。“巴渝文化”正处巴山蜀水的三峡文化系统中心之内，也与江汉平原的屈家岭文化系统中心关系密切。研讨“巴渝文化”，当以现今重庆直辖市的地理、人文（文艺、科技、民俗、工艺、语言等）为对象，但这些具体事象，又都应当放到长江文化系统中心，乃至中华文化的总体内加以审视，观其内在联系。

三

综观重庆市民俗现象，有以下几个突出的表征。

（一）汉族民俗的主导性

原省辖重庆市、地级万县市、地级涪陵市、黔江地区43个区市县，总面积8.2万平方千米，总人口3002万人左右，其中汉族2832万人左右，约占总人口的94.34%（据1997年4月以前统计）。这绝大多数的汉族，就自然形成了“汉族民俗的主导性”。

重庆市的汉族，历史上长期属于四川省，一直统称“巴蜀”。巴蜀文化是与巴渝文化紧密连在一起的，所以，重庆市的民俗文化也与文人文化一样，是“蜀”中有“巴”，“巴”中有“蜀”，有的民俗大同小异，有的民俗甚至完全一样。但重庆市东接湖北、湖南，南连贵州，北方又部分与陕西连界，受鄂、湘、黔、陕地缘民俗的影响，这些接壤地区的汉族民俗，又与川西、川北的汉族民俗有些不同。总之，重庆市的主导民俗——汉族民俗，以“川味”为主，兼有鄂、湘、黔的风韵。

民俗文化是人类整个文化的根基，但民俗文化又是文人文化的综合体，他们相互吸收、渗透，你中有我，我中有你。重庆市的汉族民俗，自然也有整个汉族民俗和汉族优势的文人文化的共通因素。

（二）少数民族民俗的附着性

在重庆市所居住的193.7万多少数民族，分属于55个民族，但其中主要是土家族和苗族，其他民族人数都很少。世居的回、满、彝等民族，有1000~10000人；1000人以下的有壮、白、布依、蒙、藏、侗等民族；500人以下的有朝鲜、维吾尔、瑶、哈尼、哈萨克、傣、黎、佤、畲、高山、拉祜、水、纳西、土、达斡尔、仫佬、羌、京、布朗、撒拉、仡佬、锡伯、俄罗斯、赫哲等民族。

“附着性”主要在于以下两点：

其一，人口在10000人左右的少数民族，多杂居于广大汉族或土家族、苗族地区，长期以来入境随俗，多半与当地所居民族的民俗融合了，除了在一定范围和家族中，坚持一些特有的民族民俗民风外，大多都地方化了。这就是一种“附着性”。

其二，即使是人数众多而且聚居的土家族、苗族，他们的民族大本营不在重庆市。土家族在湘西、鄂西、黔东北，苗族在贵州和湘西。他们的民俗多依附其大本营的传统风俗习惯，也受当地汉族民俗的影响，有所变异、融合。这又是一种“附着”情况。

值得一提的是，在秀山、酉阳、黔江、彭水、石柱几个少数民族自治县，也出现当地所居汉族民俗融合于土家族、苗族民俗的情况。

（三）江、山民俗的特殊性

在重庆市辖区，中国第一大河、世界上最长河流之一的长江，其上游贯穿直辖前的渝、涪、万地区；嘉陵江中下游，穿过潼南、合川、北碚、江北汇入长江；武隆，乌江贯通彭水、武隆、涪陵汇入长江；至于綦江、渠江、大宁河、西水河等纵横的支流，更是不胜枚举。江多的自然环境，就带来江河民俗丰富的特点，如船工号子、龙神、水行禁忌和水上船家习俗等。长江号子、嘉陵江号子、乌江号子，在国内外都是有名的。而且，各条江的号子和风俗、禁忌不尽相同。

重庆市北依大巴山，东临巫山，坐镇华蓥山，拥抱长江三峡、金佛山、缙云山、四面山、仙女山、中梁山等众多名山。重庆市地形主要是山区，也有丘陵，没有平原。山多的自然环境，又带来山乡民俗多的特点。如古朴的风物传说，滑竿号子、抬工号子、板车号子、石工号子、打夯号子、打油号子、挑夫谣、背佬二歌等小调，山神、树神和山土禁忌、山民特有的习俗等。重庆市的滑竿号子、石工号子、打油号子、运盐号子、伐木歌、采花歌都是很有名的。各地的风物传说，也十分优美。

重庆市较之京、津、沪三个直辖市，最大的特点是“大城市带大农村”。山乡民俗的保守性强，城市民俗的融合性强。除了西南重镇重庆市主城区的民俗融合性、变异性较大以外，山乡的民俗，多半变化很少，具有普遍的封闭性。各县城的民俗，新中国成立前也少有融合，新中国成立近70年来逐渐变化增多，但沿江和山地内陆也参差不齐。

（四）民俗文艺的多彩性

从民间审美民俗总体观察，重庆市的民间游艺性说唱文学活动丰富多彩。单就说唱文学活动，重庆市汉族就有自己的摆龙门阵、方言朗诵、三句半、车车灯、金钱板、荷叶、谐剧、竹琴、道情、清音、扬琴，土家族有秀山花灯，苗族有三棒鼓。工艺美术汉族有夔门根雕、荣昌泡菜缸子，苗族的蟠桃扇，土家族的西蓝卡普。歌舞音乐汉族有铜梁龙灯，苗族有芦笙、芦笙舞，土家族有梅常舞、摆手舞、八宝铜铃舞。娱乐游戏苗族的跳场，土家族的踢鸡、玩雪灯各有特点。体育竞技苗族的爬竿，土家族的抢贡鸡、发界鸡也有自己的风趣。至于快板、评书、绕口令、贴春联、剪纸、春牛图、五脊六兽、要狮子、游戏、民间玩具、民间竞技、民间博戏、龙舟竞渡、踢毽子、放风筝之类的中华民族通有的审美民俗活动，在重庆更是一应俱全。

单就口承语言民俗来说，由于重庆各地特有的社会风习和大同小异的方言（属西南官话之四川方言重庆次方言），除了流传着极其丰富的通行的民间文学各种体裁的作品外，还有自己从内容到形式都具重庆民俗特色的作品，特别是时政歌谣、生活歌谣、民间俗语及民间谚语中的气象、农业谚语，多是地方性的，内含当地民间风习尤为浓厚。从口承语言民俗总体上说，从体现民俗突出之点而着眼，《大禹治水》《天狗吃日》《神女的传说》类神话到《将军坟》《巴蔓子刎首留城》《耿巴县的传说》《钟云舫撰联》《冯玉祥当保长》《刘伯承走木洞》《周恩来卖报》《秦良玉的传说》《刘关张的传说》《鲍超的传说》等人物传说，《钓鱼城的故事》《张献忠取重庆》《诸葛亮排八阵图》等史事传说，《涂山氏与呼归石》《金竹寺》《钓鱼山与钓鱼台》《观音菩萨到华蓥》《两兄妹修北山宝项》《蛮王洞》《二酉藏书》《石宝寨的传说》《三峡的传说》《大宁河的传说》《双桂堂的传说》《古栈道的传说》等地方传说，《重庆火锅》《白市驿板鸭》《忠州豆腐乳的传说》《鱼抬梁和土堆亭》《过赶年》等一类土特产、工艺、风物传说，《安世敏的故事》《冉广盘的故事》《小乐神的故事》等机智人物故事，《老虎怕“屋漏”》《熊家婆》《金猪》《神奇的十兄弟》等幻想故事都是流传很广，在人民群众中留下口碑的。

至于民间歌谣，更是数量可观，各类齐全。“江、山民俗的特殊性”，使得重庆的劳动歌特别发达，也特别具有民俗内涵。多江，产生了丰富多彩的渔歌、船工号子；多山，又产生了更多彩的田歌、山歌。重庆是抗战时期的陪都，又使得它的时政歌很有特点，例如《实行新生活》《抗战到底》《流血流汗望天明》《天晴了雨停了》《抗丁歌》等，都深具抗战时代特色。仪式歌、情歌、生活歌、历史传说歌、儿歌、叙事歌，也都具有重庆自己的独特风格。如婚嫁歌、丧葬歌、建房仪式歌等仪式歌，《这山没得那山高》《好久没到这方来》《郎打哨子应过沟》等情歌，《黄杨扁担》《高粱秆儿节节甜》《长工苦》《苦媳妇》等生活歌，《十八扯》《嫁毛虫》《小菜打仗》等滑稽歌，《大舜耕田》《大足有个余栋臣》《梁山伯与祝英台》等历史传说歌，《虫虫飞》《王婆婆烧敬茶》《雁鹅雁鹅扯长》《月亮走我也走》《大月亮小月亮》《好江姐》等儿歌，《吴幺姑》《摆手歌》等叙事歌等等，都是代表性的作品。

重庆话是中国西南官话语系，属于四川方言。但成、渝两地还有自己的方言，无论语音、词汇、风格，各地都有自己的一些特点，可谓“大同小异”；就是重庆市辖区内的38个区县（自治县），也多有一些差别，例如巫山、奉节方言，偶带川陕味，黔江、秀山、酉阳、彭水、黔江方言，又多贵州、湘西声调。成、渝市区的方言，李伯清、张世俊两位先生，更热心比较其异同，常见说书和报端。可见，重庆多彩的民俗文艺，更能体现重庆民间审美民俗的独特性、地方性。

（五）土产民俗的区域性

全国各地都有自己的土特产品。既然是土特产，其地方民俗的含量也就很重。重庆的土特产既多也名贵，而且地域性强，多赋予当地的民间传说。例如，食的土特产就有江津米花糖、合川桃片、永川豆豉和皮蛋、忠县豆腐乳、长寿沙田柚、涪陵榨菜、万州太白酒、开州广柑、江津广柑、奉节脐橙和夔柚、巴南区五步橙、梁平梁山柚子、城口天麻、荣昌生猪和山城火锅等；用的土特产有万县皮箱、皮鞋等。

这些土特产的名称，必然和产地连在一起。这同土特产生产的自然环境或工艺有关。例如，秀山石堤区的豆花，鲜嫩可口，当地认为，这同当地的豆子和水有关。

重庆的土特产也具有承传性，开始家传，后来一地世传。例如忠州豆腐乳，相传是唐代忠州一个姓刘的年轻寡妇首创的，已在当地由家传变成世传上千年，1924年曾获巴黎国际博览会金奖，1949年以后，多次被评为省、市、国家优质土特产品。

第一章　物质生产民俗

第一节　农　耕

农耕文化，是以农业生产为中心而形成的一种民俗文化。它包括农事、农具、农艺、农俗、农时、农历、农作物等文化内容，是中国存在最为广泛的文化类型。以“男耕女织”“耕读传家”为代表的农耕文化，“日出而作，日入而息，凿井而饮，耕田而食”的农耕生活，就是中国儒家文化的理想与追求。

一、农　事

农事是指开荒、造田、造地、耕地、整地、播种、施肥、田间管理（除草松土、防病除虫、排灌）、收割、收获、储藏、六畜饲养、疾病预防等农业生产活动。

挖地，也称“挖土”“翻地”“翻土”，用锄、锹等农具使土壤疏松，便于栽培农作物。

犁田，也称“耕田”，以牛为牵引力，用犁深翻、疏松土壤，便于栽培农作物。第一次犁冬水田称“犁板田”。

耕地，也称“犁地”，用牛、犁或耙翻地，使土壤疏松，便于栽培农作物。

耙地，用耙将旱地里的大块土壤耙碎、耙匀、耙松。

耙田，也称“耱田”，是将耕犁后的水田，用犁耙将水田里的大块泥土耙碎、耙匀、耙平。

搭田坎，用铁耙抓水田里的稀泥堵糊在田坎上的裂缝和漏洞处，防止水田漏水。

播种，将农作物的种子或幼苗，播种或栽植到田地里。播种可分为“条播”“点播”两种方式。图为正在栽植玉米苗。

育秧，也称“育秧子”，培植水稻幼苗。水稻种植的育秧有“水秧”和“旱秧”两种，培植的幼苗称“秧子”。图为培育水稻幼苗的秧田。

扯秧，也称“扯秧子”，采集水稻幼苗。扯水稻秧苗时，把秧苗从秧床上拔起来，洗尽秧苗根部的泥巴，用稻草捆扎成拳头粗的秧把子，装在秧挑篮担至田埂上，均匀抛到秧田中，称“打秧”。

栽秧，将秧苗移栽到水田里。

薅秧，清除水稻田里的杂草。

薅草，俗称“铲草”，清除旱地里的杂草。

施肥，人为补充农作物的营养元素。在春耕时施肥，称施“底肥”，待农作物生长时施肥，称“追肥”。20世纪50年代前，多以人畜粪、草木灰、油枯、绿肥、堆肥等农家肥为主，60年代以后开始使用氨水和碳酸氢铵、尿素、硝酸铵、过磷酸钙、硫酸钾、氯化钾、复合肥等人工合成的化肥。

收割，采集、收取成熟的农作物。图为正在挖红薯（红苕）。

挞谷，俗称“挞谷子”，收获成熟的水稻。上图：收割水稻，俗称“割谷子”。下图：挞谷，收割水稻，俗称“挞谷子”。

储藏，保存农作物。储藏方式有仓储、窖藏、囤藏、挂藏等。

晒谷，俗称“晒谷子”，晾晒稻谷。

关冬水田，每年秋天收割水稻后，就将田坎筑好，将雨水储存在水田里；让水田灌满浸泡，度过整个冬天，等待春耕时犁耙后栽培水稻。蓄水时还可放入农作物秸秆发酵沤制有机肥料，提高水田肥力，达到冬季休耕歇地、蓄水防旱的目的。

灌溉，补充农作物水分的方式。传统的灌溉方式是漫灌，现代农业灌溉方式有喷灌、微喷、滴灌、渗灌等。图为农田灌溉水渠。

二、农 具

农具，按农事可分为耕整地、施肥、播种、中耕除草、排灌、收获、运输、晒场、加工、储藏等工具，统称为农耕工具。

铲敲

月锄

锄，俗称“锄头”，耕整地工具，按功能可分为挖锄、板锄、薅锄、条锄、镐锄、扒锄、点锄、栽锄、羊儿锄、铲锄、月锄、铲敲等。

点锄

薅锄

挖锄

小点锄

羊儿锄

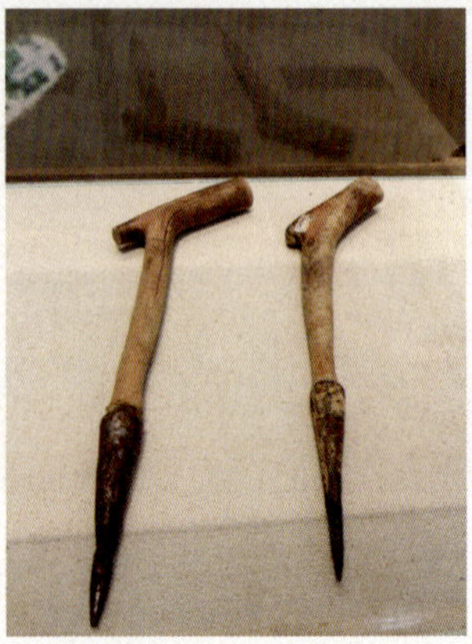

栽锄

扒锄

耙梳

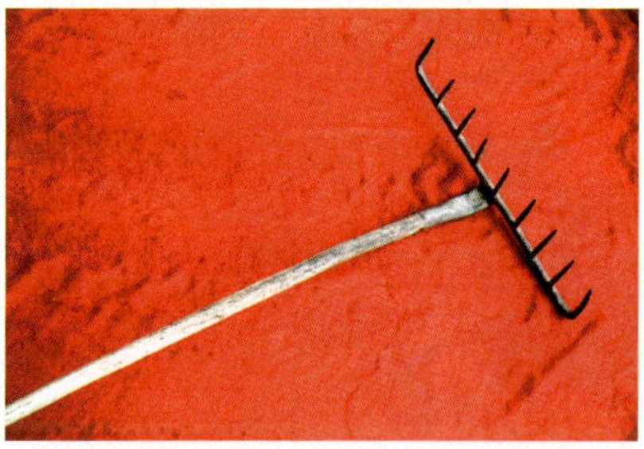

钉耙

镐，也称“十字镐”，耕整地工具。江津、忠县一带称镐为“阳爪”“尖锄”，潼南称“啄锄”，用于开挖较硬的土壤。

铲，也称“铁铲”“铁锨”“扬铲”，耕整地工具。

耙，也称“耙梳”“钉耙”，耕整地工具，由耙头、耙柄组成，耙头装有铁齿，农耕时用于松土、破碎土块、平整土地。

犁，俗称“犁头”，耕整地工具，是以牛、马为牵引力来耕田犁地的农具。犁为木铁结构，主要构件有犁板、犁杠、犁钎、铧铁（犁铧、铧口），配套构件有枷担（枷档、牛枷板）、牵索、牛打脚、绊索；使用时将枷担放在牛后脖上，枷担的绊索套在牛脖上，再把牛打脚上的犁扣套在犁杠上，用一牛索套住牛鼻子，人握住犁尾把就可耕作。

枷担、牛打脚

犁耙，也称“造筢”“磨耙”，耕整地工具，是以牛、马为牵引力来破碎土块、平整田地的农具。犁耙的构造为木铁结构，用长1.5米、宽0.2米、厚0.05米的两块木枋，还有两块长0.7米、宽0.05米的木枋构成，俗称“耙耳朵”，两块耙枋上前后对空垂直安装0.2米长的铁耙钉（前枋10颗，后枋9颗），合计19颗，后面枋上套有耙索，便于转头时用，操作方法与犁相同。犁耙有两种：一种耙底架上安的是木齿，供耙旱地用；另一种耙底架上安的是铁齿，供耙水田地用。

粪桶，农耕施肥工具，粪桶是用木板做成的圆形水桶，由桶底、桶身、桶耳组成，用竹篾条做成桶系，用扁担挑着到田地里去作业。

粪瓢，也称“粪勺”，是用原木挖凿成瓢状或用铁、铝、塑料等制成，用于舀取人畜粪水，淋浇农作物。

秧盆，播种工具，栽秧时装载秧苗的木盆。

粪铛，也称“粪打杵”“打粪碗”，农耕施肥工具，舀取人畜粪水的工具，由木板做成圆形小桶，并连接长柄做手把。

水车，也称“天车”，灌溉器具，利用水的冲力带动水车轮，将水从低处提升到高处。

龙骨水车，也称“孔明车”，俗称“翻车”“踏车”“水车”，农耕灌溉器具，分为脚踩和手摇两种。利用带刮板的链带（条）或系汲筒的水轮，将水从低处提升到高处。

戽水桶，农耕灌溉器具，戽水桶是用木板做成能装盛10千克左右水的小桶，桶底和桶口处用四根索子套起来，两人站在水池的相对面，从四五米深的水井或池塘里戽水上来灌溉水田。

挞斗，收获脱粒工具，收割稻谷、麦子时脱粒的农具。挞斗由斗厢、斗架（刷子）、挡席（斗席、躺席、禾席）组成，斗厢为木制，上口大，下底略小，边长约为1.5米，高0.5米左右，两边出榫为拖把手，底部两边有中间厚、两头尖的拖条，两边翘出，形同方形小舟，便于在田地里拖抬、滑行。斗架（刷子）形如梯子，呈梯形，置于斗厢内，斗厢三方用竹条编织而成挡席，不让稻谷、麦子颗粒飞出去，挡席也可用于晾晒农作物。

挞斗

斗架

躺席

挞斗、斗架、躺席

脱粒机，收获脱粒机具，有机动、人力两种。

镰刀，江津称“锯锯镰”，万州称“钩镰”，南川称“刨镰刀”，云阳称“割草刀”，收获收割工具，用于收割农作物、柴草，由刀身和木把构成，刀口呈月牙状，有斜纹细锯齿，刀身尾端装木柄。

风车，收获筛选簸扬工具，是利用风力、物体比重原理，通过手摇风扇产生风力，吹去稻谷麦类粮食中的草屑、瘪粒等杂质，将农作物果实与杂物分离。

筛子，也称“隔筛”“炭筛”“箩筛”“筛筛”，筛选簸扬工具，用细竹片编织而成，呈圆形、漏孔、口沿，用于分离、过滤杂物。使用的时候，大块的物体就留在里面，小块的就通过孔掉出来。按漏孔口径大小可分为大筛子、小筛子，用于分离米、糠的筛子叫“米筛”。

簸箕，筛选簸扬工具，用细竹片编织而成，形如“筛子”但无孔，呈圆形，圆周有沿，主要用于分离粮食与杂物。

背篼，运输背负工具，用于装运农作物。背篼是用竹条、藤、柳条等编织而成，主要有粗篾背篼、细篾背篼、箩篼等。粗篾背篼，俗称“稀篮背篼”，呈圆桶状，上口约大于下底，竹条编织的缝隙较大，在背面有两根用竹条或棕皮等编织而成的背索（背系），使用时两根背索各挎在左右肩上。稀篮背篼一物多用，可用于农作物收割、背运猪草柴火，是村民常年必用的运输工具。细篾背篼种类较多，有花背篼、婴儿背篼等，形态小巧，缝隙小，竹条细，多用于背运粮食和赶场用。

背篓，也称“高架”，运输背负工具，用于装运农作物或柴禾。

笮笼，运输背负工具，用于装运农作物。笮笼用细篾编织而成，呈漏斗状，上口大，下底细小。

箩篼，也称“箩筐”，运输挑运工具，用于装运农作物。箩篼用细竹篾编制而成，筐口圆形，有高挑和矮挑两种。农村在20世纪70年代前使用较多，多为矮挑。矮挑是用两根绳索，穿在箩筐上，绳索长4.5至5米，从筐口一侧中部穿至筐底对称从另一侧中部穿出，箩索的两个斗一般在箩底打结，绳索的长短一样，两只箩筐与一条扁担配套，挑于人肩。

箢篼，运输装运工具。箢篼是用竹条或藤条编织而成的前大后小、前敞后围的盛物用具。箢篼，前边是敞口，后边收五寸高，主要用于装粪并往背篼里或往车上倒，做屋打土墙时，用箢篼挑土上墙，用途很多，其特点是将东西装在里边后往外倒时方便省力。

扁担，用竹、木做成长条状，挑运货物的工具。扁担一般用青冈木、黄杨木等硬杂木材或用两年以上的竹子为材料制作，有高肩扁担、低肩扁担、平肩扁担等式样。高肩扁担一头厚一头薄，薄的一头向上翘，主要是挑运形体较高货物，挑运时，厚的一头放重的货物，薄的一头放轻的货物，轻头在前，重头在后。低肩扁担厚薄、宽窄一致，扁担两头各钉上两颗竹钉，将捆绑货物的绳子放在竹钉之间就不会滑落。平肩扁担全身厚薄一致，中间宽两头窄，担运货物时两头重量相等。扦担中间扁圆厚实，两头尖而翘，适合担运体积大的货物，如在担运柴时，将扁担尖插进柴火捆即可。家用挑水扁担，在两头安有铁环链、铁钩或木钩，方便挑水时使用。

挡席，也称“躺席”，粮食晒场工具，用于晾晒农作物。

梿盖，也称“梿杖”“梿枷”，粮食晒场工具，由梿杆、梿扇组成，梿扇用藤条或竹条编织而成，安装在梿杆一端有活动轴处，使用时上下挥动梿杆拍打农作物，梿扇随即绕轴转动，达到使农作物脱粒的目的。

扬杈，粮食晒场工具，是对在晒农作物进行翻挑、堆放的农具。扬杈有两种：一种是把自然生长的开叉木柴砍回来，趁湿将两齿烧弯放干做成；另一种是在方木条上安四根弯铁条。主要用于翻麦秆、扬麦草。

耙子，也称“筢子”“掏耙”，粮食晒场工具，用于在晾晒农作物时，归拢或散开粮食、柴草，也可用于平整土地。耙子由耙体、柄头、手柄组成，柄头装有木、竹或铁制的齿。

刮板，也称“木刨刨”“推耙”“木刮”“凉扒”“推谷板”，粮食晒场工具，用于归拢或散开粮食。

木锨，也称“掀盆”“掀瓢”，粮食晒场工具，木制，由锨柄、锨板组成，锨板为长方形薄木板，多用于扬粮食。使用时顺着侧风扬撒夹有灰尘、碎叶等杂物的粮食混合物，使灰尘、碎叶等杂物随风飘走，留下粮食。

刨板，粮食晒场工具，用于归拢或散开粮食。

碾盘、碾滚、碾槽，粮食加工器具，用于农作物破碎、去皮、脱粒、磨面等加工。碾盘是用来承托碾滚的石底盘，一般建在户外平地的基岩上，平面呈圆形，圆周外圈凿有斜纹石齿或碾槽。在碾盘中心安有碾轴来固定碾滚的一端，碾滚两端有木桩并固定在碾架上，碾架能穿两根碾杠，用牛、马带动碾滚滚动。大型碾滚还用于夯压道路、平整场地等。

擂子，古称“砻”，粮食加工器具，用原木、竹条按石磨结构、形状制作而成，用于磨去稻谷外壳，从而脱粒。

石磨，俗称“磨子”，粮食加工器具，由上、下两扇圆石块重叠组成。上扇顶部面呈凹状，有下料的磨眼，上扇底部中心有圆孔；下扇中心安有短轴，俗称磨心，与上扇中心的圆孔重合。上下扇相对面均錾有斜纹石齿，磨子下扇固定在磨盘上，磨盘有带嘴的圆形凹槽，多为整石挖凿而成，磨出的食物自然流落到磨盘的凹槽上。上扇边缘有带孔木枋，推磨时将磨抓头（磨架）插入进去后，即可带动磨子上扇绕轴转动，达到加工食物的目的。磨子用人力推动叫手磨、推磨，用牛、马拉动叫腰磨，水力带动叫水磨。

碓，也称“对窝”“碓窝”“擂钵”，粮食加工器具，由碓窝、碓锥组成，碓窝是在方形青石中间开凿一个上大下小的圆窝，内壁凿有斜凹槽；碓锥，即杵，俗称“对窝棒”，为上细下粗的木棒，下端有时还套有铁帽。碓一般是用来舂数量多的糙米、杂粮、米粉和面粉，还兼带打糍粑。脚踏碓，是用脚连续踏动木杠后端，前端碓锥一起一落，舂砸捣碎碓窝中的粮食，使谷成米或使米成粉。

木柜，也称“柜子”“揭柜”，粮食储藏器具。

围席，粮食储藏器具，用竹片纺织而成的宽约0.5米、长几米的篾席，使用时将围席在地面上围成一个大圆圈，粮食堆放在圈内，随着堆放的粮食不断增高，圈席呈螺旋状向上延伸，一圈一圈将堆放的粮食围起来，达到储藏粮食的目的。

木桶，粮食储藏器具，圆形称“大黄桶”，椭圆扁状称“扁桶”。

粮仓，粮食储藏设施。

陶缸，粮食储藏器具，可储藏粮食或油类。

蓑衣，农耕劳作雨具，用蓑草或棕皮编制而成，形如披风。在蓑衣上部两角各有一根绳索连接两侧中部，使用时将蓑衣披在背上，将两根索子的中部于胸前拴紧即可。蓑衣一般要与斗笠配套，主要用于在生产劳动中遮风避雨。在雨天干农活时，蓑衣与斗笠配合使用，头戴斗笠，身披蓑衣，既防雨淋，也能保暖。

斗笠，也称“篾帽子”，农耕劳作雨具。斗笠是在双层竹条帽架中间夹铺上几层油纸或棕竹叶，在斗笠顶层涂上桐油，是能遮阳避雨的帽子。斗笠一般有砍竹、裁竹、削篾、编框、铺油纸或铺棕竹叶、刷桐油、篾丝锁边等制作工序。

提篮，农耕劳作盛具，是有提梁的篮子，用竹条、藤条、柳条等编织而成。

撮箕，农耕劳作盛具，用竹条或藤条编织而成的前大后小、前敞后围的盛物用具。

耙耙，也称“扒扒”“竹耙”“柴扒”，收获工具，用于晾晒农作物和打捞柴禾。

篓子，农耕劳作盛具。

黄连炕灶，黄连加工设施，用于烘干黄连。炕灶由灶门、火沉、火道、火塘、炕帘等组成，有室内条石炕灶、室外土坑炕灶两种样式。室内条石炕灶用条石安砌，灶门后是燃烧柴火的火沉，火沉后是将热量引向火塘的火道，火塘呈长方形，长约四米，宽约二米，高约一米五，火塘上面放置竹条炕簾或钢条炕帘。加工时，在灶坑内燃烧柴火，火沉中的热量从火道进入火塘上的炕帘，即可使黄连脱水。室外土坑炕灶是在野外的田边地坎上挖掘而成，形状和脱水的原理与条石炕灶基本相同。

黄连槽笼，也称“撞槽”，黄连加工器具。槽笼用竹条编织而成，两头小、中间粗，呈梭子形，长约三米，直径四十至六十厘米，两头有手柄，中间有一可关闭的小门。加工时，将刚烘干的黄连从小门放入笼内，两人持手柄来回抖动，通过黄连与竹条的撞击、摩擦，脱掉黄连的须根。

抓子，黄连收获工具。

窖棚，粮食储藏设施。图为红薯窖棚。

纤索，也称“牵索”，农耕捆绑器具，用细竹篾编织而成。图为编织纤索的工具。

草垛，也称“草垛树”，作物秸杆储藏方式。

微耕机，微型农业耕作机械，可深耕翻土、旋耕耙田、培土开垄、中耕除草、收割脱粒、运输及抽水等。

喷雾器，农耕植保器具。喷雾器是利用空吸作用将药水或其他液体变成雾状，均匀地喷射到其他物体上的器具，由压缩空气的装置和细管、喷嘴等组成。

泥船，运送器具，木制，形如滑板，用于在水田里运送沙泥、肥料。

秧马，插秧辅助工具。

三、农 艺

石柱黄连传统生产技艺

石柱土家族自治县盛产名贵中药材黄连，有“中国黄连之乡”的美誉。据史料记载，唐天宝元年（742年），石柱“上贡黄连十斤，木药子百粒”。北宋《太平寰宇记》（第149卷）载：“（忠州）元领县五：临江、丰都、垫江、南宾（今石柱）、桂溪”，“土产：贡苦药子、巴戟、麦门冬、黄连、天门冬……”文中所记南宾，即今石柱县黄连产地。元末明初时，石柱开始人工栽培黄连。清乾隆四十年（1775年）《石柱厅志》记：“药味广产，黄连尤多，贾客往来，络绎不绝。”民国时期，石柱黄连年产量即达4000担。1934年，中国银行所编《四川省之药材》记：“味连，只有家种，专产石柱。”1954年，石柱黄连被列为国药，实行统购统销；1989年，被确定为“地道黄连”；2003年12月，被确定为“重庆市名牌农产品”；2003年12月23日，“石柱黄连原产地保护”获专家评审通过，实施原产地域产品保护；2004年8月，石柱黄连获国家食品药品监督管理局GAP认证；2009年，国家工商局核准注册“石柱黄连”为国家地理标志产品；2010年，石柱黄连种植达5万余亩，年产黄连约30万千克。据石柱县志记载，石柱黄连种植技艺至今已经有上千年的历史，从采种育苗、搭棚移载、棚间管理到采收加工，形成了完整的黄连栽培技术和加工技艺。

黑山谷传统生态茶叶栽培与制作技艺

万盛黑山谷盛产茶叶，尤生产源于唐代开元年间的“滴翠剑名”贡品名茶，以“色翠、香郁、味醇、形美”四绝而闻名于世。“滴翠剑名”贡品名茶采用黑山谷传统生态茶叶栽培与制作技艺。生态茶叶栽培技艺包括选址、培育、管护等方面；茶叶制作技艺主要包括采茶、炒茶、发酵、分装四个环节。

城口鸡鸣贡茶传统制作技艺

城口鸡鸣贡茶，产于城口县鸡鸣乡。鸡鸣贡茶源于明代，清代为朝廷贡品，因清乾隆十六年（1751年）城口鸡鸣寺方丈广隆和尚创制并奉诏进贡而得名，有“白鹤井中水，鸡鸣院内茶”的美誉。鸡鸣贡茶汤色嫩绿明亮，香味持久，滋味鲜醇，叶底嫩绿完整，有“形态有变而神韵不变”的特点。鸡鸣贡茶传统制作技艺有压扁、脱毛、杀青、扇凉、轻揉、抛光、提香等工序。

巫溪老鹰茶传统制作技艺

老鹰茶，也称“老荫茶”，是一种生长极其缓慢的原始野生茶。巫溪老鹰茶产于巫溪县蒲莲镇。蒲莲镇老鹰茶，据传始于先秦，以汤色金黄带红，久经冲泡，色香味仍存，经夜不馊等特点闻名于世。巫溪老鹰茶传统制作技艺有采茶、炒青、揉茶、烤茶等工序。

酉阳藤茶传统制作技艺

酉阳藤茶，也称“白茶”“药茶”，俗称“莓茶”，产于酉阳县兴隆镇。因茶叶采摘于野生藤本植物显齿蛇葡萄，武陵山区土家族俗称“灵芝草、长寿藤、藤藤草、茅岩莓”，故名“藤茶”。酉阳藤茶传统制作技艺有晒茶、焖青、炒制、揉捻成型等工序。

武隆县白马天然蜂蜜传统酿制技艺

白马天然蜂蜜，产于武隆县白马山区。白马山区农民从明代初年起就有采集野生蜂蜜的传统，至今已有600多年历史，形成了一套寻找蜂源、捕获野蜂、养蜂取蜜和制蜡的技艺。2012年8月，国家农业部将武隆县白马镇、赵家乡、白云乡、铁矿乡、和顺镇、鸭江镇、羊角镇、土坎镇、火炉镇、桐梓镇、仙女镇、浩口乡所产的白马蜂蜜公布为农产品地理标志认证产品，国家工商总局商标局核准注册为国家地理标志证明商标。

巴南茶叶制作技艺

巴南茶叶，重庆名茶，以“巴南银针、巴南珍眉、江洲茗毫”等品牌茶叶闻名，因有特殊的收鲜、摊晾、杀青、揉捻、造型、烘干、提香、包装8道茶叶制作工艺。

堆肥，也称“人工厩肥”，是以各种农作物秸秆或动植物遗体、泥炭、垃圾以及其他有机废弃物等为主要原料，混合人畜粪尿，经发酵腐熟、微生物分解而成的有机肥料。

稻草人，也称“扎茅人”，是农民在田间地头捆扎、安装的稻草假人，用于防止鸟类等动物破坏农作物。

农家肥料，简称“农家肥”，人畜粪溺、草木灰、饼肥（菜油饼）、厨余垃圾（剩菜剩饭）、厩肥、绿肥和沤肥等有机物质均属农家肥料。

积肥，采集和贮存散布在野外的人畜粪便、河塘泥肥、植物、垃圾等一切可以腐蚀、发酵的有机物质。

刀耕火种，也称“伐木烧畬”，一种古老原始的农业生产方式。即先砍伐地面上的树木杂草等植物，将其晒干后就地火烧，土地经过火烧就变得松软，利用焚烧的草木灰做肥料，下种时不翻地，下种后不施肥、不除草，只待庄稼成熟时就来收获。在民国前，石柱高山土家族地区还流行刀耕火种的原始农耕方式。

开荒，俗称“挖生土”，即将荒芜的土地开垦成耕地的农耕方式。在开垦时，烧掉荒地上的草木等，然后开挖土地，清除草木根茎后，作为旱地耕种。第一年新开垦的耕土称“生土”，耕种了一春的“生土”称为“二耕土”，再耕再种称“熟土”。

烧荒，在收割后，烧掉丢弃在田地里的农作物枝叶，将草木灰作为肥料的农耕方式。烧荒在秋季进行时称“秋荒”，在春季时称“春荒”。也有烧掉田边地角的草木后，种植芝麻、油菜、小米、绿豆、黄豆等农作物的习俗。

稻鱼鸭种养，是在水田里种稻，水里养鱼，水田里放鸭的稻、鸭、鱼混合种养的立体、生态的农耕模式。

四、农 俗

打春，也称“打春牛、闹春牛”，农耕祭祀习俗。在立春的前一日，由人扮成句芒神鞭打耕牛。立春这天，民众组织舞龙、舞狮队和表演戏曲故事的亭子戏（抬阁），准备用五色彩纸扎成的春牛、句芒神、五谷仓等抬桌，由舞龙、舞狮队开道游街，一起汇集于郊外耕地上，由长者焚香行礼，主持迎春祭祀仪式，犁田撒谷，说春打牛。在石柱西沱沿江一带，打春习俗演变为有娱有乐的“玩牛”习俗。2014年11月11日，石柱“玩牛”习俗作为传统舞蹈被列入了第四批国家级非物质文化遗产代表性项目名录。

薅草锣鼓，也称“山锣鼓、打闹歌、挖土歌、挖土锣鼓歌”，农耕劳作习俗。秀山、云阳、黔江、城口、石柱等区县在农事劳作时，一人持锣，一人打鼓，走在薅草人群的前头，鸣锣击鼓伴以唱歌，一边敲唱，一边劳动，为劳动者消疲助兴，形成了土家族劳娱结合的独特习俗，这一习俗也催生了土家族的民歌“薅草锣鼓歌”，歌词内容主要有歌头、请神、扬歌、送神四个部分。秀山、云阳、黔江、城口、石柱的薅草锣鼓农俗分别被列入重庆市非物质文化遗产名录。

二月二祭龙王，农耕祭祀习俗。农历二月二日，俗称“龙抬头”，民间在这天祭祀龙王，祈求风调雨顺、五谷丰登、六畜兴旺。綦江区黑山镇的“黑山请水习俗”，起源于明万历年间，包括“龙王庙会”和“请水”两大部分。龙王庙会是在每年农历五月二十日龙王生日时，举行祭祀祈祷、舞龙游行，请龙求雨，祈求当年风调雨顺、国泰民安；请水习俗由“请水、护水、俸水、还水”四部分组成。重庆市的黑山请水习俗、梁平礼让草把龙习俗、丰都水龙祈雨习俗分别被列入重庆市非物质文化遗产名录。

开秧门、关秧门，水稻种植习俗。在第一天扯秧、栽秧时要“开秧门”，秧子插完后则叫“关秧门”。开秧门时，由一位德高望重的长者第一个扯秧，扯秧时要面向东方扯半个秧，再面朝南方扯另一半秧，然后合拢到一起，用稻草捆扎成把，两半叉开，置于田坎上，然后大喊“开秧门啰”，同时说上一段吉祥丰收的祝福话语。开秧门后，主人便把酒菜和糍粑送到田间，给帮忙的人们吃喝，并在插秧领头人的碗中放块盖碗肉。在插秧时则边喝酒边唱栽秧歌，相互打趣嬉闹且比赛插秧，看谁插秧插得最快，插得慢的人往往会被插得快的人围住，最后关在秧田中间出不来，这叫“关猪笼”。这时候，先插完的人就抓起泥巴向被关在里面的人砸去，叫作“糊仓”，身上的泥巴糊得越多，收成就越好。关秧门，即栽到最后一块田的最后几行秧时，需把手中多余的秧苗全部栽在田边水中，留作以后补秧用。

图为农户们正在田坎上喝“栽秧酒”。

挞谷饭，也称“挞谷酒”，农耕劳作习俗。重庆收割水稻的农事称“挞谷子”，而挞谷饭是在水稻收割时，主人备好酒菜，款待前来帮忙收割的众人的习俗。旧时，人们在平时都是吃杂粮，但在挞谷这天，一定要煮净米饭，备好酒菜，让帮忙挞谷的众人吃饱喝足，俗称“挞谷饭”。

尝新，俗称“吃新节”，农耕生活习俗。在农历七月初七时，煮新米饭，杀鸡宰鸭，举行家宴，庆祝秋收，叫作“尝新”。尝新时有“择期、请客、备祭品、请乐班、沐浴、择新谷、供祭品、祭祖先、入席”等仪式。入席时，先将新米饭和菜供天地、祭祖先，再将新米饭喂给狗吃，然后按家中长幼次序尝新米饭。

换活路，也称“换工”，农耕劳作习俗，是在农忙季节，人们轮流为各家干活，互帮互助的习俗。

敬土地，农耕祭祀习俗。在农历二月初二“土地爷生日”时，要用猪头、鸡蛋、香蜡纸烛等供品祭拜土地神，祈求五谷丰登。开春时祭拜土地神叫“春祈”，秋收后祭祀土地神称“秋报”。

第二节　林　作

重庆市林地面积446.61万公顷，森林面积374.07万公顷，森林覆盖率45.4%，林木蓄积20533.9万立方米；全市有国家级自然保护区6处，市级自然保护区15处，县级自然保护区32处；国家级森林公园26处，市级森林公园62处；全市湿地总面积310万亩，国家级湿地公园20处，市级湿地公园6处，湿地自然保护区市级1处、区县级11处。

重庆市境内分布野生维管植物6000余种。其中：国家一级重点保护野生植物珙桐、银杉、红豆杉、南方红豆杉、伯乐树、水杉等9种，国家二级重点保护野生植物楠木、香樟、鹅掌楸、连香树、金毛狗等39种。全市境内分布有植物665种，中国特有极度濒危野生植物有崖柏、南川木菠萝、荷叶铁线蕨等。全市分布有陆生野生脊椎动物800余种，无脊椎动物4300余种。其中：国家一级重点保护陆生野生动物有中华秋沙鸭、黑叶猴、林麝、川金丝猴、金雕等11种，国家二级重点保护陆生野生动物有红腹锦鸡、长耳鸮、斑羚、大灵猫、小灵猫等47种。

一、植树造林

重庆自古以来就有爱林、护山、养山的植树造林习俗。

自古以来，中国就有在清明期间“插柳植树”的习惯，植树风俗一直流传至今。1915年，凌道扬和韩安、裴义理等林学家上书民国北洋政府，建议每年清明节为中国植树节；1915年7月，民国北洋政府规定每年清明节为植树节；1928年，为了纪念孙中山先生，国民政府把他逝世的那天（3月12日）定为植树节；1979年2月，全国人大常委会会议公布每年3月12日为中国植树节。

风水树，生长在村边、房前屋后的大树。在重庆民族地区，人们认为百年大树是保佑人们的树神，有祭祀树神和拜“干爹树”的习俗。

歇凉树，生长在垭口、路边，可供路人遮阴歇息的大树。歇凉树多为古树名木。

果树嫁接，果树无性繁殖方法，即将一种果树的枝或芽接到另一种果树的适当部位，使两者结合而生成新的果树。嫁接技法有：插皮接、带皮插接、顶芽贴接、嵌芽接、套皮接、腹插接、切腹接、辟接、单芽切接、合接、交合接、方块形芽接等。

割漆，从漆树上采集乳白色的生漆。

封山育林，是实行定期封山，禁止在封山区域内砍伐林木、垦荒、放牧、砍柴等一切人类活动，保护植物的自然繁殖生长，恢复生态平衡和森林植被的传统育林方式。封山育林时，通常要制定惩处和封山禁例，由政府行文公告或村乡约定“乡规民约”，并竖立“禁山碑”“禁伐碑”“禁约碑”，达到护林防火、保护森林、封山育林的目的。

二、伐木运输

伐木，俗称“砍树”。伐木先要选好日期，然后点香烛、压纸钱、挂红布以祭祀山神；树砍倒前，要预测树倒的方向，树朝下倒喊“顺山倒”，树朝上倒则喊“逆山倒”，以防止树倒砸人。

砍柴，古称“樵薪”。20世纪五六十年代，山区农户家里以“柴”作为主要燃料。砍柴时，松树、杉树等用材林不能随便砍，只能砍不成材的灌木、杂木作为柴火。

放排，也称“放木排”“放筏子”“放木筏”，俗称“放耙子”，是用藤葛或绳索将竹子、原木捆绑成排，利用河流顺水而漂的运输方法。重庆方言将不讲信用、食言叫“放耙子”。

三、林业工具

柴刀，也称“砍刀、砂刀”，收获砍伐工具，用于伐木、打柴。由刀身、刀把组成，刀身窄而长，刀背厚，结构稳定，可适应于砍、砸、削等用途，刀把也可加装木柄以增加长度，还可配皮革或木制刀盒或刀夹。柴刀式样多种，直边刃的通常称“砍刀”，月牙形刃的叫“弯刀”。土家族喜欢用弯刀，弯刀尖部略略弯曲如月牙，可砍可钩，打柴十分方便。

斧头，俗称“开山”，伐木工具，用于伐木、打柴或制作木质器具。由斧头、斧柄组成，木匠通常用片斧，主要用于片削枋料的平面。

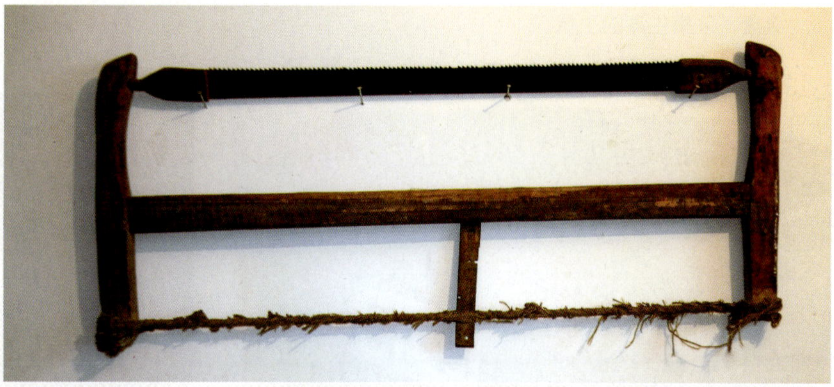

锯，俗称“锯子”，用于切割木料、石料、钢材等的工具。相传鲁班因手指被茅草叶划破而获得启发，于是发明了锯。锯有人力锯和电动锯两种，人力锯的锯片呈长条形，电动锯的锯片呈圆形，边缘均有尖齿。

漆盘，采集生漆的工具。

漆刀，割采生漆的刀具。

漆桶，储藏生漆的盛器。

四、林副产品

木炭，燃料。木材在土窑内经过不完全燃烧或在隔绝空气的条件下热解，形成的深褐色或黑色多孔固体燃料称“木炭”，用硬杂木烧制出来的木炭叫“钢炭”。

桐油，是油桐树的果实经压榨而得的带干性植物油，是制造油漆、油墨的主要原料。重庆油桐树主产于三峡库区、乌江流域、武陵山区各区县，桐油品牌有获国家地理标志证明商标的云阳桐油。图为油桐果与桐油。

生漆，也称“国漆、大漆”，俗称“土漆”，是从漆树皮部采割的乳白色脂液。漆树是天然涂料、木材兼用树种，素有“涂料之王”的美誉。我国栽培漆树、采割生漆、制作漆器及制漆技术已有四千多年的历史。重庆生漆主产于三峡库区、乌江流域、武陵山区各区县，知名生漆有号称“中国五大名漆”之一的城口大木漆。

刮枞毛，也称“捞枞毛”，重庆武陵山区称松树为“枞树”，松针称“枞毛”。入秋后，就用“耙耙”打捞落在地上枞毛，作为柴火。

割棕片，即割采棕树树干外层的棕片。棕榈，也称“棕树”，属灌木，树身上的棕片可用来制作棕垫、棕绳、蓑衣等棕制品。

五、林业习俗

祭山神，重庆民族地区在伐木、狩猎前，祭祀山神，以求保佑的民俗。

开山酒，重庆民族地区在伐木前，要大办宴席，款待伐木工人，叫“开山酒”；伐木工具中的斧头也因此俗称“开山”。

重庆从古以来就有“房前屋后，栽花种树”的习俗，也形成了约定俗成的种树的规矩。如在房前屋后喜栽桃、李、梨、竹、柿等；在重庆民族地区有“前不栽桑，后不种桃”的习俗，因“桑”“桃”与“丧”“逃”谐音，故认为不吉利。

骗果树，在惊蛰，要在果树的主干上砍上几刀的民俗。民间认为如果土壤过肥，果树就会出现只开花不结果或结果不保果的现象，就会变成“公树”，所以，在惊蛰就要骗树，把“公树”变为“母树”。骗树时，在树的主干上轻砍三刀或钉入三颗烧红的铁钉，有时还要在果树的刀口上，把糯米填进去，并念道：“惊蛰骗，惊蛰骗，你的不骗我的骗。惊蛰节，惊蛰节，你的不结我的结。你结一个掉一个，我结一个算（成熟）一个。”

第三节　渔　猎

重庆境内山峦密布，溪河纵横，有长江、嘉陵江、乌江、涪江、綦江、大宁河等河流，各种水陆野生动物种类繁多。古代巴人是一个以渔猎为生的民族，“上山打猎，下河捕鱼”也成为重庆境内的民俗。随着国内保护生态环境和野生动物的意识逐渐觉醒，《中华人民共和国野生动物保护法》《中华人民共和国渔业法》等相关法规的日益完善，一些违法渔猎习俗已被禁止。

一、渔猎方式

渔网捕鱼，方式有旋网捕鱼、撒网捕鱼、围网围鱼、拦河网鱼、拉网捕鱼、挂网捕鱼、罾网捕鱼等。

养鱼，利用江河、水库、池塘、水田等水域饲养鱼类。在江河、大型水库中通常采用封闭网箱进行养鱼，叫“网箱养鱼”；水田养鱼则是在清明节左右放入鱼苗，水稻成熟前后铺捞，水田里养的鱼，俗称“禾花鱼”。

钓鱼，利用钓具捕鱼的传统方法。钓鱼时在鱼钩上挂好鱼饵，引诱鱼类上钩。在溪河急流中钓鱼，称为“钓滩”，在水流平缓的江河或池塘、水库中钓鱼，则称为“钓塘”或“绵鱼”。“吊滩”以钓小鱼为主，“钓塘”以钓大鱼为主。

放懒钓，是在溪河急流处横放一根挂满鱼钩的绳索，利用鱼钩捕鱼的传统方法。在挂网上系上密集的鱼钩的捕鱼方法，称“放滚钩”。现已被禁止。

叉鱼，用渔叉捕鱼的传统方法。渔叉是在长竹竿前端装有二至三股带倒钩的尖刺的捕鱼工具。用渔叉捕鱼时要求速度快，精度准，力度合适，鱼被刺中后，因渔叉上有倒钩就无法逃脱。

捞鱼，也称“舀鱼”，用有长柄的圆锥形渔网兜，在溪河涨水、水体混浊时捕鱼的传统方法，也可在溪河水清时，在岸边的水草丛中捞虾。

戽鱼，在小溪流的上游筑堤掘沟将水引开，然后用戽斗（取水工具）把水戽干后捕鱼的传统方法。

端鱼，也称“沉笼捕鱼”，利用工具、香料、鱼饵诱捕鱼类的方法。用竹篾制成的圆形篓筐，在口沿处用纱布蒙上，在纱布中剪小孔，篓筐内放入自制的香料、鱼饵即可诱捕鱼类。

笼鱼，也称“倒须笼”，是用竹编渔笼捕鱼的传统方法。渔笼为长圆锥形，口大尾小呈漏斗形，在笼口处有用竹片扎成“倒须”的漏斗口盖，这样鱼就只能进不能出。将渔笼安放在流水落差较大的地方，笼口朝上游方向，当鱼顺水进入笼中后就无法逃脱。

搬螃蟹，螃蟹喜欢藏身于溪河岸边的洞穴里或鹅卵石下，通过螃蟹足迹即可找到螃蟹的洞穴，搬开石头即可捉到螃蟹。

捉黄鳝，黄鳝喜欢藏于水田里的洞穴中，找到洞穴顺洞即可捉住黄鳝。

摸泥鳅，泥鳅生活在池塘、沟渠、水田底层的淤泥里，双手轻轻在淤泥里探摸，就可以捕捉到泥鳅。

捡螺蛳，螺蛳生活在溪河、沟渠、池塘、水田里，在这些地方都可以捡到螺蛳。

鱼梁捕鱼，利用堤坝、竹帘等设施的传统捕鱼方法。鱼梁是以土石筑堤拦截水流的堤坝，在堤坝水门流水处置竹帘、竹篓、竹架网、筛子等，拦捕游鱼。

鸬鹚衔鱼，利用经驯化的鸬鹚捕鱼的传统方法。鸬鹚，俗称“水老鸹、鱼鹰”，善潜水捕鱼，驯化后可用于捕鱼。水獭，也称“水觅子”，驯化后的水獭也可以捕鱼。

打猎，俗称“撵仗”，即狩猎。狩猎方法有围猎、放网套、下网扣、设陷阱、安竹签、安过路夹、安砸板、用烟熏、做栅栏、安木笼、用媒鸡诱捕等。根据《中华人民共和国野生动物保护法》第六条、第二十条和第二十四条的相关规定，未经批准的打猎已被禁止。

坐仗，也称“设丫口”，以前猎人埋伏在野兽经常出没的地方，等待野兽前来的狩猎方法。

装套索，也称“放套、放扣”，以前利用索套捕获野兽的传统狩猎方法。索套是在竹子、木制的套竿一端拴上用绳索做成的绳环套，在绳环套中设置机关，引诱野兽进入绳环套、踩动机关，从而拉动绳索收紧绑住野兽。也可将野外的树弯成弓形，利用树的弹力来做成索套，捕捉野兽。

放网套，也称“布网套”，以前利用网套捕获野兽的传统狩猎方法。网套是用绳索编织成网状以捕获野兽的一种工具。网套有大网套、小网套两种，一般用麻绳或棕绳织成。网头用绳索串起来拴在树上，网套则安装在野兽日常出没的路上，用树枝伪装起来，网口张开，一旦野兽进入网内，随着野兽的挣扎，网头会自动收紧从而捕获野兽。现已被禁止。

设陷阱，以前利用陷阱捕获野兽的传统狩猎方法。陷阱有竹枪陷阱、翻板陷阱两种。竹枪陷阱，是在野兽活动的路上挖个深坑，坑底插满锋利的竹签或铁刀，坑面用树枝、杂草伪装，野兽路过时就会掉入陷阱从而被刺死或刺伤。翻板陷阱，是在陷阱口盖上活动木板，木板上用细土伪装，陷阱底也可插竹签或铁刀数十把，当野兽踏上木板，木板随即翻转，野兽跌入陷阱内无法逃脱，故也称“翻板套”。现已被禁止。

安过路夹，以前在野兽必经的路上安放铁制夹子以捕获野兽的方法。野兽路过时，触动过路夹的机关，即可夹住野兽的腿或头。现已被禁止。

诱捕，以前利用经驯化的野鸡、鸟或模仿动物的特殊鸣叫从而诱捕动物的方法。媒鸡诱捕是将从小人工驯养，能听从猎人指挥令的野鸡作为媒鸡来诱捕野鸡。使用时，将媒鸡关在竹笼里，旁边放置一个空的竹笼，笼门设置机关，野鸡进入空竹笼时踩动机关，笼门自动下落，就将野鸡关在笼里。有时也在媒鸡竹笼的四周放置多个空笼，野鸡听见媒鸡的鸣叫便来笼旁玩耍或斗殴，进入旁边空竹笼便无法脱逃。

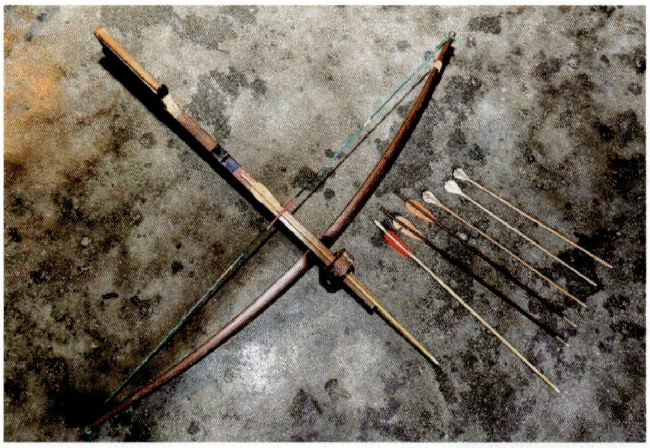

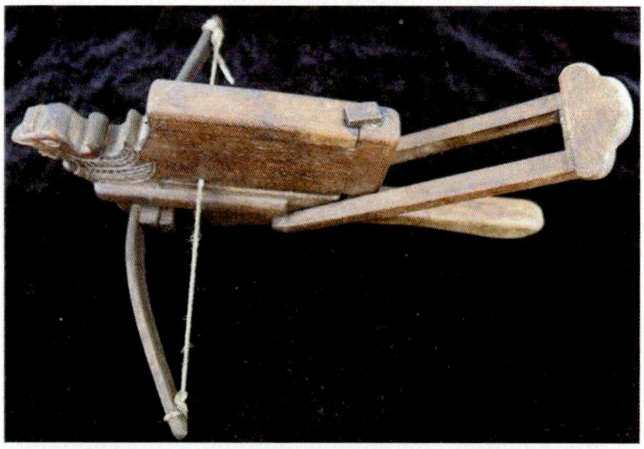

绊弩、绊枪，在野兽经常出没或必经之地，埋设弓弩或火药枪狩猎的方法。埋设时将火药枪装填好弹药或将弓拉开，箭上弦，用细线在野兽所经过的地方做成绊索，并连接在扳机上，一旦野兽路过时踩上或绊上细线，触动扳机，箭或火药枪就可射中野兽。现已被禁止。

理脚迹，寻查野兽活动痕迹的方法，一般由经验丰富的猎人负责，根据鸟兽脚印来识别野兽类别，寻找野兽隐藏地点等。

二、渔猎工具

黄鳝笼，捕捉黄鳝或盛装黄鳝的渔具。传统黄鳝笼用竹篾编织而成，现代黄鳝笼用塑料制成。

鱼篓，也称“笆篓”，用竹条编织成的竹篓，可装鱼虾、泥鳅、黄鳝等。鱼篓口的盖子是用竹片编织成锥形倒扣，可以防止鱼虾等逃跑。

竹笼套，用竹条编织成的有门的竹笼，笼门能关闭，是捕获禽类的工具。木制的则叫“木笼套”，用于捕获野兔、野羊、獐子、麂子、果子狸、豪猪等较大型野兽。

老鸹船，传统捕鱼船只。船身窄、浅而长，可载两个人，常用于鸬鹚或水獭捕鱼。鸬鹚，俗称“水老鸹”，故称用鸬鹚捕鱼的船为“老鸹船”，捕鱼人则俗称“打鱼仔子”。

牛角号，用水牛角做成的民族吹管乐器，声音低沉、深厚、洪大，是土家族人举行祭祀活动时的乐器和征战时相互联络用的号角，在撵仗时作为驱赶野兽的工具。

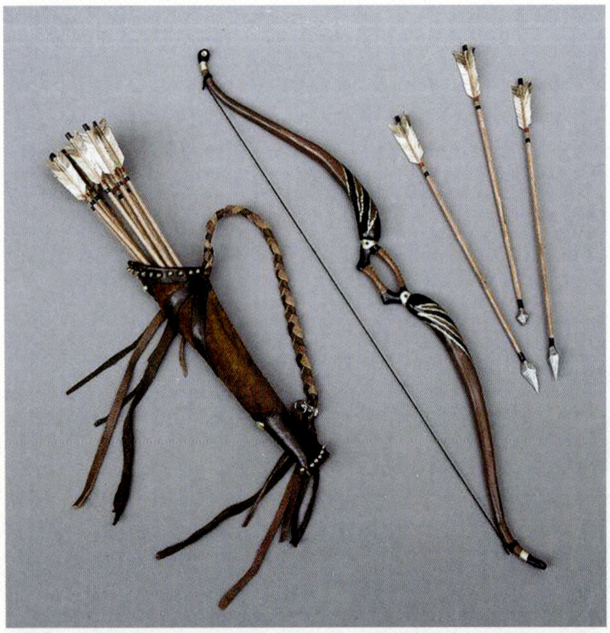

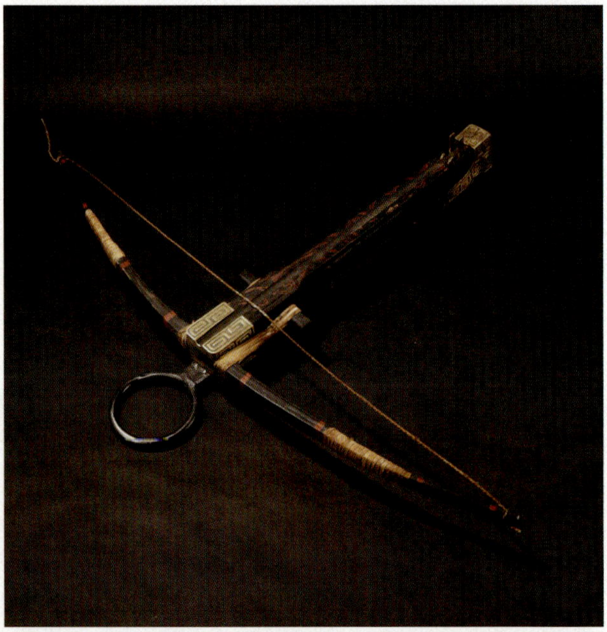

弓弩，传统狩猎工具。弓是弹射箭或弹丸的武器，由弓臂、弓弦构成；弩是以机械发射的弓，由弩身、弩臂、弩弦、箭槽、弩机、瞄准器等部分构成；箭由箭身、箭头、箭羽组成，以硬竹制成。弓弩属于国家管制器材，不得非法持有。

梭镖，传统狩猎工具，由铁镖头、木镖杆构成，镖头两边有刃，形状各异，镖杆长短不一，通常长2至3米。梭镖属于国家管制刀具，未经批准禁止使用。

三、渔猎习俗

狩猎是一种古老的生产方式，源于原始社会，在以前民族地区的狩猎活动中，人们在信仰、祭礼、禁忌、劳动组织、产品分配等方面，沿习和发展了古代的狩猎习俗。

祭猎神，重庆少数民族狩猎祭祀习俗。土家族和苗族的猎神都称“梅山神”，土家族的梅山神是女猎手梅嫦，是位伏虎英雄。人们出猎前要祭拜猎神，狩猎归来要先祭拜酬谢猎神，再分配猎物。

第四节　采集养殖

重庆境内河流纵横，群山绵延，森林密布，森林内的野生植物品种十分丰富。特别是在重庆的民族地区，至今仍然保持着采野果、野菜等为食，采薯莨用以染布，采藤蔓编织为器，采草药用以治病，或将采集物用于市场交易，换取生产生活用品的行为，形成了春挖野菜、夏捡菌子、秋摘野果、冬掘葛根等采集习俗。

一、采　集

挖野菜，采集野生食用植物的劳作。重庆境内植物丰富，有椿芽、清明菜、野葱（野小蒜）、马齿苋、折耳根、蕨菜、芫荷、车前草、蒲公英、荠菜等可食用的野生植物。挖野菜是集春季踏青、生产劳动、民间饮食为一体的民俗活动。

椿芽，俗称“椿颠”，是香椿树在春天时生长的嫩芽，故也称“春芽”。常见食用方法有椿芽炒鸡蛋、凉拌椿芽、椿芽拌豆腐等。

清明菜，也称“佛耳草、寒食菜、清明蒿”，民间俗称“白蒿子”。常见食用方法有清明粑、清明菜米糕、清明菜炒鸡蛋等。

野葱，即“野小蒜”，也称“薤白”，俗称“野葱子、野葱葱”。常见食用方法有野葱粑粑、野葱炒鸭蛋、野葱烧五花肉、野葱蛋炒饭等。

马齿苋，俗称“马丝汗”，是一年生草本药食两用植物，常见菜肴有凉拌酸辣马齿苋、清炒马齿苋、马齿苋蒸菜、马齿苋排骨汤、马齿苋绿豆汤、马齿苋粥等，也可和肉末做馅，包馄饨、饺子食用。

折耳根，也称“鱼腥草”，常见食用方法有凉拌折耳根、折耳根炒腊肉等。

蕨菜，也称“如意菜、龙头菜、猫爪子菜”，蕨类植物。蕨菜的嫩叶可食，称“蕨薹”，根状茎提取的淀粉称“蕨粉”，可食用。蕨菜常见食用方法有凉拌蕨菜、腊肉炒蕨菜、蕨菜炒肉末等。蕨根可加工成蕨根粉、蕨根粉条、蕨根粉皮等食品，常见食用方法有酸辣蕨根粉、凉拌蕨根粉等。

葛粉，以野葛的块根加工而成的淀粉，土家族、苗族俗称“都粑粉”，常见食用方法有土家都粑块、都粑羹。

芫荷，也称“白蘘荷、野姜、野良姜”，俗称“洋荷”，是多年生草本植物，嫩芽可食，常见食法有凉拌、清炒等，也可腌制成泡菜。

刺老苞，学名“惚木”，也称“树头菜、老虎刺、野茴香”，落叶灌木，树干浑身是刺，故称“刺老苞”。嫩苞芽可食，常见食法有凉拌、炒食、煮汤，也可腌制成泡菜或焯水后晒干保存。

荠菜，也称“地米菜、菱角菜、花紫菜”等，十字花科荠菜属草本植物，常见菜肴有清炒荠菜、蛋花荠菜汤、荠菜鸡蛋羹、荠菜豆腐饼等。

摘野果，采摘野生水果。重庆森林植被丰富，野生水果有猕猴桃、野核桃、白果、野梨子、野毛栗、桑葚、八月瓜、拐枣等。

猕猴桃，俗称“阳桃子、毛桃子”，被誉为“水果之王”，重庆南川金佛山盛产中华猕猴桃。

野核桃，也称“山核桃”，核桃仁可入药，有润肺化痰、温肾助阳的功效。

白果，银杏树的果实，俗称“白果”，故银杏树又名“白果树”。银杏树是第四纪冰川时期孑遗植物。白果可煮、炒、蒸、煨、炖，常见菜肴有清炒白果、白果炒肉丁、白果炖老母鸡、白果竹笋蒸鸡、白果银耳羹等。

野梨子，重庆民族地区喜用白酒、野梨子、冰糖制作成野梨子酒。

野毛栗，俗称“栗瓣”，按大小可分为“板栗、尖栗、毛栗”三种。板栗果仁可生吃，也可以炖鸡炖鸭，享有“干果之王”的美称。

蚕泡儿，也称“桑泡、桑葚”，桑树的果实。桑葚有补肝益肾、生津润燥、乌发明目等药效，可制成桑葚酒。

刺泡儿，也称“红莓、山莓”，俗称“三月泡儿”。

酸羊咪，学名“胡颓子”，酸中带甜。

八月瓜，学名“木通”，俗称“八月炸、羊开口”。

拐枣，学名“枳椇子”，俗称“鸡脚爪、鸡爪子、鸡爪梨、万字果、金钩子、甜半夜”，药食两用野生水果，果柄为食用部位，味甜，可熬麻糖，酿拐枣酒。

金樱子，也称“刺梨子、山石榴、鸡咬陀、鸡鸭陀、糖罐子”，味甜，可泡酒、制药。

火棘，也称“红籽”，果实可食，有“救兵粮、救命粮”之称。

捡菌子，即采集野生蘑菇。野生蘑菇，俗称“野菌子”，在重庆民族地区的野生食用菌有香菇、地木耳、地衣、牛肝菌（大脚菌）、竹荪、儿月香、羊肚菌、鸡枞菌、黄丝菌、石灰菌、刷把菌、奶浆菌等。野生食用菌的烹饪方法有炒、煮、炖，常见菜肴有酸辣椒炒菌子、肉片菌子汤、老土鸡野生菌汤锅等，重庆知名品牌有“武陵山珍”野生蘑菇汤锅。

香菌，也称“花菇、香蕈、香信、冬菇、香菇”，是一种生长在木材上的真菌，有延缓衰老、降血压之功效，素有“山珍”之称。我国在宋朝开始人工栽培香菇，常见食法以煲汤为主，菜肴有香菇炖鸡、山药烩香菇、香菇笋子炖鸡、香菇鸭、香菇栗子、香菇鸡肉粥、墨鱼香菇粥等。

地木耳，也称“地耳、地衣、地皮菜、地骨龙、雷公菌”等，俗称“地米”，是真菌与藻类的结合共生体，常见菜肴有凉拌地木耳、地木耳炒韭菜、地木耳炒鸡蛋等。

掰笋子，即采集野生竹笋。竹笋，即竹的嫩芽，古称“竹肉、竹胎、竹芽”等，按季节可分为春笋、冬笋、鞭笋三类，春天破土而出的叫春笋，冬季藏在土中的为冬笋，鞭笋是夏秋季节生长的嫩竹笋，干笋则称“玉兰片”。重庆知名竹笋有南川方竹笋、武隆冷竹笋、梁平寿竹笋、涪陵麻竹笋、江津雷竹笋、石柱冷竹笋、北碚楠竹笋、黔江野竹笋、綦江英竹笋、城口木竹笋、丰都平竹笋、奉节油竹笋、酉阳毛竹笋等，常见食法有凉拌、烹炒、红烧、煲汤等，菜品极多。

采草药，也称“采药”，即采集药类野生植物。在重庆民族地区有采草药的习俗。采药进山前，先要祭祀，祈求药王菩萨或山神保佑，然后才进山采药。重庆境内中药种质资源5832种，主要分布在石柱、丰都、巫山、巫溪、奉节、酉阳、秀山、江津、武隆、綦江、合川等20多个区县，名贵中药有黄连、杜仲、天麻、五倍子、厚朴、三七、党参、金银花、佛手、木香、丹皮、白术、枳壳、款冬花、小茴香、半夏、青蒿、黄檗、银杏、红豆杉、辛夷、前胡、石斛等。

二、养 殖

农业养殖分家畜养殖、家禽养殖、水产养殖、特种养殖四大类。家畜养殖主要有猪、牛、羊、狗、猫等；家禽养殖主要有鸡、鸭、鹅等；水产养殖有鱼、虾、蟹、贝、藻、莲、藕等各种水生动植物；特种养殖有特殊利用价值的动植物，如蚕、蜂、肉鸽、信鸽、野鸡、鹧鸪、金丝雀、獭兔、竹鼠、野猪、狐狸、梅花鹿、蚯蚓、蝎子、蚂蚁、牛蛙、泥鳅、黄鳝等。

养猪，肉类食品主要来源。个体农户养猪，通常采用传统饲养方法，即三个月内的“奶猪儿”采用散养，三个月后成为“架子猪”时，则关在猪圈内圈养，圈养时一天喂猪二至三次猪食。规模化养猪场一般采用圈养。

养牛，牛可分为耕牛和肉牛，耕牛用于耕田犁地，肉牛用于食用。个体农户养牛，通常是白天将牛放在野外散养，晚上赶回牛圈内饲养。规模化养牛场一般采用圈养。

养羊，肉类食品主要来源。个体农户养羊，通常是白天将羊放在野外散养，晚上赶回羊圈内饲养。规模化养羊场一般采用圈养。

养鸡，肉类食品主要来源。个体农户养鸡，通常是白天将鸡放在野外散养，晚上赶回鸡圈内饲养。规模化养鸡场一般采用圈养。

养鸭，肉类食品主要来源。个体农户养鸭，通常是白天将鸭放在野外散养，晚上赶回鸭圈内饲养。规模化养鸭场一般采用圈养。

养蜂，通过人工饲养蜜蜂获得蜂蜜、蜂王浆、蜂胶、花粉、蜂蜡、蜂蛹及蜂毒等产品。个体农户养蜂，通常是将蜂桶放在能躲避风雨的屋檐下或野外岩穴边上，蜜蜂自由采花酿蜜，等到一定时间后再收割蜂蜜。养蜂专业户则是以流动于全国各地，追花夺蜜的“大转地饲养”放蜂法为主。养蜂场则是采用人工栽培花卉从而为蜜蜂提供花源的规模化养殖方式。

养鹅，肉类食品主要来源。个体农户养鹅，通常是白天将鹅放在野外散养，晚上赶回鹅圈内饲养。规模化养鹅场一般采用圈养。

养蚕，通过人工饲养蚕获得蚕茧，将蚕茧抽丝而获得天然蚕丝。蚕丝是中国丝绸品的主要原料。

三、采养技艺与习俗

端午采药，重庆民间流传“端午节前都是草，到了端午便成药”的俗谣，于是在端午期间，人们养成了去郊外踏青采药，全家老少洗药浴驱“蛇、蝎、蜈蚣、壁虎、蟾蜍”五毒，以求辟邪禳毒、幸福安康的民俗。

打猪草，采集猪食用的野生植物。重庆方言“打”即“割”“采”“摘”的意思。

割牛草，采集牛食用的野生植物。

放羊，将羊群赶到野外草场上，让羊自己寻草进食。

放鸭，将鸭群赶到野外水田或池塘中，让鸭自己觅食。

割蜂糖，将蜂笼里蜂巢中的蜂蜜提取出来的过程，俗称“割蜂糖”。割蜂糖一般每年有两次，夏天的蜂糖叫“菜花糖”，冬天的蜂糖叫“茶花糖”。割蜂糖在天刚亮时进行，有烟熏、割糖勒子、糖与勒子分离、过滤共四道工序，两个多小时可割完一笼蜜蜂的糖。

招蜂王，俗称“收蜂子”，即招收家养或野生蜜蜂的过程。蜜蜂繁殖过多就会产生两只蜂王，“一巢不能容二王”，新蜂王便会带着蜜蜂离开蜂巢到别处另筑新巢，称“蜂子分笼”。养蜂人发现蜂子分笼后，就要将飞出蜂巢的新蜂王与蜜蜂收拢，放入蜂笼内让其筑巢酿蜜，俗称“收蜂子”。

四、采养设施与工具

猪圈，猪舍构筑物，通常建在农舍厕所的粪池上，用木板或石板围成，内置木质或石质猪食槽。

牛圈，牛舍构筑物，俗称“牛栏屋”，通常建在农舍旁。

羊圈，羊舍构筑物，通常建在农舍旁。

鸡圈，鸡舍构筑物，通常建在农舍屋檐下。鸡圈形式多样，早时是用木材制作成有门、有腿、长方形的封闭箱柜作为鸡圈，有夜晚躲防黄鼠狼等野兽的功能。

鸭圈，鸭舍构筑物。流动放鸭人的住宿设施，俗称“鸭棚子”。

蜂桶，饲养蜜蜂的器具，圆形桶状的称“蜂桶”，方形的称“蜂箱”。

猪食桶，饲养用具，是上部有钓状把手的木水桶。

猪食槽，简称“猪槽”，饲养用具，长条形凹槽，有石质、木质猪食槽。

牛索，牵引牛的绳索。牛索要从牛的两个鼻孔中穿过，牛才服服帖帖地听人牵引。

牛嘴笼，简称“牛笼”，也称“牛鼻圈”，防止牛进食的竹编笼罩。

铡刀，饲养用具，由底槽与有把的长刀组成，长刀一头固定在底槽上，另一头有把并可上下活动，用于铡碎草料。

第五节 采掘冶炼

一、采 掘

采石，开采石条、石板等石料的劳作。传统采石是根据岩层产状，用錾子开出切割线和楔眼，塞入大小不同的楔子，然后锤击楔子，以“胀开石头”的楔裂法；现代采石场是用机械切割开采石料。

采煤，是把煤炭从地下或地表开采并运离现场，可分为露天开采与地下开采两种方式。

淘金，用淘盘将江河中的泥沙洗涤掉，找出泥沙里的天然金沙的劳作。

二、冶 炼

冶锌，冶炼锌矿的劳作。锌，也称“白铅、水锡、白水铅、倭铅”等，在石柱、丰都、酉阳、忠县等地有明清冶锌遗址20余处。锌矿主要分布在石柱、丰都交界处的七曜山脉一带。重庆古代冶锌技术是采用“下火上凝”式泥罐密封蒸馏法的火法炼锌。2013年5月，国务院公布重庆冶金遗址群为第七批全国重点文物保护单位。图为石柱土家族自治县全国重点文物保护单位重庆冶锌遗址群的冶锌矿渣。

熬硝，提取硝的劳作。硝，也称“硝盐”，俗称“火硝”，古代制造火药的主要原料。硝土，呈白色含硝的泥土，硝在泥土中生成似盐非盐的白色晶体，多生成于溶洞内或墙根土砖上。传统提取硝的方法，称“熬硝”，主要有挖硝土、淋硝水、熬硝、提纯四个步骤。在石柱、丰都、武隆、彭水、酉阳、巫山、奉节、南川、綦江等区县的天然溶洞内，均有古代采硝、熬硝的遗址。

烧石灰，是以含有碳酸钙成分的石灰石、白云石、白垩、贝壳等为原料，经900℃～1100℃高温煅烧而发生化学变化，转变为呈白色的氧化钙，称“生石灰”，将生石灰加水后则称“熟石灰”，可作为建筑材料使用。传统煅烧石灰采用圆窑，主要有采石、装窑、煅烧、出窑等步骤。

第二章　商贸工匠民俗

第一节　商　贸

一、商贸方式

集市，俗称“场”，坐商商贸经营的街市，是指人们定期、定点聚集在一起进行生产生活商品交易的场所，在重庆各区县以“场”命名的村镇，通常都是村镇商贸集市。场镇是一个地区社会政治、经济、商贸、文化的中心和商贸物流集散枢纽，传统场镇按行业、区域可设立专业集市，常见的有“菜市、柴市、米市、猪市、牛市、窑市”等专业行商集市，现代场镇则设立有金融、餐饮、娱乐、服装、建材等专业商业街区或综合超级卖场。

店铺，俗称“店子、铺子”，即商店，是陈列商品货物、坐商进行贸易活动的场所。民间习惯按店铺营业场所“店面”“铺面”面积的大小，称大者为“店”，小者为“铺”。店铺一般以店主姓氏、地名、商品种类、吉祥词语等来命名，常见的店名以“号”“堂”“庄”“行”“斋”“铺”“馆”“店”“栈”“坊”“居”“记”等字结尾。

商号，也称“字号”，既指传统钱庄、店铺、客栈、作坊等商贸经营场所，也表示店铺的招牌或品牌、商标等。

当铺，古称“质库、寺库、解库、典铺”等，是收取动产和不动产作为抵押，向对方放款收息的商铺。

钱庄，有“银号、票号、钱庄、钱店、钱铺”等多种名称，是产生于明代以后的金融信用机构，是现代银行的雏形。

布行，专营丝绸棉布买卖的店铺。

肉行，专营肉类食品买卖的店铺。

米行，专营粮食买卖的店铺。重庆渝中区千厮门、南岸区米市街，曾经是重庆米行会集的老街和粮食交易市场。

杂货店，也称“杂货铺、南杂店、小百货店”，是以经销日用百货、家居用品等小件商品为主的店铺。

客栈，俗称“栈房”，是为客商提供食宿服务的店铺，现代“酒店、宾馆、旅馆、旅店、饭店”，是可提供食宿、休闲、娱乐、会议等多功能服务的经营场所。

饭店，俗称“食店、馆子”，是提供餐饮服务的店铺。现代“饭店”也可提供食宿、休闲、娱乐等多功能服务。

酒楼，也称“酒肆、酒舍、酒店”，是仅提供餐饮服务的店铺。

茶馆，也称“茶肆、茶坊、茶寮、茶社、茶室、茶楼”等，为人们提供品茶、交际、休闲娱乐等场所，有“小茶馆，大社会”之称。在茶馆通常有四川扬琴、评书、清音、金钱板等演出活动；在茶馆内的川剧“玩友”坐唱，俗称“打围鼓”。重庆现存老茶馆有沙坪坝磁器口的“翰林茶园”，渝中区十八梯桥洞下的“梨园茶社”，厚池街38号的“神仙茶馆”，人民公园的“坝坝茶”和“长亭茶园”，两路口老体育场旁的“其香居茶馆”。上图为重庆九龙坡区黄桷坪正街20号的老茶馆“交通茶馆”。

茶摊，是季节性、流动式地设立在路边，无固定的场所，为过往行人提供茶水的茶馆。

货栈，古称“邸店、榻房、牙行”，是为商品购销双方充当交易介绍人，提供代购、代销、代储、代运等服务的居间商和贸易服务组织。现代则称“仓库”，仅指堆放、储存货物的场所和经营商品储存的企业。重庆南岸区米市街现存的“合记堆店”遗迹就是米商们堆放大米的仓库。

幺店子，也称“路边店”，是在乡村道路岔路口或场镇之间的半途中，供客商、力夫购物、食宿、歇息，小规模、单家独户的店铺。

穿心店，道路从店铺当中穿过去的店铺。“两头失路穿心店，三面临江吊脚楼”就是石柱巴盐古道上穿心店的真实写照。

① ②
③

①地摊，临时在地上陈列、销售货物的摊子。

②夜市，仅在夜晚销售货物、营业的店铺或场所，有小商品夜市、特色美食夜市、观光夜市、休闲娱乐夜市等。重庆著名夜市有渝中区两路口夜市、江北区洋河夜市、渝北区花卉园夜市、南岸区回龙湾夜市、沙坪坝区重大工人村夜市、九龙坡区黄桷坪夜市和石桥铺夜市、大渡口区九宫庙夜市等。

③超市，也称“自选商场”，是指商品开架陈列、顾客自助购物、货款一次结算的现代商品零售企业。

托运，物流运输，指托运人委托托运公司将货物运输到指定地点和指定收货人的服务。古代托运机构有驿站、民信局、镖局、河帮、盐帮等，托运方式主要以水路和陆路托运为主，现代托运有内河水路、海航、陆运、空运等多种方式，托运机构有多种形式。

快递，物流运输，是指被委托人将货物运送至委托人指定收货地点或收货人的服务。古时快递称“急传、步传、步递”，从事此类工作的人称“健步、邮人、驿骑手”等，现代称“快递员”。

行会，也称“行帮”，按相同小手工者或制造业构建的民间团体，如屠宰行、丝绸行、铁作行、木作行、石作行等，古时以交通运输工具及形式组建的行会有船帮、漕帮、车帮、马帮行会，以货物种类组建的行会有盐帮、油帮、米帮。

船帮，古时重庆长江航运业的行会。船帮即船工的民间团体，在清朝后期，重庆船帮以朝天门为界，将长江上游的船帮称“上河帮”，长江下游的船帮称“下河帮”，嘉陵江的称“小河帮”，形成三大木船帮派。其中上河帮分为“富盐帮、金堂帮、嘉阳帮、叙渝帮、合纳帮、津渝帮、綦江帮”七帮；下河帮也称“川楚八帮”，有“大红旗帮、长涪帮、忠丰石帮、万县帮、云开奉巫帮”川五帮，“长旗帮、短旗帮、庙宜帮”楚三帮；小河帮分“渠河帮、合州帮、遂宁河帮、保宁河帮”四帮。另有来往于重庆之间的“木洞洛碛帮、长寿帮、忠石帮、涪陵帮、万县帮”揽载五帮，重庆各区县船帮九个，在川江木船运输业中，重庆有三十三个船帮。

商会，按商贸行业或地域同乡关系构建的民间团体多称“商会”，如四川商会、天津商会等，商会、行会都要议定行规、业规，成员共同遵守，对内调解纠纷，对外争取利益。

会馆，也称“公所”，商会、行会、行帮等民间团体活动或同乡聚会的场所，通常以寺庙建筑作为会馆场所，如重庆市渝中区禹王宫是湖广会馆，石柱县西沱镇关庙是山东会馆，酉阳县龙潭镇万寿宫是江西会馆，綦江区东溪镇南华宫是广东会馆。根据清至民国的区县地方志统计，重庆有湖广会馆、江西会馆、广东会馆、福建会馆、山西会馆、陕西会馆、浙江会馆、江南会馆、齐安公所、临江公所、长沙公所等会馆公所约390所，其中最多的有大足63所、铜梁62所、江津59所、云阳54所。在20世纪80年代，重庆各区县的会馆建筑还尚存330多所，其中湖广会馆140所、江西会馆82所、广东会馆46所、福建会馆27所、陕西会馆25所、贵州会馆7所、江南会馆5所、云南会馆1所、山西会馆1所。

坐商，古称“坐贾”，是有固定的商贸经营场所、经营时间、店铺名称、货源仓储，坐等购物者上门的商家或商人。

行商，是无固定商贸经营场所，外出流动经营、长途贩运的商贩或商人，如小摊贩、货郎等。货郎，俗称“担担客”，他们肩挑货担，走街串户，从古至今依然存在。盐帮、粮食帮属于长途贩运的行商团体。

老板，即掌柜，是店铺、商号、旅馆、酒店、工厂、作坊、公司等各类机构法人的俗称，古时称坐商为“老板”，行商为“商贩”。

账房先生，也称“师爷、司爷”，古时从事商铺财务管理工作的人。

学徒，古时“徒弟”的称呼，拜师学艺的新手。中国古代工匠技艺传授通常采用“师徒制”，拜师者要有引荐人和担保人，师徒双方签订拜师学艺契约，举行拜行业祖师，叩拜师傅、师母，聆听师傅宣读门规，师傅训话及赐名等拜师仪式，才能正式成为学徒；学徒三至七年后方可出师。出师时，要举行祭拜祖师爷，向师傅、师母行三拜九叩的大礼，师傅给徒弟赠送工具，徒弟办谢师宴等出师礼仪。

堂倌，也称“茶博士、幺师、跑堂、伙计、酒保、店小二”等，是古时民间对客栈、饭店、茶馆、酒店等服务人员的称呼。

商贩，销售货物的个体商人，按销售货物的品种，有“猪贩子、牛贩子、药材贩子、草鞋贩子、油盐贩子、蛋贩子”等称呼。

掮客，也称“行户、中人”，是古时促成买卖双方签订买卖契约，从中收取手续费或佣金的商人。现代称“经纪人”，与其功能类似的机构称中介机构，如房产中介公司、婚姻介绍所等。

背脚子，也称“背二哥、背老二、脚夫”，以人力背运货物为生的力夫。

棒棒，古称“挑夫、挑子客、担担”，以人力挑运货物为生的力夫。

挑水工，以提供挑水、送水服务为生的力夫。民国时期，重庆主城区及万县、奉节、巫山等沿江区县城市的市民的生活用水主要靠长江、嘉陵江，催生出以提供挑水、送水服务为生的挑水工行业；在城镇有自来水厂以后，挑水工仍到自来水厂挑水上门售卖，按距离长短收取费用。

纤夫，也称“扯船仔”，靠以纤绳帮人拉船为生的力夫。纤夫有头纤或纤头、二纤、三纤、拣碗等分工，拣碗是专门负责清理障碍、整理纤绳的纤夫。桡夫子，也是行船纤夫，平时水缓时划船推桡，滩口水急则上岸拉纤行船。

更夫，俗称“更人、打更的”，古时民间在每天夜晚敲竹梆子和打锣，提醒人们防火、防盗，巡夜报时辰的人。更夫通常有两人，一人敲梆，一人打锣，一人打更时仅敲竹梆或打锣。打更时先敲梆后打锣，每隔一个时辰敲打一次，一夜要敲打五次，第五次敲打时鸡叫天亮，俗称“五更天”。五更用敲梆和打锣的次数来区分。戌时打一更，在晚上7点打更，也称“打落更”，一慢一快，连打三次，口喊“天干物燥，小心火烛”；亥时打二更，在晚上9点，打一下又一下，连打多次，口喊“关门关窗，防火防盗”；子时打三更，在晚上11点，一慢两快，口喊“平安无事”；丑时打四更，在凌晨1点，一慢三快，口喊“天寒地冻，被窝热烘”；寅时打五更，在凌晨3点，一慢四快，口喊“早睡早起，保重身体”。

轿夫，用轿子、滑竿等交通工具，运送旅客或货物的力夫。轿夫在抬轿子或滑竿时，必须配合默契，步伐要协调一致，同起同落，前面的轿夫要向后面的轿夫“报路”，后面的轿夫也要即时“应路”。在长年累月的劳作中，轿夫们也创作了一套“报路”行话和“轿夫号子”。右图为正在表演的“悦崃轿夫号子”。

二、商贸工具

斗，计量体积的木制量器，也是我国传统市制容量单位，十升为一斗，五斗为斛，十斗为石，二斤半为一升，二十五市斤为一斗，一石为二百五十市斤。斗分私斗、官斗。私斗多用于民间，上口大下底小，上口中间有斗梁的正方形椎体；官斗通常是口大底小的倒正方形椎体，腰部或顶部有把手。

升，也称“升子”，计量体积的木制量器，口大底小的正方形椎体，十升为一斗。

算盘，计算工具。算盘为长方形木框，内嵌直柱，称“档”，一般有九档至十五档，档中串有算盘珠，可上下拨动。木框有横梁，横梁上有两珠，每珠代表数字五，梁下有五珠，每珠代表数字一，定位后拨珠可做加减乘除等运算。珠算口诀有加法口诀、减法口诀、乘法口诀、除法口诀四种。2013 年 12 月 4 日，中国珠算被联合国教科文组织列入人类非物质文化遗产名录。

杆秤，俗称“杆杆秤、手提秤”，测定物体质量的衡器。传统杆秤是运用杠杆原理来测定物体质量，有戥秤、盘秤、钩秤三种，杆秤由刻有秤星的秤杆、秤砣、秤纽提绳、秤盘或秤钩等组成，秤杆上的刻度按“两、钱、分、厘、毫”单位划分。民国以前的杆秤是十六两为一市斤，1959年改为十两为一市斤，现在改为公斤制。戥秤是称金银、药材、珠宝等贵重物品的小秤，最大单位是“两”，最小单位可达到“厘”或“毫”。现代秤有磅秤、台秤、案秤、天秤、弹簧秤、电子磅秤、托盘天平、装载机电子秤等。

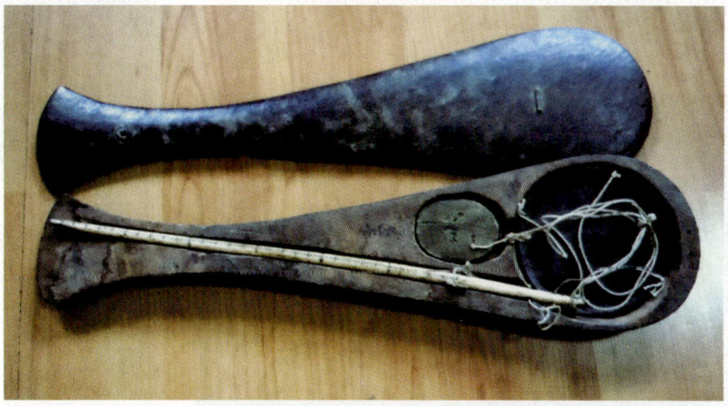

尺，测定物体长度的量具。中国市制长度单位有“微、忽、丝、毫、厘、分、寸、尺、丈”等名称，按十进制：十微为一忽，十忽为一丝，十丝为一毫，十毫为一厘，十厘为一分，十分为一寸，十寸为一尺，十尺为一丈，十丈为一引，十五引为一里，另有八尺为一寻，二寻为一常，市制的三尺等于国际单位制1米。古代称尺为“矩”，画圆的工具称“规”。尺的种类很多，传统土匠、木匠、石匠的尺称“鲁班尺”或“玄武尺”，尺长一尺四寸四分，尺上除了标有尺寸数字，另在尺寸数字上还对应标明避凶取吉的文字。裁缝匠的裁尺称“轩辕尺”或“三元尺”，风水师的尺称“丁兰尺”，日圭上测量日影长短、计算时辰的尺称“圭尺”。佛教戒师向僧徒宣讲戒条时的法器和旧时私塾先生体罚学生的木板条称“戒尺”，古时写字作画时用以压纸的文房用具称“镇尺”或“镇纸”，武术界形如尺的兵器称“铁尺”或“点穴尺”，但它们只是器具，而不是测定长度的量具。

账本，也称“账簿”，商品生产、货物销售与存放、现金收支、商贸交易等的记录。账本通常有总账、现金明细账、银行存款日记账、仓库存货日记账、固定资产明细账等。上图为账房先生正在记账。

货架，摆放商品、货物的器具。

柜台，是店铺摆放、营销商品的设施。柜台因店铺经营商品种类、形式不同，位置也有所不同。传统的临街日杂百货店铺，柜台通常设在大门两侧，客人一览无余，在屋外就能看货买货，所以，这类店铺的屋檐宽大，能防雨防晒。而传统的绸缎庄、银号钱庄、客栈餐馆、医馆药铺类店铺的柜台则设在店铺大堂内，方便客人挑选商品、存钱取钱、食宿餐饮、看病抓药。石柱县西沱镇老云梯街32号的盐铺柜台，是专卖盐巴的外露式青砂石盐柜台。柜台设于店铺大门一侧的窗下，一半在外一半在内，用六条石板砌成长方形柜体，柜口外侧用石板做柜台面，内侧用可翻盖木板做柜盖，柜口上方的窗户为可卸装的“装板式窗户”，销售时，不用开店门，只将窗木板卸下即可买卖。

幌子，也称“望子、帷幔、谣子、店幌、招幌”等。幌子可分为文字幌、形象幌、实物幌、象征幌四类，旗帜、灯笼、草标等也可做幌子使用。现代商场陈列商品的橱窗、公司或品牌商品的logo和商标、理发店三色斜纹转动柱等，也是幌子的延续和发展。

招牌，又叫“牌匾、匾额、铺匾”，是挂在店铺大门外或店堂内，显示店铺名称和字号的木匾。店铺招牌有竖招、横招两种，通常悬挂在店铺屋檐下的大门上方或店堂内正中的墙上，刻上店铺的字号或名称，漆成朱红色或用金字题写，也有名家题字的招牌，故也称“店招”。

商标，行业或商品品牌的标记。古时工匠们在自己制造的商品上刻画的签名或符号标记成了商标的雏形。商标是生产者或经营者在生产、制造、加工、经销商品和提供服务时，便于顾客拣选、识别商品的标志，由文字、图形、字母、数字、三维标志、声音、颜色等要素组成。右图为民国时期，西沱德盛祥商号的“露叶清香”烟叶商标。商标经国家管理部门核准注册后称“注册商标”，商标注册人享有法律保护的商标专用权，他人未经商标注册人同意不得使用。

提子，古称“角”，俗称“酒提子”，计量液体容积的量器。按中国市制，一斤的提子盛500毫升，半斤的提子盛250毫升，二两的提子盛100毫升，一两的提子盛50毫升，五钱的提子盛25毫升。在古代一角为二两，即100毫升。

货郎担，货郎行商的杂货担。

馄饨，即重庆人所言之“抄手、包面”。馄饨担，流动叫卖煮食馄饨的工具。馄饨担是木制或竹制，用扁担担着的两只橱柜，一个是火炉和小锅，一个是装有油盐酱醋等各种佐料和馄饨皮、馅儿的箱笼，可以沿街叫卖，现做现卖，随时煮食馄饨。

剃头挑子，一头挑着火炉、小锅、脸盆、小凳子，一头挑着剃刀、梳子、篦子、毛巾布单等物的工具。因挑子一头有火炉，故有“剃头挑子一头热”的俗语。

三、名店名铺

江津中山镇九龄堂药房，百年老字号药铺，始建于清初，原名“方家药铺”，清光绪十年（1884年），第九代传人方九龄将其更名为“九龄堂”，现已世传十二代，九龄堂以恪守诚信、经营“良心药”闻名遐迩。在药铺大堂上的“人参”牌匾，其“人”字在捺上加三点，变成了“心”字，这块匾额就成为九龄堂“良心药”的标志。

南岸桐君阁传统丸剂制作技艺，中医传统制剂方法。桐君阁，传统中成药著名品牌商标，百年“中华老字号”药铺，始建于清光绪二十六年（1900年），创建人为清重庆府巴县许建安（?—1909），在民间有“北有同仁堂，南有桐君阁”“老牌桐君阁，精制中成药”的誉称。桐君阁传统丸剂，选料上乘，古法炮制、药粉匀细，水分适中，制作技艺世代相传一百多年，丸剂主要有修治、水制、火制、水火共制等制作技艺，全手工泛丸工艺更是独特，丸剂蜡壳保护，卫生防潮，不霉不蛀，民间称赞道：“熊长泰的痧药（眼药），伍舒芳的膏药，桐君阁的丸药，壶中春的丹药。”

南岸陪都传统膏药制作技艺，中医传统制剂方法。唐氏膏药铺，百年老字号药铺，始建于清康熙年间。陪都传统膏药制作技艺世代相传三百多年，膏药经麻油浸药、烈火煎沸、文火久熬、药枯过滤、药油滴水成珠、下黄丹、加香药或贵重药或胶体性药物、去火毒、涂布冷却、烘化贴用等制作技艺而成，药效显著，海内外闻名，被中药界誉为“膏药专家”。

合川伍舒芳膏药传统制作技艺，中医传统制剂方法。伍舒芳膏药店，百年老字号，始建于清雍正年间，创建人伍宏宪。伍舒芳膏药传统制作技艺世代相传三百多年，制作技艺特点是中药熬炼火候拿捏精准，加药顺序与时机准确，制作流程主次分明。合川民间有“膏药一张，全凭各人的熬炼”赞誉伍舒芳膏药传统制作技艺的民间俗语。

南坪博粹堂中医馆，百年老字号，毛氏中医世家相传三百多年。清乾隆四十年（1775年）“湖广填四川”时，毛光祥率毛氏家族在重庆巴南区樵坪开设“毛氏药铺”，清光绪二十一年（1895年），第五代传人毛德山在重庆朝天门陕西街开办“庆丰药行”，1949年毁于重庆“九二火灾”，其弟毛儒山在樵坪坚守“毛氏药铺”行医济世，1949年后“毛氏药铺”改制成为“联合诊所”，20世纪末，毛氏后裔毛荣智、毛顺麟传承行医祖训“厚德济世”，重建中医馆，命名为“博粹堂”。

老四川大酒楼，中华老字号，创建于20世纪30年代，创建人钟易凤、严文治夫妇。精典菜品“精毛牛肉、灯影牛肉、白汁牛肚”和“枸杞牛尾汤、沙参牛鞭汤、清炖牛肉汤”是老四川闻名于世的“三汤三肉”，“老四川”也成为重庆市商务集团饮食服务有限公司的注册商标。

重庆桥头火锅，中华老字号，创建人叶荣昌、李文俊。

重庆冠生园，中华老字号，1915年创建于上海，创建人冼冠生；1939年迁往重庆市民权路45号，以粤菜和糕点闻名。

颐之时，中华老字号，民国时期著名餐饮店，1920年左右创建于成都，1948年迁至重庆，创建人罗国荣。

四、商贸习俗

赶场，也称“赶集”，民间购售物资的民俗。在重庆各区县乡镇每逢“1、4、7”或“2、5、8”或“3、6、9”日到场镇购买或出售生产生活商品，人们借“赶场”进行社交、休闲等活动。逢单日或双日赶场，称“隔日场”，县城、都市天天都是“赶场”，则称“百日场”，过春节前赶场置办年货，称“赶年场”。重庆方言用“赶场”来形容人多热闹、繁华嘈杂。

庙会，传统祭祀、商贸民俗。每逢传统岁时节日或神祇祭祀日，古代官府或民间商会、行会都会在寺庙组织祭祀活动以纪念神祇，举办节庆活动和集市贸易等。石柱县城一般在清明节、农历五月二十七、十月初一举办城隍庙会，组织城隍老爷出宫、祭拜、还愿、迎佛、回宫等祭拜仪式和娱乐、购物等活动。庙会这天，轿夫身穿马甲，抬着城隍老爷和城隍娘娘的坐像沿街巡游，人们扮成牛头、马面、黑白判官、鸡脚神、油脸鬼等大小鬼为城隍出巡鸣锣喝道，三班六房的皂隶扛着旗牌、彩旗、金龙、叶符、龙幡簇拥着城隍爷，装扮表演“钟馗捉鬼”“活捉王魁”“目莲救母”等民间故事沿街游行，采莲船、秧歌队、腰鼓队、舞龙队、舞狮队、锣鼓唢呐队浩浩荡荡随城隍老爷出城“祈雨”，为民祈福消灾，祈求来年风调雨顺、五谷丰登。庙会期间，四方百姓纷纷前来还愿许愿、祈福祈寿，在城隍庙内戏楼还演上几天川戏，县城商贩云集，摆摊设市，衣食布匹、日杂百货、土特名产、糕点小吃、说书杂耍、卖艺卖药、算命看相、测字占卜，应有尽有，整个县城大街小巷上人山人海，通宵达旦，热闹非凡。

石柱盐运民俗，重庆市非物质文化遗产，传统商贸运输民俗。石柱盐运民俗由背脚子的背夫号子、挑仔客的挑夫号子、隔山对歌、歇脚打吆喝、幺店子调侃等内容组成，反映了巴盐古道上力夫在商贸运输路途中的日常生活，浓缩了巴盐古道文化的精华。

敬财神，传统商贸祭祀民俗。中国财神分为文财神，武财神，文财神有“比干、范蠡、管仲、白圭、财帛星君、福禄寿”等，武财神有“赵公元帅、关圣大帝”，是专管财源、财运、财富的神灵，财神一般被供奉在店铺大堂或住宅堂屋内。民间普遍在农历正月初五接财神、腊月二十三或二十四送财神，商家则是天天祭拜，每天开门营业的第一件事就是敬奉财神。古时各行业的商会、行会还要在农历三月十五办“文财神会”，七月十五办“武财神会”。民国时期，石柱在春节期间有“送财神”的民俗，乞丐们用金银箔纸做成元宝，将红纸条系在木柴捆上（“财”“柴”同音），用红纸写上“福禄财神”或盖上有财神图像的红纸帖，端上一尊木雕财神像，或在脸上涂上黑色的锅烟，穿上端公道袍，装扮财神爷，沿街向商家富绅贺喜。他们来到大门前，高声喊道：“主人财门大大开，我与主人送财来：一送金，二送银，三送珍珠玛瑙来……”说完后便大声呼喊：“向主人家拜年！”此时，主人就要打发几个铜板或酸粑等食物给乞丐们。

节会，具有宗教、文化、商贸等功能的庆典民俗。节会是借用岁时节日、神祇祭祀日、国家法定节日、祭奠伟人名人等名义举办的活动。古代有正月十五的元宵灯会、三月三的上巳会、清明的寒食节、端午的龙舟节、七夕的乞巧节（女儿节）、七月半的盂兰盆会、中秋的“团圆节”、重阳的“登高节”、庙会等，现代有旅游节、滑雪节、时装节、音乐节、啤酒节、西瓜节、啤酒节、荔枝节、牡丹节、登山节等。

开业，也称“开张”，庆贺店铺首次营业的仪式。店铺开张，要选择“良辰吉日”，按“要得发，不离八”的习俗，多选逢八（农历初八、十八、二十八）的日子开业。开张时，先请财神像坐堂，再举行焚香祭拜财神、吹打鼓乐、燃放鞭炮、剪彩开门亮招牌、舞狮采青、亲友送牌匾送礼祝贺等仪式，最后主人宴请来宾称“开张酒”。在古时，重庆的茶馆开张，第一天不收茶钱，茶水管够。

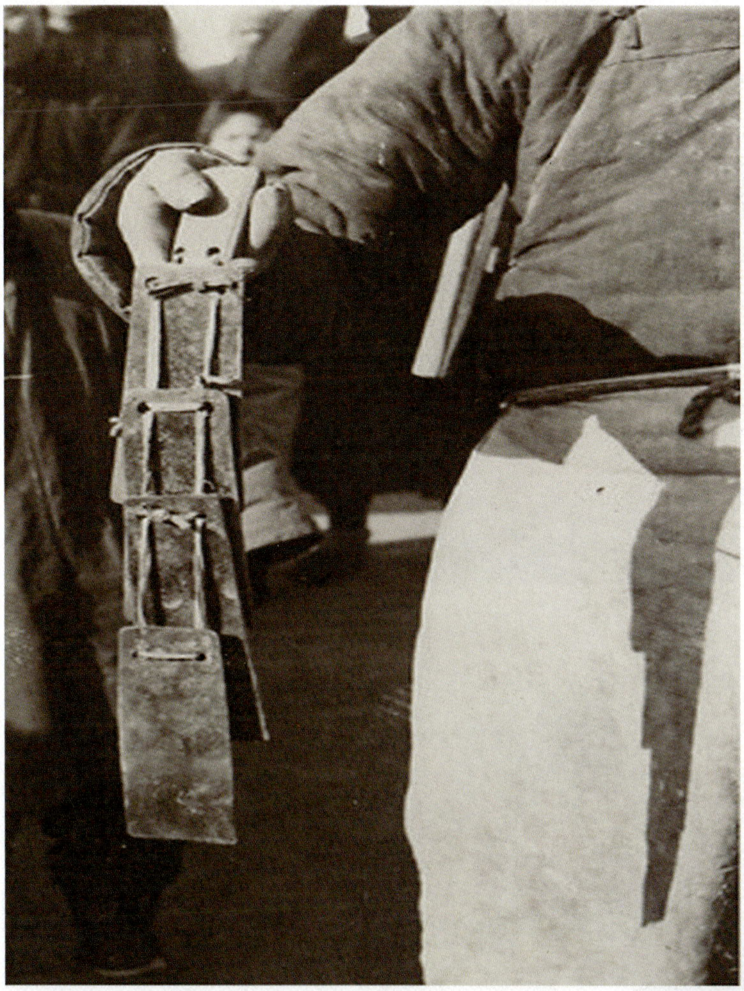

代声，用器皿的声音代替叫卖吆喝的“市声”，传统商贸广告民俗。传统流动商贩在农村或城市小街僻巷流动贩卖日用杂货，常用锣鼓、箫笛、响铁、铜铁圈、口哨等响器或乐器，来吸引客户，招揽生意，销售货物。古时，卖醪糟汤圆的敲“竹梆”，修整雨伞的甩“串铁”，卖小面、抄手、酸辣粉的摇铜铃，卖杂货的摇拨浪鼓，卖发糕、泡粑、包子的敲竹板，算命瞎子拉二胡，相面算命敲小锣，劁猪佬吹角角，现代商业的代声则是视频加音响，更加丰富直观。左图为小商贩叫卖吆喝的串铁。

角角调，一种古代叫卖吆喝的代声，传统商贸广告民俗。在重庆武陵山少数民族地区，阉割师傅、修补师傅在走乡串户时，吹起用羊角制成的哨子，来吸引客户，招揽生意。黔江角角调，重庆市非物质文化遗产，由传统角角调演变而来，演绎成为一人独吹独演、二人对吹对演、多人合奏附和、边吹边说的民间艺术形式。

请会，也称“打会”，民间传统集资筹款方式。请会由筹款组织者称“会主、会首、首会”和若干会员组成。请会时，由会主、出资人进行集资，会主再将筹集到的资金用于投资，出资人收取利息。在民间，打会则是筹款人邀约亲朋好友，每人、每次拿出相同资金交给会中一人，会员按约定顺序依次收取所有会员交纳的钱，达到集资目的，俗称“转转会”。

袖筒捏价，商人间在交易中相互议价的方式。在古时，商人们交易议价采用袖筒捏价，即交易双方用袖筒遮住手指，摸捏对方的手指多少或指式来讨价还价。通过这种隐蔽式议价方式，外人就不会知道买卖双方的询价定价结果，只有买卖双方自己知道。

冲壳子，力夫在运输货物途中歇息的方式。在土家族地区，苞谷收割后，苞谷壳留作柴火，人们就会将苞谷壳集中存放在屋内或街沿上，力夫为了节省盘缠，晚上就在客栈老板家中的苞谷壳堆里睡觉。力夫睡觉时从苞谷壳堆下面往上钻，让苞谷壳作为被条以保暖，这种睡觉方式俗称“冲壳子”。冲壳子在土家方言中也有“聊天吹牛”“说大话”的意思。

第二节　工　匠

一、工匠种类

银匠，制造和修理银器皿、首饰等银器的工匠,工具与金匠相同。上图为银匠正在加温银块。

金匠，也称“打金匠”，制造和修理黄金器皿、首饰等金器的工匠。从事黄金、白银、珠宝首饰加工的匠人，统称“金银匠”。金匠主要有炉、风箱、坩埚、铁砧、板锤、镊子、锉刀、夹子、剪刀等小型工具，主要有融化、做模、浇铸、去模、敲击、剔眼、修剪、清洗、整修、擦拭等工序。

现代金匠有火枪、抛光机、压扁机等工具。太上老君是金、银、铜、铁、锡匠及补锅匠、窑匠行业的祖师爷，每年农历二月十五或二月十九举办“祖师会”祭拜。

铜匠，制造和修理铜质生活器皿、首饰、乐器、佛像等铜器的工匠。铜匠主要有风箱、火炉、钢锉、铜锤、坩埚等小型工具。

铁匠，制造、锻造和修理铁质生产工具、生活器皿等铁器的工匠。铁匠工作场所称“铁匠铺”，主要有铁匠炉、风箱、铁砧、铁锤、铁钳、铁錾、铁铳、铁剪、磨石、砂轮、钢锉、铁印戳等工具。

石匠，从事石料开采、石料加工，建筑材料和生活器物制作的工匠。石匠主要有大锤、二锤、钢钎、楔子、錾子、手锤、墨斗、钢尺等工具。石匠分粗匠、细匠，粗匠指开山采石的石匠，细匠指雕刻石料的石匠。鲁班是石匠、木匠、土匠、漆匠、雕刻行业的祖师爷，每年农历六月十三举办“祖师会”祭拜。

锡匠，制造和修理锡质生活器皿等锡器的工匠。工具与金匠相同。

木匠，也称“木工”，修房造屋，制作门窗、木雕、家具等木质生产生活、运输工具的工匠。木匠主要有锯、斧、锉、锤、刨、凿、钻、锉、铲、规、直尺、曲尺、墨斗、刻刀、羊角锤等工具。

瓦匠，俗称“检瓦匠”，从事建筑屋面或屋脊、墙体灰塑装饰工程的工匠。

土匠，俗称“泥水匠”，从事砌墙盖房、粉墙打灶、道路修理、地面铺装等建筑行业的工匠。土匠主要有砖刀、泥掌子、小铁锤、卷尺、水平尺、线锤子等工具，土匠按建筑部位，砌墙、粉刷墙面的称“砖匠”，屋面盖瓦、检修屋漏的称“瓦匠”，专门筑夯土墙建筑或砌柴火灶的也称“土匠”。

漆匠，以生漆为材料，制作漆器的工匠。传统漆器都是以漆树的天然树脂为涂料，称“生漆”，俗称“大漆”。在漆树上采割生漆的工匠也称“漆匠”或“生漆匠”。

篾匠，以竹子为原材料，加工制作各种生产工具和生活用具的工匠。篾匠主要有篾刀、“十”字形分篾楔子、度篾齿、锯、钻、凿等工具，有背篼、箩筐、凉床、凉席、桌椅、簸箕、筛子、晒席、蒸笼、提篮等产品。

补锅匠，也称“小炉匠、白铁匠、锔碗匠”，专门修补日常生活器皿的工匠。补锅匠主要有风箱、火炉、坩埚、铁砧、铁锤、铁剪、夹钳、钻头、烙铁、镪水、锉刀、模具等小型工具及铁片、铝片等修补材料；农忙时期，补锅匠也铣镰刀、修理锄头等农具。锔碗匠修补碗、盘、钵、壶等瓷器的技艺，如今已成为另破碎瓷器重获新生的重要技术。

皮匠，俗称“补鞋匠”，从事皮带加工、皮具制作或修补的工匠。制作皮革的皮匠称“熟皮匠”，俗称“硝皮匠”，是专门将动物生皮熟化、软化的工匠。皮匠主要有陶缸、裁刀、剪刀、刮刀、锥子、锤子、钳子、缝针、切刀、钉子、石蜡等工具，孙膑是皮匠行业的祖师爷，每年农历八月十八举办“祖师会”祭拜。

裁缝，也称“缝纫匠、缝衣匠”，裁剪、缝制衣服的工匠。裁缝主要有缝纫机、裁缝剪刀、直尺、软尺、画粉、电熨斗、针线等工具。古时，没有缝纫机，裁缝就手工缝制衣服，没有电熨斗，就用木炭熨斗。黄帝轩辕氏是裁缝行业的祖师爷，每年农历九月十六举办“祖师会”祭拜。

剃头匠，也称“理发匠”，俗称“刮刮匠”，今称“理发师”，从事理发、洗头、修面、刮胡、掏耳、正骨、推拿按摩等的工匠。剃头匠主要有推剪、剪刀、梳子、剃刀、刷子、粉扑、肥皂等理发工具和洗发用品。现代理发师增加烫发、染发、按摩、发型设计、梳妆、美容化妆等服务。吕洞宾是理发行业的祖师爷，每年农历四月十四举办“祖师会”祭拜。

磨刀匠，打磨菜刀、剪刀等各类刀具的工匠。磨刀匠主要有长板凳、磨刀石、锉等工具。长板凳上一头安装一块磨刀石，另一头安装工具箱。磨刀匠将其扛在肩上，大声吆喝着“磨剪子嘞，戗菜刀……”，走街串巷为人磨刀磨剪。磨刀剪时，根据刀剪的新旧及钢火硬度，先粗磨，然后细细打磨直至锋利。

打油匠，俗称“榨油匠”，采用传统工艺，人工榨取植物油料的工匠。榨油主要有锅、灶、木甑、碾盘、榨筒、油箍、油锤等设施。

弹花匠，俗称“弹棉郎”，弹棉花加工棉絮的工匠。弹花匠主要有弹弓、弹槌、吊杆、竹帘子、铲头、磨盘等工具，棉絮加工有弹棉花、量尺寸、铺棉絮、压棉絮、牵丝、铺棉纱、磨棉被、缝棉被等工序。

窑匠，也称“砖瓦匠”，制作、烧制砖瓦和陶瓷器的工匠。窑匠主要有竹弓、砖斗（砖模）、瓦桶等工具及窑场设施。

画匠，也称“画工”，从事建筑、器物等物体绘画装饰的工匠。吴道子是画匠的祖师爷，每年农历十月初四举办“祖师会”祭拜。

染匠，以天然染料给布匹染色的工匠。染匠主要有灶炉、锅、缸、缸罩子、担缸板、晾晒架等工具及数种天然染料。梅福、葛洪称“梅葛二圣”，是染织业的祖师爷，每年农历四月十四和九月初九举办“祖师会”祭拜。

桶匠，也称“圆作木匠”，俗称“箍桶匠”，专门制作与修理脸盆、脚盆、水桶、马桶、米桶、澡桶、锅盖等日用品的工匠。箍桶匠的主要工具与木匠相同，另有外圆刨、板凳刨、削刀、刮刨、脚刨、内圆刨、斜凿等工具。

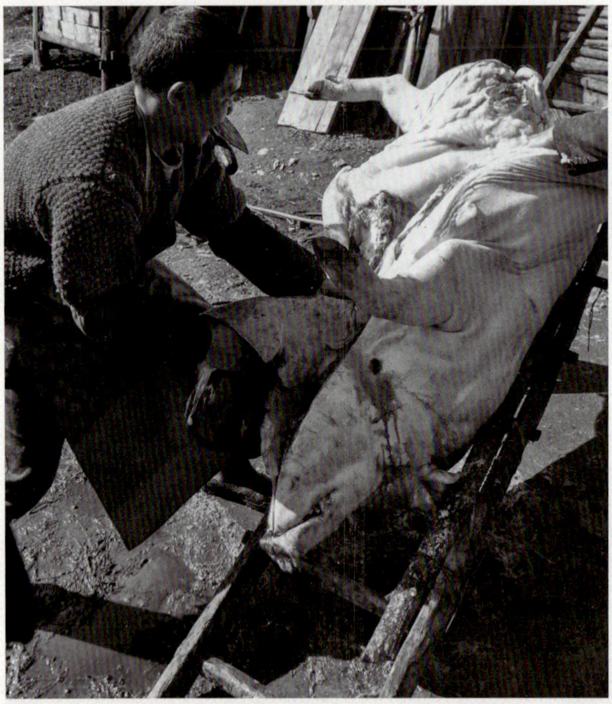

杀猪匠，也称“屠夫”，俗称“刀儿匠”，宰杀生猪等牲畜以及卖肉的工匠。张飞是屠宰业的祖师爷，每年农历八月二十三举办“祖师会”祭拜。

骟匠，俗称“劁猪匠、劁劁匠”，专门阉割猪、牛、马、鸡等牲畜睾丸或卵巢的工匠。骟匠主要有羊或牛角号、小划刀、小挑刀、小弯刀、针、线等工具。

钟表匠，从事钟表修理的工匠。

二、工匠技艺

石柱土家族吊脚楼营造技艺，传统手工技艺。吊脚楼是重庆少数民族地区特有的民居建筑，吊脚楼通常依山筑台而建，由朝门、正屋、左右厢房、天井院坝等形成“钥匙头”“撮箕口”“转角楼式”“四合水式”的院落。院落的左右厢房一头与正房相连，另一头底层仅靠柱子支撑，有柱无壁，二楼回廊转角，廊柱悬空吊脚，并刻垂瓜装饰，故称“吊脚楼”。吊脚楼为全木穿斗结构，雕花门窗，走马转角，雕花栏干，青瓦屋面，飞檐翘角。正屋中为堂屋，是土家人祭祀祖先、举办红白喜事的场所，左右两边稍间用于火塘、做饭、长辈居住，左右厢房上为儿女居住，楼下是猪牛栏圈或堆放杂物，院落天井石坝坪为晒谷所用。石柱土家族吊脚楼“千柱落地”式穿斗结构独特，建筑无图，依地布局，结构尽在掌墨师心中，建筑无钉无铆，柱梁榫卯相联，雕花技艺精湛。

造纸技艺，传统手工技艺。民间传统造纸主要有取料、制料、制浆、成型、干燥等工艺流程，有砍刀、舀子、作坊、木榨、地甑、浆缸、料池、石碾、石碓、刮刀、木锤、搅拌器、木桶等工具。

锻造技艺，传统手工技艺。大足龙水锻造菜刀、剪刀等各类刀具闻名重庆。

木梳制作技艺，传统手工技艺。重庆谭木匠木梳、奉节夔梳传统制作技艺均源于古代巴人，采用传统工艺，用料上乘，造型古朴。

永川松溉熊氏杆秤制作技艺，传统手工技艺。永川区松溉熊氏家族制作的木杆秤、骨杆秤因选材考究、制作精良、计量准确、经久耐用而闻名。

铜梁木匾工艺，传统手工技艺。铜梁木匾雕刻技法古朴、漆艺精湛、工艺讲究、内容丰富，融语言、书法、雕刻于一体，集思想性、艺术性、史料性于一身。

万州桐油手工压榨技艺，传统手工技艺。万州普遍种植桐树，其桐油压榨技艺从元代起至今已有700多年的历史，万州也是我国桐油生产量、销售量最大的地区。桐油压榨主要有榨糟、碾盘、蒸锅、烘炕等设施，主要工艺有收获（俗称“打桐籽、捡桐籽”）、堆码（俗称“捂桐籽”）、去外皮（俗称“朝桐子”）、去内皮（俗称“破子”）、烘干、碾压（俗称“粉子”）、薰蒸脱硫、踩饼（俗称“踩枯”）、上榨、打榨（俗称“打油”）、出油、过滤、装桶等工序。

花丝镶嵌传统工艺，也称“细金工艺”，传统手工技艺。花丝镶嵌是“花丝”和“镶嵌”两种技艺的融合，花丝是将金、银、铜加工成丝，采用掐、填、攒、焊、编织、堆垒等装饰技艺，镶嵌则是以挫、锼、捶、闷、打、崩、挤、镶等手工技法镶嵌珍珠、宝石；工艺流程有设计、下料、制胎、描图、划线、做丝、粘丝、焊丝、錾活、洗活、选石、粘嵌、组合、镀金、镀银等。

重庆漆器髹饰技艺，也称“重庆大漆制作技艺”，传统手工技艺。重庆漆器以研磨彩绘、金银粉分光罩漆、彩色蛋壳镶嵌、夹纻胎、堆漆塑像等极富地方特色的工艺著称。其表面光润坚滑，色彩富丽，纹样丰富。

奉节打牮拨正，传统手工技艺。传统建筑木构架中的主要构件发生倾斜、扭转、拔榫或下沉时，奉节木匠运用杠杆原理，不拆散木构架而使构件复位的方法称“打牮拨正”。

铜梁何氏制墨技艺，传统手工技艺。何氏制墨要经过四十多道工序、十大步骤，墨模雕刻尤为精湛。

荣昌书画传统装裱与修复技艺，传统手工技艺。荣昌书画传统装裱与修复，以选料精良、配色素雅、装研熨帖、款式多样、裱工精佳著称。书画装裱主要工序有托心、方裁、刺配镶料、镶嵌、四裁、转边、粘串、配背、扶活、研光、批串、配杆、钉绦圈、包头、上杆、系绦、封箍、扎带等步骤；书画修复主要有漂、洗、揭、刮口、上胶矾、贴直条、隐补、接笔、全色等技法。

荣昌陶器制作技艺，传统手工技艺。荣昌陶器有“薄如纸、亮如镜、声如磬”的特点，样式美观大方，色彩古朴淡雅，质地轻薄，传热快，无龟裂，素有“泥精”的美称。

秀山龙凤花烛，传统手工技艺。龙凤花烛制作有制色蜡、做烛芯、浇铸龙凤烛胚、穿衣上红、雕龙画凤、手工贴花造型等工序，做工精美，色彩绚丽，雍容华美，流光溢彩。

盆景制作技艺，传统手工技艺。北碚静观花木蟠扎技艺以蟠扎、桩头、盆景见长，技艺独树一帜，有裁、剪、扎、接、雕等技法，是我国五大花卉流派之川派艺术的发祥地之一；南山盆景技艺有修剪、编扎、蟠扎、造型等技法，以古朴严谨，虬曲多姿，讲究“三弯九倒拐”而被称为“川派盆景”。

北碚玻璃器皿成型刻花工艺，传统手工技艺。北碚玻璃器皿于清光绪三十二年（1906年）由实业家何鹿蒿从国外引进，后经历代技术人员开发研制，将剪纸艺术的刻画工艺及手工刻花、手工精雕工艺和众多民间艺术技巧融为一体，形成了具有晶莹剔透、光滑如镜、造型独特、高雅华贵的特点，系统的玻璃器皿艺术品，以套色玻璃刻花器皿和颜色玻璃著称，其代表作有“大孔雀花瓶”“五粮液套色玻璃刻花工艺包装瓶”等。

制盐技艺，传统手工技艺。传统制盐技艺主要有开凿盐井、取卤水（盐井中含盐量高的泉水）、结晶、取盐等步骤，有上水、制卤、结晶等多道工序。

彭水青瓦烧制技艺，传统手工技艺。彭水青瓦烧制技艺主要有建窑、选土、炼泥、制坯、装窑、烧制、封窑、出窑等工序。

彭水普子火药制作技艺，传统手工技艺。彭水普子火药，俗称“黑火药”，主要配方有硝石、硫磺、木炭等物质，经人工均匀拌和炼制而成。

璧山传统牛皮鼓制造工艺，传统手工技艺。璧山传统牛皮鼓主要有选料、制鼓皮、箍鼓桶、蒙鼓皮、油漆上色等工序，鼓皮选用鲜牛皮，经过削皮、晒干、浸泡、钻孔等而成。

梁平铜乐锻造技艺，传统手工技艺。梁平铜乐锻造有碎铜、化铜、打磨、淬火、调音等工序，有大锣、小锣、包锣、马锣、钹等铜锣。

重庆周氏古船模型制作技艺，传统手工技艺。周氏古船按照《中国古船图谱》所载船型制作，船体构件均用传统木工的榫卯结构组装，是集木工、美工、雕工为一体的综合艺术品。

万盛道竹芦笙传统制作技艺，传统手工技艺。苗族芦笙由吹口、送气管、笙斗（气斗）、笙管、簧片、共鸣筒构成，结构严谨；制作主要有选竹材、制竹斗、截竹管、安装簧片、粘管、调音等6道工序。

万盛金桥唢呐传统制作技艺，传统手工技艺。金桥唢呐分为海笛、三台、二台、头台、小莽、二莽、大莽、青山莽等，制作主要有选料、风干、切割、绞管、车圆、钻孔、制唢呐杆、制铳尖、竹编喇叭口、刮灰上漆、安气盘、装麦哨等工序。

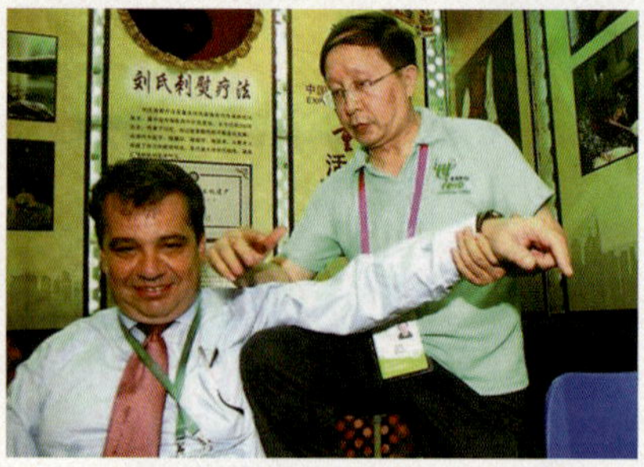

重庆渝中区刘氏刺熨疗法，传统中医技艺。刘氏刺熨疗法创始于清顺治年间，迄今约350年，已传承15代，素以针灸、火熨、滚石等治疗绝技盛名，对各种颈、肩、背、腰疼痛和内脏疾病治疗效果显著。针灸由刺血术、火熨术两部分组成，刺血术有放痧法、刮痧法、揪痧法、挑疳法、药针法、火针法、放血法、双针一罐法等。火熨术有滚蛋法、烧灯火、扑灰碗、趟热敷、滚药包、黄蜡灸、火酒法、艾灸法等，刺熨疗法属针灸中的传统火熨术。

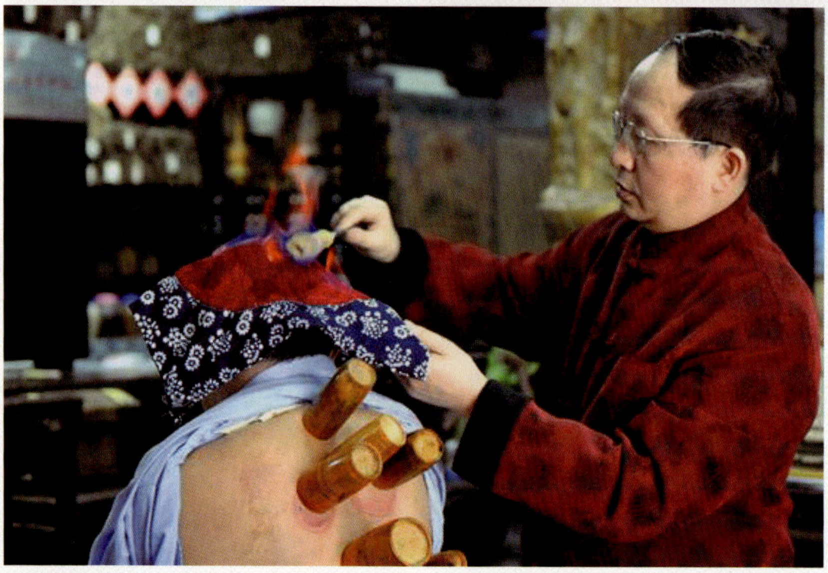

正骨，也称“接骨”，俗称“接骨斗榫”，重庆土家族称“封刀接骨”，传统中医技艺。正骨是采用摸、接、端、提、按、摩、推、拿等方法，治疗骨折、关节脱臼、筋出槽、骨错缝等骨伤科疾病的技艺。重庆渝中区燕青门正骨疗法，是中国传统武术与中医相结合的古老的伤科治疗方法，最有代表性的医术有包顺筋法、拨筋法、螺旋滚法、捏脊法、指震法、掌震法、单屈髋、双屈髋、摇髋、提跟腱等十二式和针、灸、按、摩、牵引、点穴、熏洗、外敷、内服等治疗软组织损伤九法。涪陵李志沧传统中医正骨术，始创于清顺治年间，系李氏先祖李万纲所创，以祖传的接骨手法和跌打酒、损伤膏、接骨酒、正骨膏、接骨丹、跳骨丹、生肌长肉膏等秘方盛名渝东地区。涪陵郭昌毕中医跌打损伤传统疗法，已有200多年历史，现传承至第九代，主要有接骨十法、上骱十法、上功心法、理筋十二法、捷针五法、用药五法、杉树皮小夹板固定法、请师法、禅武同修法等医术。黔江曾氏正骨术的特点是“骨折不开刀，只用草药包，不到半月下地跑”。渝中区恒合正骨推拿术的特点是有“徒手易容、空手整形正骨”之功效。

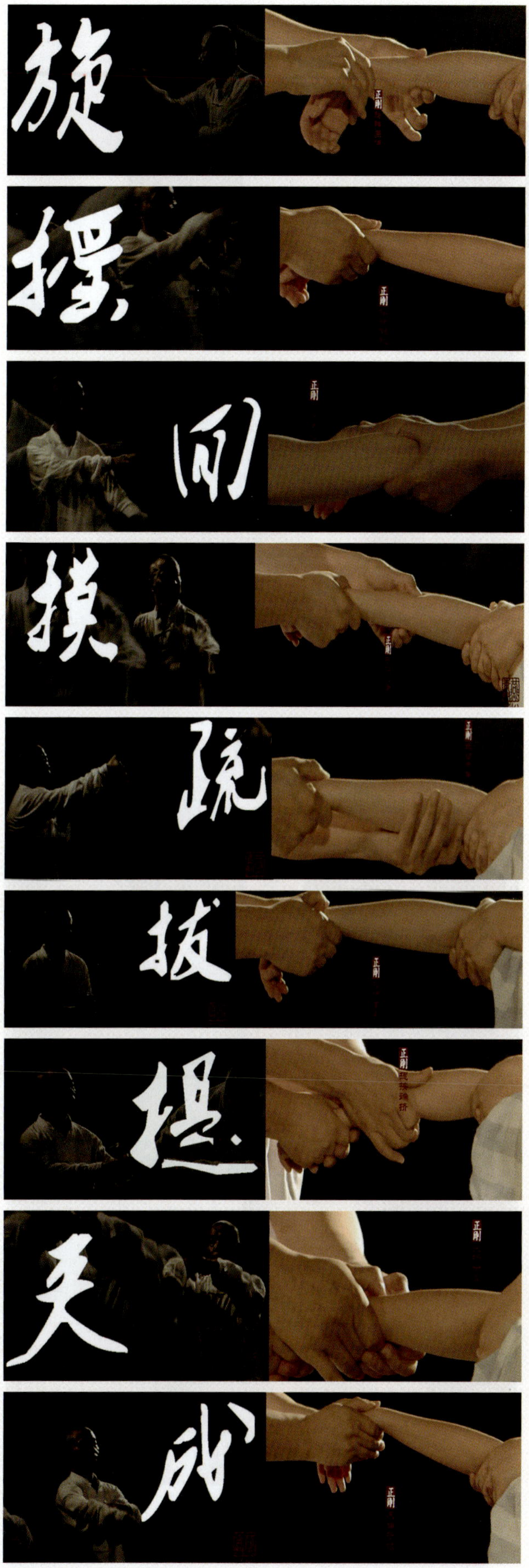

燕青门正骨疗法

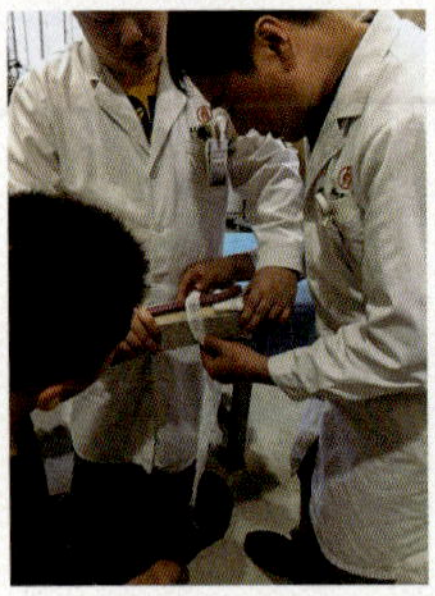

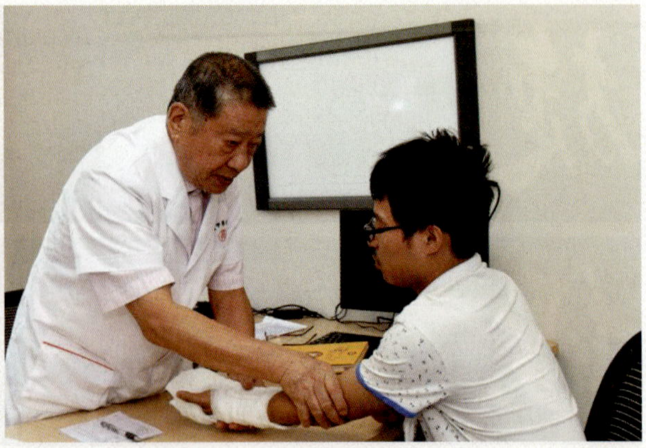

涪陵李志沧传统中医正骨术

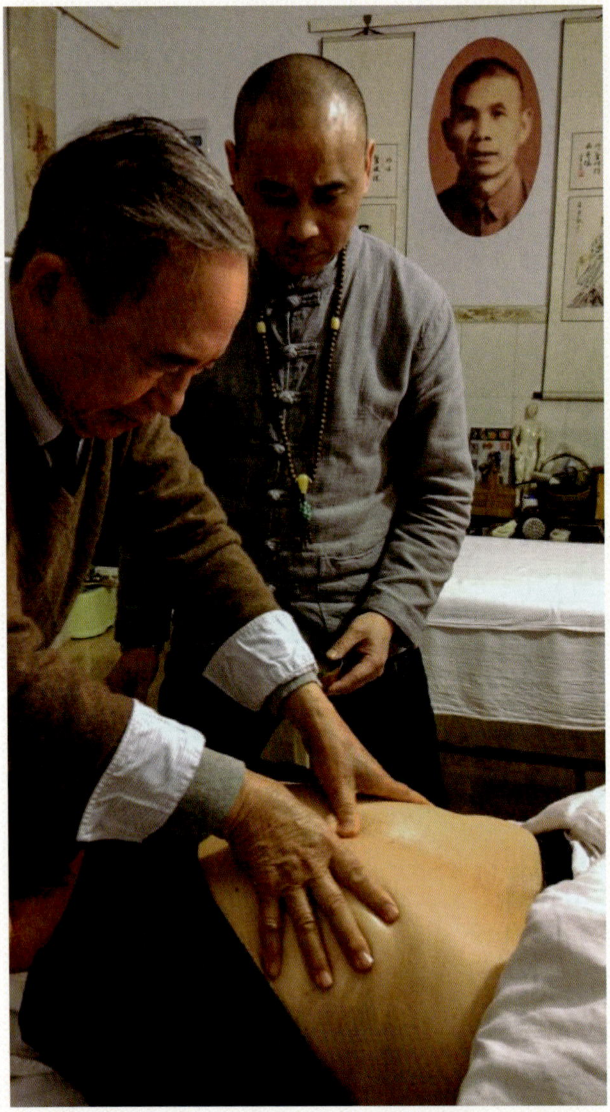

渝中区恒合正骨推拿术

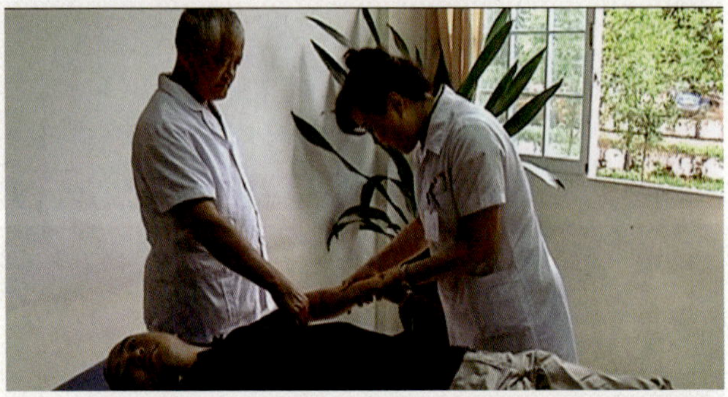

涪陵郭昌毕中医跌打损伤传统疗法

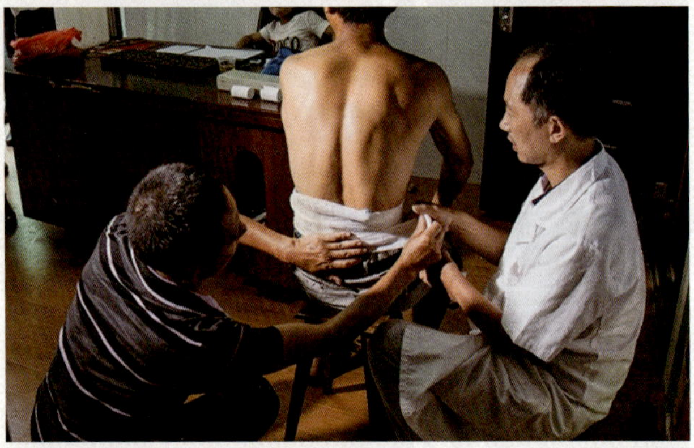

黔江曾氏正骨术

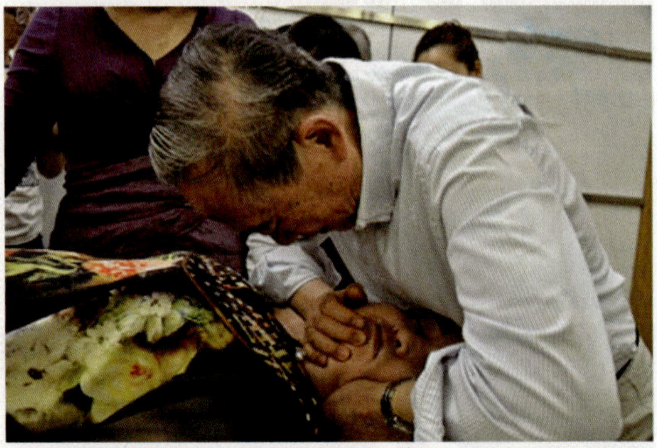

渝中区恒合正骨推拿术

江津邵氏烧烫伤消痕疗法，传统中医技艺。邵氏烧烫伤消痕疗法采用祖传无痕秘方来治疗烧伤、烫伤，有很好的功效。重庆市政府公布江津邵氏烧烫伤消痕疗法为重庆市非物质文化遗产。左图为邵氏传人正在采集中草药。

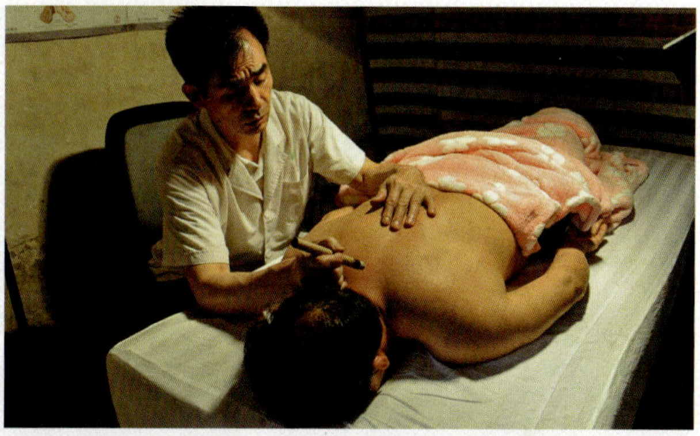

奉节柴氏推灸养生祛病法

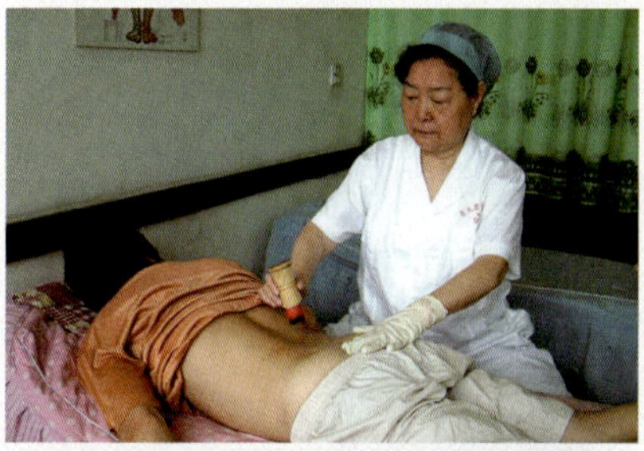

渝中区赵氏雷火灸

烧灸法，也称“艾灸法”，传统中医技艺。烧灸法属针灸中火熨术的一种技艺，渝中区赵氏雷火灸源于古“雷火神针法”，所用艾条以艾绒、沉香、木香、乳香、茵陈、羌活、干姜、麝香等为原料，外型粗壮，火猛药峻，灸疗力强，并有攻补兼施、温经散寒、活血化淤、消痰除湿、散瘿消瘤的作用。柴氏推灸养生祛病法，是以经络疏通、艾灸烤穴，将养生与治疗融为一体的祛病疗法。

大渡口老氏静卧养生法，也称“中华梦密功”，传统中医技艺。老氏静卧养生法是清末民初涪陵名医李梦常以道家“静以养生”为精髓，以似睡非睡的睡功来达到养生的目的。

黔江刘氏“捏膈食筋”疗法，也称“翻背掐筋法”，传统中医技艺。刘氏“捏膈食筋”疗法以“捏”为主，结合弹拨推拿按摩手法，从而达到调理脏腑、消食导滞、驱风除湿、平衡阴阳气血的疗效，在治疗小儿黄肿包（疳积）、隔食、肚子痛更为见效。

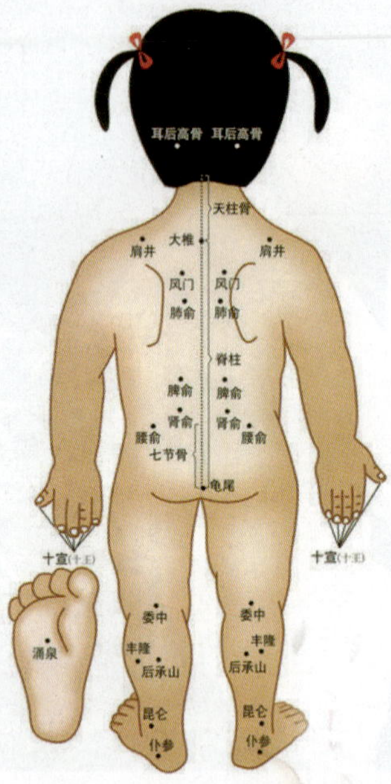

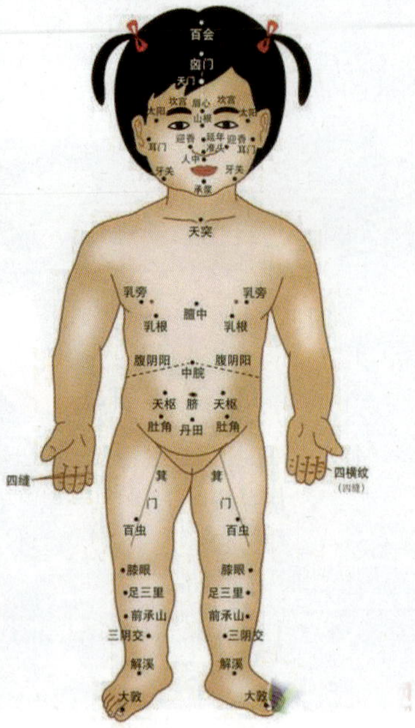

九龙坡武医合璧，传统中医技艺。九龙坡武医合璧是将武功与经络按摩结合的一种养生疗法。

彭水诸佛冯氏蜂毒疗法，传统中医技艺。蜂毒疗法，也称“蜂针疗法、蜂刺疗法”，是以蜂毒为药、蜂螯为针，刺穴位经络防治疾病的生物疗法，对治疗风湿病、类风湿关节炎、免疫力低下、过敏性鼻炎、各类神经痛、颈椎病、妇科病等有显著疗效。

扎瓦针疗法，传统中医技艺。扎瓦针疗法属于民间外治法，是以尖锐的细瓷碎片为瓦针，快速闪刺患处，使局部出血，散瘀血毒气，治疗因跌打或摔伤导致的局部肿胀疼痛，以及被毒蛇、蜈蚣等咬伤，疱疮、疔疖、癣疮等疾病的疗法。现在民间多用三棱针、银针、瓜子针等代替瓦针。

提风法，俗称“收阴术”，传统中医技艺。提风法属于民间外治法，是将熟鸡蛋、桐油和中药敷贴在小儿肚脐上，治疗小儿风寒、风热、抽筋、拉肚子、消化不食等疾病的疗法。

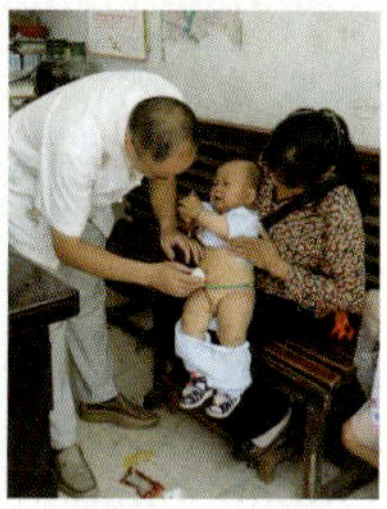

三、工匠工具

木匠工具，木质器物加工成型器具。传统木匠工具均为手工工具，主要有锯、凿、斧、铲、刨、钻、锉、墨斗、鲁班尺、角尺、规、锤等。

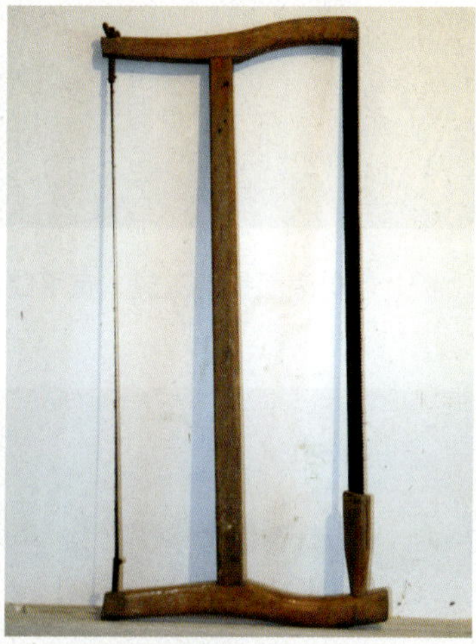

锯，俗称“锯子”，木材切割工具。按切割木材要求不同，有框锯（架锯）、刀锯、槽锯、板锯（手锯）、曲线锯（绕锯）、弓锯（钢丝锯）等。

凿，木材凿眼、挖空、剔槽、铲削工具，有平凿（板凿）、半圆凿、三角凿、斜刃凿、鱼尾凿、雕花凿等。

斧，古称“锛”，俗称“斧头、开山”，木材粗成型工具，有单刃斧、双刃斧两种。南川民间的斧形如锛，称“锛锄”。

铲，木材表面铲削工具，有平口铲（扁铲）、圆口铲、斜刃铲、菱铲等。

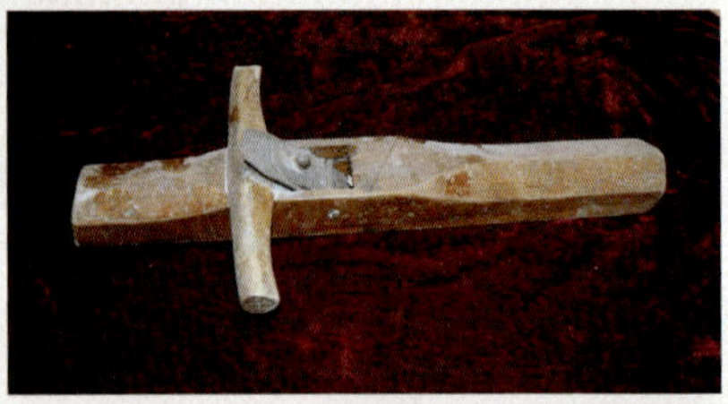

刨，俗称“推刨”，木材表面加工工具，有中长刨、细长刨、粗短刨、细短刨等。专用刨有轴刨、线刨两类。轴刨有铁柄刨、圆底轴刨、双重轴刨、内圆刨、外圆刨等，线刨有拆口刨、槽刨、凹线刨、圆线刨、单线刨等。

钻，木材钻孔工具，有牵钻、弓摇钻、麻花钻、手摇钻等。

锉，也称“锉刀”，木材表面打磨工具，有粗齿锉刀、细齿木锉刀、平锉、圆锉、半圆锉、三角锉等。

墨斗，画线定位工具。

鲁班尺，全称“鲁班营造尺”，也称“门公尺”，建筑房屋时的测量工具，后也用于测量房屋吉凶。

角尺，也称“弯尺”，直角量具，有大方尺、小方尺、小角尺（三角尺）、活角尺等。

规，画圆工具，也可做等分距离的工具。

锤，也称“榔锤”，器物矫正或锤击工具，常见的有羊角锤、圆头锤两种。

油壶，润滑锯片的工具。

铁匠工具，铁质器物加工成型器具。传统铁匠工具主要有铁匠炉、风箱、铁砧、铁锤、铁钳、铁錾、铁铳、铁剪、磨石、砂轮、钢锉、铁印戳等。

铁匠炉，也称“红炉”，铁质原料升温锻炉。

风箱，辅助铁匠炉升温的鼓风机。

铁砧，也称“蹲墩”，铁器锻造工作台。

铁锤，铁器锻造工具，有大锤、二锤、手锤、钣金锤等。

铁錾，也称“錾刀”，铁料切割工具。

铁钳，铁器锻造夹持工具，有蛤蟆嘴钳、鸡嘴钳、大小紧嘴钳、鹰嘴钳子、长嘴盖火钳等。

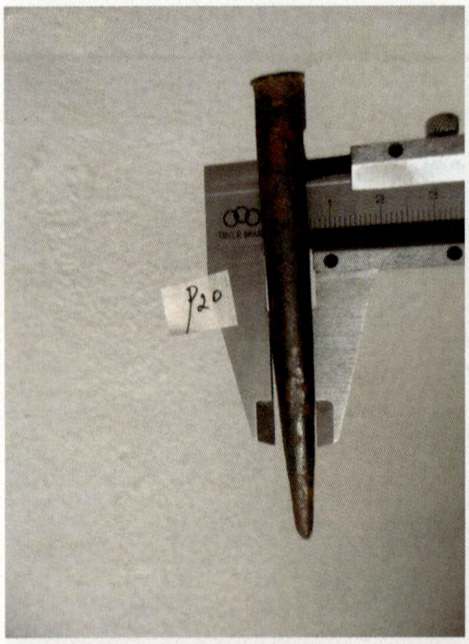

铁铳，铁料打孔工具。

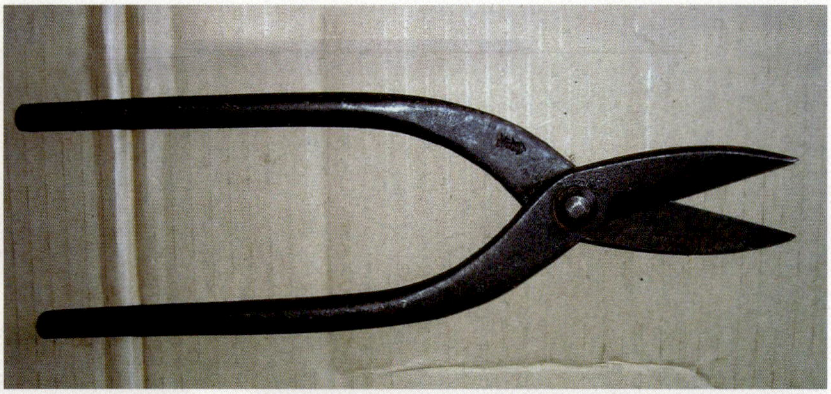

铁剪，裁剪铁皮的工具。

磨石，铁器表面打磨工具。

钢锉，铁器表面打磨工具。

铁印戳，铁匠姓名或
铁匠店铺的钢印。

石匠工具，石质器物加工成型器具，传统石匠工具主要有大锤、二锤、手锤、钢钎、楔子、尖錾子、扁錾子等。

钢钎，撬石工具。

锤，锤击工具，有大锤、二锤、手锤等。

楔，俗称“楔子、削子”，开山采石工具。

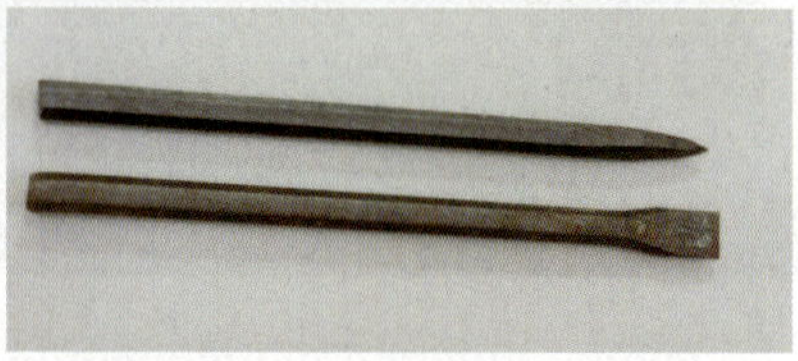

錾，俗称“錾子”，石料表面打磨、造型工具，有尖錾、扁錾等。

钢尺，长度量具。

水平尺，水平度或垂直度测量工具。

铁弯尺，直角量具。

弹花匠工具，棉絮加工工具。传统弹花匠工具主要有弹花弓、竹隔、弹花锤、磨花盘等。

弹花弓，疏松棉花的工具，由吊杆、吊绳、弹弓、弓弦、弹花锤、腰带组成。

牵纱篾，牵铺棉絮经纬纱网的工具。

磨花盘，揉压熨棉工具。

金银匠工具，金银首饰或器物加工工具。金银匠工具主要有炉、坩埚、风箱、铁砧、锤、钳、錾、锉、刀和各种模具等。

坩埚，金银融化、浇铸盛器。也可用酒精灯加热升温。

炉，金银原料升温锻炉。

风箱，升温鼓风机。

铁砧，也称“铁墩”，加工平台。

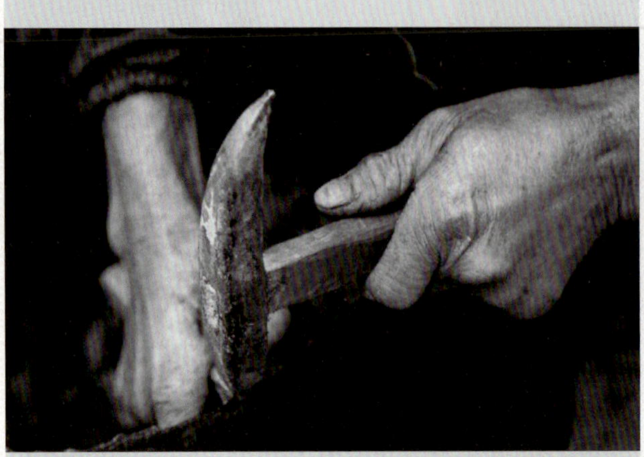

锤，锤击工具。

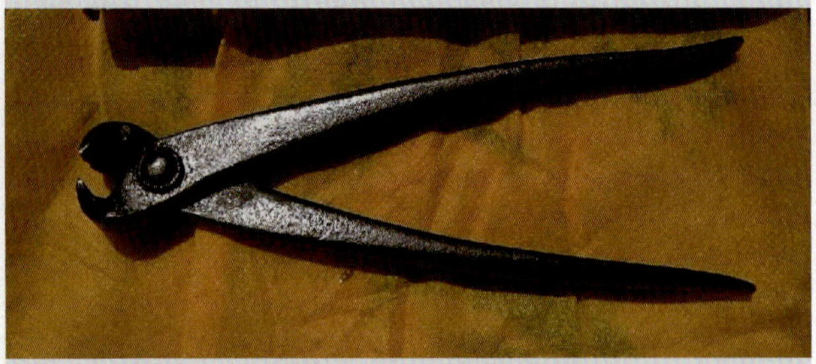

钳，夹持工具。

錾，金银錾刻工具，切金断银，雕刻金银。

锉，金银打磨工具。

刀，金银雕刻工具。

戒指棍，戒子成型工具。

模具，金银成型模具。

拉丝眼板，金银拉丝成线工具。

土匠工具，主要有砖刀、抹泥刀、腻子刀、灰板、吊尺、吊线、灰桶、墙板、墙锤、泥掌等。

抹泥刀，也称“抹泥板、大泥板、汤板”，墙面、地面抹平填敷泥灰工具。

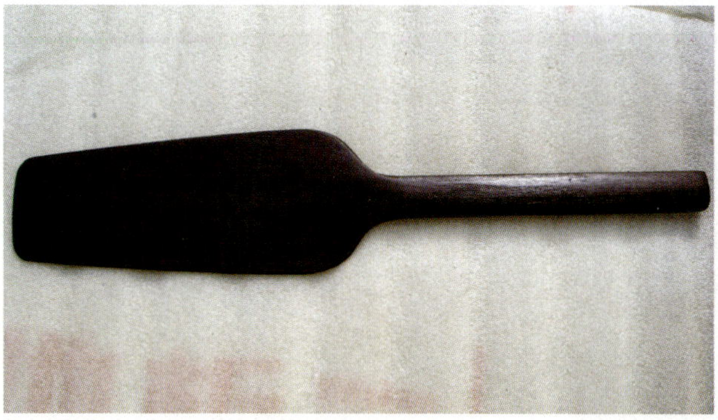

砖刀，砌墙工具。

腻子刀，也称“刮刀”，墙面填敷工具。

托灰板，也称“托泥板”，盛装砂浆的工具。

灰桶，砂浆盛装工具。

夯土墙板，也称“筑墙板”，夯土筑墙模具。由墙板、墙卡、墙捶等组成。墙板通常长2米、宽45厘米、高40厘米左右，木板厚7厘米，形状与砖模相似。

泥掌，也称“墙巴”，夯土墙或平整地面的工具。

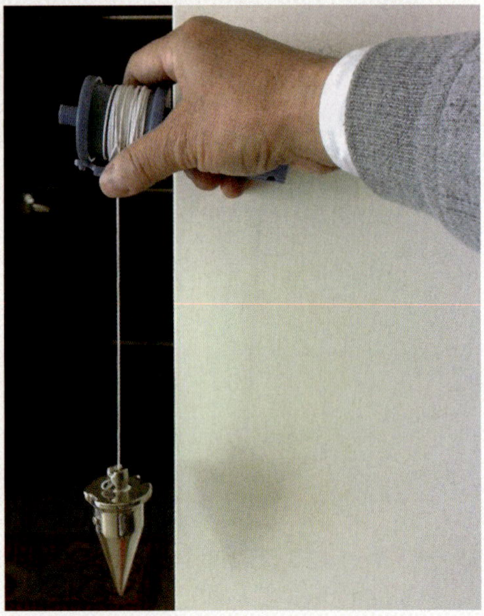

吊线锤，检验物体垂直度的工具。

皮匠工具，主要有泡皮缸、铲刀、刮刀、切刀、锥子、锤子、钳子、缝针、钉子等工具。

泡皮缸，皮革的鞣制药水的盛具。

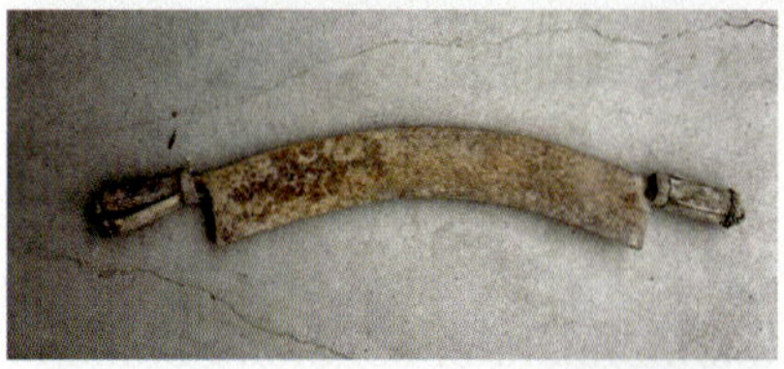

铲刀，皮革鞣制工具。

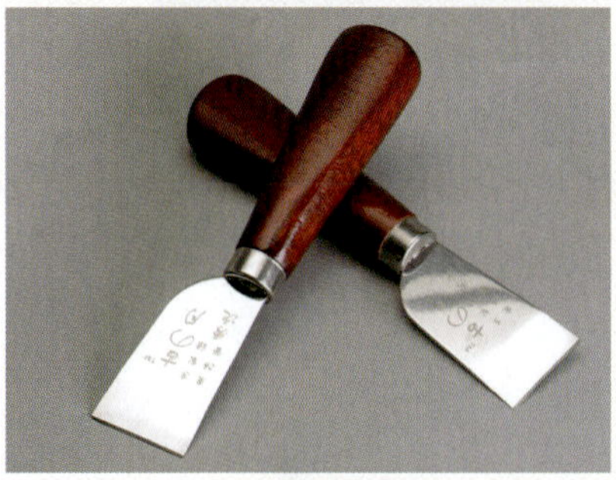

裁刀，皮革剪裁工具。

刮刀，皮革鞣制工具。

锥子，皮革打孔工具。

篾匠工具，主要有篾刀、圆刀、度篾齿、箩针、小锯、小凿子等工具。

篾刀，细篾划分工具。

刮刀，竹蔑厚薄打磨工具。

度篾钻，也称“篾针”，编织竹器时辅助穿篾的工具。

分篾器，破竹成条工具。

度篾齿，也称“剑门”，竹篾表面打磨工具。

漆匠工具，主要有漆刷、漆板、漆刀、油灰刀、灰包、灰板、熬漆锅、油漆桶、颜料、画笔等工具。

漆刷，刷漆工具。

油灰刀，也称“刮刀”，修补墙面工具。

漆刀，采集天然漆的工具。

漆桶，盛装天然漆的容器。

裁缝工具，主要有缝纫机、裁剪、裁尺、布卷尺、竹尺、画粉、灰线包、烙铁、熨斗（火熨斗、电熨斗）、烫凳、针、顶针等工具。

裁剪，布料剪裁工具。

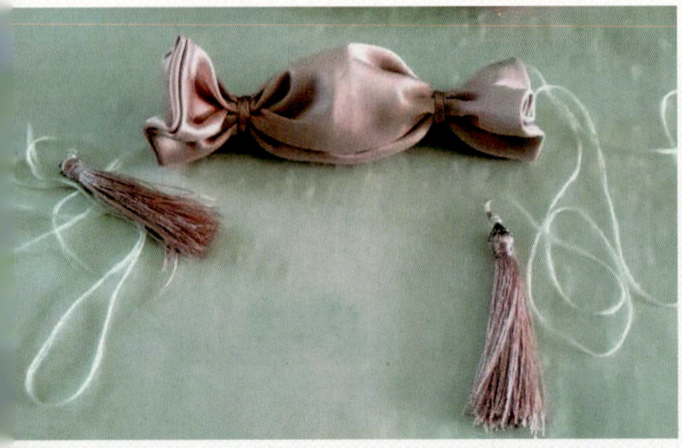

粉线包，也称“灰线包”，剪裁画线工具。

画粉，剪裁画线材料。

缝纫机，衣物面料缝合机器，有手摇式、脚踏式、电动式三种缝纫机。

熨斗，也称“火斗、金斗”，面料熨烫工具，有火熨斗、电熨斗两种。

顶针，手工缝纫辅助工具。

烙铁，面料熨烫工具。

裁尺，裁缝剪裁量具。

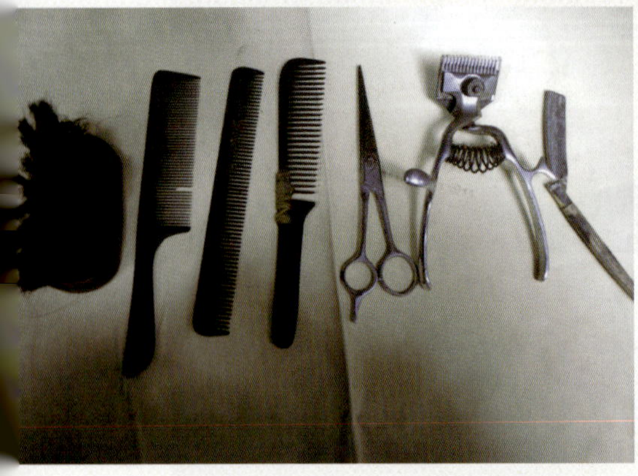

剃头匠工具，主要有推剪、发剪、剃刀、荡刀布、梳子、篦子、毛刷、围裙、挖耳等工具。

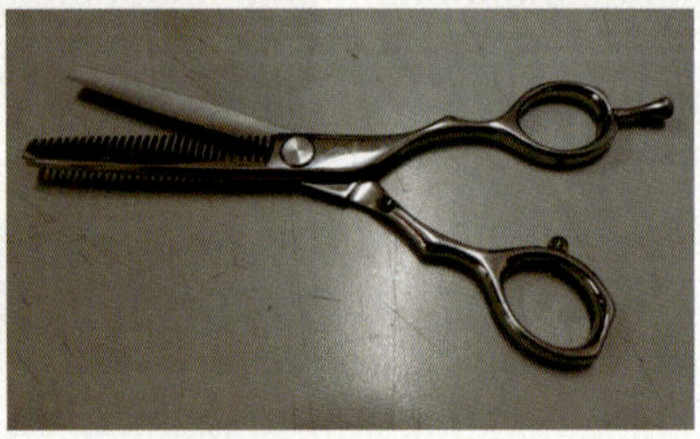

发剪，理发工具，有平剪、牙剪两种。

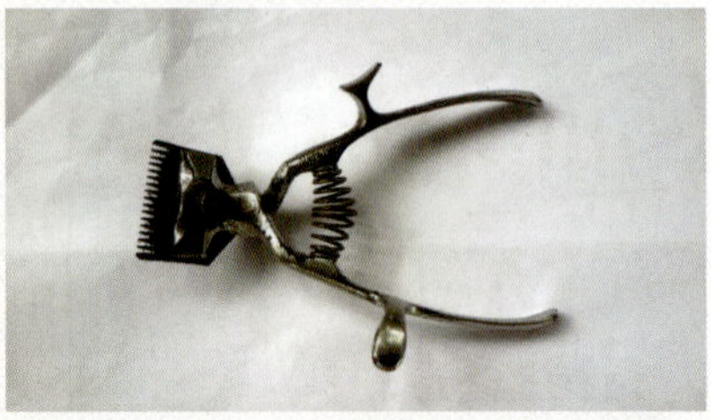

推剪，理发工具，有手动推剪、电动推剪两种。

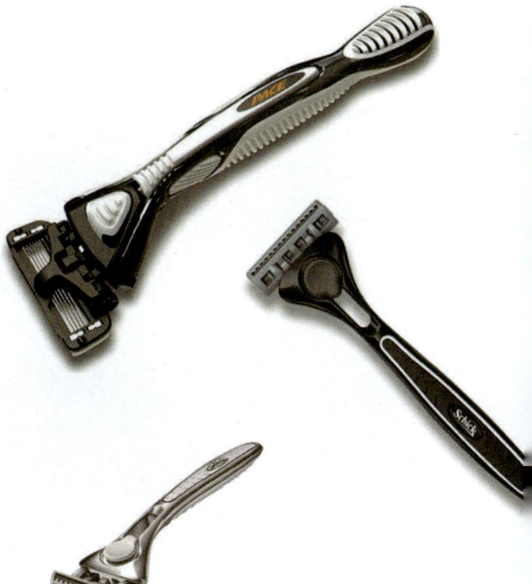

剃刀，也称“刮胡刀”，剃须修面工具，有折叠剃须刀、安全剃须刀、电动剃须刀三种。

荡刀布，也称“磨刀布”，磨折叠剃须刀的工具。

梳，俗称“梳子”，整理头发的工具。

篦子，密齿梳，也称“篦梳”，清理头皮屑或异物的工具。

毛刷，理发后清扫残留头发的工具。

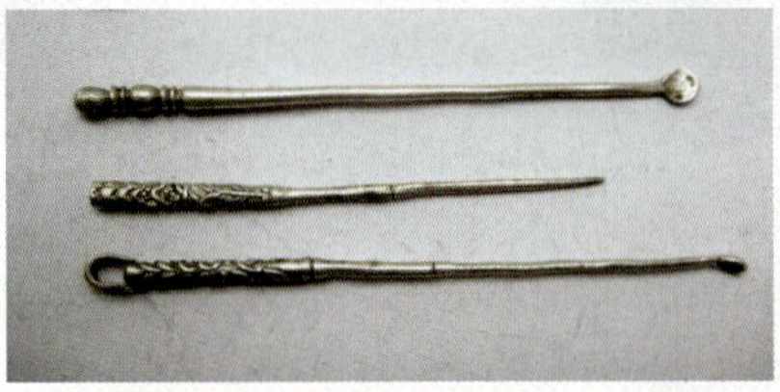

挖耳，俗称“挖耳勺”，掏挖耳屎的工具。

挂柜，理发工具柜。

纺织工具，主要有去棉花籽的轧花机，纺纱线的纺车，织布的织布机。传统纺车从手摇缫车发展到手摇纺车、脚踏纺车；纺织机从原始织布“手经指挂”方法到原始腰机——踞织机，最后发展为斜织机、平织机、立织机、罗织机、布卧机、攀花机、提花机等多种织机。

纺车，纺织机具。将棉、麻、毛、丝等纤维材料，通过人工机械旋转加捻抽牵成线或纱的机具。纺车有手摇纺车和脚踏纺车两种。手摇纺车由纺车头、铁锭子、横撑、绳轮、摇把、纺车机轴、纺车翅翎和支架座等组成，锭子在左，绳轮和手柄在右，中间用绳弦传动。脚踏纺车由纺纱机和脚踏部分组成，纺纱机与手摇纺车相似，脚踏机构由曲柄、踏杆、凸钉等机件组成，踏杆通过曲柄带动绳轮和锭子转动，从而加捻抽牵成线或纱。

织布机，织布匹的机具。老式织布机有席地而坐，无机架的足蹬式腰机，也称“踞织机”；有坐着操作，脚踏提综，手脚并用，有机架的斜织机。

梭子，织布机上往返牵引纬线的机件。

绷子，绷紧布料以便于刺绣的辅助工具。有大件长方形木框绷子、小件竹圈绷子。

中医民间医疗器具，主要有火罐、银针、刮痧板、药罐、药碾、药柜台等。

火罐，传统医疗器具。火罐种类较多，常见的有竹罐、玻璃罐、抽气罐等。

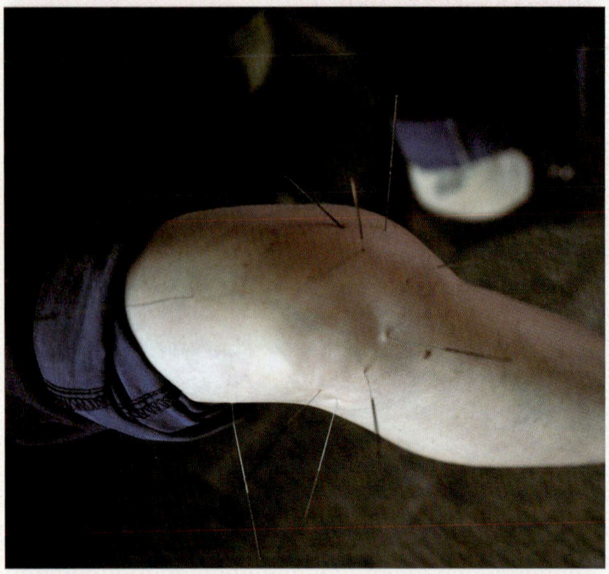

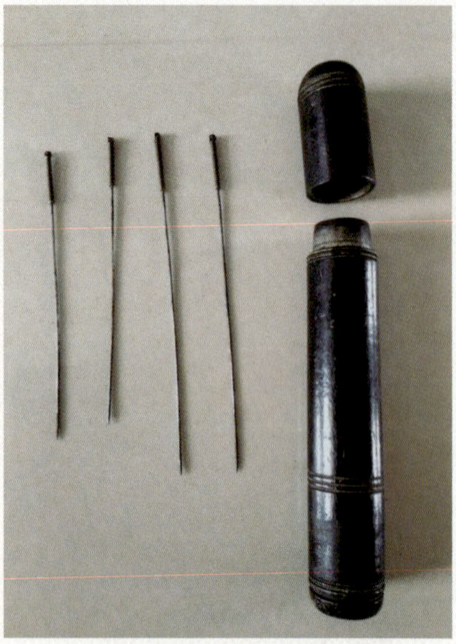

银针，也称“毫针”，传统医疗器具，主要用于针灸。

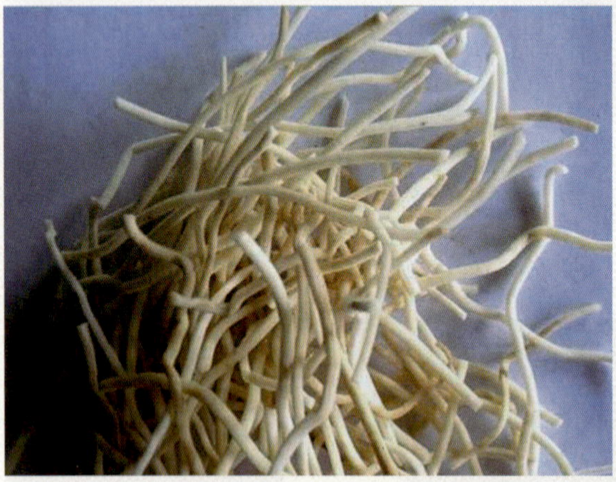

灯草，也称“灯芯草”，传统医疗材料。

刮痧板，传统医疗器具。刮痧板有木、兽骨、金属等多种材质。

药罐，传统医疗器具，主要用于中草药煎熬或盛装。

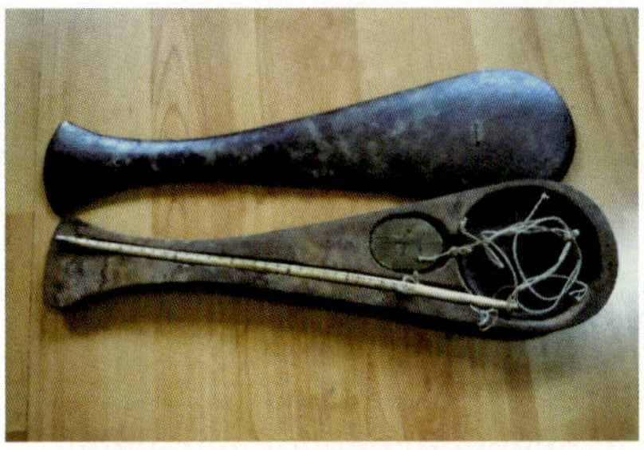

戥子，也称“戥秤”，传统医疗衡器，最大单位是两，小到分或厘。

药碾，也称“碾船”，传统医疗器具，主要用于中药加工，多为铁质。

冲筒，也称“舂钵、研钵”，传统医疗器具，由药杵、药臼组成，主要用于中药加工，多为铜或铁质。

药铡，中药铡刀，传统医疗器具，主要用于中药加工。

乳钵，传统医疗器具。

药柜台，也称“七星斗柜”，传统医疗器具。

第三章　饮食服饰民俗

第一节 饮 食

一、主食

秀山社饭，民族特色米饭。土家人在节庆时或每年二月“社日”时，先将采集来的野葱、蒿菜洗净剁碎，放于锅中用文火焙干待用，再将腊肉煮熟炒香待用。取三分糯米、一分黏米，先将黏米煮至半熟后下糯米，将糯米煮到六至七分熟时沥米（即将米汤滗出），加入蒿菜、野葱、腊肉并搅拌均匀，文火慢焖至熟。

甑子饭，也称“沥米饭”，先将米放入水中煮五分熟后沥米，再将五分熟的米置放于木制的甑子内上锅蒸熟。甑子饭颗粒干爽、晶莹饱满，并带有甑子的原木清香。同时，那沥出的米汤更是米的精华，香醇可口，民间俗称“米油”。

苞谷面面饭，也称“玉米饭”，俗称“苞谷饭”“金包银”，民族特色杂粮米饭。苞谷面面饭是以大米、苞谷粉为主，用甑子或鼎罐煮熟的粗细搭配饭食。按照甑子饭的做法，把苞谷粉用适量的水调和湿润后，放入半熟的大米拌均匀，然后用甑子或鼎罐蒸熟即可。苞谷饭入口清香，色黄如金，故俗称“金包银”。采用同样方法，也可将绿豆、豌豆、荞麦等与大米混合蒸煮成杂粮米饭食用。

洋芋饭，民族特色杂粮米饭。洋芋饭是用大米、洋芋混合，粗细搭配的主食。做法是先将米放入锅中并加水略高于米3至5厘米，待米煮至五分熟时（米外已熟，米心尚硬），沥出待用。将洋芋切成薄片或颗粒状并透水后沥干，在炒锅内放入猪油或菜油，大火将油温热至八成时放入洋芋、食盐并在锅中翻炒至微黄，再将洋芋在锅底摊平，把沥出来的半熟米饭放在洋芋上，将少许冷水从锅边淋下，用文火慢慢烘焖至浓郁的洋芋香味飘出即可。在重庆民族地区的洋芋饭，有时还加上土家腊肉或酸鲊肉，色彩金黄，饭粒油润，浓稠绵软，香味独特。还有在大米中加上红薯、四季豆、豇豆、青菜、萝卜、胡萝卜、青菜等烘煨成饭食用的习俗。

鼎罐饭，民族特色米饭。鼎罐饭是用一种形似古鼎的铸铁锅煮熟的米饭。煮饭时，将米放入鼎罐中，加水略高于米3至5厘米，待米煮到八成熟时，滗去多余的米汤；再把鼎罐放到火坑里的柴火旁，用文火慢慢烘煨，烘煨时要均匀旋转鼎罐，让其受热均匀；待闻到米饭的芳香后，用锅铲拍打米饭表面，感觉米饭有弹性就说明鼎罐饭已经煨熟。

青菜饭，特色炒饭，将焯水后的青菜与米饭混炒而成。

咸菜饭，特色炒饭，将腌制的咸菜与米饭混炒而成。

粥，古称“糜”，俗称“稀饭”，日常饮食主食，是一种用稻米、小米或玉米、豆类等粮食煮成的稠糊食物。稀饭的品种很多，春季有野葱葱稀饭、豌豆尖稀饭、冬苋菜稀饭；夏季有南瓜稀饭、丝瓜稀饭、莴苣菜稀饭、绿豆稀饭；秋季有红薯稀饭、青菜稀饭；冬季有萝卜芽稀饭、胡萝卜稀饭、洋芋稀饭等。在重庆民族地区有“闲时稀来忙时干”的俭朴饮食习惯，农闲时一天只吃两顿饭，叫“赶二五八”。

白稀饭，仅用稻米煮成的粥。

菜稀饭，在大米中加上蔬菜煮成的粥。

八宝粥，也称“佛粥”，俗称“腊八粥”，中国传统节日食品。在农历十二月初八，民间有祭祀祖先和神灵的习俗。相传这天也是佛祖释迦牟尼成道之日，称“法宝节”，俗称“腊八节”，民间在这天有食腊八粥的习俗。腊八粥是在大米、小米、糯米、高粱米、紫米、薏米等谷类，黄豆、红豆、绿豆、芸豆、豇豆等豆类，红枣、花生、莲子、枸杞子、栗子、核桃仁、杏仁、桂圆、葡萄干、白果等干果中选用八种食材熬制的粥。

绿豆粥，在粥中加上各种豆类煮成豆类稀饭，加入绿豆则称“绿豆粥饭”。

玉米粥，俗称“苞谷羹”，将玉米粉碎后煮成的稀饭。

面条，日常主食，是用小麦或豆类磨成的粉加水和成面团，经压、擀、抻、搓、拉、捏、切等手段，制成的条状或小片状的食品。

重庆小面，分“汤面”和“干熘”两种类型，属麻辣味型素面。重庆小面有14种调料和20道烹饪工序，以“麻、辣、鲜、香、酸且油而不腻”的特点闻名全国。

渝中区正东担担面，重庆特色面食。担担面属巴蜀地区传统面食，因商贩挑着担担，沿街叫卖而得名。清道光年间，绰号陈包包的自贡小商贩开始走街串巷，叫卖担担面，随后传入成都、重庆；1936年，重庆董德民、陈淑云夫妇开始经营担担面，先是走街串巷，后于1950年在保安路中段（今八一路渝都大厦大门东侧）以“正东担担面”铺名经营，现位于渝中区较场口石灰市街。正东担担面传统制作技艺迄今已有170余年历史。

万州杂酱面，重庆特色面食。清末，山西祁县李正堂从山西迁来万州后开设“山西老面馆”，将山西面食技艺与重庆麻辣口味结合，创制了麻辣中夹带着清香的万州杂酱面，与万州羊肉格格（小蒸笼）、万州烤鱼号称“万州美食三绝”。万州杂酱面有干杂、汤杂两种，著名的万州杂酱面有猪肉杂酱面、牛肉杂酱面、碗豆杂酱面等。

荣昌铺盖面，重庆特色面食，因面块形似铺盖故名“铺盖面”，具有兰州手工拉面的口感和重庆小面的麻辣鲜香。荣昌铺盖面的发源地是荣昌昌元镇敖家巷子兰氏铺盖面铺，迄今已有近百年历史。

石柱绿豆面，重庆特色面食。石柱绿豆面是用绿豆或豌豆或蚕豆与淀粉、绿叶蔬菜等为原料制作的豆类面食，面条柔中有韧，色泽嫩绿，清香可口。

涪陵挞挞面，重庆特色面食。在20世纪20年代初，由涪陵城著名面食店“小打油”的张绍武师傅首创，1949年，张绍武将此艺传给其大女儿张元碧，张元碧开设“又在做”食店经营，1990年挞挞面获四川省“风味小吃”称号。“挞”在重庆方言里是摔、打的意思，挞挞面是将面团在案板上弹“伸”，挞成均匀的偏硬的粗丝后制成面食，分炸酱、红油、麻辣、蒜泥等味型。

南岸南泉豌豆面，重庆特色面食。抗日战争时期，下江人杨海宁一家移民四川泸州经营拉面馆，1945年，杨海宁的儿子杨大伯、儿媳王运章来到了重庆南泉，在重庆小面味型上加上鲜香的碗豆汤，首创了南泉豌豆面。1976年，南泉豌豆面传统制作技艺传承至舒家华，他新创了豌豆杂酱面、豌豆牛肉面、杂酱肥肠面等系列南泉豌豆面。

北碚北泉水磨手工面，早名“水磨面”，后称“温泉面”，俗称“北泉银丝面”，重庆特色面食。清同治年间，北温泉寺僧人隆素请来其兄张海洲，在北温泉飞泉坎上开办面坊，始创北泉水磨手工面，供给北碚缙云山温泉寺。北泉水磨手工面有“细如丝，白如雪，中心空通，入口滑嫩，回锅不腻”的特点，教育家黄炎培赞誉它是“香面条条韭叶抽”。北泉水磨手工面有和面、做坨、醒面、切条等20多道工序，有韭叶、园条、油酥3大类26个品种。2009年9月，重庆市政府公布北碚北泉水磨手工面制作技艺为重庆市第二批非物质文化遗产。

北碚古佛徐氏手工面，重庆特色面食，原产于北碚区三圣镇古佛村。19世纪末期，三圣镇玛瑙庙僧人旭明邀请古佛村唐代江等人制作手工面条，命名为“古佛面”，作为素食招待香客。1974年，古佛面唐氏传人唐伯怀将制作技艺传承至徐中海，则改称为“古佛徐氏手工面”。古佛徐氏手工面采用“二次打面”制作工艺，有“面薄如纸，入水即熟，回锅不泥”的特点。

长寿番茄鱼面，重庆特色面食。

万州程凉面，重庆特色面食。万州程凉面是在调味中添加芥末，让吃者冲得畅快，辣得爽快。

抄手，传统面食，北方称“馄饨”，四川俗称“抄手”，重庆俗称“抄手”或“包面”，是用面粉做皮，内包菜或肉等做馅的面食。重庆知名抄手有渝中区吴抄手、陈氏抄手，合川区鸡肉抄手，丰都县胡辣壳抄手，石柱县胡辣壳大包面，等。

饺子，传统面食，有水饺、蒸饺、煎饺等品种。

包子，传统面食，是由面粉皮包裹着肉或糖等馅的面食。重庆知名包子有渝中区九园包子、万州桃园汤包、忠县土包子等。1931年，内江人氏苏泽九在渝中区鱼市街（现较场口得意广场轻轨通风口前）开设“九园包子”店，主营含香回甜、酱香浓郁的九园包子。1938年，苏泽九将“九园包子”店转让傅文彬经营，1939年5月，傅文彬将“九园包子”店转给南京人孙伯清经营，1945年，孙伯清又转给张壁成经营。1949年，“九园包子”店由申子华主持经营。其间，该店先后迁至关庙、磁器街、新生市场、五四路、道门口、打铜街，最后在小十字驻足。

馒头，也称“馍”“蒸馍”，传统面食。馒头是以小麦面粉为主要原料的日常主食。

土家扯耳粑，重庆特色面食。扯耳粑是将面团扯拉成面块后与土家族特制的腌咸菜、土豆块混合煮成的面食。南川一带称扯耳粑为“麦耳朵”。

二、副 食

土家苞谷粑，重庆特色小吃。苞谷粑是用新鲜桐树叶包苞谷面团蒸制而成的糕点类食品。

忠县夏桑玉米粑，重庆特色小吃。夏桑玉米粑是用新鲜苞谷壳包鲜玉米粒、鲜桑叶、南瓜丝、猪肉、芽菜等蒸制而成的糕点类食品。

泡粑，重庆特色小吃。泡粑是用大米粉、糖等食材蒸制的糕点类食品。

三、日常菜品

宫保鸡丁，川渝地区特色传统名菜。

喜沙肉，俗称“夹沙肉”“甜烧白”，川渝地区特色传统名菜。

鱼香肉丝，川渝地区特色传统名菜。

水煮肉片，川渝地区特色传统名菜。

麻婆豆腐，川渝地区特色传统名菜。

粉蒸肉，俗称“扣碗”，川渝地区特色传统名菜。

回锅肉，川渝地区特色传统名菜。在重庆民族地区有鲊海椒回锅肉、豆豉回锅肉等特色回锅肉。

盐菜肉，俗称“咸烧白”，川渝地区特色传统名菜。

水八块，凉拌鸡，川渝地区特色传统名菜。

豆瓣红烧鱼，川渝地区特色传统名菜。

头碗，川渝地区特色传统名菜。

酥肉，川渝地区特色传统名菜。

酸萝卜老鸭汤，也称“酸萝卜鸭子”，川渝地区特色传统名菜。

红烧肉，川渝地区特色传统名菜。

酸鲊肉，重庆民族特色传统名菜。

凉拌折耳根，川渝地区特色传统名菜。

四、重庆名菜名吃

1.重庆名菜

重庆火锅，俗称“毛肚火锅、麻辣火锅”，重庆特色汤锅类饮食。重庆火锅由明末清初重庆嘉陵江畔、朝天门等码头船工纤夫们的“水八块”烫锅发展而来，形成了以“麻、辣、鲜、香”为特色的汤锅，主要食材有牛毛肚、猪黄喉、鸭肠、牛血旺等。重庆知名火锅品牌有“德庄火锅”“小天鹅火锅”“秦妈火锅”“孔亮火锅”“苏大姐火锅”“奇火锅”“桥头火锅”等，重庆火锅成为重庆城市的美食名片，重庆也成为闻名世界的“中国火锅之都”。

羊肉汤锅，重庆特色汤锅类饮食，知名羊肉汤锅有武隆火炉药膳羊肉汤锅、荣昌盘龙羊肉汤锅。武隆火炉药膳羊肉汤锅始创于唐代，由武隆东北部火炉铺驿站李氏祖传的红汤羊肉汤锅发展而来。荣昌盘龙羊肉汤，荣昌盘龙羊肉汤锅在1949年前由陶镀光始创，羊肉汤以汤汁乳白、咸鲜味正、香味浓郁、肉质细嫩而闻名。荣昌城内著名的羊肉汤锅店铺有昌元街道“陶老八羊肉馆”、南顺城街“正宗盘龙羊肉汤”、昌州中段“陶羊子酒楼”、警民桥羊肉汤、富康酒楼等。

黔江鸡杂，重庆特色煨锅类饮食。黔江鸡杂是以鸡肠、鸡胗、鸡肝、鸡心等内脏为原料，与泡椒、泡萝卜丝、土豆、芋头等辅料，经热油烹制而成的煨锅菜肴，以“香、辣、酸、脆”闻名全国。

腊排汤锅，重庆土家族地区传统特色名菜。

野生菌汤锅，重庆地方特色名菜。重庆武陵山珍系列野生菌汤锅是以上百种野生菌菜为主体的中国养生新菜。石柱土家野生菌汤锅是以土家族风味为特色的绿色生态名菜。

串串香，也称“麻辣烫”，川渝地区特色传统名菜。串串香品牌有重庆李记串串香等。

南山泉水鸡，重庆地方特色名菜。南山泉水鸡与歌乐山辣子鸡、铁山坪尖椒鸡（花椒鸡）一同号称“重庆三只鸡”。南山泉水鸡有泉水鸡、炒鸡杂、鸡血汤“一鸡三吃”特点。

歌乐山辣子鸡。

铁山坪尖椒鸡，也称“铁山坪花椒鸡”。

丰都麻辣鸡块，重庆地方特色名菜。

彭水鸡豆花，重庆地方特色名菜。

盬子鸡，也称“奉节紫阳鸡”，重庆地方特色名菜。

巫溪汽水鸡，重庆地方特色名菜。

烧鸡公，重庆地方特色名菜，风靡川渝两地。

酉阳茶油鸡，重庆地方特色名菜。

丘二馆炖鸡汤，重庆地方特色名菜。

颐之时樟茶鸭，重庆地方特色名菜。颐之时樟茶鸭、王鸭子、白市驿板鸭、江北熊鸭子号称“重庆四只鸭”。

渝中区王鸭子，重庆地方特色名菜。

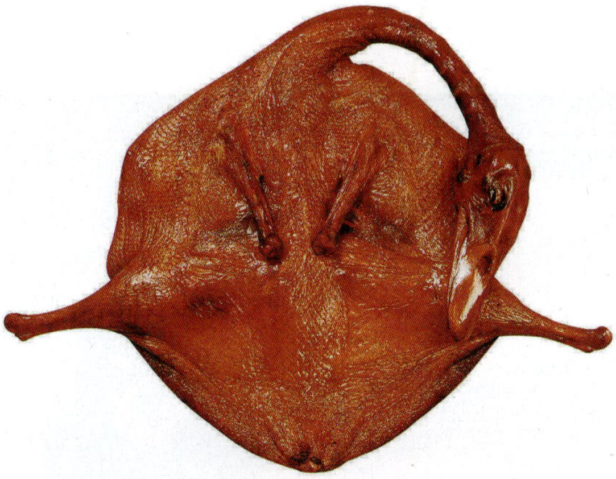

白市驿板鸭，重庆地方特色名菜。

江北熊鸭子，重庆地方特色名菜。江北熊鸭子始于清宣统元年（1909年），由重庆江北熊汉江首创熏鸭，鸭子色泽金黄，肉质软嫩，爽口化渣，名噪江北，仿制者如潮。熊汉江为了维护自己的品牌，用金纸剪成“熊汉江”三个大字，贴在玻璃柜内，故又称“金字熊鸭”。

梁平张鸭子，重庆地方特色名菜。

渝北刘记永吉盐水鸭，重庆地方特色名菜。

荣昌卤白鹅，重庆地方特色名菜。

潼南太安鱼，重庆地方特色名菜。

大足邮亭鲫鱼，重庆地方特色名菜。

璧山来凤鱼，重庆地方特色名菜。

秀山洪安腌菜鱼，重庆地方特色名菜。

涪陵乌江鱼，重庆地方特色名菜。

梁平泼辣鳝鱼，重庆地方特色名菜。

綦江北渡鱼，重庆地方特色名菜。

渝北翠云水煮鱼，重庆地方特色名菜。

酸菜鱼，重庆地方特色名菜。江津、璧山酸菜鱼尤为知名。

武隆江口鱼，重庆地方特色名菜。

秀山石堤豆腐鱼，重庆地方特色名菜。

烤鱼，重庆地方特色名菜。烤鱼由晚清重庆名厨叶天奇之女首创。1920年，此女嫁入韩家，随夫姓韩，她将娘家独特的烧烤配料秘方和韩家烧烤配料秘方巧妙地结合起来，采用先烤后炒的方式制成烤鱼，后来当地人都称其为“韩妈妈”烤鱼，万州、巫山、巫溪一带的烤鱼尤为知名。

巴南界石三大盆，重庆地方特色名菜。巴南界石三大盆以“一盆兔、一盆鸡、一盆鱼”誉称重庆。

磁器口毛血旺，重庆地方特色名菜。

忠县石宝蒸豆腐，重庆地方特色名菜。

合川肉片，重庆地方特色名菜。

万州羊肉格格，重庆地方特色名菜，起源并广泛流传于重庆万州。万州当地方言称蒸笼为“格格”，以羊肉为主料的蒸菜称“羊肉格格”，若以肥肠、排骨为主料则称之为“肥肠格格”“排骨格格”。

石柱临溪羊肉扣碗，重庆土家族特色名菜。

武隆碗碗羊肉，重庆地方特色名菜。

云阳糖醋霉皮，重庆地方特色名菜。

奉节鲊辣子回锅肉，重庆地方特色名菜。

忠县煎鲊肉，重庆地方特色名菜。

武隆酸鲊肉，重庆地方特色名菜。

大渡口谢氏烧烤，重庆地方特色名菜。

土家菜豆花，俗称“合渣”，南川地区称“菜豆门”，重庆地方民族特色名菜。

北碚豆花，也称“河水豆花”，重庆地方特色名菜。北碚豆花源于汉代，盛于清末，尤以“荷叶豆花”著名，豆花“滚、嫩、绵、白”，调味“麻、辣、鲜、香、甜”。

垫江石磨豆花，也称“豆腐脑、豆冻”，重庆地方特色名菜。石磨豆花“绵而不老、嫩而不溏、洁白如雪、清香悠长”，20种调料配制的蘸水更是别具特色。一碗卤水，一碗豆花，一碟作料，一碗米饭，成了闻名重庆、老少皆宜的“豆花饭”。

石柱莼菜，重庆地方特色名菜。莼菜滑嫩鲜美，清香诱人，为历代皇宫御宴佳品。

南川金佛山方竹笋，重庆地方特色名菜。南川金佛山方竹笋以其独特的鲜、香、嫩、脆享誉全球，被喻为“竹笋之冠”“笋中之王”。

石柱鲊海椒炒腊肉，重庆土家族特色名菜。鲊辣椒是以“石柱红”辣椒和玉米面等原料加工而成，将鲊海椒在锅中焙熟后与土家腊肉一起炒食或做扣碗底料蒸食。

云阳羊脚脚，重庆土家族特色名菜。云阳羊脚脚以“皮糯、脱骨、肉嫩”享誉重庆。

2.重庆风味小吃

永川胡椒汤圆，重庆地方特色名小吃。永川胡椒汤圆是在汤圆中加入葱花、胡椒等调味，汤圆味道咸美，酥软鲜香，是当地特色名小吃。

忠县良玉汤圆，重庆地方特色名小吃。

渝北巴国阴米，重庆地方特色名小吃。巴国阴米采用优质糯米经浸泡、沥米、蒸米、揉搓、染色、凉晒、阴干等工艺流程制作而成，烹饪时可单独食用，也可与绿豆、鸡等混合烹饪食用，具有暖脾、补中益气等功效。土家族、苗族地区将阴米炒制成米泡后称为“泡米米”，用开水泡食称“阴米茶、米米茶”。

石柱都粑块，重庆土家族特色名小吃。

忠县花椒叶粑，重庆地方特色名小吃。

川北凉粉，重庆地方特色名小吃。川北凉粉质细柔嫩，筋力绵软，明而不透，细而不断，作料考究，细嫩爽口。

永川艾粑，重庆地方特色名小吃。

北碚兼善三绝，是指“兼善面、兼善汤、兼善包”三种特色小吃，重庆地方特色名小吃。兼善面是传统水面与火腿肠和鸡汤面食；兼善汤是汤中有海味、鸡蛋、陈醋、胡椒等调味的和汤；兼善包是纯手工和面制皮，以酱肉、马蹄和火腿为馅料的包子。

南川灰粑，也称“碱水灰粑”，俗称“浑水粑”，重庆地方特色名小吃。灰粑属碱性食物，以稻草灰过滤的水和糯米等食材加工而成。重庆市南川区水江镇将刚蒸好并浇上油辣子的灰粑叫“热灰粑”。

南川水江油粽，重庆地方特色名小吃。

涪陵油醪糟，重庆地方特色名小吃。

江津冰糖藕圆，重庆地方特色名小吃。

巫溪锅巴洋芋，重庆地方特色名小吃。巫溪民间将洋芋、苞谷、红薯戏称为“巫溪三大坨”，第一坨是洋芋坨，第二坨是苞谷坨，第三坨是红薯坨。

黔江濯水马打滚，重庆地方特色名小吃。濯水马打滚是一种汤圆的独特吃法，吃的时候将汤圆丢进黄豆末与白砂糖内滚上几滚后即可食用。吃时满口黄豆末香，香中带甜、温润香糯。

巫山雪枣，重庆地方特色名小吃。巫山县大昌雪枣传统小吃已有上百年历史，因形状似枣，长八九厘米，直径二三厘米，表面白粉如衣，如霜似雪，故名“雪枣”。雪枣以糯米、蜂蜜等为原料，制作工艺复杂，外皮色白如玉，银丝满腹，入口即化，清甜、酥脆、爽口，有“八面玲珑身似雪，外酥里脆口口香”之感觉，20世纪80年代初曾被列为北京人民大会堂宴会食品。

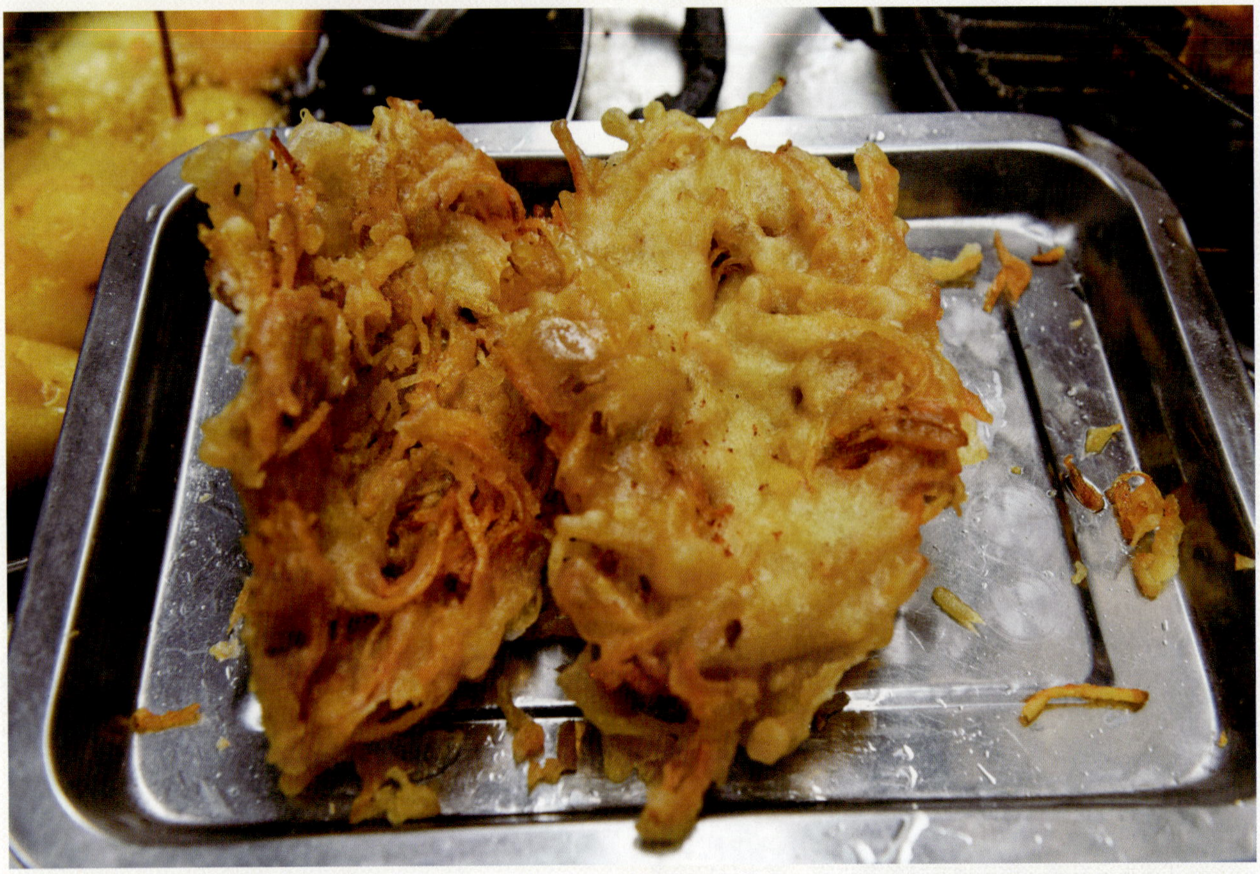

万州萝卜丝油钱，重庆地方特色名小吃。

荣昌猪油泡粑，重庆地方特色名小吃。猪油泡粑首创于晚清，荣昌荣隆镇何氏泡粑店店主无意中在大米浆中加入鸡蛋、猪油而发明了泡粑。泡粑色泽淡黄，香味扑鼻，光滑细嫩，故当地俗称“何泡粑”。

永川冲冲糕，重庆地方特色名小吃。冲冲糕是将籼米、糯米粉盛在一个竹筒内，放在高压锅的放气孔上，用热腾腾的蒸气将米糕冲蒸熟，再裹上甜豆面后趁热食用，香甜不腻，清爽可口，入口即化，回味悠长。因其是用蒸气冲蒸熟，并由圆竹筒顶部自然冲出，故名“冲冲糕”。

老四川灯影牛肉，重庆地方特色名小吃。老四川灯影牛肉始创于1937年，是在一头牛的肉中精选出7千克左右为原料，配以砂糖、川盐、天然香料、精炼植物油等川味调料精制而成，具有麻辣鲜香和保鲜期长的特点。

老四川牛肉干，重庆地方特色名小吃。

黔江牛肉脯，重庆地方特色名小吃。

都粑羹，重庆地方特色名小吃。都粑羹用野生蕨根粉、冰糖或饴糖烹饪而成。

苗家酸辣粉，重庆苗族特色名小吃。苗族喜欢吃酸，有“三天不吃酸，走路打趱趱”的俗语，酸汤鱼、酸辣粉名扬天下。酸辣粉用由红薯、豌豆的淀粉加工而成，调味以“麻、辣、鲜、香、酸”为主，以油而不腻著称，素有“天下第一粉”的美名。

绿豆粉，也称“米粉”，流行于秀山、酉阳一带，重庆苗族特色名小吃。绿豆粉是以绿豆、大米、黄豆等为原料，经“泡、磨、烙、烫”四道传统工序制作而成的豆类食品，煮炒皆可，是具有苗族特色的风味小吃。

开县冰薄月饼，重庆地方特色名小吃。冰薄月饼始于明朝末期，月饼以上等面粉为主料，以油脂、熟芝麻、冰糖、白糖、花生、香料、饴糖及各种蜜饯等为辅料，经7道大工序、11道小工序制作而成，月饼外形纤薄，香气浓郁，酥软适当，甜而不腻。

忠县香山蜜饼，重庆地方特色名小吃。“香山蜜饼”具有千年历史，据清道光年《忠州志》载：香山蜜饼为唐代大诗人白居易所创制；蜜饼以面粉、蜂蜜、香油为主要原料，将锅抹油后经烘烤而成。蜜饼色泽黄亮，香味四溢，入口外皮酥脆焦香，内里酥软甜美。因白居易别号“香山居士”，忠州人民为纪念他，故名“香山蜜饼”。

渝北土沱麻饼，俗称“拗锅酥皮麻饼、吊锅酥皮麻饼”，重庆地方特色名小吃。清光绪末年，土沱老街“振江斋馆”店主陈国恩制作的麻饼鲜香扑鼻，当地俗称“土沱麻饼”。土沱麻饼以面粉、白糖为主料，以核桃仁、花生仁、芝麻仁、冰糖为辅料，并根据口味不同分别加上金钩、火腿、桂花、玫瑰、枣泥等精料制作而成，麻饼块形饱满，皮薄馅大，松酥滋润，味美甜香。

长寿薄脆，重庆地方特色名小吃。长寿薄脆以“饼薄如纸、纯甜芳香、酥而化渣、脆而不碎”闻名，曾在清咸丰年间风行包括长寿在内的长江一带。

郁山擀酥饼，重庆地方特色名小吃。郁山擀酥饼于清嘉庆年间由彭水县郁山镇“严富春斋”创制，工艺独特，取料考究、精细，食后有丹桂余芳，以“香、酥、甜、脆”著称，有“食尽江南珍馐味，始知郁镇有擀酥”之美誉。

磁器口麻花，以“陈麻花”为代表，重庆地方特色名小吃。磁器口麻花具有“香、酥、脆、爽、久放不绵”等特点，有原味、黑芝麻、椒盐、黑米、玉米、冰糖糯米、麻辣、海苔、巧克力、蜂蜜等多个品种。原味麻花，香甜可口，入口即化；椒盐麻花，口味纯正，酥脆化渣；麻辣麻花，集甜、麻、辣于一体，回味无穷；蜂蜜麻花，口味纯正，口留清香。

南川油茶，也称“金佛山油茶”，俗称“干劲汤、油茶汤”，重庆地方特色名小吃。南川油茶是将茶叶在油中炸黄，加入芝麻、核桃仁、花生米、猪油渣等辅料，捣磨成糊或直接加水煮沸。还可在油茶中加入其他辅料，即可做成油茶稀饭、油茶面条、油茶汤圆、油茶鸡蛋、油茶绿豆粉等。

重庆锅盔，也称“酥油千层饼”，重庆地方特色名小吃。

土家烧苞谷，重庆地方特色名小吃。

土家烤红薯，重庆地方特色名小吃。

土家麻辣洋芋片，重庆地方特色名小吃。土家麻辣洋芋片为石柱土家族特色小吃，以“麻辣香脆”名扬重庆。

油团子，重庆地方特色名小吃。

华生园糕点，重庆地方特色名小吃。

武隆羊角豆腐干，重庆地方特色名小吃。武隆民间有俗语"羊角有三宝，豆干、老醋、猪腰枣"。羊角豆腐干已有200多年历史，豆干卤水由56种中药材制成，卤制的豆干口感细嫩、香辣醇正、麻味深长。豆干品种多样，有麻辣系列、泡椒系列、山椒系列、五香系列、香辣系列、海鲜系列、牛汁系列、金钩系列、蔬菜系列、烧烤系列、烧腊系列等十几个系列几十个品种。

梁平袁驿豆干，重庆地方特色名小吃。袁驿豆干已有150多年的历史，豆干采用优质大豆经十多种工艺加工而成，坚韧绵长，厚薄均匀，入口鲜美，咸而不涩，油而不腻，香而不厌，细嚼慢品，回味深长。

石柱土家倒流水豆腐干，重庆地方特色名小吃。倒流水豆腐干创制于清嘉庆年间，其制作工艺精细，品质细嫩，绵实筋道，醇香可口，回味悠长。2013年被授予倒流水豆腐干国家地理标志证明商标；2015年被重庆市商委认定为"重庆老字号"。

开州紫水豆腐，重庆地方特色名小吃。紫水豆腐质地细密、白净柔嫩、口感细腻，用紫水豆腐制作的豆干更是质地细腻密实、口感鲜香，享誉一方。

瓷器口千张皮，重庆地方特色名小吃。瓷器口千张皮的最佳吃法是软烩千张，即将薄薄的豆腐皮切为如韭菜叶般的细丝，加入肉丝、韭黄、酱油、味精、花椒、肉汤等辅料，用猪油烩炒即成。软烩千张柔韧不碎，细腻爽口，与毛血旺、椒盐花生号称“瓷器口美食三绝”。

南川鸡丝豆腐脑，重庆地方特色名小吃。鸡丝豆腐脑是食用时在豆腐脑中加熟鸡丝和各种调料，味道麻辣鲜香，豆腐脑入口而化，风味别致。

豆腐乳，重庆地方特色名小吃。重庆著名豆腐乳有忠州豆腐乳、綦江东溪腐乳、丰都仙家豆腐乳、秀山辛家老店豆腐乳。

彭水灰豆腐，俗称“灰糍豆腐”，重庆地方特色名小吃。灰豆腐是将鲜豆腐采用柴草灰鲊制、炒制、除尘等工艺制作而成的一种新口味豆腐食品。

长寿血豆腐，重庆地方特色名小吃。长寿血豆腐创制于清光绪年间，因要经过搓、揉、搅、切、捏、贴、裹、晾等步骤，在豆腐内裹入已加入食盐、花椒等调味品的猪肉并捏成球状，再熏烤使豆腐形似血色，故名“血豆腐”。血豆腐味道咸鲜，散发腊香，麻爽滋润，绵韧耐嚼，回味浓郁。

开州冉氏霉豆卷，重庆地方特色名小吃。霉豆卷是将豆腐做成豆皮后发酵即成霉豆卷，再将其炸、煎、炒、焖、煲汤等食用，清香爽口，营养丰富，清代曾为皇室贡品，是开州区铁桥镇名小吃。

云阳鱼泉霉豆渣，重庆地方特色名小吃。霉豆渣已有百年历史，是以豆腐渣为原料，经发酵而制成的豆类食品，色如雪，味鲜香，丝如烟，可炖腊肉、炒腊肉、煮面、煮菜汤等。

斑鸠叶豆腐，也称“绿豆腐、神仙豆腐”等，巫山一带称“翡翠凉粉”，重庆地方特色名小吃。斑鸠叶豆腐是将野生的斑鸠树叶经焯水、捣碎、搓揉成浆，将渣滓过滤后加入以草木灰制成碱水搅拌均匀即成，将其凉拌食用，味道鲜嫩爽滑，有清热、排毒、养颜等功效。斑鸠叶豆腐中著名的有黔江斑鸠蛋树叶绿豆腐、奉节斑鸠叶凉粉。

桃片，重庆地方特色名小吃。重庆品牌桃片有合川桃片、云阳“瑞兰斋”桃片糕。

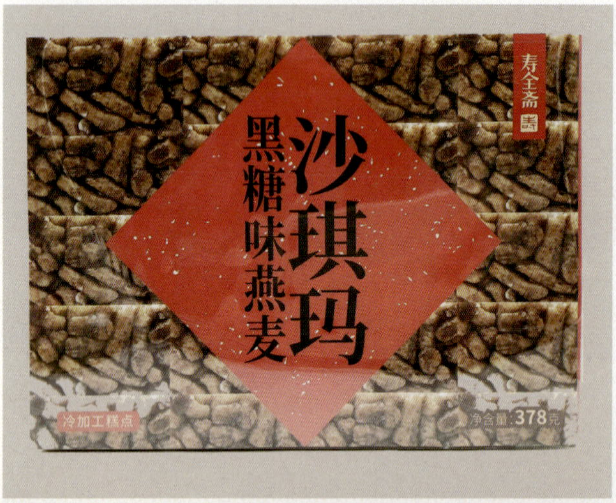

江津米花糖，原称“太和斋米花糖”，重庆地方特色名小吃。江津米花糖创制于1910年，以“酥、脆、香、甜”著称，有“玫瑰”牌、“荷花”牌、“几江”牌、“芝麻官”牌等知名品牌。

永川松溉盐花生，重庆地方特色小吃。松溉盐花生与盐白菜、高粱酒、松溉醋、长江鱼被誉为“松溉五宝”。

南岸鱼皮花生，重庆地方特色小吃。鱼皮花生以皮酥内脆、甜咸适度、香酥可口名扬巴蜀。

3.饮品

巴南银针，重庆地方名茶。以干茶身披白毫、修长挺直、形似银针而闻名。巴南银针为巴南茶叶之代表品种。

黔江珍珠兰茶，重庆地方名茶。黔江珍珠兰茶叶嫩绿鲜润，香清雅馥郁，味鲜醇清爽。

酉阳宜居茶，重庆地方名茶。酉阳宜居茶细嫩匀齐、香高持久、汤色杏绿。

开州龙珠茶，重庆地方名茶，国家地理标志证明商标。据《夔州府志》记载，龙珠茶在唐至清代为皇室贡茶，素有“形美、色绿、香浓、味醇、味绝佳、无杂卉”之称。

城口鸡鸣贡茶，重庆地方名茶。据清道光二十四年(1844 年)《城口厅志》记载：“古茶园，在八保鸡鸣寺后。茶树皆明时植。所产之茶，较他处诸茶细嫩，又独早，其味清香，愈于凡品。”据传乾隆皇帝品尝城口鸡鸣贡茶后御封其为“鸡鸣寺院内贡茶”，御赐“鸡鸣寺院内贡茶”印模，吟诗赞誉“白鹤井中水，鸡鸣院内茶”，从此城口鸡鸣茶岁岁进贡清皇室。

巫溪老荫茶，也称“白茶”，重庆地方名茶。老荫茶树是巴渝地区独有的一种茶树品种，巫溪老荫茶回味甘甜、生津止渴、去腻减肥、降压醒脑，有“长寿茶”的美誉。

酉阳藤茶，俗称“莓茶”，重庆地方名茶。藤茶绿中泛白、微苦甘长、味甘甜凉，有清热解毒、抗菌消炎、祛风除湿、强筋骨、降血压、降血脂、保肝护肝等功效。藤茶制作有一道独特的焖青发酵传统工艺，会渗出富含二氢杨梅素的白色营养物质，所以藤茶又称“白茶”。

南川大树茶，重庆地方名茶。据史料记载，南川已有1700多年的产茶历史，五代十国毛文锡《茶谱》中记载：“涪州出三般茶，宾化最上（今南川）……”南川大树茶叶肥色绿，茶香浓郁，汤色明亮，黄中泛绿，味鲜甘醇。南川金佛山上的大茶树已有1400多年的树龄，被誉为“茶树王”。

南川金佛玉翠茶，重庆地方名茶。金佛玉翠茶，外形紧直绿润，汤色嫩绿，浓醇爽口，以“浓、强、鲜、爽”著称。

永川秀芽，重庆地方名茶。永川秀芽属针形绿茶，其加工主要有“摊青、杀青、揉捻、抖水、做条，烘干”五道工序。永川秀芽条索紧直细秀，翠绿鲜润，茶汤清澈亮绿，香气浓郁，鲜醇回甘。

土家油茶汤，土家语称“色斯泽沙”，重庆地方名茶。土家油茶汤以油炒炸茶叶、黄豆、苞谷、米花等食物，加水烹饪成汤以款待宾客，是土家人招待客人的一种传统礼仪，也是土家传统的“白鹤茶、泡米茶、油茶汤、鸡蛋茶”四道茶中礼遇最高的一道茶。土家油茶汤“香、脆、滑、鲜”，味美适口，提神解渴，与藏族酥油茶、蒙古族奶茶一同被誉为“中国三大名饮”。

万州诗仙太白酒，重庆地方名酒。诗仙太白酒始创于1917年。20世纪初，万州人鲍念荣远赴泸州，购买了已有400年历史的温永盛酒坊窖泥和母糟，结合唐代古老酿酒技艺，创制了全新白酒，后人为纪念唐代大诗人李白三游万州西岩，把酒吟诗弈棋，遂名“诗仙太白酒”。

渝北老窖，重庆地方名酒。渝北老窖创于1919年，原名“太和酒”，有“酒醇飘香、味浓甘洌、回味悠长”等特点，有重庆“五粮液”之美称。1945年，渝北老窖为重庆谈判、抗日战争胜利庆功宴指定用酒，并获中华民国政府“中正奖”。因厂址在重庆渝北水土沱嘉陵江北岸，故也称“渝北酒”。

忠县乌杨白酒，也称“乌杨白酒、乌杨酒”，重庆地方名酒。乌杨白酒采用传统的固态小曲酒酿造工艺，有“选料、泡粮、初蒸、闷水、复蒸、熟粮出甑、摊凉、下曲、入箱培菌、入桶发酵、蒸馏、接酒、基酒入库窖藏、加浆过滤、包装出厂”等十多道工序，白酒具有“不刺喉、不伤头、回味爽、余香久”的特点，相传唐代诗人、忠州刺史白居易在乌杨镇饮此白酒后，赋诗“绿蚁新醅酒，红泥小火炉，晚来天欲雪，能饮一杯无”来称赞此酒。

荣昌烧酒房，重庆地方名酒。荣昌烧酒房属小曲清香型纯高粱酒，已有三百多年历史，具有“柔和回甜、清香馥郁、回味悠长”的特点，民间流传“磁窑里烧酒房，泥精壶壶排排行，烧酒滴滴巷子香”的俗语，自古就有“天下美酒安陶装、古镇纯粮烧酒房”的美称。

酉阳白酒，重庆地方名酒。酉阳白酒以玉米、高粱、小麦为主要原料，采用深山矿泉水和土家传统酿酒技艺酿制，并在深山溶洞窖藏多年，以原味著称。酉阳白酒醇厚，细腻润喉，回味悠长，曾为清皇室指定贡品。

江津烧酒，俗称“江津老白干酒”，重庆地方名酒。江津烧酒起酿于明嘉靖年间，主产于江津白沙镇槽坊街，《江津县志》记载“江津产酒甲于省，白沙烧酒甲于津”。《蜀海丛谈》记载“白沙，为四川省著名巨镇，产酒最富，商贾云集，又为川盐销黔运道”。江津烧酒经过“蒸、摊、曲、酵、烤”等工艺，口感醇正绵柔，清末诗人赵熙品尝白沙酒香后作诗赞誉“十里烟笼五百家，远方人艳酒堆花；略阳路远茅台俭，酒国春城让白沙”。爱国将领冯玉祥饮过此酒后曾感慨“好水不过驴子溪，好酒不过老白干”，今以“江小白”品牌名扬巴蜀。

南岸贾氏桂花酒，也称“紫焰桂花酒”，重庆地方名酒。贾氏桂花酒起酿于清末民初，是用桂花发酵3个月后再加入冰糖、蜂蜜、白酒以及人参、海马等多种药材并窖藏3年以上酿制成的酒。贾氏桂花酒色泽金黄、芬芳馥郁、甜酸适口、香气悠久、后劲十足，具有活血通脉、化瘀止咳、御寒提神的功能。

石柱野梨子酒，石柱土家族特色果酒。野梨子酒是采用野生山梨与白酒为主要原料，经过特殊工艺酿制而成的保健型果酒，味道甘洌润喉，纯正甘甜，有清热润肺、止咳化痰、生津止渴等功效。

猕猴桃酒，重庆地方特色果酒。猕猴桃酒采用野生猕猴桃与高度白酒混合调制而成，酒色晶亮透明，红中带黄，果香浓郁，醇厚爽口，酒劲绵长。

涪陵百花露酒，重庆地方特色果酒。据《涪陵续修涪州志》载，涪陵百花露是始于清嘉庆年间，以优质高粱酒为基酒，配入人参、天麻、杜仲、黄芪、当归、砂仁、白芍等100余味名贵中药材和冰糖、饴糖浸泡精制而成，具有滋补强身、补血益气、祛风除湿、开胃健脾、镇痛止泻等功能的保健酒。《涪陵县志》记载，清代驻守涪州的德楞泰特别喜爱百花露酒,并不时进贡清皇室御用,故称“御酒”。涪陵百花露近似于果酒与药酒之间，色泽鲜艳，火红似血，色如玛瑙，酒浓挂杯；糯香温含着百花的清香，妩媚多姿，果酒中暗藏着烈酒的鬼魅，后劲十足，与涪陵榨菜、涪陵油醪糟被誉称为“涪陵三宝”。

垫江永安梅咂酒，重庆地方名酒。咂酒属低度醒糟酒，渝东地区民间盛行自酿咂酒，以竹管吮吸饮酒。咂酒以高粱经复式发酵而成，酒色澄清透明，酒香浓郁四溢，酒味甘甜香醇，酒体饱满协调，可以酒代茶，疏通筋骨，醉不伤身；冬饮可暖体御寒，夏饮则解渴提神。清咸丰年间，太平天国的翼王石达开西征由楚入渝路过石柱时，品尝咂酒后，挥毫赞美咂酒“万颗明珠一瓮收，君王到此也低头。双手捧住擎天柱，吸得长江水倒流”。永安镇梅咂酒已有千余年历史，18世纪初垫江梅家场（今永安镇）永安梅氏家庭作坊生产此酒。

药酒，保健酒。药酒是以优质高粱酒为基酒，配入多种名贵中药材和冰糖、饴糖浸泡精制而成的保健酒，按其功效可分为补气、补血、滋阴、补阳和气血双补等类型。常见的有天麻酒、枸杞酒、蛇酒等。

渝中区德元酸梅汤，重庆地方特色饮品。德元酸梅汤是将綦江乌梅发酵、粉碎、过滤成水后，再加入红糖、白糖、冰糖等多种调料密制而成，汤汁棕红，清凉酸甜，芳香隽永，解渴生津。

4.腌菜干菜

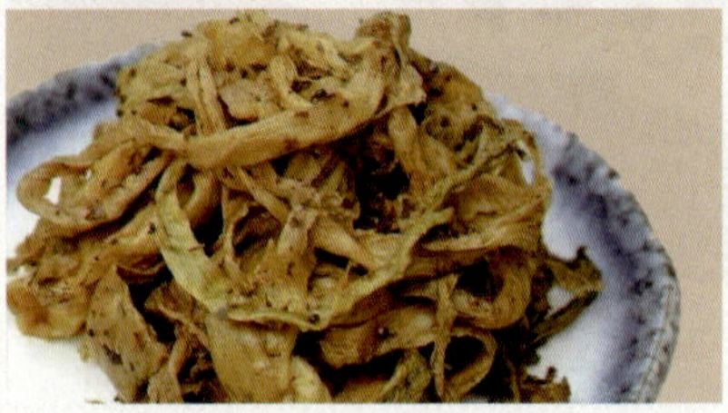

永川松溉盐白菜，重庆地方特色腌菜是用白菜、青菜叶或大头萝、香料等混合腌渍而成。松溉盐白菜已有300多年历史，是以大白菜（黄秧白）为原料的腌菜，有“一渍、二榨、三发酵、四回露”四道腌渍工序，经选菜、洗净、破兜、浸泡、除残、压榨、拌永川豆豉酱等调料后装坛，密封发酵1年后即可食用。

綦江老盐菜，也称“洞藏榨菜”，重庆地方特色腌菜。綦江老盐菜始创于唐开元年间，以青菜头为原料，采用“三腌、三晾、装坛、山洞恒温封藏”的古法秘制，盐菜鲜嫩香脆，亚硝酸盐含量很低。

北碚泡菜，重庆地方特色腌菜。泡菜，俗称“咸菜”，重庆民间自古以就有做咸菜的习俗，一般家庭都储存有好几种咸菜，富裕人家多达一二十种咸菜。储存咸菜的土陶坛叫“自钵水”“扑菜坛”，储存菜坛的房间叫“咸菜屋”。咸菜一年四季可做，干咸菜只能在春天制作。

涪陵榨菜，重庆地方特色腌菜，国家地理标志保护产品、国家地理标志证明商标、中国驰名商标、重庆市著名商标。涪陵榨菜具有“嫩、脆、鲜、香”的特点，与德国的甜酸甘蓝、欧洲酱黄瓜同列为“世界三大名腌菜”，与成都大头菜、南充冬菜、叙府（宜宾）芽菜一同号称“四川四大名菜”。相传在清光绪二十四年（1898年），涪陵商人邱寿安将涪陵青菜头“风干脱水”加盐腌渍而发明“涪陵榨菜”，其主要有选择菜头、菜头切块、搭菜架、穿菜、晾菜、第一次盐腌、第二次盐腌、淘洗、榨除盐液、挑菜筋、第三次盐腌并加辣椒等香料、装坛、封坛口13道工序。

合川青草坝萝卜卷，重庆地方特色腌菜。青草坝萝卜卷已有200余年历史，是以青草坝著名的“砂罐萝卜”为原料，经“清洗、挑选、切、晾晒、码盐、装坛发酵、包裹姜丝、再次装坛发酵”工艺制作而成，以“麻、辣、鲜、香、脆、甘”等著称。

武隆鸭江老咸菜，重庆地方特色腌菜。鸭江老咸菜以当地土语称“奶奶菜”的青菜头为原料，采用“洗菜、剥皮、穿串、晾晒、切丝切片、压榨、入料腌制、封装入坛、咸菜发酵”等工艺制作而成，其味鲜香嫩脆，风味独特，余味悠长。

大足冬菜，是一种半干态发酵性腌制食品，重庆地方特色腌菜。大足冬菜已有近千年的腌渍历史，以芥菜嫩尖为原料，经“晾晒、腌制、揉搓、装坛、开坛、装坛密封、三年发酵”而成，油润嫩脆、香味浓郁，享有“菜味精”的美誉。

黔江地牯牛，重庆地方特色腌菜。地牯牛，也称“地蚕、草石蚕”,因外表酷似宝塔，也叫“宝塔菜”。黔江地牯牛以地牯牛为原料，采用民间传统泡菜工艺制作而成，口感细嫩，晶莹剔透，鲜香清脆。

垫江酱瓜，重庆地方特色腌菜。垫江酱瓜以花瓜与甜面酱为主要原料，经“花瓜刺孔、石灰盐水中腌制、日晒夜露、拌料、倒缸捋瓜、密封发酵”等工艺制作而成，具有“清脆可口、酱香浓郁、黑中透红、晶莹剔透”的独特风味。

冲辣菜，也称“冲冲菜、冲鼻菜”，重庆地方特色腌菜。冲辣菜是采用青菜、榨菜等的嫩芽，采用腌渍方法而制作的开胃菜。制作方法是先将青菜揉搓成青菜汁待用，然后将青菜嫩芽洗净，在阴凉处阴干脱水后细细地切碎，煎炒至八成熟，趁热加入青菜汁密封一个半小时左右后，拌上盐、葱、香油、味精、醋等调味品即可食用。另一种制作方法是将青菜嫩芽在沸水中焯水至半生半熟后趁热挤出水分，装入密封容器内发酵，待发酵两三个小时后，拌入盐、胡辣椒等调味品食用。

萝卜干，俗称“萝卜线”，重庆地方特色腌菜。萝卜干是以红萝卜为食材配以各种调料，采用腌渍方法制作的干咸菜。萝卜干制作要先将鲜嫩的红萝卜洗净切成筷子粗的萝卜条，在阴凉通风处晾晒五天左右，加入食盐、白酒、辣椒面、花椒面、白糖、香料等调料，拌匀后装入土陶坛内，压实密封腌渍十五天左右即可食用。

皮蛋，也称“松花蛋”，重庆地方特色腌菜。皮蛋以鸭蛋为原料，将松柏枝草木灰、生石灰、食盐、大茴香、花椒、红茶水与黏土拌匀后，用拌好的黏土包裹鸭蛋，再粘裹谷糠，装缸密封，在阴凉处静放数日即成。皮蛋口味“辛、涩、甘、咸”，有泻热、醒酒、去大肠火，治泻痢等功效。重庆品牌皮蛋有开州胡安太皮蛋和获国家地理标志证明商标的永川皮蛋、梁平松花皮蛋。

盐蛋，也称“咸鸭蛋”，重庆地方特色腌菜。盐蛋以鸭蛋为原料，把食盐、大茴香、花椒、八角、茶叶等调味品加水熬制成盐蛋水装入陶缸中，将鸭蛋装缸密封，在阴凉处静置数日即成。也可在泥土内加入食盐和水搅拌成糊状，再将鲜鸭蛋逐个包裹泥浆后静置即可。

腊肉，重庆地方特色食品。腊肉是将肉用盐、白酒、五香粉、辣椒等各种调料腌渍后风干水分，再用柏树枝叶、橘皮、柚子壳等烟熏烘烤而制成的食品。腊肉具有防腐能力强、保存期长的特点。腊肉色泽鲜艳，透明发亮，黄里透红，味道醇香，肥不腻口，同时还有树木烟熏味的特殊口感。采用烟熏烘烤的方法还可制作腊香肠。重庆品牌腊肉有国家地理标志证明商标的城口老腊肉、开州巴山腊瘦肉、綦江蕨巴老腊肉、綦江沈师傅腊肉、酉阳火炕腊肉（俗称“过桥腊肉”）、秀山苗家腊肉、巫山老腊肉、黔江烟熏腊肉、武隆土家老腊肉、江北怡乐牌小块腊肉、涪州腌腊肉、涪陵桂楼牌川味腊猪头、涪陵京酱风肉、城口腊肉粉粑粑等。

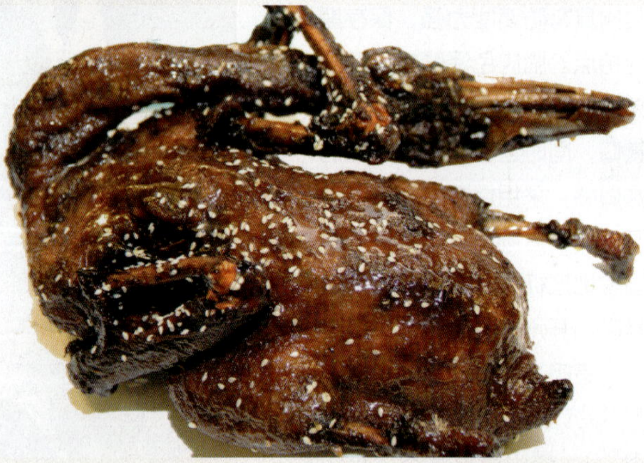

板鸭，重庆地方特色食品。板鸭是以老鸭子为原料的腌腊食品。在二十四节气中的大雪后，加工的板鸭叫“腊板鸭”；立春后到清明时加工的板鸭叫“春板鸭”。重庆品牌板鸭有江北重庆酱板鸭、九龙坡区白市驿板鸭、巴南利君板鸭等。

泡椒凤爪，也称“酸辣泡凤爪”，重庆地方特色小吃。泡椒凤爪起源于重庆的民间，是将鸡爪采用泡菜的腌渍方法制作而成的独特美食，以“酸辣爽口、皮韧肉香”著称于巴蜀两地。

酸鲊鱼，重庆地方特色食品。酸鲊鱼将野生鲜鱼破肚洗净去腥后，裹上有调料的米粉、食盐拌匀，放进菜坛内，腌五天左右，待有酸味后，可炸、蒸食用。

酸鲊肉，重庆地方特色食品，是土家族、苗族的特色菜肴。酸鲊肉是在切好的肉片、肥肠中加入各种调料，经揉搓入味后装进坛内压实，用粽叶、桐叶或玉米壳封住坛口，将其倒过来放入一个比坛口大的、盛有水的碗、盘、钵内从而把坛口密封起来，腌上半个月左右即可食用。酸酢肉常见的食用方法是将茼蒿菜或土豆、红薯等拌和有调料的米面或苞谷面做底蒸食，也可在洋芋饭中加入酸鲊肉，做成酸鲊肉洋芋饭。

萝卜干，俗称“风萝卜”，重庆地方特色食品。风萝卜做法简单，用细篾（竹条）将新鲜红皮白心萝卜穿成串，挂于阴凉通风处自然风干而成。以风萝卜为食材的菜肴有风萝卜炖蹄花、风萝卜腊排汤锅等。风萝卜经过自然脱水后，糖分含量相对提高。风萝卜炖腊肉是重庆土家族知名菜肴，菜肴中弥漫着萝卜的天然清香，腊肉咸鲜，萝卜脆甜，各显其味。

干青菜，重庆地方特色食品。干青菜是将新鲜青菜焯水，煮至三五成熟后，放入冷水中冷却以保存菜绿色，然后捞出沥干，在阳光下晒干即成。青菜中含多种营养元素，富含维生素C。干青菜可炒，也可做汤，常见菜肴有干辣椒炒青菜、干青菜洋芋片汤等，最有名的是用米汤烹饪出来的干青菜汤。

干豇豆，重庆地方特色食品。干豇豆是将新鲜豇豆焯水，煮至三五成熟后，放入冷水中冷却以保存本色，然后捞出沥干，在阳光下晒干即成。豇豆中含有蛋白质、碳水化合物及多种维生素、微量元素等，有开胃健脾、理中益气、散血消肿、清热解毒等功效，是糖尿病人的理想食品。干豇豆可炒，也可做汤，常见菜肴有干辣椒炒豇豆、干豇豆红烧肉、干豇豆猪蹄汤等，也可用米汤烹饪干豇豆汤。

笋干，俗称“干笋子”，重庆地方特色食品。笋干是将新鲜竹笋经过人工筛选、蒸煮、晒干而成的干菜。制作笋干时，将新鲜竹笋焯水，煮至三五成熟后，放入冷水中冷却以保存竹笋本色，然后捞出沥干，在阳光下晒干即成。竹笋具有高蛋白、低脂肪、低淀粉、多纤维等特点，含有16种氨基酸。此外，竹笋中还含有胡萝卜素、维生素C及钙、磷、铁等矿物质。干竹笋可炒，也可炖汤，常见菜肴有酸辣椒炒干竹笋、干竹笋红烧肉、干竹笋猪蹄汤等。

干菌子，重庆地方特色食品。干菌子是将新鲜食用蘑菇焯水煮熟后，晒干而成。干菌子含有多种维生素、优质蛋白及其他有益于人体的成分，营养丰富，香味浓郁、肉质坚韧、回味绵长、风味独特，是绿色环保的保健食品。干菌子常见的烹饪方法有腌、拌、炒、炸、炖、干煸等，也可以与一些蔬菜、肉类搭配，常见菜肴有酸辣椒炒干菌子、干菌子炒回锅肉、干菌子红烧肉、干菌子炖土鸡等。

干蕨菜，重庆地方特色食品。干蕨菜是将鲜嫩的蕨菜，用浓度为1%的草木灰水浸泡3~5小时杀青，杀青后放在流动的清水中漂洗、沥干，在阴凉通风处晾干而成的干菜。干蕨菜在食用时，可用米汤或淘米水浸泡两个小时左右，将其浸泡酥软，除去苦涩味。干蕨菜的烹饪方法很多，烹、炒、煮、炖、凉拌都可以，干蕨菜炒腊肉是土家族的一道名菜。

五、调味品

油，即食用油，也称“食油”，用于烹饪食物的植物或动物油脂。植物食用油，也称“素油”，是用植物花果压榨出来的食用油，常用的有菜籽油，另有花生油、橄榄油、葵花子油、大豆油、芝麻油、棉籽油、亚麻籽油（胡麻油）等；动物食用油，也称“荤油”，常用的有“猪油”，也有用于制作特色菜肴的牛油、羊油、鸡油、鸭油、鱼油等。

菜油，也称“油菜籽油”，植物食用油，由甘兰型油菜和白菜型油菜的种子压榨而来，主要用于烹饪菜肴。

猪油，动物食用油，由猪的脂肪通过煎熬提取而来，主要用于烹饪菜肴。

牛油，动物食用油，由牛的脂肪通过煎熬提取而来，主要用于火锅、串串香等汤锅底料。

花椒油，烹饪调味食用油。花椒油是由花椒提炼而来的食用植物油，麻味重，椒香浓。重庆知名品牌渝北飞泉鲜花椒油已有130年的历史，采用选料、剥皮、冲压、搅拌、取油、沉淀、过滤等工序和传统低温工艺制作，以“鲜、麻、香”著称。

盐，俗称“盐巴”，烹饪调味品。盐分为海盐、湖盐、井盐和矿盐四种，其中以井盐品质最佳。重庆古属巴国，盛产井盐，古有“巴盐”之称，重庆井盐白净纯洁，主要产盐区有合川、忠县、万州、云阳等地。

酱油，烹饪调味品。酱油是用豆、麦、麸皮酿造的液体调味品，呈红褐色，有独特酱香，滋味鲜美，促进食欲。酱油按口味可分为生抽、老抽两大类。重庆知名品牌酱油有南川三不加酱油、合川口茉酱油等。

醋，烹饪调味品。醋由糯米、高粱、大米、玉米、小麦以及糖类和酒类发酵而成。重庆知名品牌醋有武隆羊角老醋、南川三不加食醋、酉阳麻旺醋等。

豆瓣酱，烹饪调味辅料。重庆知名豆瓣酱有沙坪坝山城牌金钩豆瓣酱、开州香辣豆瓣酱。

鲊海椒，重庆地方特色食品，是土家族、苗族的特色菜肴，也可做烹饪调味辅料。重庆知名鲊海椒有黔江鲊海椒。

红糖，传统糖类食品，也可做烹饪调味辅料。重庆知名品牌红糖有开州南门红糖。

永川豆豉，重庆地方特色调味品。豆豉是以黄豆为原料，配以各种调料，采用腌渍的方法制作的调味品。豆豉有水豆豉、干豆豉两种。水豆豉一般在夏天制作，先选上粒大饱满的黄豆洗净泡胀，加水煮至能用手捏碎为止。煮黄豆的水，加上食盐、辣椒、大蒜、生姜、山胡椒（木姜子）、陈皮、花椒等调料熬制成豆豉调味水待用。将蒸好的黄豆放入簸箕内并用野生的香椿树叶、豆豉叶、核桃叶下垫上盖，放置于温暖处三五天，由黄豆中的霉菌自然发酵，待到拿起黄豆有黏黏的液体时放入已熬煮的豆豉调味水中，装进坛子里密封半月左右即可食用。干豆豉则是在黄豆发酵好后，用食盐、辣椒、大蒜、生姜、山胡椒、陈皮、花椒等混合调料粉拌匀，经发酵、晾干即可。干豆豉炒腊肉是土家族的一道特色名菜。

六、饮食习俗

泡酒，也称“酒会、整酒、会头”，传统饮食民俗。民间在庆贺红白喜事时大办宴席，称“泡酒”。泡酒因内容不同故称呼也有不同，结婚宴席称“喜酒”，娶儿媳妇叫“接娶酒”，嫁女叫“打发酒”或“交待酒”，办丧事叫“白会”，祝寿贺生叫“生酒”或“寿酒”，婴儿出生三十天后要“打三朝”叫“三朝酒”或“满月酒”，婴儿周岁叫“周岁酒”，修房造屋上大梁叫“短水酒”，乔迁新居叫“搬家酒”或“辗家酒”，迎接朋友称“接风酒”，送别朋友称“饯行酒”，考上大学叫“状元酒”。

坝坝席，也称“流水席”，传统饮食民俗。在重庆乡村的民众每逢红白喜事，就在自家的院坝上临时搭个厨房，垒个灶台，搭个案板，摆上几十张桌举办宴席，故称“坝坝席”。来客人多时就分两次或多次进餐，则叫“流水席”。

九大碗，传统饮食民俗，也是民间宴席九道菜肴的俗称。九大碗上菜时，第一道菜必须先上头碗，后来才上凉菜、红烧鱼、全鸡炖白果或老鸭炖魔芋、粉蒸扣碗、盐菜扣碗、喜沙扣碗、鲊海椒炒腊肉、蹄花汤、素菜汤或酥肉粉丝汤等菜肴，但只能上九道菜。在石柱土家族自治县的西沱、沿溪、黎场、王场的长江一带，则是“九盘十二碗”，在上九大碗前，先上三个装有“绞绞”“米花”、洋芋红薯果果或花生等点心小吃的“干盘子”，然后才上凉菜、热菜的九大碗。土家人忌讳“十”，“十碗”谐音“石碗”，“石碗”即是“猪槽”，而“九”有“九九长寿”“九子登科”“天长地久”等吉祥含义，故称“九大碗”。荣昌九大碗主要包括头碗瘦肉、鱼、鸭、带骨酥肉、糯米圆子、蛋类制品、肘子、烧白等九样菜，常见的有拼盘、凉拌鸡、小酥、大酥、烧白、夹沙肉、干八坨、走肘、清蒸鸡等菜品。

三拖一火锅，重庆地方饮食民俗，也是民间对火锅的俗称。在20世纪90年代期间，重庆火锅定价通常是荤菜三元钱一份，素菜一元一份，俗称“三拖一”，是火锅的一种营销方式，后来就演变成重庆人对火锅的俗称。

吃长寿面，也称“吃寿面”，传统饮食民俗。在庆贺寿诞时，请过生者吃长寿面，用长长的面条来祝福过生者长寿。

荷花宴，重庆特色宴席。荷花宴是以荷花、荷叶、藕、莲果为主要食材的生态宴席，流行于重庆市大足、涪陵等地，主要菜品有脆炸荷花瓣（一花一世界）、荷叶粉蒸排（一叶一乾坤）、风味荷花鱼（鱼戏莲叶间）、荷花竹燕窝（莲开并蒂）、腊排拼藕盒（花千骨）、天梯莲藕丝（藕断丝连）、莲藕红烧肉（骨肉相连）、山药烩雪莲（四季如春）、鲜藕蹄花汤（步步生莲）、茄香藕饼、泡椒藕苗、莲果虾仁、莲果扣冬尖、糖醋莲藕排、开心连米果、山椒泡藕带、莲花拌鸡丝、香藕拌驴肉、荷叶粑、荷叶茶香豆腐、鲜榨藕汁等。

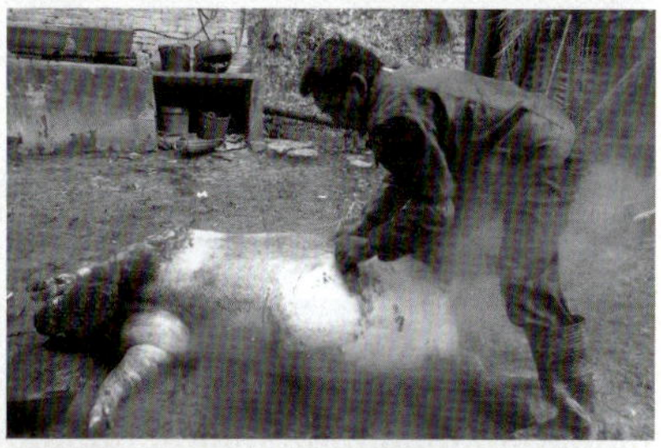

杀过年猪，俗称“吃刨汤”，传统饮食民俗。民间从农历十月至腊月就要杀过年猪以准备春节肉食。杀过年猪时，主人先要看期，请好杀猪匠，将杀猪凳（大木凳）、大木盆、拴猪肉的粽叶“挽子”准备好，并烧一大锅滚烫的开水待用。在杀猪时，杀猪匠先焚香祭祀屠宰行的祖师爷张飞和举行放生仪式后，众人才将猪拖出猪圈按在木凳上，杀猪匠用杀猪刀刺入猪喉，让猪血流入盆中。杀猪匠在猪的后脚处开个小口，把叫“挺冲”的钢条从口子处钻入，沿猪皮下四处捅开，用嘴吹气，吹气时要用木梆边打边吹，将猪吹得鼓胀如球。杀猪匠按规矩先拔去归自己所有的猪脊背上的脊毛“猪棕”，然后用滚烫的开水浇淋猪身，用铁皮“刨子”刨去猪毛，将猪刨干净后倒挂于高处，先“下猪脑壳”（割猪头）、“划脊”（把猪背划开），再开膛理出肝、腰、心、肺、肚、肠等内脏，最后将猪肉分成小块。“吃刨汤”的第一道菜是用猪血、白菜、豆腐等一起做成“血旺汤”，然后才是新鲜的炒腰花、回锅肉等。

吃年饭，也称吃“年夜饭、团年饭、团圆饭”，传统节日食俗。民间在春节前的除夕晚上，远在他乡的子女们都必须提前回家与家人在一起“团年”吃年饭。吃年饭前，要在堂屋神龛上摆放菜肴、碗筷，燃香烧纸，由长者口念祭词和列祖列宗的名字，恭请诸位先祖回来过年，然后放团年鞭炮，全家人入席吃饭。开席时，首先从小到大由晚辈轮流向最年长的长辈敬酒，祝老人快乐长寿，表达美好的祝愿。

元宵吃汤圆，传统节日食俗。汤圆，俗称“元宵、粑粑”，是正月十五元宵节必备食物。在元宵夜吃汤元，有祈求家人团团圆圆、阖家幸福、美满吉祥的含义。

腊八节喝腊八粥，传统节日食俗。腊八粥，也称“七宝五味粥”。每年农历的腊月初八，民间就有用干物进行腊祭祷祝、敬献八谷星神、喝腊八粥的习俗,称为“腊八祝、蜡八祝”，干物称“腊”，“八”是八谷星神，故称“腊八”。“祝”与“粥”同音，“腊八粥”就代表“腊八祝”。

端午吃粽子，传统节日食俗。粽子，古称“角黍”，传统糕点，端午节必备的食品，是为纪念战国时期楚国爱国诗人屈原而创造出来的一种食物。

七夕吃巧果，传统节日食俗。农历七月初七是七夕节，也称“乞巧节、七巧节、七姐诞”，源于“牛郎织女鹊桥相会”的传说。相传在农历七月七日夜或七月六日夜，女人们汇聚在庭院内，摆上瓜果点心，边吃边向织女星乞求智巧，礼拜七姐，相互学习女红，故称“乞巧”。

中秋吃月饼，传统节日食俗。相传在元代，农历八月十五中秋节这天，人们将“八月十五杀鞑子”的纸条藏入饼子，大家得到通知后纷纷起义抗元。后来人们为了纪念这天，在每年的中秋节时，家家户户就有了吃月饼的习俗。

重阳吃糍粑、饮菊花酒，传统节日食俗。在每年的农历九月初九重阳节这天，人们为了庆祝节日，都要相约出游赏秋、登高远眺、赏菊花、插茱萸、舂糍粑、吃重阳糕、饮菊花酒等。

冬至吃狗肉、羊肉，传统节日食俗。冬至，农历节气，俗称“冬节”“长至节”“亚岁”等。传统中医认为冬至这天是阴阳二气转化之日，是进补保养、积蓄能量的最佳时机，于是民间就形成了从这天起开始吃狗肉、羊肉，以御寒、滋补身体的习俗。

土家族摔碗酒，重庆地方酒俗。春秋时期，土家族英雄巴蔓子将军因国家内乱，向楚国借兵，楚国要求巴蔓子给三座城以做回报。楚兵解救巴国后，巴蔓子不忍割让国家城池，就以“割头换城”来兑现自己给楚国的承诺。他说：“将吾头往谢之，城不可得也！”他在割头前，喝酒摔碗，拔剑自刎。摔碗酒也就成了土家族出征壮行和款待客人的酒俗。

转转酒，重庆地方酒俗。在20世纪70年代前的重庆农村，人们喝酒时坐一桌或围成一个圆圈，一碗酒由长者先喝后再递给左边的人喝酒，从左向右依次传给下一人。后来演变成朋友之间按约定顺序相互宴请的民俗，也称“转转酒”。

拦门酒，重庆地方酒俗。重庆地区的苗族、土家族在迎接尊贵的客人时，都要在山寨门口拦门摆酒、唱歌迎客，客人们喝上一碗两碗酒后就进寨。

石柱酒令，重庆地方酒俗。石柱酒令是酒席上喝酒助兴、即兴创作的“说客词”，酒令有五言八句、四言八句、五言六句、五言四句等多种形式。2011年4月，公布石柱酒令为重庆市第三批非物质文化遗产名录。

划拳，也称“猜拳”，民间博弈游戏。划拳是民间在饮酒时相互助兴取乐、增添酒兴的酒令。划拳时，两人同时伸出手指并各说一个数字，谁说的数字与双方所伸手指总数相符，就算谁赢。划拳形式有“两人对划”“坐庄摆擂”“轮流坐庄”“划南北拳”等形式。

土家四道茶，重庆民族特色茶俗。土家族在迎客时，要敬客人“白鹤茶、泡米茶（米米茶）、油茶汤、鸡蛋茶（淡开水）”四道茶水，称“四道茶”。

茶艺，烹茶品茶的技艺与仪式。茶艺文化包括：选茗、择水、烹茶技术、茶具艺术、环境等内容。

改口茶，传统婚礼礼俗。新婚夫妇在拜堂后向双方父母敬茶，改换称呼，以谢养育之恩。改口敬茶的顺序是先敬父母，后敬爷爷奶奶。

吃讲茶，调解纠纷习俗。旧时，双方发生争执不能调解时，就到茶馆里请公众评判是非的习俗。

七、饮食器具

瓢，舀水器具，按功能可分为水瓢、汤瓢、饭瓢等，按材质可分为木瓢、竹瓢、铁瓢、铝瓢、不锈钢瓢、塑料瓢等。

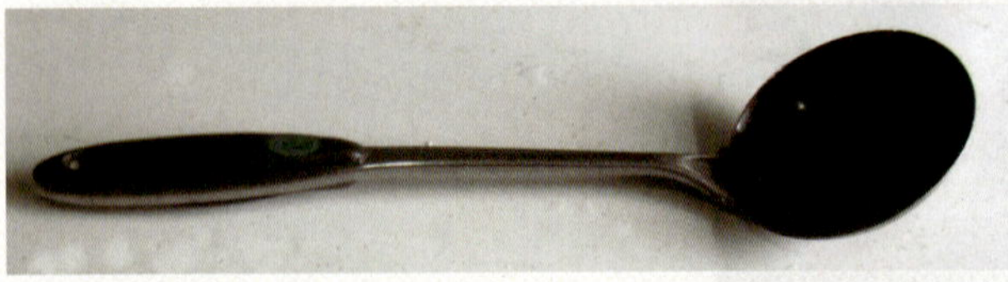

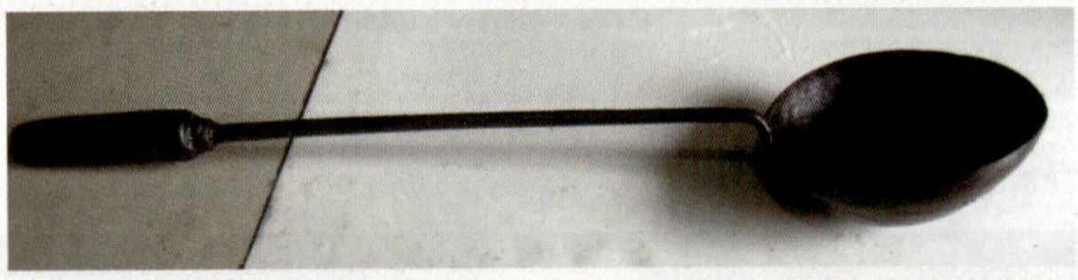

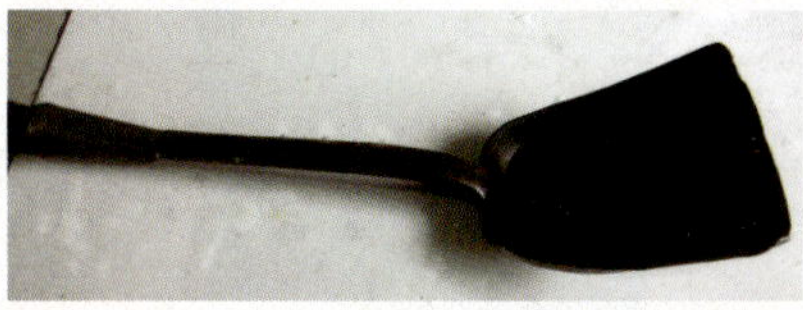

锅铲，俗称“铲子”，是煮、煎、炸、炒的厨具，按材质可分为木柄锅铲、铁柄锅铲、竹锅铲、不锈钢锅铲等，按构造分为传统锅铲、平直锅铲、漏铲等。

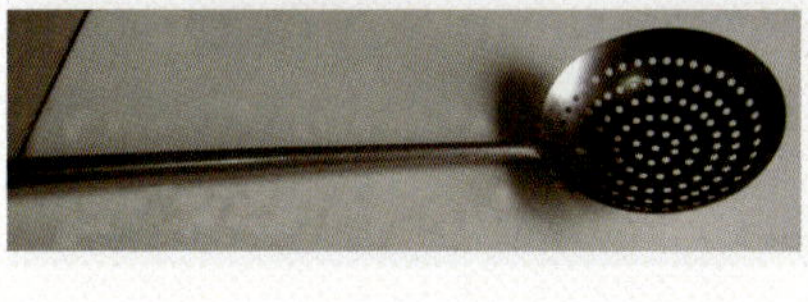

漏瓢，在锅内打捞食物的厨具，按材质可分为竹丝漏、铁丝漏等。

鼎罐，烹、煮食物的厨具，铸铁材质，鼓腹，圆口圆盖，两侧有耳，穿铁丝为提梁，底呈圆锥形，源于古鼎。相传鼎罐是巴国王子将鼎足锯掉而成，故今土家族人喜欢坐火铺，围鼎而食。

菜刀，分切食物的厨具，按功能可分为剁刀、砍刀、片刀、蔬菜刀、刨皮刀、多用刀等。

菜板，也称“砧板”、厨具。餐馆、宾馆厨房的菜板采用原木做成，则称“菜墩”。

砂锅，烹、煮食物的陶质厨具。砂锅是由陶土等原料经高温烧制而成，具有通气性好、吸附性强、传热均匀、散热慢等特点。

蒸笼，蒸煮食物的厨具，分为竹蒸笼、木蒸笼、铝皮蒸笼等。蒸笼起源于汉代，竹蒸笼有使蒸汽水不倒流的特点，保留了食物的原汁原味。

甑，俗称“甑子”，蒸煮食物的厨具。甑，由古代陶制厨具“鬲”演变而来，圆形，多为木制，内有竹编的隔层，称“甑箅”。甑子利用蒸汽将食物煮熟。用甑子蒸煮的米饭叫“甑子饭”，用陶土制成的甑称“砂甑”。

水桶，盛装、运输水等液体的器具。

堰桶，也称“背水桶”，土家族、苗族地区的背水器具。堰桶为木制，呈扁桶状，上口宽，底部窄，可装水70千克左右。

水缸，盛装水等液体的器具。常见的有陶水缸、石水缸、木水缸、塑料水缸等。

刷把，也称“筅帚”，秀山一带称“竹扫把”，是洗锅、清洗灶台等的工具，用竹篾细丝捆扎而成。

筲箕，秀山一带称“竹筛”，盛米、淘米、沥米、过滤食物的工具，用竹篾编织而成。

擂钵，也称“臼”，俗称“砂钵”，食物加工器具。擂钵有石制、陶制、铁制等多种类型，杵一般为木质或铁质。体积小的擂钵称“碓”或“砂钵”，多用于厨房加工调料或药房加工中药材，口径大于二尺的擂钵多为石质，称“对窝”或“碓窝”。

茶盆，盛装菜肴的器具。民间在办“坝坝席”时，传送菜肴上桌则称“打茶盆”。

泡菜坛，腌渍泡菜的器具。

碗，盛装食物的餐具。盛饭的碗称“饭碗”，盛面的碗称“面碗”，盛菜的碗称“菜碗”，盛汤的碗称“汤碗”，盛茶的碗称“茶碗”，特别大的碗叫“海碗”。

盘，俗称“盘子”，敞口扁浅的盛装食物的餐具，以盛装菜肴为主。盛菜肴的盘子称“菜盘”，盛鱼的盘子称“鱼盘”，盛渣的盘子称“渣盘”，盛水果的盘子称“果盘”，一个盘内分多个小格或由多个小盘拼成一个多格的大盘称“拼盘”。

碟，盛装食物的餐具，以盛装调味品为主。

盅，盛装食物的餐具。以盛装液体食物为主，当用作饮酒或喝茶的杯子时，称“酒盅”或“茶盅”。

盆，盛装食物的餐具，以盛装液体食物为主。常用的有菜盆、汤盆等。

钵，盛装食物的餐具，可盛饭、菜、茶水等。古时常称僧人所用的餐具为“钵”。

筷，俗称“筷子”，古称“箸”，进食餐具。一次性筷子，也称“方便筷、卫生筷”，使用一次就丢弃。

匙，俗称“瓢羹、调羹、汤匙子”，进食餐具。

勺，俗称“勺子”，进食餐具，以喝汤盛饭用为主。

壶，盛装液体食物的餐具，有茶壶、
酒壶、油壶、水壶、酱油壶等。

之美老人百岁寿辰纪念

杯，俗称“杯子”，盛酒、水、茶等的器具，多为圆筒状或喇叭状，材质多为木、金属、塑料、玻璃或陶瓷，有茶杯、白酒杯、啤酒杯、红酒杯、咖啡杯、漱口杯、保温杯等。

筷筒，用金属、木、陶瓷、塑料、竹等材料制成，用于存放筷子等物的器具。置放在桌面上的称“筷筒”，挂置的称“筷兜”。

茶具，古称“茶器、茗器”，饮茶器具，主要有茶桌、茶盘、茶壶、茶杯、茶碗、茶盏、茶碟、茶勺、公道杯、茶漏、茶匙、茶则、茶灶等。

盖碗茶杯，茶具，由茶盖、茶碗、茶托组成，分别象征着“天、地、人”三才。

柴火灶，烹饪食物的传统厨房设施。

碗柜，俗称“厨柜”，存放餐具的家具。

案板，加工、存放食物的桌台式厨房设施。

餐桌，用于进餐的家具，有圆桌、方桌、条桌、八仙桌等。

餐椅，用于进餐的家具。

餐凳，用于进餐的家具。

桌布，也称“台布”，是覆盖于台面、桌面上以防污或增加美观性的物品。常用的有塑料类与纺织类桌布。

餐巾，也称“口布”，用餐时置放在膝上或胸前的布巾，多适用于西餐。常用的有纸类与纺织类餐巾。

饭盒，也称“便当盒”，由食盒演变而来，是用铜、铝、不锈钢、塑料制成的有保温、保鲜功能，用于盛装食物的盒状或桶状器具。

食盒，用竹、木制成的多层并有提梁的盒子，内可盛装食物。古代酒肆饭店或富贵人家多用于送餐。

三脚猫，俗称“三角架”，承放锅具的传统器具。

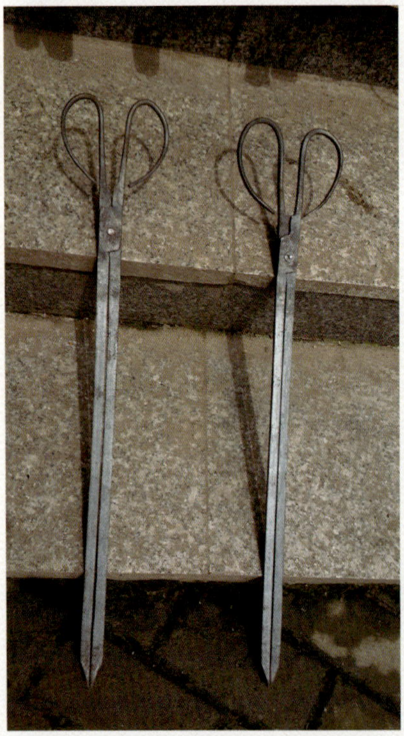

火钳，添加柴火的传统工具。

冲塘钩，土家族、苗族在火塘上吊挂锅具的器具。

吹火筒，传统柴火灶助燃的器具。人们将长二尺左右的竹子打通竹节后，在烧柴火时用嘴向灶内吹气助燃。

第二节　服　饰

一、服　装

1.衣

长衫，也称“长褂、长袍、长衫子”，传统服装。清代中后期根据汉服对襟长袍和满族长袍调整而成。1912年10月3日，《民国服制》规定长衫加马褂为国服，长衫也成为男性日常便服。长衫以青、黑、蓝、灰色为主，右开襟、立领、窄袖，前襟钉盘扣五粒，下摆左右两边开衩，衣长过膝至踝上二寸，形制与汉服大襟右衽相似。

长袍，传统服装。长袍由满族服装演变而来，有单袍、夹袍和棉袍。单袍又俗称“马褂”，民间俗称“长袍马褂”。

马褂，传统服装。马褂是无领、无袖、前襟盘扣的短褂男式背心，用青黑色或白色布料，在领口、袖口、下摆边缘处用吉祥图案的花边装饰。马褂源于满族人骑马时穿的有袖马褂，将其改成无袖对襟盘扣短衣，故称“马褂”。

西装，民国时期称“洋装”，西式服装。西装由西服、西裤、领带等组成，19世纪40年代前后，西装传入中国。西装有男式、女式两种，女式西装称为女人的“千变外套”。

中山装，也称“国服”，中式服装，由孙中山先生设计和命名的服装，20世纪50至70年代称“人民装、干部服”。

军装，解放军军服。在20世纪五六十年代，民间盛行着未加帽徽、肩章、领章的65式军服。

马甲，也称“坎肩”，中式服装，无袖敞领的短上衣，有大襟、对襟、琵琶襟等式样。因源于汉代的裲裆铠，取其“当背当心”之意，故又俗称“背心”。

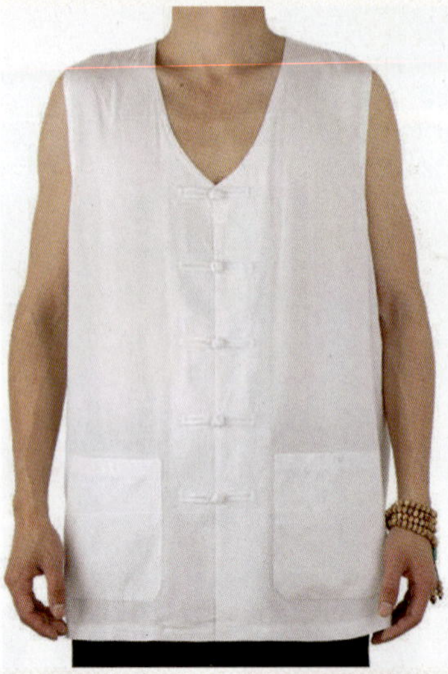

汗衫，俗称“褂褂”，现代汗衫是贴身的中式服装。汗衫古称“中衣、中单”，是用纱与绢制成的内衣，五代后唐人马缟所著《中华古今注》记载“中单，衫衣也”。汉高祖始改名汗衫。

背袋裤，现代服装。背袋裤是腰上装有挎肩背带的下衣。在20世纪50年代盛行由背袋裤改造的工装背带裤。

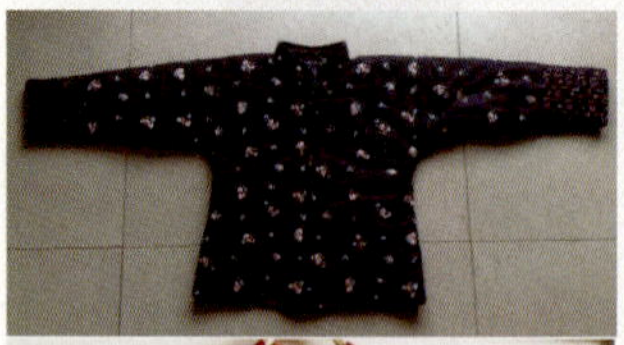

棉袄，也称“棉衣”，传统中式服装。棉袄是在两层布料之间的夹层里填充棉花的服装。

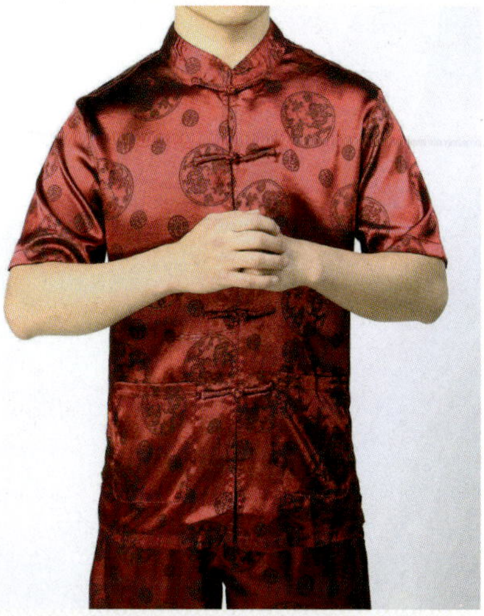

唐装，现代中式服装，立领、对襟、长袖，由马褂结合西式服装剪裁改良而来。

旗袍，传统中式服装，旗袍由清代满族女性的旗服结合西式裙装演变而来。旗袍盛行于20世纪20年代至40年代，民国政府于1929年确定其为国家礼服之一。1984年，旗袍被国务院指定为女性外交人员礼服。

布拉吉连衣裙，也称“布拉吉”，俄罗斯风格服装，流行于20世纪五六十年代。

列宁服，也称“列宁装”，近代服装，在20世纪四五十年代流行于政府机关工作人员中。

羽绒服，现代服装，内充羽绒的保暖上衣。

海魂衫，也称“海军衫”，源于法国海军服装，盛行于20世纪60年代。

百家衣，传统童装，用零星碎布缝成的童衣。旧时育儿民俗讲究从各家取一块小布片，拼缝成“百家衣”，可以托百家的福，保佑孩子健康成长。百家衣式样多为无领大襟，绣有花、鸟、鱼、虫或人物。

开裆裤，俗称“衩衩裤”，童装，是一种裤裆末缝合的裤子。

2.帽

礼帽，即西式帽，分冬、夏两式，20世纪20年代开始流行。

瓜皮帽，俗称“帽头儿、瓜皮帽、瓜壳帽、小帽子”，民间谑称“西瓜皮帽”，中式帽。相传为明太祖朱元章所创的“六合帽”，取“六合一统、天下归一”之意，全称“六合一统帽”，流行于清朝、民国时期。

军帽，也称“五角星帽、解放帽”。20世纪六七十年代盛行解放军58式夏常服军帽。

鸭舌帽，也称“鸭咀帽”，西式帽，源于猎人打猎时戴的狩猎帽。

草帽，具有遮雨、遮阳、防尘等功能的帽子。一般用水草、席草、麦秸、竹篾、棕绳等物编织，帽檐比较宽。

帷帽，帽檐下垂有丝网或薄绢的遮阳帽。

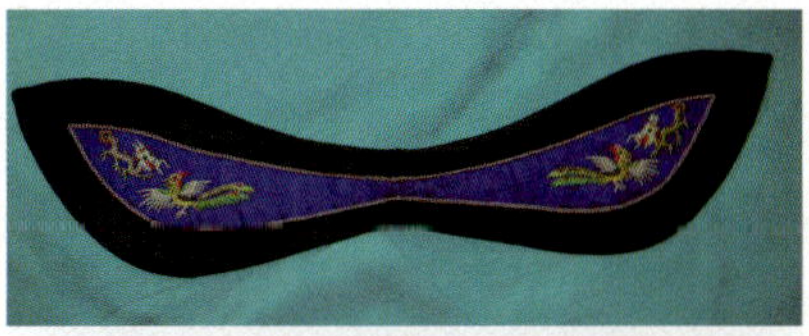

抹额，也称“抹头、额带、头箍、发箍、眉勒、脑包”，俗称“包头、箍帽、箍子、勒子”，宽仅二寸，两片，箭形叶状，表面绣花，前面两尖相对相连，后面设两带，结紧而箍在头上，是妇女束在额前的头饰，常饰以刺绣或珠玉。

风帽，老人、小孩的防寒帽，因形似观音的头饰，故称“观音兜、观音帽”。

毡帽，俗称“三块瓦、帽头”，老年人防寒帽。民国时期的帽子，有半圆形和三块瓦两种式样。三块瓦是边缘左、右、后长出三块，向上折成三耳，向下可掩两耳与后颈，故称“三块瓦”。

圈圈帽，也称“胎帽”，婴儿在夏季时戴的凉帽。圈圈帽是用宽二至三寸的白布条缝制而成的下大上小、环状无顶的遮额帽，以免压迫幼儿头顶的“百会”穴位，同时保护头部，又能御寒。圈圈帽顶上加上一块布条，并在布条上缝上两粒小扣做眼睛，则称“蛤蟆帽”。

虎头帽，童帽。帽前顶绣虎面，有耳目鼻口、齿眉胡须和“王”字；帽前檐夹以白兔毛为边，并绣“福禄寿喜、长命百岁”等吉语；帽后有两条系银铃的飘带。仿兔、狗头、斑鸠的则称“兔儿帽、狗头帽、斑鸠帽”。

八仙帽，童帽，帽檐前镶嵌八仙银饰的儿童帽子。

十八罗汉帽，童帽，帽檐前镶嵌十八罗汉银饰的儿童帽子。民间童帽喜用如来佛、观音菩萨、十八罗汉、八仙等神仙的银箔帽花镶嵌在帽子的边沿处，用来驱凶避邪，保祐儿童健康成长。

紫金冠，也称“太子盔”，童帽，形似古代紫金冠，前扇为额子，后扇在圆形头盔顶上饰垛子头，左右挂长穗，背后挂一排短穗。在古代，太子王孙及青年将帅戴紫金冠，皇后戴凤冠。

八角帽，边沿呈六角或八角形状的帽子。

鱼尾帽，童帽，披风帽类，形似鲤鱼，寓意孩子将来是“鲤鱼跳龙门”的栋梁之材。

凤帽，童帽，披风帽类。凤帽形似凤凰，后面有垂帔，帽前沿和垂帔上绣凤凰图案。在民间有“男带紫金冠，女戴凤头帽”的习俗。

3.鞋袜鞋垫

布鞋，足部服饰，有保暖、保护足部等功用。布鞋要经过打（糊）浆片、剪鞋样、纳千层鞋底、刺绣鞋面、上鞋面、修整抹边等工序。男性布鞋常为白色鞋底，青、蓝黑布为鞋面，简洁朴素。女式布鞋造型多样，有船头鞋、气筒鞋、鲇头鞋、钉钉鞋等，鞋口滚边挑“狗牙齿”花边，鞋面用青、兰、粉红绸缎，并在鞋面上绣上各种式样的吉祥图案与花纹。

绣花鞋，工艺服饰，是在鞋面绣有各种吉祥图案的布鞋。

双梁子鞋，老人服饰，是鞋面正中有两道装饰条纹的布鞋。

草鞋，手工服饰，以稻草、麻棉、牛皮、布条等为材料编织而成的鞋，有经济、防滑、凉爽、轻便的特点。草鞋头弯起向内的部分是草鞋鼻子，有保护脚的大趾和二趾的作用，鞋后直立的部分则是草鞋后跟，鞋两侧边缘穿鞋带的部分是草鞋的耳子，触地的部分是鞋底，因一般耳子均用麻绳，鞋底用稻草，故称“麻耳草鞋”。草鞋两侧边缘只有5至6幅耳子的叫“偏耳草鞋”；草鞋边缘布满耳子的叫“满耳草鞋”，形如圆口布鞋，有保温、御寒的功用。

翁鞋，防寒服饰，是鞋帮较高的棉鞋。

绣花鞋垫，工艺服饰，是绣有各种吉祥图案的鞋垫。

布袜，古称“脚袜、足衣、足袋”，用布缝制而成的服饰。古代男性布袜多用白布或青灰色布；女性布袜喜用红布，并在底部绣上简洁的图案花纹，在袜口用彩色丝带作为装饰。

棕鞋、棕袜，用棕榈树的棕片编织而成的服饰，民间常在劳作时穿着棕鞋、棕袜。

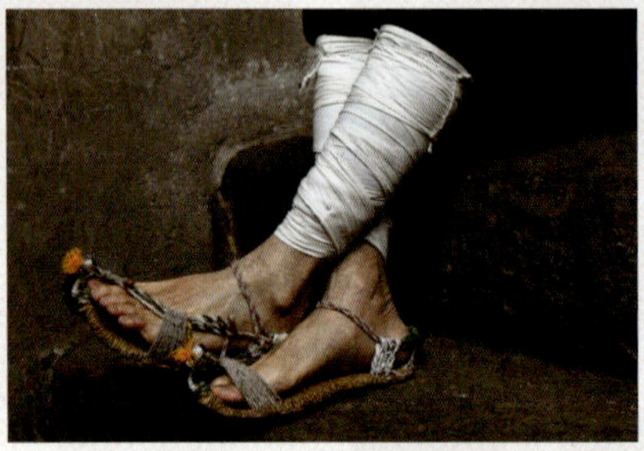

绑腿，腿部服饰，是男性缠在腿部的长条状白布或青布，有保暖、防护功能。绑腿一端是平头，另一端分叉成两条绳带，叉口处要结实，宽三至四寸，长五至七尺。绑腿时将绑腿的平头端从鞋帮处开始绕腿向上裹缠，在膝关节下用另一端的绳带系牢固定，适合于森林穿梭和山区长途跋涉等。

木屐，木制服饰，鞋底为木，为有齿钉的拖鞋，有耐磨、防滑的特点，走起来路来吱吱作响，故名“木屐”。

靴，古称“络鞮”，鞋帮高至小腿或膝盖的服饰，有朝靴、尖头靴、高底靴、长筒靴、短筒靴、雨靴等。

皮鞋，皮革服饰，用天然皮革或人造皮革制成的鞋。

解放鞋，橡胶鞋。仿照20世纪50至70年代初的军用鞋制成，胶底，布制鞋面，耐磨轻便，价格低廉。

虎头鞋，童鞋。鞋面肥大，鞋脸处绣老虎的黑眼睛、嘴巴、胡子，两侧缝有老虎耳朵和盘带。将绸缎等柔软布料，采用刺绣、镶嵌等手法做成婴儿软底童袜，袜头做成猫头形，称“猫儿袜”，做成虎头形，称“大猫袜”。

4.其他

肚兜，俗称“包肚”，古代内衣，是用于胸腹部保暖的衣物。肚兜形似围裙，上部有布带系于脖颈，下部两边带子系于腰间。肚兜常绣有趋吉避凶、吉祥幸福寓意的图案，现在多为婴儿内衣。

头巾，头部、颈部服饰，系在颈间或围在头上，有装饰、保暖、防尘、防晒等功用。

围巾，颈部服饰，系在颈间，也可围在头上，有装饰、保暖、防尘、防晒等功用。

手套，手部服饰，有装饰、保暖、保护手部等功用。

军挎包，军用挎包，在20世纪50至70年代时，盛行印有“为人民服务”字样的绿色解放军挎包。

围围，儿童披风，民间喜用大红花的绸缎为面、棉布为里做成儿童披风，有单、夹两种类型。

背带，育婴背具，用布料制作而成形似披风、背负儿童的工具。背带由一块长三至五尺，宽三到四尺的背布和背布上方的两条布带组成。布带宽二至三寸，长五尺，背布后面上方贴绣有一块有吉祥花纹的小正方形绣片，可翻过来遮盖儿童的头部。背带多用蓝布，常绣“鲤鱼跳龙门”“凤凰牡丹”等吉祥图案花纹，色彩对比强烈，效果清丽明艳。

围裙，俗称“围腰”，保洁服装，有成人用、儿童用两种。

二、少数民族服饰

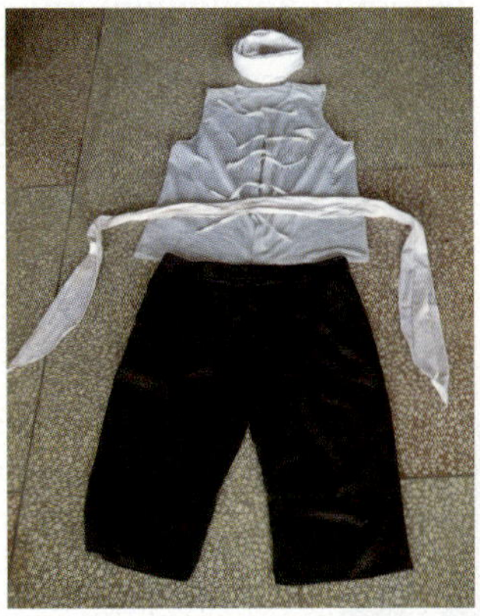

火汗头，土家族男性服装，无领、无袖、前襟盘扣的短褂男式背心，用青黑色或白色布料，在领口、袖口、下摆边缘处用有吉祥图案的花边装饰。

对襟衣，土家族男性服装，立领、长袖、盘扣的前襟长褂便服，由古汉服对襟衣演变而来。对襟衣的盘扣一般有七对、九对、十一对，俗称“蜈蚣扣”。盘扣自大襟领口到下摆，排列较密，称“琵琶襟”。对襟衣多青、黑、白三色，在领口、袖口、襟沿、下摆处嵌压浅蓝条或刺绣花纹，衣服前襟、衣角、两腰开衩处均饰如意头花纹。年轻男子的对襟衣多为青黑色或蓝色，镶花边。

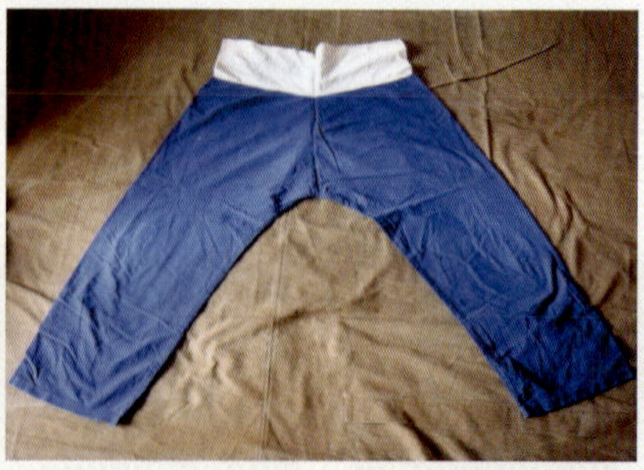

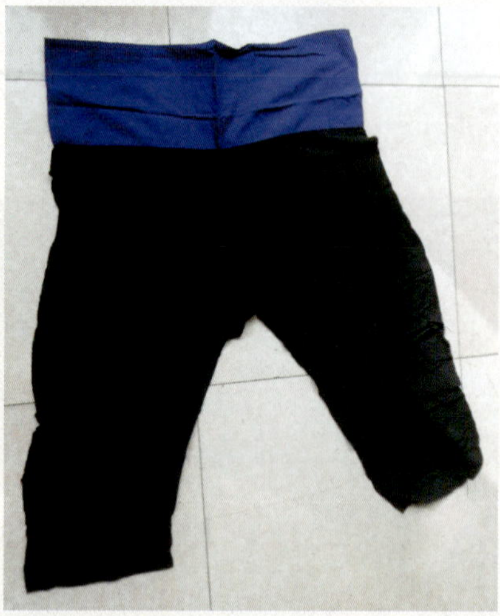

坛沿裤，也称“缅裆裤”，俗称“灯笼裤、左转弯、一二三”，土家族服装。裤管短而胖，腰宽大而肥，并镶白布条做裤腰。裤子不用裤腰带，穿裤时只需三个动作。一是右手将大裤腰向前绷紧拉直，左手将拉直的裤腰向内压并紧贴腹部的右侧；二是用右手将拉直的裤腰部分向左折贴到腹部左侧；三是双手将已经折叠到肚皮处的裤腰自上而下地向外卷，卷到不会松脱为止，故俗称“一二三”。

土家族头帕，土家族服饰。土家人有包头帕的习俗，头帕用白或青色的土布，两端抽去纬线，形成须子，叫“耍须”。包头帕时用右手压住一端的耍须，将头帕捋于头后，由右向左裹至左耳后，左手则执头帕向右缠去，一上一下在前额头形成人字形，耍须则在左耳后垂下。土家族成年男子头包白布或青布帕，帕七至九尺，包成人字形，表示是一个顶天立地的男人。已婚妇女的头帕是长六至八尺青丝或青布帕，不包人字形，在脑后挽上发结，发结上罩一个纱状罩子（俗名“笼子”），再横别一个簪子，簪子有玉簪、银簪、仿玉簪、锡簪。富裕家庭的女性则用刺花头帕。

满襟衣，土家族女性对襟式日常便服，圆领或矮领，袖大而短，下摆长短不一。满襟衣按盘扣的位置分左开襟、右开襟两种。满襟衣在领边、袖口、襟边、胸襟处镶边或绣花，日常生活时多用青、黑、白三色。土家姑娘在结婚时穿的满襟衣称为“露水衣”，用红、绿、紫色和吉祥花纹图案装饰。

中长满襟衣，土家族女性对襟式日常便服。土家族衣着有“前遮羞后遮沟”的习俗。在日常生活中，土家中年妇女喜欢穿青黑色、豇豆领、衣宽袖短，下摆过腚而不过膝的中长满襟衣，在袖口、下摆处绣二道花边，称为“大襟衣裳”或“外托肩”，类似于现在的中长服。

露水衣，土家族女性礼服，土家族女性在节庆或结婚时穿的满襟衣。土家族居住在山区，清晨露水多，走路时衣服就会沾上露水，故称“露水衣”。土家族新娘在出嫁时就要头戴露水帕，身穿露水衣，脚蹬露水鞋，手撑露水伞。露水衣常用红、黄、绿三原色，由满襟衣、灯笼裤、八幅罗裙三部分组成。上衣为绣花左开襟，衣长袖宽摆大，领口、袖口等边缘处镶绣花边，裤子宽大而短，裤外长至脚背，套八幅罗裙。

鸦鹊衣，土家族服装。土家男女平时素装打扮，外套青黑色满襟衣，里穿白色内衣，黑白相间恰似鸦鹊，故称“鸦鹊衣”，也正是土家族的俗语“好吃不过粗茶饭，好看不过素打扮”审美观的体现。

八幅罗裙，土家族女性礼服，用八幅条状的西兰卡普做裙腰，前后左右各两片，合缝处不缝合，内则镶黄色小花条，腰不缝死，用两对扣子扣紧或用两根带子系腰。裙脚镶宽三四寸黄、蓝色小花条。有的将土家端公的法器“八宝铜铃”挂在裙脚边上，走起路来叮铛作响，先声夺人，故称“响铃裙”。

筒裙，土家族、苗族女性服装。西南地区的少数民族都有穿筒裙的习俗，在古代，不分男女，服饰同类，上穿短褂，下穿长裤或筒裙。筒裙紧身过膝,裙边镶有花纹。

百褶裙，也称“百裥裙、密裥裙、碎折裙”，土家族、苗族女性服装。西南地区的少数民族都有穿百褶裙的习俗，形状、式样、颜色、长短、工艺等各有千秋。土家族、苗族百褶裙多用红色布料，裙身由多道细密、垂直的皱褶构成，身宽而大，长而过膝，皱褶在2~4厘米之间，少则数百褶，多则上千褶，裙脚镶约四寸宽的青布边并镶黄色花边。

露水帕，土家族女性婚饰物，是土家族新娘在出嫁时顶头上的绣花红帕，来源于古代婚俗中的红盖头。

绣花板带，土家族男性装饰物，宽二三寸，长五尺，两端有须，是在白布上绣精美的图案的腰带，是土家男性青年进入成年的重要标志，也是未婚女友赠送的定情物。土家男性青年在18岁后，就在腰间系上绣花板带，带上挂着绣花荷包或弯刀等，显得英姿飒爽，阳光灿烂。土家中老年人则系素面板带，带上斜插棒棒烟杆和烟袋或弯刀。

万盛祝家山苗族，也称“红头苗、红花苗”，是湘西红苗的分支。万盛祝家山苗族服饰以身着红色彩线衣服或头缠红色头帕、盘缠红带为主，且式样繁多、刺绣精美、色彩艳丽而被誉称为“苗族服饰博物馆”。女装由头饰、衬衣、围腰组成。头饰用丝织品或彩布缠头，数围形似圆盘大帽，外沿是镶有图案的花布，扎成小花，缀以翠珠。衬衣多为白色，腰系刺绣和蜡染的大套小围腰，并佩戴手帕、香包等刺绣工艺品。在万盛祝家山苗族服饰中，围腰图案设计精美，色彩浓重，做工精湛。2011年4月，重庆市政府公布万盛祝家山苗族服饰传统制作技艺为重庆市第三批非遗物质文化遗产。

彭水苗族银饰，源于古代“发簪”“五兵佩”“手镯”等饰物，吸收中国传统的龙、凤、鳞纹样，在头饰、颈饰、胸饰、手饰、衣饰、背饰、腰坠饰、脚饰、盛装饰、童帽饰等饰物上，以“大、重、多”的审美观，形成了品种多样、造型奇美、工艺精巧的彭水苗族银饰。苗族银饰主要有银冠、银帽、银箍、银角、银珈、披肩、银簪、银梳、耳环、素银项圈、羊角银项圈、卷花银项圈、扁形银项圈、盘形银项圈、空心镂花银项圈、银项圈等。

苗族头帕，苗族服饰。苗族男性头帕为蓝布，长二丈四，宽一尺二，斜缠于头顶，呈十字形，大如斗笠。苗族女性头帕长为二丈二，包成人字形褶纹。

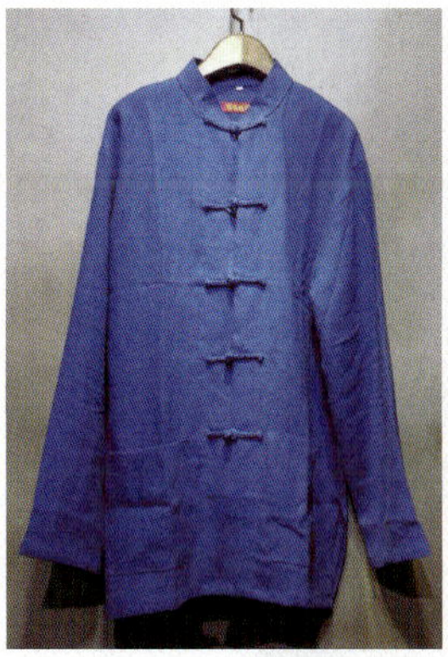

对襟装，苗族男装，由左、右前片，左、右后片，左、右袖六大部分组成。衣襟钉5至11颗布扣，左襟为扣眼，右襟为盘扣。上衣前摆平直，后摆呈弧形；左、右腋下摆开衩；色多为青、藏青、蓝色。

左衽上衣，苗族服装。大袖、无领，对襟短衣，由左前大襟、右前襟、后片及双袖组成，左襟与右襟相交于咽喉处正中，沿左胸前斜至左腋下至摆，钉布扣5至7颗，前摆、后摆均平直。左、右腋下摆不开衩呈直桶形，色以青色为主。

右衽上衣，苗族女装。圆领于胸前交叉，无领，无纽扣，以布带束腰。

飘带裙，苗族女装，由红、黄、蓝、绿、黑五色刺绣彩带共24条围系笼裙而成。彩带宽4至5厘米，上窄下宽，下端形似剑头，每条彩带分5段，各段以珠相连，均绣有花鸟鱼虫等不同图案，行走时随风飘逸。

大脚长裤，苗族便装，由左、右、前、后四片组成的无直裆大裤脚桶裤。裤脚宽尺许，与裤腿一致。

白羽毛裙，也称“百鸟衣”，苗族女装。长衫绣衣，由背、肩、袖口、前胸、后背、前后摆片和裙脚的羽毛装饰等构成。

船鞋，布鞋底尖略往上翘，鞋帮大口接近脚趾，脚踝关节处缀一指宽绑带。从外形上看，像一叶小舟，故称“船鞋”。

三、装 饰

1.发型

麻花头，女性发式。将头发在脑后编成四条辫子，再把四条辫子合成两条，然后再将两条辫子上下折叠缠绕后用发簪绾紧，其形同四条麻花。

太极头，也称“盘龙髻、锅螺圈”，女性发式。将头发在耳边分成两束，用红头绳扎住，然后将两束头发在后脑相交盘成圆圈，还可套上青丝网罩，形同阴阳八卦太极图。

粑粑髻，女性发式。将头发在后脑编成独辫，再将辫子在后脑盘绕圆圈，用发簪横穿固定，形同圆圆的粑粑。

辫子，俗称“麻花辫”，女性发式。将头发编成独辫，用彩线扎成蝴蝶结，前额无刘海，亮出脑门。

羊角辫，女童发式，将头部两侧的头发编织成辫，形同羊角。

洋洋丁，女童发式，将头部两侧的头发束成一对，形同蜻蜓。

朝天椒，女童发式，将头发在头顶正中束成一把，形同朝天的辣椒。

扫帚式，女性发式。

锅巴铲，俗称“塔点儿”，男童发式。在头顶脑门心处至前额发际边留方块状头发，其余全部剃去。这种发式在古代称为“髫”，即儿童的下垂的短发，宋代孟元老《东京梦华录》有“垂髫之童，但习歌舞”的记载，宋代的《婴戏图》中也常见儿童留髫的发式。

卷发，女性发式。经人为电烫、盘卷、梳理后形成卷曲发型，如波浪式、爆炸式等。

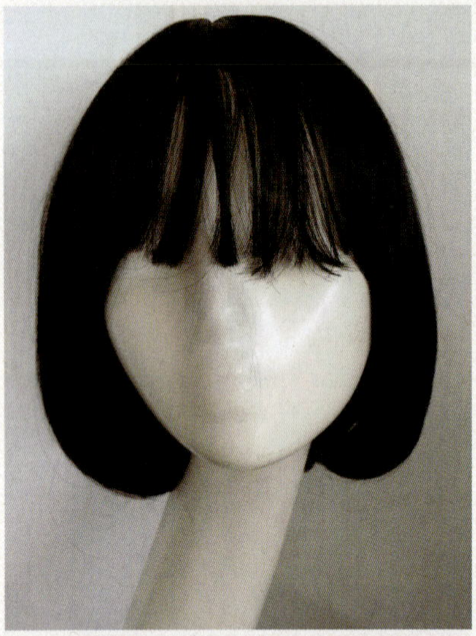

刘海，女性发式，一绺头发留覆于额上。额前头发长达二寸，盖在眉间或遮住两眼的称“一字式”刘海；将发两边剪成圆角，梳成垂丝形的称“垂丝式”刘海；将额发分成两绺，修剪成尖角，形如燕尾的称“燕尾式”刘海；极短、若有若无的称“满天星”刘海。

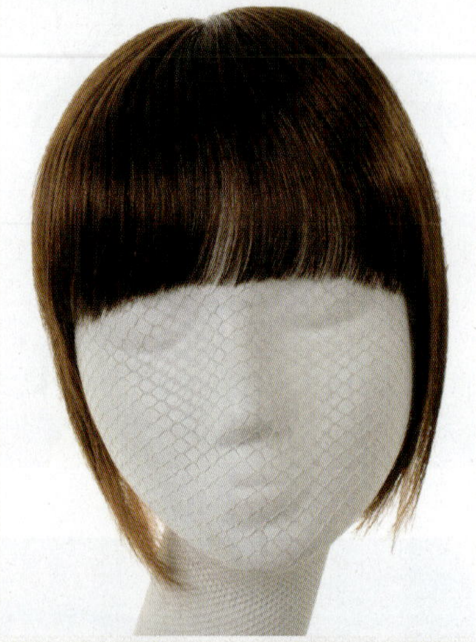

单辫前刘海，女性发式。额前头发呈刘海型，头后编织成一条发辫的发型。

双辫前刘海，女性发式。额前头发呈刘海型，头后编织成两条发辫的发型。

披肩发型，女性发式。前额不蓄刘海，把头发往两边梳开，随意披在肩头的发型。

刘胡兰发型，女性发式。整齐、垂直的头发刚好盖住双耳的发型。

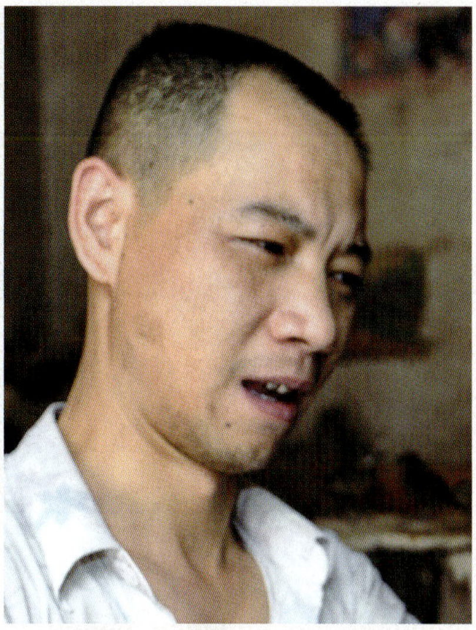

平头式，又称“平顶头、小平头”，男性发式。特点是两侧和后部头发较短，发际线高，头顶头发平。平头式有“大平头、小平头”两种。

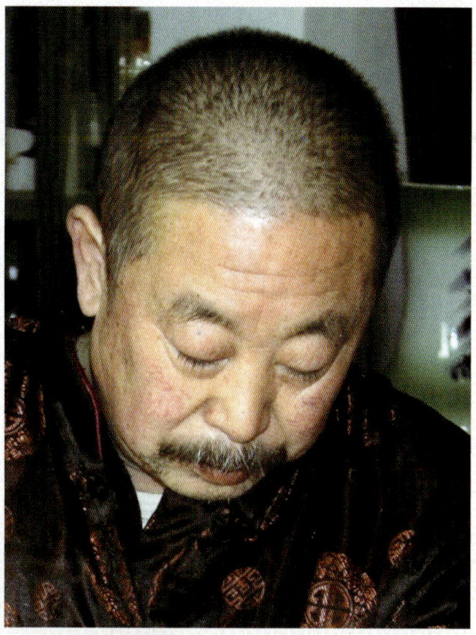

圆头式，又称“圆顶头、小圆头”，男性发式。发型与平头式相似，但顶部头发呈圆形。

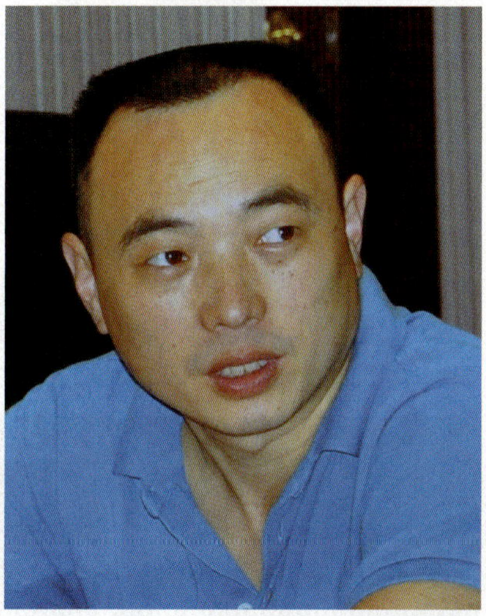

平圆式，又称“平圆头”，男性发式。综合平头式和圆头式发型特点而成，顶部呈平圆形。

分头发型，俗称“偏搭”，是将头发整齐分开，常见的有三七分和四六分。

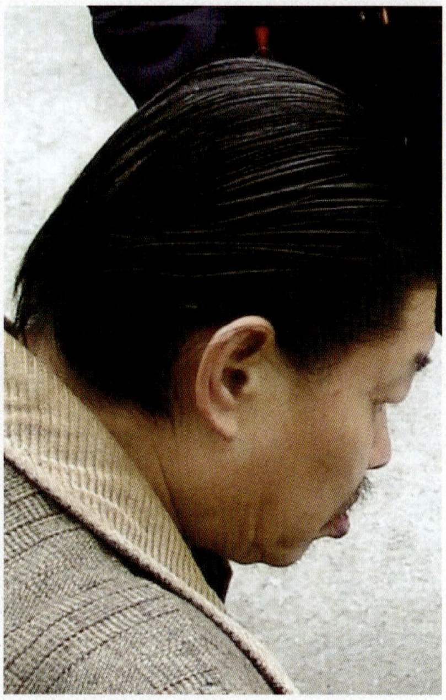

背头发型，男性发型。是将头发往后梳理，露出前额的发型。

光头，男性发型。将头发全部剃光的发型。

2.佩饰

凤冠霞帔，嫁妆，民间姑娘出嫁时的传统服饰。凤冠在帽檐用凤凰、如意、荷叶等鎏金银饰，镶嵌碧玺、珍珠、玛瑙等珠宝，做工精致，造型华丽，奢华高贵，故名“凤冠”。霞帔，绣花披肩，美如彩霞，故名“霞帔”。

发簪，也称“簪子”，首饰。女性用来固定和装饰头发的一种长针，常用金、银、铜、玉、象牙、牛角及玳瑁等材料制作，喜用花鸟鱼虫、飞禽走兽做簪首，有莲蓬花、银梳、插簪、瓜子针、茉莉针、芭蕉扇等式样。两根簪子合成一个则称“钗”，按材质可分为金钗、玉钗、宝钗等。旧时，用“钗裙”代表女性。

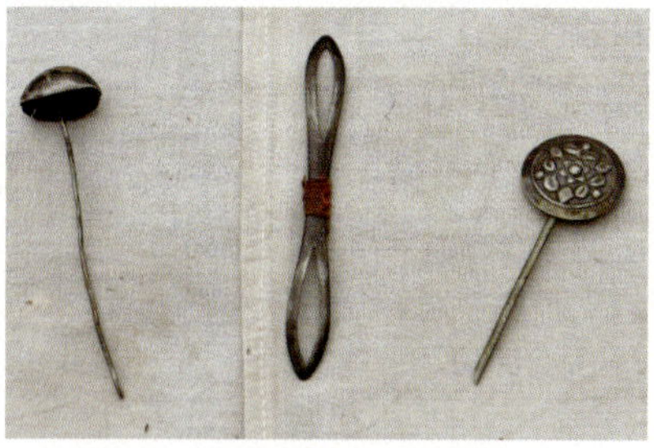

戒指，手指装饰品，男女相爱的定情信物。按照我国传统习惯，订婚戒戴在左手中指，结婚戒指戴在左手无名指，未婚姑娘戴在右手的中指或无名指。戒指材料多为贵重金属、宝石、玉等，也有木或骨质等。

项圈，首饰。项圈是用于装饰颈部的饰品，常用金、银、玉石或木等材料制作，并挂上长命锁、神仙菩萨、鱼虫鸟兽、植物藤草、蝙蝠、金鱼、莲藕、如意、铜钱等金、银、铜、玉石等材质的吊坠做装饰。有的吊坠刻有“长命富贵”“福寿安康”等祝福文字。

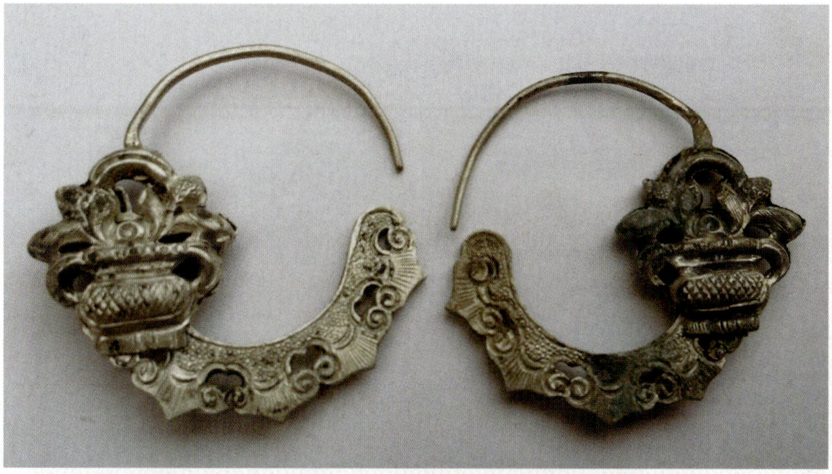

耳环，首饰。耳环是用于装饰耳朵的饰品，常用金、银、铜等材料制作，有龙耳环、一包针、灯笼、单环、连环、吊船、瓜子、鼓槌等式样。

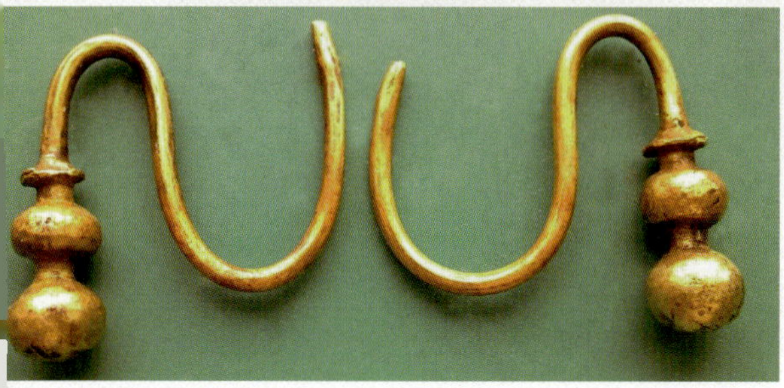

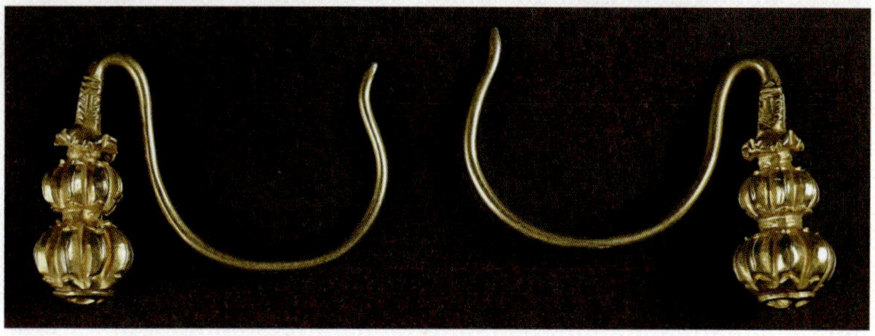

长命锁，也称“寄名锁、如意锁”，儿童颈部装饰品。长命锁是仿古代“横开锁、枕头锁、寿桃锁”等锁形的装饰品，体现了传统的育儿习俗。

手镯，俗称“箍子”，手腕装饰品。手镯材料多为贵重金属、宝石、玉等。

手链，手腕装饰品。手链材料多为贵重金属、宝石、玉，也有木或骨质等。

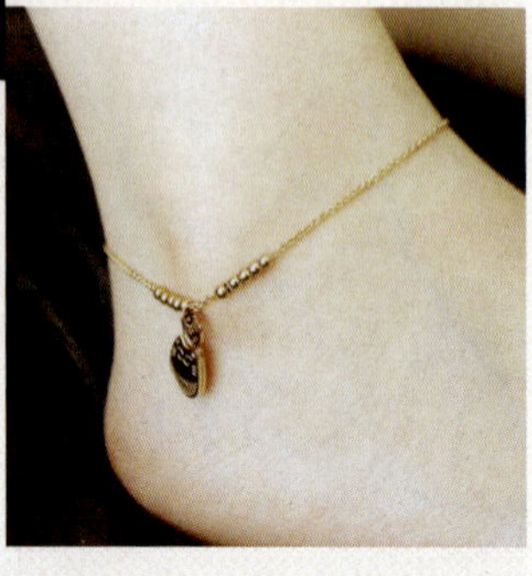

脚链，脚踝装饰品。脚链材料多为贵重金属、宝石、玉，也有木或骨质等。

盘扣，也称“盘纽、纽结”，用来固定衣襟或装饰传统服装的纽扣。

发卡，也称“发夹”，固定发型、装饰头发的工具。

胸针，也称“胸花”，装饰衣服和固定珠宝的别针。

纪念章，带有纪念意义的章形装饰品或标志。纪念章有徽章、收藏纪念章、装饰纪念章三大类，20世纪60年代流行配戴主席纪念像章。

第四章　居住出行民俗

第一节 居 住

一、村寨城镇

石柱县金铃乡银杏村，中国传统村落、中国少数民族特色村寨。村落因境内遍布的天然银杏林而得名。村内以土家族吊脚楼为主，并以“千柱落地”式和“转角楼”式著称，是土家族吊脚楼的集中分布区域。

木构建筑，墙、柱、楼栿、屋架、门窗均采用木材，利用榫卯进行连接和固定的建筑。

吊脚楼，穿斗式木结构建筑，因依山而建，檐柱悬空不落地而称“吊脚楼”。吊脚楼依山筑台而建，左右厢房一头与正房相连，另一头底层仅靠柱子支撑，有柱无壁，楼上回廊悬空，垂瓜吊脚。石柱土家族的吊脚楼营造技艺精湛。2011年5月，国务院公布石柱土家族吊脚楼营造技艺为第三批国家级非物质文化遗产。

砖木建筑，墙、柱等承重部位采用砖砌，楼栿、屋架、门窗等采用木材的建筑。图为石柱县姚家院子，位于石家乡安桥村姚家组，由大门、正房、天井、左右厢房、碉楼等组成，是一座中西合璧、两楼一底、歇山屋顶的砖木结构院落群。建筑内外柱、壁等位置有行、楷、隶、魏碑书体的“文革”标语93幅，左厢房有碎瓷镶嵌的“寿”字隔墙。

夯土房，也称“干打垒”，俗称“土墙房子”，土木结构建筑，墙体为夯土，楼栿、屋架、门窗等采用木材。夯土房墙体是以木板做墙体模具，内填黏土或灰石、糯米浆、竹条等，层层用杵夯实修筑，具有隔热良好、冬暖夏凉、就地取材、造价低廉、工艺简单、工期短暂的特点。图为石柱县桥头镇田畈村寨湾“钥匙头”式夯土建筑院落。

石构建筑，石木结构建筑，墙体为石材，楼枕、屋架、门窗等采用木材。图为何氏祠堂，石构建筑，位于重庆市北碚区水土镇屋基村。

院落，也称“庭院”，俗称“院子”，是由多幢建筑围合天井、院坝而成的封闭型建筑群。图为石柱县河嘴乡湾底院子，位于河嘴乡富民村庙湾组，系清乾隆时期谭朝贤三代人修建。院落座落在三面环山、前有小溪的凹形缓坡上，上下两进，一楼一底，两重朝门，六座天井沿中轴线呈两排三列，左右对称，建筑为砖木结构，抬梁、穿斗式梁架，硬山式屋顶。高墙深宅的湾底院子，“四水归堂”的天井和“五岳朝天”的封火墙，是具有江南“耕读传家”文化底蕴和典型徽派风格的四合院院落。

庄园，多个院落组成的建筑群。

图为涪陵区陈万宝庄园，位于涪陵城西南42千米的青羊镇，建于清同治、光绪年间，系涪州诰赠朝议大夫陈万宝及其子孙所建的庄园，占地11亩，房屋120余间，民间有“川东陈万宝，川西刘文彩”之称。

堂屋，也称“客堂”“明间”，传统民居建筑正中或院落正房有大门的房间，主要用于尊祖敬神、接客待友、祭天拜地、婚丧寿庆、禳鬼避凶等，功能与现代客厅近似。旧时，堂屋后壁正中安放神龛及祖先神位或“天地君亲师位”牌位，下摆条形香案或方形供桌，供桌上摆放供品及香炉、烛台等器物。

厢房，正房前左右两侧的房屋。传统院落的正房通常坐北朝南，故将左右厢房称为“东西厢房”。厢房通常用作宿舍或书房。

厨房，烹饪、储藏食物的房间。

饭厅，专供用餐的房间。

绣楼，俗称“绣花楼”，旧时女性专做女红和休闲的楼房。图为石柱县西沱镇云梯街的绣楼。

窝棚，在田边路旁用于遮风避雨、歇息和看护庄稼的临时建筑，建筑形式通常为人字形屋架、茅草屋面。

茅草屋，茅草屋面的建筑，常用于堆放杂物或牲畜饲养。茅草屋冬暖夏凉，隔热极好，有木结构墙体、夯土墙体、石砌墙体等形式。

岩洞，利用自然洞穴作为居住的场所，也是原始人类早期的居住形式。图为石柱县大歇镇流水村岩洞。

朝门，院落的大门，在重庆土家族地区有“千斤朝门四两屋”之说。图为石柱县三星乡雷庄村高歇院子朝门，位于院落右角上，八字形外墙、穿斗结构、牛角挑檐口，朝门的朝向与正房的朝向相差45度。

水井，开采地下水的构筑物。一般以竖向为主，用于提供生活用水、农业灌溉等。图为石柱县南宾街道太保祠古井。

垛木房，也称“垛木房子”，是用原木一层一层垛砌成墙体的原始建筑。图为城口县高楠乡方斗坪垛木房。

会馆，是明清时期由移民他乡或身在异乡的同乡或同业组成的社会团体的活动场所。图为重庆湖广会馆，全国重点文物保护单位，位于渝中区东水门正街4号，建于清乾隆二十四年（1759年），占地1.8万平方米，由高墙环绕的禹王庙、齐安公所、广东公所三大院落组成，总称“湖广会馆”，系湖广籍官商绅士集资兴建的驻渝（重庆）工商行帮机构。

祠堂，又称“宗祠、祠室、家庙”，用于姓氏宗族祭祀祖先、聚会的建筑。祠堂内设置供祭祀的祖先塑像或牌位，平时作为商议处置宗族内事务和举行宗族节庆活动的场所，闲时常做姓氏宗族书院。图为南川区石溪王家祠堂。

寺，宗教建筑，佛教的庙宇，僧人民住的地方。

罗汉寺，位于渝中区罗汉寺街，始建于北宋治平年间，原名“治平寺”，后因在寺内建“罗汉洞”而改称“罗汉寺”。寺内有四大天王像明碑、古佛岩、罗汉堂、弥勒阁、大雄殿、藏经楼、方丈室、禅堂等。其中，古佛岩现存宋代摩岩石刻佛像400余尊。

华岩寺，也称“花岩寺”，位于九龙坡区华岩乡大老山，因寺南侧“华岩洞”而得名。华岩寺内分大寺、小寺，大寺有大雄宝殿、圣可祖师堂、观音堂，大寺左侧为接引殿；小寺，也称“华岩洞”，与大寺隔湖相望，系华岩寺祖庙。

银杏堂，也称“银杏寺、盘龙寺”，位于石柱县河嘴乡银杏堂村，重庆市文物保护单位，与梁平双桂堂并称“川东二堂”。银杏堂由大门、左右龙眼、广场、照壁、山门及弥勒天王殿、左右钟鼓、大雄宝殿、左右厢房、法堂等组成。

双桂堂，位于梁平区金带镇万竹山，始建于清顺治十年（1653年），10万多平方米。1983年被国务院确定为全国重点宗教保护寺庙；2013年入选全国重点文物保护单位，2015获选新重庆·巴渝十二景人文胜地类，在佛教界被尊为“西南佛教禅宗祖庭”，有“西南丛林之首”“第一禅林”“宗门巨擘”等誉称，与石柱银杏堂并称为“川东二堂”。

北碚缙云寺，曾称“相思寺”“崇胜寺”“崇教寺”，位于缙云山狮子峰下。缙云寺始建于南朝宁宋景平元年（公元423年），后曾受到历代帝王封赐。唐武德元年（618年），唐高祖李渊曾亲笔赐名“禅真宫”，明万历二年（1574年），明神宗敕赐缙云寺为“迦叶道场”，从此，缙云寺成为国内唯一的迦叶古佛道场。民国时期，太虚大师在寺中创办世界佛学苑汉藏教理院，寺中“缙云书院”也名垂后世。缙云山与四川青城山、峨眉山并称为“蜀中三大宗教名山”。

庙，宗教建筑，安置神佛或历史上有名人物的处所。

图为关岳庙，原名“关帝庙”，始建于明神宗年间，1914年新增岳飞塑像，改称“关岳庙”。该庙原位于渝中区较场口，2007年搬迁复建于佛图关公园北侧，嘉华大桥南桥头处。庙内有灵官殿、岳王殿、关圣殿、三清殿、爬山廊等建筑。自1942年3月29日中国远征军新一军数万抗战将士在关岳庙前举行出征祭拜宣誓后，关岳庙就成为将士们奔赴抗战前线宣誓祭拜的场所，成为抗日战争时期民族精神的象征。

云阳张飞庙，也称“张桓侯庙”，全国重点文物保护单位，原位于云阳老县城对岸的飞凤山下，2003年搬迁复建于至云阳县盘石镇龙宝村狮子岩下。该庙始建于蜀汉末期，经宋、元、明、清历代培修扩建，庙内有正殿、旁殿、结义楼、书画廊、正殿、助风阁、望云轩、杜鹃亭、听涛亭等古建筑。

宫观，宗教建筑，道教的庙宇，
道士居住修行的处所。

老君洞道观，位于南岸区黄桷桠附近的老君山上，始建于三国时期，兴旺于隋末唐初。道观由山门、三清殿、灵官殿、文武殿、祖师殿、钟鼓楼、三丰殿、斗母殿、真武殿、古涂洞吕祖殿、丘祖殿、观音殿、玉皇殿等组成，以老君洞、三丰洞、纯阳洞、石猴洞、仙源洞、三圣洞、燃灯洞、骊山老母洞等道家洞府著称于世。

綦江白云观，位于綦江区石角镇赢山最高峰，隔綦江与古剑山遥遥相望。白云观建于明嘉靖三十一年(1552年)，建观时得一刻有“白云”二字的石砚，故名“白云观”。白云观坐东向西，有玉皇殿、通明阁、玉虚殿、灵官祠等建筑，民间相传是老子修炼的遗址，香火旺盛，是西南三大道教圣地之一。白云观以“雄、奇、险、幽”闻名西南，有石笋参天、南崖仙弈、洞天玉井、琼枝连理、龙头云露、飞泉喷玉、梯步鸣琴、崖波双鲤等景观。

亭，有顶无墙的建筑，多建在路旁或花园内，供行人休息、游客观景乘凉，故也称“凉亭”。亭按屋顶可分为三角亭、四角亭、五角亭、梅花亭、六角亭、横圭亭、八角亭、十字亭、圆形亭、半山亭等。

榭，供人们游憩、观景、乘凉的廊亭建筑。榭隐约在花丛中的称“花榭”，临水而建的称“水榭”。

廊，有屋面覆盖，供人通行、遮阳、避雨、小憩的狭长建筑，有直廊、曲廊、回廊、爬山廊、桥廊、双层廊等。

阁，也称“楼阁”，古代一种类似楼的建筑，楼上四面开窗，可供人们休憩、观景、乘凉。图为南川区九鼎山上的九鼎阁。

轩，有窗的长廊或小屋。

钟鼓楼，钟楼和鼓楼的合称，是古代城镇、寺庙置放钟、鼓，用于报时或报警的建筑。

银杏堂钟鼓楼，位于山门两侧，东为钟楼、西为鼓楼。寺庙司时都用“晨钟暮鼓”来报时，早上先敲钟，晚上先敲鼓，故称“晨钟暮鼓”。

渝中区解放碑，也称“解放碑钟楼”，重庆市的标志性建筑，位于重庆市渝中区民族路、民权路、邹容路交汇处的商业区中心。为激励中华民众抗战而兴建“精神堡垒”，1940年3月12日孙中山逝世纪念日落成，因做工简陋，日久失修而毁；抗战胜利后于1946年重建，更名为“抗战胜利纪功碑”；1950年刘伯承改题“人民解放纪念碑”。纪念碑身高24米，内有旋梯可达顶端，碑顶设时钟、风速风向仪。

万州西山钟楼，重庆市文物保护单位，近现代重要史迹及代表性建筑。钟楼建于1930年，高50.2米，分作5层，底层是高达十几米的巨大四面拱门过厅，第四层阳台挑出，第五层嵌上圆形钟表。楼顶为双层八角形盝顶，内有螺旋形铁梯直上楼顶。钟楼曾与上海海关钟楼齐名，在“万州八景”中称“西山夕照”。

戏楼，古代供戏曲、杂技等表演的楼式建筑。戏楼按场地可分为宫廷戏楼、宗祠戏楼、会馆戏楼、庙宇戏楼、民间戏楼、私家戏楼等。

龙兴寺戏楼，位于重庆市渝北区龙兴镇藏龙街，会馆式建筑，重庆市文物保护单位。龙兴寺，古为禹王庙，亦称“新庙”，现改为龙兴寺。清乾隆二十四年（1759年）筹建，清嘉庆九年（1804年）初成正殿和乐楼，清道光二十五年（1845年）及清光绪年间培修过。寺院呈四合院布局，砖石木混合结构，自中门而进为戏楼；戏楼后部与山门内墙相连，石柱木梁架，单檐歇山顶，金色筒瓦；戏台前沿横枋刻有浮雕人物、花卉图案。

国民政府军事委员会政治部旧址，位于沙坪坝区土主镇三圣宫村，清代建筑，全国重点文物保护单位。故居原称“三圣宫”，为依山就势而建的坡地院落式建筑。建筑群由山门、前殿、戏楼、黄金堂和左右厢房构成，双重围合式布局，穿斗式结构梁架，院内戏楼雕刻尤为精美。1939年，国民政府军事委员会政治部迁驻于此，抗战期间著名爱国将领、“和平将军”张治中曾在此地居住和办公。

城门，进出城的通道，城市军事防御设施和标志性建筑。古代渝中半岛周围的城门有朝天门、翠微门、千厮门、洪崖门、临江门、太安门、通远门、金汤门、南纪门、凤凰门、储奇门、金紫门、太平门、人和门、定远门、福兴门、东水门17座，城门九开八闭，象征“九宫八卦”。朝天门闻名中外，现存东水门、通远门2座。江北古城城门有汇川门、觐阳门、保定门、东升门、问津门、金沙门、文星门、镇安门、永平门、嘉陵门10座，现存保定门、东升门、问津门3座。佛图关有城门4座，现存1座。

朝天门，位于渝中区嘉陵江与长江交汇处，是南宋时期迎接钦差、接传圣旨之处，故称“朝天门”，也成为象征重庆的“文化符号”。

通远门，位于渝中区七星岗中山一路，现存城门及城墙建于明洪武初年，是古代重庆通往成都等远方的关隘，故称“通远门”。

东水门，位于渝中区湖广会馆附近，现存城门及城墙建于明洪武初年，是古代重庆老城正东的城门，故称“东水门”。

保定门，位于江北区重庆歌剧院南面约200米，现存城门及城墙，以“永保安定”之意得名。清道光十五年（1835年）建江北金沙门、保定门、觐阳门、汇川门、东升门、问津门、文星门、镇安门8座城门，清咸丰十年（1860年）增建嘉陵门、永平门2座城门，民间称为“咸丰十门”，其中汇川门向东，觐阳门向东南，东升门和问津门向东北，保定门向南，镇安门向西，金沙门向西南，文星门向北。

问津门，位于江北区江北嘴中央商务区，现存城门及城墙建于清道光年间，城门东临长江，是江北城的水码头，以“渔人问津”之意得名。

东升门，位于江北区江北嘴中央商务区，现存城门及城墙建于清道光年间，以“太阳东升”之意得名。

城楼，也称“城门楼”，城门或城墙上的军事防御门楼和城市标志性建筑。图为钓鱼城护国门城楼，位于合川区合阳镇嘉陵江南岸的南宋抗蒙之战的遗址——钓鱼城内。

涞滩古镇城楼，建于清嘉庆年间。

铜梁区安居古镇引凤门城楼，铜梁区文物保护单位，位于安居古镇十字街，始建于明成化年间。安居，隋开皇八年（588年）建县，依境内赤水溪取名“赤水县”；南宋时因避战乱，衙署迁至龙多山；元废并入合州、铜梁；明成化十六年（1480年）复置县治，依“安居乐业”之意更名为“安居”，置县筑城设八门，东为紫气门，西为挹爽门，南为星辉门，北为承恩门、引凤门、迎龙门、安庆门、小南门。现存引凤门、星辉门2座，星辉门位于城南武庙和县衙附近。

城墙，古代城市的军事防御设施。重庆主城现存古代城墙有通远门、东水门、洪崖门3处墙段，长度约300米。

七星岗通远门城墙，位于重庆渝中区七星岗，全国重点文物保护单位。

安居古镇城墙，始建于明成化年间。

东水门城墙，位于渝中区望龙门东正街1号，重庆市文物保护单位。

寨堡，古代军事防御设施。

石柱万寿寨，位于石柱县三河镇万寿山顶，由前寨门、中寨门、后寨门、炮台、寨墙、练兵场、点将台、秦良玉官井、摩崖造像、石刻等组成。寨内山顶平阔，四周险峻，易守难攻，是巾帼英雄秦良玉、石柱土司屯兵之寨。

忠县东岩古寨，位于忠县花桥镇东岩村后山顶上，寨内现存两道寨门、两座碉楼、七座炮台等防御建筑。

万州天生城，也称“天子城、天自城”，位于万州区周家坝街道流水社区天城山顶，相传三国刘备伐吴时，曾屯兵于此，故名“天子城”。现存天生城建于南宋淳祐三年（1243年），占地约400多亩，核心面积8万平方米，由内城、东外城及北外城三部分组成，内外两重城圈的布局，现存有前寨门、中寨门、后寨门，系南宋时期抗元遗址，全国重点文物保护单位。

云阳磐石城，也称“大石城、磨盘寨”，位于今云阳新县城内山顶上，形如巨大磨盘，故名“磐石城”。清乾隆《云阳县志》云：“盘石城者，夔门之砥柱，东川之保障也。”磐石城始建于南宋淳祐年间，完备于明清两代，是著名的抗元古军寨，重庆市文物保护单位。

垫江石寨堡，位于垫江县坪山镇，南宋时期抗元遗址。

渝北贺家寨，位于龙兴古镇附近，清代防御性军事设施，渝北区文物保护单位。贺家寨建于清宣统三年（1911年），西、北墙边为绝壁，东、南城墙有护城河。

石柱万寿寨前寨门，位于石柱县三河镇万寿山顶万寿寨前寨。寨门建于万寿山山脊上，左右皆为悬崖绝壁，寨门上设有炮台，寨门对联“奇水奇山此间宜有奇杰，寿民寿国随在可为寿徽”，门额“万寿寨”，乃清嘉庆已未孟春廪生冉永焜题。

石柱仁和寨东寨门，也称“大寨坎寨门”，位于石柱桥头至沙子、利川的土司驿道上。寨门依峭壁临深涧而建，驿道凿绝壁为道，锁住了由川入鄂的咽喉要道。寨门对联“御暴乃为关险隘新增蜀剑阁，避秦原有路入门便是小桃源”，门额“大寨东関”，乃清光绪二十四年（1898年）杨懋修题建。仁和寨，又称“新寨”，在悦来河右岸的桥头马鹿山，面积近2平方千米，内有18道寨门，现存大寨坎、小寨坎、猪圈门、马家岩等寨门。

万州葵花寨寨门，位于万州区高梁镇庙垭村八社，始建于清咸丰初年，竣工于清宣统三年（1911年）。葵花寨四周设有48道大卡，72道小卡。

寨墙，古代寨堡的军事防御设施，规模小于城墙。图为石柱万寿寨寨墙。

碉楼，也称“箭楼”，集防御、居住、储藏等功能集为一体的建筑。碉楼一般五至六层高,呈方形或长方形平面布局，外部为石、砖石或夯土墙体，内部楼层为木结构，歇山屋顶或者四面坡屋顶，铁皮包门，石板为窗，碉楼墙体与边角有供瞭望射击的枪眼与角堡。

石柱县悦崃镇悦来村枫香坪碉楼，清末民初当地女富绅马王明英（本名王明英）所建。石木结构，长方形平面布局，条石墙体，全木楼层，五楼一底，悬山式屋顶。碉楼五楼正面两墙角及背面有伸出墙外的角堡，可供瞭望射击。大门石门楣上刻有“和平永固”四字。碉楼正面顶部、背面墙中部有瞭望射击的枪眼。

巴南区丰盛镇二十二步坎碉楼，位于丰盛镇福寿街115号，清代建筑，夯土墙体，两楼一底，二、三楼外有回廊，小青瓦单檐悬山顶，建筑面积约160平方米。

涪陵区大顺场双石坝土碉楼，也称“瞿九酬碉楼”，位于大顺乡明家场口，土楼呈“器”形布局，正中为天井，四角有碉房。土楼底层封闭，内有回廊、楼梯相连，第二层以上各层有射击孔23个。

石柱县王家乡光华村西乐组罗田石碉楼，民国时期富绅冉瑞涛所建，由碉楼、朝门、夯土前楼、左右厢房、天井组成四合院落。碉楼四楼一底，条石、青砖混合结构，一至三层为条石，四层为青砖安砌，石板窗扇，四面坡屋顶。前楼朝门对联“趋吉避凶适彼乐土，培新护旧爰得安居”，门额“世泽绵延”，碉楼大门对联“炼石建碉楼足以保全梓里，擎天成砥柱何须寻得桃源”。

石柱县王家乡光华村西乐组罗田土碉楼，三楼一底，条石、夯土混合结构，歇山式屋顶，直棂窗和几形纹窗，顶层四面挑廊。门前对联“拔地起金碉坚能抗日，擎天同石砫高可凌云”。

牌坊，也称“牌楼”，古称“绰楔”，门洞式建筑，是城镇、里坊、路口、衙署、祠堂、公园、陵园等公共场所的纪念性建筑，也是褒扬功德、科第、德政和旌表贞烈的标志性建筑，故可分为标志坊、功德坊、节烈坊。通常将柱上无屋顶的称“牌坊”，有屋顶的称“牌楼”。重庆现存牌坊128座，宋代“荣昌云峰寺石牌坊”1座，明代牌坊14座，清代牌坊109座，民国所建4座。

重庆市人民大礼堂牌楼，重庆市文物保护单位，位于渝中区人民路学田湾人民广场，为四柱三开间七重楼琉璃牌楼。牌楼通体贴金旋子彩绘，正中原有贺龙题写的“西南行政委员会大礼堂”牌楼名，后改称“重庆市人民大礼堂”。

渝北龙溪节孝牌坊，也称“新牌坊”，建于清光绪二十一年（1895年），1997年整体迁建到碧津公园内，渝北区两路碧津公园内。渝北人和节孝牌坊，也称“旧牌坊”，原位于人和锦绣山庄内，建于清道光五年（1825年），2011年12月搬迁至天宫殿公园。

渝北鸳鸯节孝牌坊，原坐落在重庆市渝北区鸳鸯街道牌坊村四社，今迁至照母山植物园内。牌坊建于清道光十九年（1839年），石质仿木结构，四柱三间三楼，渝北区文物保护单位。

渝北木耳节孝牌坊，全称“故处士聂世锋之妻周氏旌表节孝坊”，位于渝北区木耳镇新乡村36社。牌坊建于1919年，为石质仿木结构，四柱三间五楼，渝北区位文物保护单位。

北碚滩口节孝牌坊，位于北碚区水土镇大地村小学内，重庆市文物保护单位，建于清光绪十三年（1887年），四柱三开间，歇山式三重檐顶。因雕刻精美，造型独特，人物镂刻细腻生动，书法水平上乘，被誉为“川东第一牌坊”。

万州刘氏节孝牌坊，原位于万州区钟鼓楼办事处桑树社区四组，因在三峡库区淹没线下，异地搬迁至现江南新区南山公园内洄澜塔旁，区级文物保护单位。牌坊始建于清光绪元年（1875年），四柱三间五顶，石材仿木结构。

云阳夏黄氏节孝牌坊，原位于云阳县高阳镇牌坊村内，因在三峡库区淹没线下，异地搬迁至现云阳县三峡梯城景区三峡文物园内。牌坊为石材仿木结构，建于清嘉庆十五年（1810年），因背面刻有“表处士夏承才之妻黄氏之坊”，故名“夏黄氏节孝牌坊”。

重庆市人民大礼堂，位于渝中区人民路学田湾，近现代重要史迹及代表性建筑，全国重点文物保护单位。其修建于1951年2月至1954年4月，由著名建筑设计师张家德设计，重庆标志性建筑，“重庆十大文化符号”“亚洲20世纪十大经典建筑”“新中国十大建筑”“20世纪中华百年建筑经典”，入选“首批中国20世纪建筑遗产”名录，是一座具有明清时代风格的大型公共建筑，是新中国成立初期复古主义的典型作品。大礼堂坐东朝西,占地6.6万平方米，建筑面积1.85万平方米，由中心礼堂、步云楼、南楼、北楼和东楼组成，呈工字形布局，建筑总高65米，主体建筑高55米，采用重檐歇山式圆攒尖屋顶，礼堂内池座和四层楼座可容纳观众3600席；主楼采用金龙和玺彩绘，配楼采用旋子彩绘。大礼堂原命名为“西南行政委员会大礼堂”，1956年更名为“重庆市人民大礼堂”。

博物馆，是征集、收藏、陈列展览和研究文化遗产，为民众提供学习、教育场所的公共建筑。

重庆中国三峡博物馆，也称“重庆博物馆”，位于渝中区人民路学田湾，占地面积3万平方米，建筑面积4.5万平方米，展厅面积2.1万平方米，馆藏文物11.35万余件套，珍贵古籍善本1.8万余册，涵盖35个文物门类，形成了以“古人类标本、三峡文物、巴渝青铜器、汉代文物、西南民族文物、大后方抗战文物、瓷器、书画、古琴”等为特色的藏品系列，是集“巴渝文化、三峡文化、大后方抗战文化、统战文化、移民文化”等的收藏、保护、研究、展示、传播为一体的综合性省级博物馆，是首批国家一级博物馆、中央地方共建国家级博物馆、全国爱国主义教育示范基地、全国科普教育基地、全国青少年教育基地、海峡两岸文化交流基地、全国古籍重点保护单位。重庆中国三峡博物馆的前身为1951年成立的西南博物院，1955年因西南大区撤销更名为“重庆市博物馆”，2000年经国务院办公厅批准设立重庆中国三峡博物馆。馆舍由主馆、白鹤梁水下题刻博物馆、保卫中国同盟总部（宋庆龄旧居陈列馆）、涂山窑遗址四部分组成。博物馆于2002年10月28日主体工程开工，2005年6月18日正式对外开放，年均接待观众170万人次。

重庆自然博物馆，新馆位于重庆市北碚区金华路398号，占地216亩，建筑面积30842平方米，展示面积16252平方米，基本陈列由“地球奥秘”“生命激流”“恐龙世界”“生物万象”“生态家园”“西部富源”“山水都市”7大板块组成，现有动物、植物、古生物、古人类、旧石器、地质矿产、岩石、土壤等八大学科的藏品11万余件，以系统收藏中生代各类恐龙化石和西部地区丰富多样的脊椎动物标本为主要特色，是国家一级博物馆、全国科普教育基地、重庆市爱国主义教育基地、中国古生物学会科普教育基地、国土资源科普基地。重庆自然博物馆是由1930年卢作孚先生创办的“中国西部科学院”与1943年建的“中国西部博物馆”发展而来的综合性自然科学博物馆，1949年以后，先后改为“西南人民科学馆、西南博物院自然博物馆、重庆市博物馆自然部”，重庆市直辖后改为“重庆自然博物馆”。

图书馆，是搜集、整理、收藏图书资料以供人阅览、参考的公共建筑。

重庆图书馆，大型综合性公共图书馆，占地面积3万平方米，建筑面积5万平方米，馆藏书籍460余万册，馆内设有中文图书、报刊、地方文献、民国文献、古籍、联合国文献、外文文献、电子文献等借阅室及为少儿读者、视障读者专门设立的借阅室，有阅览座位1869个，信息点1717个，是首批全国古籍重点保护单位、重庆市科普教育基地、国家一级图书馆。重庆图书馆源于创建于1947年的“国立罗斯福图书馆”，1949年11月更名为“国立西南人民图书馆”，1955年5月将原国立西南人民图书馆、原重庆市人民图书馆、原重庆市北碚区图书馆三馆合并组成“重庆市图书馆”，1987年更名为“重庆图书馆”。

重庆三峡学院图书馆，位于万州城区山龙路，万州区文物保护单位。

文化馆，是辅导、开展群众文娱活动的公共建筑。

重庆市群众艺术馆，位于江北区鸿恩路25号，公益性文化事业机构。群众艺术馆成立于1956年11月，以重庆市音乐工作组和重庆市人民文艺馆为基础组建；1961年重庆市群众业余艺术学校、重庆市青年宫并入该馆；1983年，原四川省永川地区与重庆市合并，永川地区群众艺术馆并入该馆。现馆内有标准剧场、舞蹈排练厅、音乐排练厅、培训教室、电子阅览室、艺术展厅、专业录音棚、数字文化体验区等公共文化服务设施。

重庆市规划展览馆，位于长江、嘉陵江交汇处的朝天门广场，是国家AAAA级旅游景区、全国青少年教育基地、全国科普教育基地。展览馆于2005年10月开馆运行，主展厅布展面积7000余平方米，馆内有序厅、主模型厅、发展战略厅、城镇体系厅、主城区厅、近期建设厅、内陆开放高地及两江新区厅、大都市区厅、渝东北厅、渝东南厅、历史文脉厅、美丽山水城市厅等十二个展厅，以及互动休息区、接待区、书吧等功能区。

重庆国泰艺术中心，位于重庆市渝中区解放碑CBD核心地带，由国泰大戏院和重庆美术馆组成，属文化公益设施。

风水塔，古代用于勘山理水、补地势、镇水患、引瑞气、镇妖避邪、点缀河山、显示教化等的标志性公共建筑。风水塔一般修在水口，作为一郡一邑一乡之华表。风水塔可分为水口塔、文峰塔两类。水口塔多建于河流侧畔，有“镇妖避邪、障水口”的作用。文峰塔多建于城镇村落旁边的峰峦顶部，有“补山水之形胜，助文风之盛兴”等作用。据2014年重庆市文化遗产研究院的全市现存古塔调查资料，在重庆市内古塔现存数量共计227座，较为集中的是渝西和渝东北片区，分别有古塔90座和84座，主城区有21座，渝东南片区32座。在227座古塔中，风水塔有48座，佛塔有107座，另有纪念塔、观景塔等，唯一的金属塔是北碚塔坪寺铁塔。重庆知名风水塔有南岸黄桷垭文峰塔、江北塔子山文峰塔、万州洄澜塔、大足北山文峰塔、涪陵文峰塔、梁平文峰塔、合川南津街文峰塔、云阳文峰塔、奉节文峰塔等。

江北塔子山文峰塔，俗称“白塔”，位于江北区寸滩街道溉澜溪社区塔山村，坐落在长江朝天门下游北岸溉澜溪塔子山上，重庆市文物保护单位。文峰塔建于清光绪十四年（1888年），坐北向南，与南岸黄桷垭文峰塔隔江遥相对峙。塔为砖石结构，七级楼阁式，塔高26.64米，塔顶为六角攒尖顶，塔身呈六边形，各层有螺旋式窗户。

北碚复兴白塔，也称“文峰塔”，北碚区文物保护单位。白塔位于复兴镇书院村，始建于清道光初年，六角七级实心砖塔。塔高17.5米，底层每边长1.7米。

北碚塔坪寺铁塔，位于北碚区静观镇塔坪寺内。铁塔铸于清嘉庆年间，六角七级密檐式铁塔。高6.38米，底层边长0.87米，每层铸佛像若干尊。

北碚塔坪寺石塔，位于北碚区静观镇塔坪寺内。石塔建于宋绍兴十六年（1146年），七级楼阁空心方塔。塔高14.4米，底边长6.2米，底层塔门上有浮雕造像5尊，以上各层均存造像、佛龛式窗户；塔内有石梯供人上下，内有浮雕造像7尊。

万州翠屏双塔，双塔即为文峰塔、洄澜塔，位于万州区江南新区陈家坝街道南山社区境内的翠屏南山山麓的最高处，双塔遥相呼应。其中，文峰塔为六角十三层楼阁式砖塔，塔高36米，塔尖为六角攒尖式，万州区重点文物保护单位。洄澜塔，建于清乾隆五十四年（1790年），高29.82米，九层六角形楼阁式砖塔，一至三层为条石所筑，六层以上为青砖塔身，此为三峡移民搬迁复建后的洄澜塔，市级文物保护单位。

涪陵文峰塔，古称“北塔”，俗称“白塔”，位于涪陵区城东长江南岸文峰村刘家山山顶上，涪陵市文物保护单位。文峰塔始建于明代，原为木塔，毁于明末；清同治九年（1870年）重建，同治十三年（1874年）竣工，九层八棱形楼阁式砖塔，高40余米。

秀山洪安语录塔，位于洪安古镇“拉拉渡”码头边。语录塔建于1966年，毛主席语录遍布六角形的塔身，是洪安古镇红色旅游的标志性建筑。

照壁，也称“照墙、影壁、屏风墙”，古称“萧墙”，是位于大门内或外遮挡视线的墙，有藏风聚气、聚财挡煞、驱邪挡鬼的作用。照壁位于大门内称“内照壁”，位于大门外则称“外照壁”。

图为石柱县府影壁，位于石柱县南宾街道横街社区玉带河北街1号，民国时期修建。影壁台基为黑色，壁身四周为朱红色，壁心白色，中心有菱形“龙凤吉祥”灰塑图案，四角雕岔角花，屋顶为朱红色琉璃瓦，脊上有“二龙抢宝”脊饰。

3.作坊加工建筑

油坊，也称“榨油坊”，榨取菜油、桐油的传统建筑。榨油机械由榨筒、榨尖、榨杆及铁圈、尖方、尖碗、撞杆、上下木油槽等组成，另有炒锅、石磨、槽碾、蒸灶等配套设施。榨油通常有筛籽、炒籽、碾籽、蒸料、制饼（踩饼）、上榨、插楔、撞榨、接油等生产工序。

左图为榨油工人正在用撞锤撞击榨油机上的木楔从而得到菜油。

碾坊，也称“磨坊”，碾米、碾面粉，生产加工粮食的建筑。碾坊和油坊通常连在一起，形成碾、榨一体的生产加工线。碾坊有干碾坊、水碾坊两种。干碾坊是利用人力或牛马等牲畜作为碾压动力的作坊，水碾坊是利用流水推动水车，带动石碾滚、碾米机、面粉机或面条机等加工粮食的作坊。水碾坊中的石碾由石槽、碾盘、独把伞、轴、横担组成，在溪河修堤筑坝拦水，把石碾安装在堤坝水位落差约10米的地方，引水冲击独把伞转动，从而带动上面连接在轴上的横担，致使碾盘沿石槽有规则地转动，把石槽里的稻谷脱壳而碾出米来或将小麦磨成面粉。

面坊，小规模生产加工面粉或糯米粉、面条、抄手皮、饺子皮等面类食品的建筑。图为拥有重庆市第五批非物质文化遗产“古佛徐氏手工面制作技艺”的北碚区三圣镇古佛村古佛徐氏手工面作坊。

酒坊，也称“酿酒坊”，利用粮食酿酒的建筑。酿酒有选料、浸泡、初蒸、焖粮、复蒸、摊凉、加曲、装箱培菌、配槽、装桶发酵、蒸馏、成品等工序。

染坊，也称“印染坊”，古时经营布匹、衣服染色及漂白、印花等业务的建筑。

豆腐坊，以黄豆为原料生产加工豆腐的建筑。

成衣坊，也称“成衣铺、裁缝铺、缝纫店”，加工制作衣服、出售布料的建筑。

4.建房仪式

在重庆民间，建房造屋是人生当家立业的一件大事，都要举行庄重、严肃的建房仪式。

重庆各地因民族、地区风俗不同，建房仪式也多种多样，各有千秋。重庆建房仪式最多的有看地相宅，石匠进山选石、开山打石、破土开基，土匠架板筑墙、安过墙（安过梁、地门梁）、安挑、提垛子、开梁口、下墙板、封梁口，木匠进山寻梁、取梁、画梁、祭梁、上梁（包括看财、除煞、挂红、发梁米、拜梁、缠梁、赞梁、请梁、发梁、起梁、拉梁、吼梁、搁梁、压梁、踩梁、甩包子、放斗等）、起列、上穿、立柱、做大门、安大门、祭大门、开大门、立神龛、面院坝、开龙门、扫院坝、祭祀新房、赞房、入宅等数十种。比较重庆各地和各民族的建房仪式，仪式虽种类繁多，但其中的择屋基、平屋基、伐青山、立排架、上中梁、抛梁粑、盖屋顶、装屋、安香火、开财门、搬家等是主要的建房仪式，这些仪式都是围绕“万物有灵”“自然崇拜”为核心，具有浓郁的原始宗教色彩，在仪式从细节上都反映出人们崇拜大自然的世俗观念，这也是民间建房民俗的实质所在。2016年6月，重庆市政府公布大渡口区跳磴民居上梁习俗为重庆市第五批非物质文化遗产。

择屋基，选择建房地址。在建房前，先请“风水先生”或“阴阳先生”以传统堪舆术，结合建房主人的“生辰八字”以及地形、方位干支等因素进行选址，确定房屋位置、朝向、布局。

平屋基，也称“打地基”。在动工时，按“风水先生”选择的良辰吉日，摆上供品，由掌墨师与主人带领工匠们读祭文，敬拜土地神后，工匠们方才破土动工“开基”。

伐青山，指上山砍伐树木，为建房准备木料。在建新房时，主人选择良辰吉日，掌墨师率领工匠们带上斧、锯和公鸡、酒肉、香纸蜡烛等祭祀物，到上山选择杉木、柏杨、椿树、枫树、桑树等树木砍伐。选择端直的树木，以寓“顺畅”，祈求儿孙成为贤达“楷模”。砍树前，掌墨师率工匠们在树下摆祭品，焚香燃烛，燃放鞭炮，敬奉公鸡，高唱《伐木歌》以祭山神，然后砍伐建房所需树木。砍树时要留下五寸以上的树桩，让其再发芽生枝，寓意“子孙发达，后继有人”。

立排架，也称“立排扇、立列子、发列”等，是建房时将梁、柱、枋等木构件按抬梁或穿斗式的榫卯结构组合成排架，树立房屋整体木构梁架，为上中梁仪式做好准备工作。立排架时，首先要将中堂（堂屋）两侧的排架一同立起，然后再立左右两侧的排架，最后上梁。

上中梁，也称“上大梁、上梁、升梁”，是建房工序中最隆重、最讲究的一场仪式，主要过程有祭梁、上梁、接包、抛梁粑、晒梁等。首先，主人要“上梁挂红”，在梁木上披挂红布或红绸、红纸，并在梁木上包上红包，做好上中梁的准备工作。祭梁，由掌墨师率领工匠们祭拜祖师鲁班，祭梁完毕后就是上梁。在锣鼓鞭炮声中，大梁从地面向房顶升起，掌墨师高唱有“说梁、点梁、画梁、开梁口、套梁、拉梁、踩梁”等内容的《上梁歌》，用“四言八句”与工匠们一唱一和，为主人喝彩祈福，祝福主人房屋永固、生活美满吉祥，此举民间称为“说福事”。中梁放稳后就开始接包，掌墨师将果品、食品等用红布包好，边说吉祥话边将红布包抛向新房主人，主人则要双手捧起箩筐接红布包，寓意接住财宝。

抛梁粑，是上中梁仪式中最热闹的时刻。主人接包后，掌墨师便说着吉利话，将米粑、馒头、糖果、花生、铜钱、“金元宝”等从梁上抛向四周，前来朝贺的亲朋好友、男女老幼纷纷争抢，称为“抛梁粑”，寓意“财源滚滚来”。抛梁粑结束后，众人退出新屋，让太阳晒晒屋架屋梁，称为“晒梁”，同时，“上中梁”仪式也到此结束。

安香火，在搬进新居前，请风水先生在堂屋正中安放祖先和神灵的牌位。安香火时，神龛上方要挂主人姓氏祠堂名称，中间安放神仙牌位。民间通常供奉“天地君亲师”，两边陪神相伴，陪神两边通常有“金炉不断千年火，玉盏常明万岁灯”或书贴家族家世史绩的对联。神龛上放有香炉、烛台等物，用于祭祀时焚香祭拜。

装屋，室内外板壁（墙壁）、楼板、门窗等装修的工序。

开财门，也称“踩财门”。新建房屋的大门未开踩前，禁忌出入。房屋大门安装竣工时，三亲六戚前来祝贺，主人则要请德高望重、能言善辩的礼官装扮成紫微星、文曲星、南极星、送子星、财帛星等神仙来到大门外接受在大门内的掌墨师的盘问，掌墨师盘问来“星”身世，随带何财何宝进奉主人。回答满意以后，掌墨师方肯大开“财门”，让“众星”带“金银财宝”入屋内享用丰盛宴席。

搬家，也称“升火”，在良辰吉日，开始在新房厨房内升火做饭，搬进新房居住的民俗。搬家时，要将已生着火的火盆先抬入新屋，在火坑里升起火，意为升火，祈求新居红红火火。搬家时，三亲六戚前来祝贺，主人大办宴席款待来宾，故民间也称“搬家酒”。在石柱土家族地区，搬进新居时，先请“风水先生”看期选日子，然后搬进新居，由掌墨师请火，主人于火塘升火，安放祖先牌位，大办宴席款待前来朝贺的乡邻亲戚，称“短水酒”。

二、家居陈设

1.日常器用

桌，俗称“桌子”，在方形或长方形木板四角下置四根柱腿的家具。现代桌可分为支架式、柜式两种。支架式由桌面和支架组成，如餐桌、会议桌等；柜式由桌面和柜体组成，如办公桌、绘图桌等。

八仙桌，也称“方桌”，中式传统家具，桌面呈方形，可坐八人，故称“八仙桌”。桌面边长约三尺三寸的称“八仙桌”；边长约二尺六寸的称“六仙桌”，可坐6人。

圆桌，中式传统家具，桌面呈圆形，可坐8至10人。半圆桌，也称“月牙桌”，俗称“接桌”，圆桌的一半，两张半圆桌拼合在一起就是圆桌，也可以单独使用。

条桌，中式传统家具，桌面长度超过宽度两倍以上的长方形桌面的桌子。

案，古称“案几”，普通的长方形桌子，或用柜架作为案腿支撑桌面的长方形桌子，或架起来的长方形木板。中式传统家具，主要有书案、画案、平头案、架几案、翘头案、炕案、供案、条案等。

书案，可供人们书画、写作的长方形桌子。

案板，用长凳等支撑的长方形木板当作桌面的桌子，主要用于置放物品或做加工操作台，重庆地区常将厨房内的操作台称为“案板”。

香案，也称“供桌”，摆放神灵祖先牌位、香炉、烛台、供品等祭祀物品的长方形中式传统家具。

几，是与桌、案等搭配使用的中式传统家具，略高于桌案，用于摆放茶具、香炉、花瓶、花卉、盆景等物品，主要有茶几、花几、条几、香几、角几、琴几等。

茶几，供喝茶用的矮桌。

花几，也称“花架、花台”，用于摆放花瓶、花卉、盆景或其他物品，几面有方形、圆形、六角形、八角形。

椅，俗称“椅子”，有腿、靠背的坐具。中式传统椅有官帽椅、灯挂椅、交椅、圈椅、太师椅等。现代椅有靠背椅、升降椅、摇椅、躺椅、折叠椅、餐椅等。

官帽椅，中式传统家具，因造型形似古代官员的官帽，故称“官帽椅”。官帽椅分为南官帽椅、四出头官帽椅两种。南官帽椅的椅背立柱和搭脑相接处呈软圆角，采用立柱做榫头，横梁做榫窝的烟袋锅式榫卯做法，有整块“S”形和雕花边框镶板椅背。四出头官帽椅是靠背椅子的搭脑处横杆两端、左右扶手横杆前端出头，多为整块“S”形椅背的椅子。

灯挂椅，中式传统家具，是靠背上端搭脑处的横杆两端宽于靠背并挑出头的靠背椅。

交椅，中式传统家具，是靠背与扶手相连形成椅圈、交叉状椅足的椅子。交椅的椅足源于古代的马扎，椅圈弧度柔和自如，俗称“月牙扶手”。

扶手椅，除了圈椅、交椅外，有扶手的靠背椅都叫扶手椅。

圈椅，俗称“圈圈椅”，中式传统家具，是靠背和扶手接连成半圆形的椅子。

太师椅，也称“罗汉椅”，中式传统家具，是靠背、扶手、椅面成直角相连的椅子。

折叠椅，也称“折椅”，古称“校椅”，源于古代的交椅，是可折叠携带、存放的椅子，椅面通常为皮革或布料。

躺椅，也称“睡椅、卧椅”，供人躺卧的长椅。

逍遥椅，也称“摇椅”，椅脚呈弧形，可前后晃动的躺椅。

角椅，椅面一角装有曲形或角形靠背和扶手的椅子。

春椅，中式传统家具，是椅子底下有一张用时能拉出来搁脚的方凳，不用时则将方凳推到椅子底下收藏的躺椅。

梳背椅，椅的靠背均匀排列直棂木条，形如木梳的椅子。

藤椅，用以竹缠扎椅子架体，用藤条编织而成的各式椅子，有藤凳、躺椅、藤圈椅、藤太师椅等。

竹椅，以竹为材料，采用烘弯、钻孔、榫接、打竹钉等制作方法编扎的椅子。

凳，俗称“凳子”，有腿没有靠背的坐具。中式传统凳有长凳、方凳、圆凳、春凳、绣墩、杌凳等，现代凳有塑料凳、折叠凳等。

长凳，也称“条凳、长条凳”，俗称“长板凳”，中式传统家具。

方凳，椅面呈方形的凳子。

圆凳，也称“圆杌”，圆形凳面、无靠背的凳子，有无束腰直足式、有束腰马蹄足式两种。无束腰直足式圆凳，腿多呈圆形或外圆内方形，四足为“侧脚”；有束腰马蹄足式圆凳，腿多呈方形，凳面下“束腰”，足底“马蹄”式。

春凳，中式传统家具，比长凳宽，可供两人坐或躺着休息的长凳。古时，该凳多用于春天在室外玩耍，故称“春凳”。

绣墩，也称“坐墩”，中式传统家具，因其形如鼓，故又称“鼓凳”。

折叠凳，也称“马扎、撑板凳、杌扎”，凳腿可交叉折叠，便于携带、存放的凳子，凳面通常为皮革、布料或麻绳等。

榻凳，也称“踏凳、桯凳”，中式传统家具，床前踏脚凳。

梅花凳，中式传统家具，凳面呈梅花形，三条或五条凳腿的凳子。

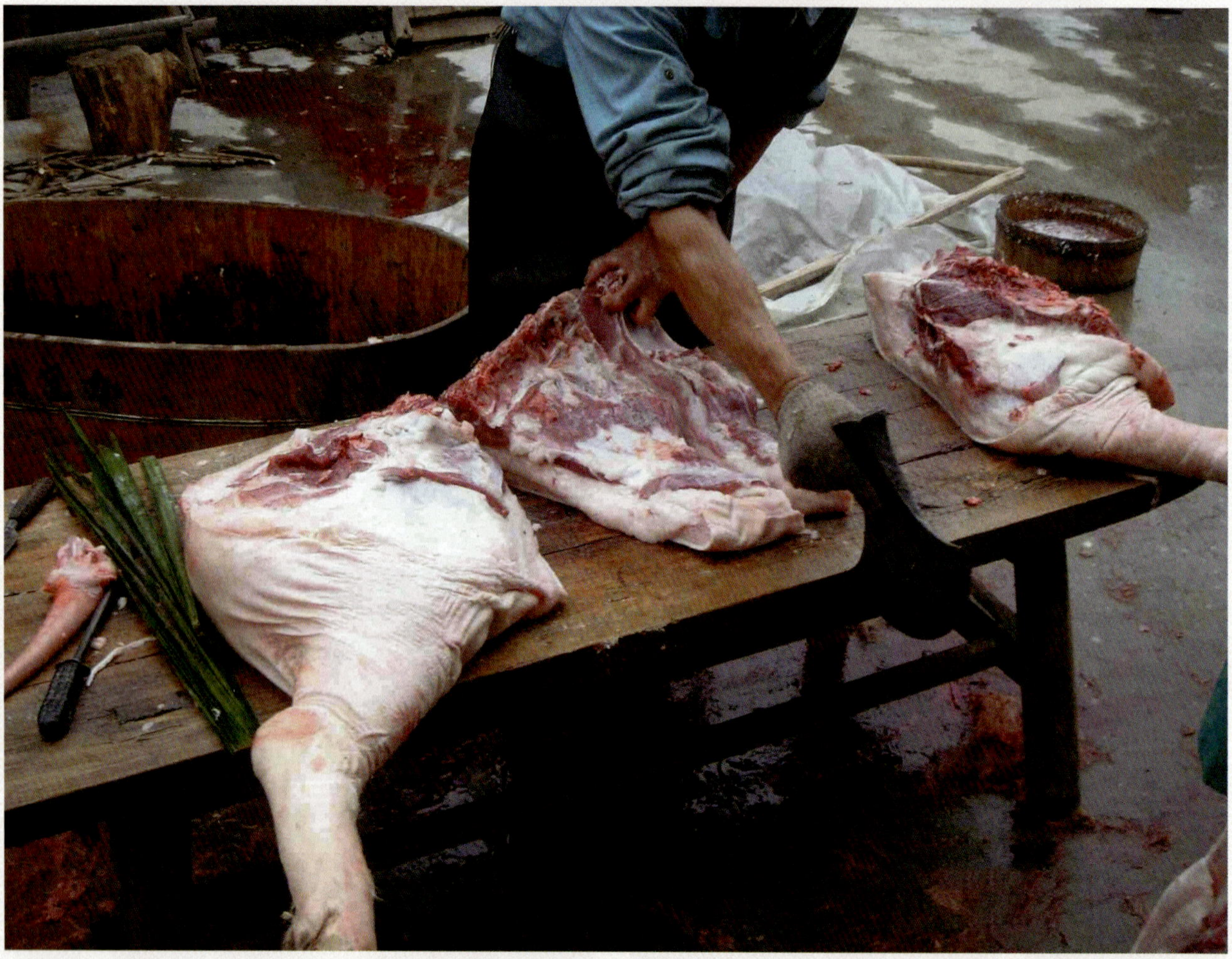

马凳，宽约二尺、长八尺至一丈二左右的板凳，平时放置在正房外的街沿上供人们休息，重庆民族地区春节前杀过年猪时，用作杀猪的平台，俗称“杀猪凳”。

床，供人躺卧的家具。中式传统床有架子床、牙床、拔步床等，现代床有软包床、高低屏床、双层床、铁艺床等。

架子床，中式传统家具，床的四角有柱，上有顶板或花格顶架，两端和背面有围屏或围栏，床前门洞有花罩。因架子床可挂如同帘子的床幔，故也称“帘子床”。

牙床，也称“象牙床、象床”，即有象牙雕刻装饰，做工精美，能挂罗帐的床，通常指新婚时的婚床或富家小姐、阔太太所用的床。

拔步床，也称“跋步床、八步床”，俗称“踏板床”，是中式传统床中体型最大、床前有碧纱厨及踏步的床。拔步床是在平台上的架子床前加了廊庑，整体形如一间小木屋，有“床中床、罩中罩”的特点；廊庑门洞有多层花罩与飘檐，中间置踏步，两侧安放柜、桌、凳类小型家具。图为重庆巴渝民俗博物馆的“镇馆之宝”——六柱五檐镂雕满金漆花鸟纹楠木拔步床，床高291厘米，宽274厘米，深281厘米，由架子床和围廊组成，全身上下金碧辉煌，五层飘檐，每层飘檐板上雕刻着梅、兰、竹、菊、蝙蝠、蝴蝶、牡丹、寿桃、石榴等吉祥的图案，被誉为“中国第一床”。

竹床，古称“�床”，用竹编扎成的凉床，多用于夏天乘凉时睡卧。

藤床，用藤编扎成的凉床。因多用于南方地区，故称“蛮床”。

棕床，用棕绳编扎成的床，也可供人坐卧，日常生活中多用作床垫。

炕床，也称“坐床”，在床或榻的中间设矮几，两旁可坐卧的床。

上下床，也称“双层床、高低床”，床上有床。

沙发床，由沙发和床组合成两用的可变形床。

高低屏床，床头板高于床尾板的床。20世纪80年代，重庆俗称“上海床”。

子母床，也称“亲子床”，上层单人床，可睡小孩，下层双人床，可睡两个成人，方便夜间看护小孩。

箱，俗称“箱子”，方形且有箱底、箱盖，可贮藏物件的盛具。常见的箱子有木箱、皮箱、铁箱、篾箱、塑料箱等。

衣箱，存放衣物的盛具。

书箱，盛书的箱子。

瑶箱，箱子外表用珠玉镶嵌装饰的小箱子。

首饰箱，俗称“珠宝箱、百宝箱”，盛装金银首饰和珠宝的箱子。

化妆箱，是盛装化妆用品的小箱。

缣箱，今称“护箱”，存放书画的特制箱子。

竹箱，古称“簏箱”，用竹子等物编织成的箱子。

棕箱，箱子外表包有棕毛织物的箱子。

藤箱，用藤条编织成的箱子。

提箱，俗称“手提箱”，有提手的箱子。

橱柜，收藏存放物品的家具，长方形，立式、有门，按柜体结构可分为单体柜、组合柜、悬挂柜等三种样式。

衣柜，也称“衣橱”，存放衣物的柜子。

书柜，也称“书橱、橱簏”，藏书的柜子。

书架，无柜门的书柜称“书架”。

中药柜，也称“百眼橱、中药橱、药柜子、药斗子”，中药店用的多屉药橱。因药柜多竖向和横向七排抽斗（不包括底层的三个四格抽屉），故又称“七星斗柜”。

碗柜，也称“碗橱、橱柜”，存放厨具、餐具、食品的柜子。

货柜，置于商店中用以摆放货物的柜。旧时，在大门两侧的货柜称“柜台”。

春柜，俗称“柜子”，立式矮柜子。

五斗柜，也称“五抽柜、五屉橱”，“斗”即抽屉的意思，五斗柜就是有五个抽屉或四层抽屉的柜子。

床头柜，现代家具，床头两边的小型立柜，可供存放杂物用。

灯，照明的器具。古有火把、蜡烛、桐油灯、煤油灯、菜油灯、汽灯、灯笼、走马灯等照明器具，今有节能灯、LED灯等照明器具。

油灯，也称“油盏”，以桐油、菜油、煤油等为燃料的灯，由盛油的灯碗、燃烧发光的灯芯以及托柱、承盘等组成，灯芯（灯捻子）多为灯芯草、灯纱、棉线等。以桐油、菜油、煤油、酒精为燃料的灯，分别称“桐油灯、菜油灯、煤油灯、酒精灯”。

马灯，也称“百步灯”，一种手提式、有防风罩、以煤油为燃料的灯具，因夜行时可挂在马身上，故称“马灯”。

灯笼，也称“笼灯”，传统工艺品。用竹条、木条、铁丝等材料为骨架，表面蒙以纸、纱等透明材料，内燃灯烛，供人们照明、装饰或玩赏的防风灯。灯笼表面常饰人物、山水、花鸟、龙凤、鱼虫等造型。

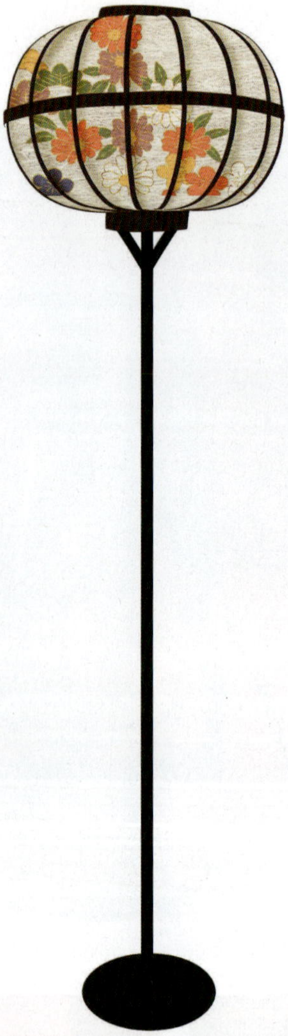

宫灯，也称“宫廷花灯”，灯笼类传统工艺品。灯笼有八角、六角、四角等多种造型，各面蒙糊彩绢或镶嵌玻璃，并绘吉祥图案，下悬流苏。

风灯，俗称“气死风灯”，有灯罩的防风灯。用纱罩笼住的防风灯，称“纱灯”。

河灯，能在水面上漂流的灯，有莲花灯、兔儿灯、八角灯、船形灯、观音灯、宝塔灯、钟馗灯等多种造型。河灯源于传统民俗放河灯。放河灯，也称“放荷灯”，在每年农历七月十五的中元节，人们便在溪河中放河灯，任其漂流，来怀念祖先，悼念亲人，祈祷风调雨顺、国泰民安、吉祥安康。图为重庆荣昌万灵古镇放河灯民俗场景。

走马灯，秦汉时称“蟠螭灯”，唐代称“仙音烛、转鹭灯”，宋代称“马骑灯”，俗称“跑马灯、串马灯”，灯笼类传统工艺品。走马灯分内外两层，内层上方有叶轮，利用灯烛燃烧时产生的热气流推动内层叶轮旋转。因内层绘古代武将骑马的图案，旋转时如同武将骑马在你追我赶，故名“走马灯”。

汽灯，也称“煤气灯、水月灯”，是将煤油或石蜡油等燃料加压后，在灯嘴处喷出气体而燃烧发光的灯。

孔明灯，也称“天灯”，俗称“许愿灯、祈天灯”，灯笼类传统工艺品。孔明灯是采用热气球原理制成的纸灯，灯上部无口，如同倒置的口袋，灯烛燃烧时产生比重小的热空气而带动灯笼向上升起。相传该灯是三国时诸葛亮发明，故称“孔明”。现在人们一般在元宵节、中秋节等重大节日施放孔明灯，来许愿祈福。

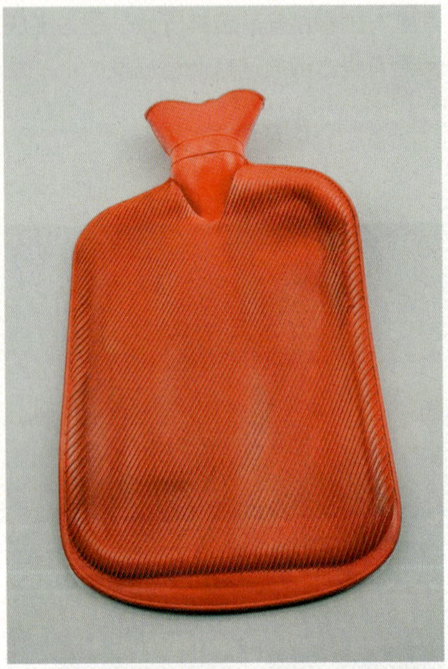

温水袋，也称“热水袋”，是在橡胶制成的袋子里装上热水、供人取暖的水暖具。现代取暖器具有贮水式电热水袋、保温式电热饼等。

烫焐子，也称“暖壶、汤壶”，俗称“烫婆子”，古代的热水袋，是用铜皮、铁皮或锡、陶瓷等材料制成水壶状，内装热水的水暖具。烫焐子一般为南瓜形状，上有壶口与提梁，壶口有防渗漏的螺帽壶盖。

盆，口大底小、浅圆桶形、盛放液体或供洗涤用的容器，从功能上分有洗脸盆、洗脚盆、洗澡盆、淘菜盆等。

洗脸架，古时搭挂毛巾、置放脸盆及香皂、肥皂等物品的家具。

洗脸盆，也称“面盆”，洗脸、手的盆子。

花盆，种植花卉的盆。

浴盆，也称“洗澡盆”，洗浴用具。

脚盆，俗称“洗脚盆”，洗脚的盆。

桶，圆柱形，盛装液体的容器。部分桶有提梁，如水桶、马桶。

水桶，圆柱形，有提梁的容器。

浴桶，洗澡用的大桶。

潲桶，也称“猪食桶”，俗称“潲水桶”，盛装猪食或潲水的桶。

便桶，也称“恭桶、净桶”，有盖，有提梁，供人大小便用的桶。

扁桶，扁口型，有盖，盛装粮食的桶。

黄桶，盛装粮食的桶。

夜壶，古称“虎子”，俗称“尿罐”，供人小便用的便壶。

背水桶，也称“堰桶”，土家族、苗族背水的水桶。

枕，俗称“枕头”，供人在睡眠时垫在头下使头略高的卧具，由枕套和枕芯两个部分组成。枕套面料通常为棉布，枕芯填充材料有木棉、香蒲绒、荞麦壳、谷糠、棉花等。

方枕，中式传统枕头，棉布缝制成长方体形的枕套，内装谷糠等填充材料为芯。

木枕、竹枕，用木材或竹子制作的枕头。

藤枕，用藤条编制而成的枕头，多用于夏季乘凉休憩。

瓷枕，用陶土等材料烧制而成的枕头，多用于夏季乘凉休憩。

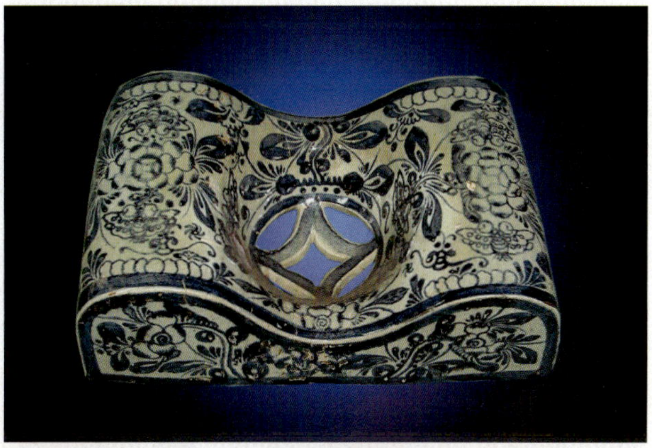

药枕，用中草药为枕芯、有防病治病功效的保健枕。

抱枕，辅助类枕头，仅有枕头的一半大小，可抱在怀中起到保暖作用，也能增加室内的装饰效果。

蚊帐，挂在床架上将床四周围住以隔绝蚊子，避免蚊子叮咬的帐幕。蚊帐多用轻薄透气、质地柔软的锦、罗、纱、绮、缣等丝织品制作。

帐帘，挂在蚊帐前面上方，起遮挡、装饰作用的长条绣花或印花帷幔。

席，俗称“席子”，用竹篾、芦苇、蒲草等植物编织而成的床上用品，有冬暖夏凉的特点，常见的有竹篾席、芦苇席、蒲席、麻将席等。竹篾席、芦苇席、蒲席、麻将席、藤席、牛皮席等统称“凉席”，用芦苇、蒲草、灯心草、马兰草等植物编织的席子统称“草席”，用动物皮革制作成的席子称“皮革席”。

竹席，古称“簟席”，俗称“篾席”，用竹篾编成的席子；用嫩竹青编成的席子称“笋席”。重庆品牌竹席有号称“开州三绝”的水竹凉席和丰都包鸾竹席。2011年4月，重庆市政府公布开县三合水竹凉席传统制作技艺、丰都包鸾竹席传统制作技艺为第三批市级非物质文化遗产。

麻将席，用麻将大小的竹块编织的席子。

草席，用芦苇或蒲草等编织的席子。

藤席，用藤类植物茎杆的表皮和芯编织的席子。

牛皮席，用头层水牛皮为材料，采用鞣质工艺加工制作成的席子。

梳妆匣，古称“镜台”，俗称“梳妆盒”，小型可携带的柜子，柜顶有可折叠的镜子，柜内有多个小抽屉用于放置化妆物品。17世纪前，梳妆匣是依附于其他家具上的小型器具，所用的镜子为铜镜；清初，玻璃水银镜传入中国，开始在清皇室与达官贵人家中使用；清乾隆以后，玻璃水银镜风行于市，梳妆匣受西方生活与家具的影响，开始演变成为大型家具——梳妆台。

梳妆台，也称“梳妆柜”，是装有镜子，有放置胭脂、妆粉、眉笔等化妆物品的抽屉，供人化妆的家具。中式传统梳妆台有宝座式、五屏风式等式样。

榻，低矮而狭长的床形坐卧家具。古时人们睡觉分大睡与小睡两种，大睡是晚上的正式睡眠，小睡是白天午休等小憩，榻则是可坐可睡两用家具。榻上置榻几（小矮桌）、茶点，就能坐以待客，榻上置席褥被枕，则能小睡，故榻也称为“坐床”。榻按大小可分为卧榻、坐榻两种，卧榻宽而长，坐榻仅能容身，但坐卧功能依旧。

罗汉床，虽称为“床”，实则为榻，原名“弥勒榻”，因只容一人，故又称“独睡”。罗汉床属榻类，三边有矮围屏，坐卧两用，有无束腰和有束腰两种类型。有束腰且牙条中部较宽，曲线弧度较大的，俗称“罗汉肚皮”，故又称“罗汉床”。

竹榻，用竹制作的榻，知名的有湘竹榻、斑竹榻。

板榻，仅有榻面而无围屏的榻。

烟榻，也称“烟床”，是旧时备有烟具、供人躺卧吸食鸦片的榻。

贵妃榻，也称“美人榻”，专供妇女小憩的榻。贵妃榻有单翘头式、双翘头式两种，单翘头式榻面狭窄，两侧围屏一高一低，高端为枕，低端搁脚，后面围屏雕刻精美；双翘头式则是两侧围屏双翘，均可为枕。

衣架，悬挂衣服的架子。古代衣架有直柱式、横架式两种，直柱式，是用竖立的木杆挂衣，称“楎”；横架式，是用横的木杆挂衣，称“桁”或称“椸”。明清时期多采用横杆式，两根立柱支撑顶部横杆，横杆两头长出立柱并微微上翘，在横杆下部的两柱之间，另加一根横木，以起加固作用，下部用两横木墩以稳定立柱，整体形如门状，故称“龙门架”或“朝服架”。

现代衣架，是凉晒衣物的架子，采用挂钩式或枝叉式，挂钩设在衣架中心部位。

文房四宝，中国传统文房用具，是指中国传统的书写工具“笔、墨、纸、砚”。

痰盂，盛痰容器，多为低矮的敞口、圆形器具。

笔，也称“毛笔”，中国传统文房用具，用兔毛、羊毛、狼毛、鼬毛、鸡毛等禽兽毛为笔头，以竹、玉等管状材料为笔杆的书写、绘画工具。按笔头毛的弹性强弱可分为硬毫、兼毫、软毫；按书写字体大小可分为小楷、中楷、大楷、屏笔、联笔、斗笔、植笔等；按笔头材料可分为胎毛笔、羊毫笔、狼毫笔、兔毫笔、猪鬃笔、鹿毛笔、鸡毛笔、鸭毛笔、鼠须笔、虎毛笔、黄牛耳毫笔、石獾毫笔等，尤以兔毫笔、羊毫笔、狼毫笔为佳。

墨，中国传统文房用具，棒状或块状的黑色颜料。墨由煤烟、松烟、油烟、胶等原料制作而成，使用时只需将墨在砚台中加水研磨就可得到黑色的书写颜料。墨按原料可分为油烟墨、松烟墨、炭黑墨三种，唐朝以前以松烟墨为主，宋代以后发明的油烟墨。松烟墨是以松树燃烧后的烟灰为原料，油烟墨是以桐油、麻油、脂油等燃烧后的烟灰为原料。

纸，也称“宣纸”，中国传统文房用具。西汉初年我国发明了造纸术，东汉元兴元年（105年），蔡伦改进了造纸术，称“蔡侯纸”。中国传统造纸术与印刷术、指南针、火药被世界誉称为中国古代“四大发明”。宣纸是用青檀树皮、稻草、杨桃藤等植物纤维制造的纸，有洁白稠密、吸墨润墨、不易褪色、韧而不脆，易于保存等特点，有“纸寿千年”之誉。

砚，也称“砚台”，中国传统文房用具，是用石、陶等材料制作的，磨研墨块成墨汁的器物。重庆“嘉陵江峡砚、石柱金音石砚、夔砚”有“巴渝三大名砚”之称。嘉陵江峡砚，也称“合川峡砚、墨玉宝砚、草街嘉陵峡砚”，是采用合川嘉陵江沥鼻峡东岸草街镇麻柳村磨刀溪的后山一带的黑玉石（紫云石）雕琢而成，有石质细腻、色泽黑灰、发墨不损、存墨不腐、积水不固等特点；石柱金音石砚，是采用石柱土家族自治县凤凰乡砚台湾金云音石雕琢而成，有石坚如钢、细腻如玉、玉音如金、磨墨细腻、陈墨不干等特点，敲击时砚声如同金石，铿锵有力，余音绕梁，故名“金音石砚”，明末清初巾帼英雄秦良玉的“太保金音石砚”更是闻名于世；夔砚，采用万州南岸磁洞中有天然砚堂的夔州黟石雕琢而成，有色如黑玉、砚形奇异、石纹奇异、细腻滋润、发墨濡毫等特点。2007年5月，重庆市政府公布合川峡砚传统手工技艺为第三批市级文化遗产。

笔筒，也称“笔桶”，中国传统文房用具，用陶瓷、竹木、玉石等制成，插放毛笔的筒形器具。

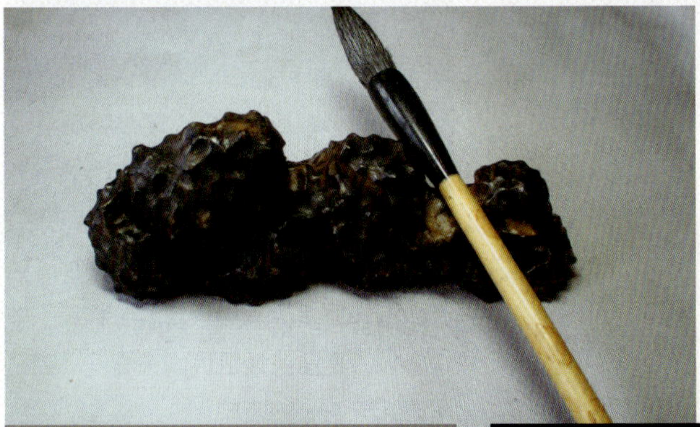

笔架，也称“笔山、笔搁、笔格、笔枕”，中国传统文房用具，放在案头搁置毛笔的架子。笔架材质有铜、铁、玉、石、瓷、紫砂、水晶、珐琅、象牙、木等多种材质，造型有山峰、神仙人物、吉祥动物、花卉等多种形状。

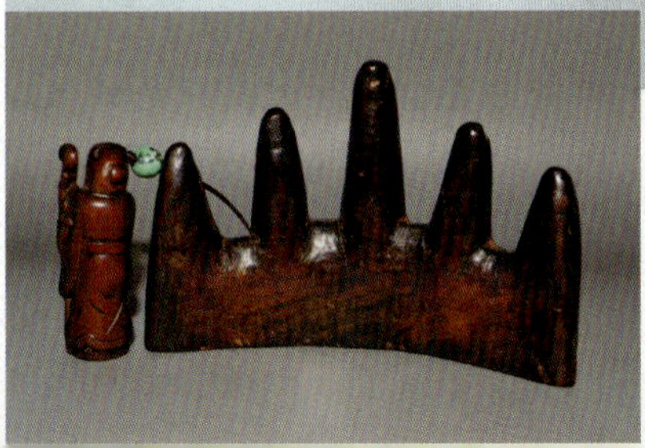

笔挂，中国传统文房用具，是挂置毛笔的器具，一般为木质，高一尺余，由底座、支柱、横梁三部分组成，造型有横梁式、环梁式、随形等多种。

镇纸，也称“纸镇、书镇”，中国传统文房用具，古代文房中压书、压纸的器具。镇纸通常采用的铜、铁、玉、陶瓷、水晶、象牙、名木等比重大的材料，多用龙、虎、兔、马、羊、鹿、螭、蟾蜍或人物等造型。常见的长方形镇纸，称“镇尺、压尺”。

浴缸，洗浴器具，多为陶瓷、木质，以长方形为主，另有圆形、船形、扇形、三角形等多种造型。

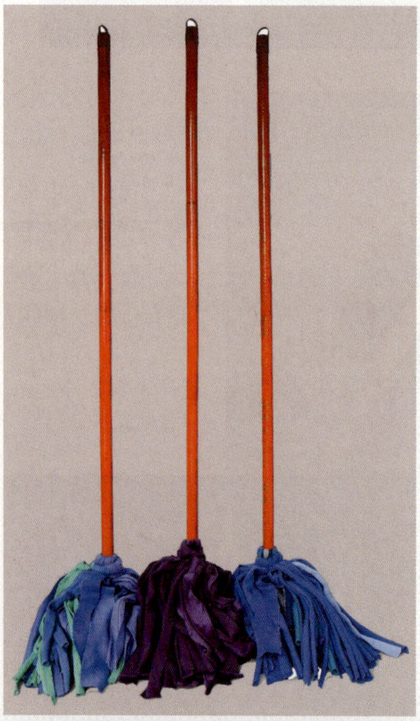

搓衣板，洗衣工具，长方块形，一面有锯齿，多为木质、塑料等材料。跪搓衣板，是重庆地区民间夫妻间，妻子惩罚丈夫的一种方式。

拖把，也称“墩布”，俗称“走帕”，在长柄一头捆扎抹布、擦洗地面的清洁工具。

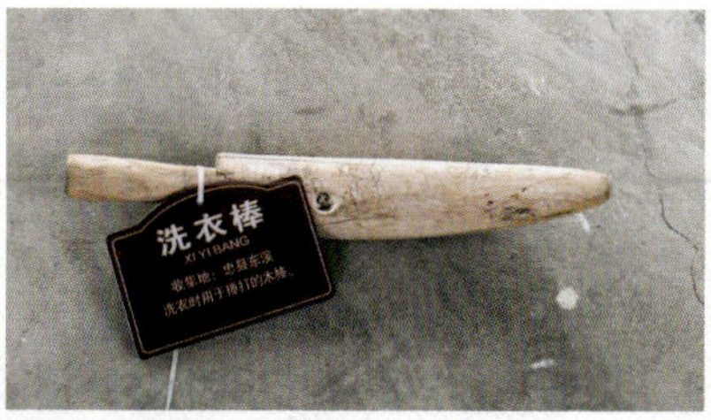

捶衣棒，俗称“捣衣锤”，民间洗衣时用来捶打衣服、洗涤衣物的工具，一般有一尺多长，一寸多粗，是一头粗一头细的硬木棒。

洗衣刷，俗称“刷子”，用猪鬃、竹木或塑料板扎成的，洗涤衣物的工具。

扫帚，日常生活器具，用高粱穗扎编成扁扇形、有柄的扫地除尘工具，比扫帚小的叫“笤帚”。

扇，俗称“扇子”，用绢、木、纸、羽毛、芭蕉叶、香蒲叶、棕榈树叶等材料制成的板状或片状物，摇动生风取凉的用具，常见的有芭蕉扇、鹅毛扇、纸折扇、油纸扇、檀香扇、绢扇等。现代扇称“电风扇”，是以电为能源，电动机带动叶片旋转的机械扇，有台扇、落地扇、吊扇等。

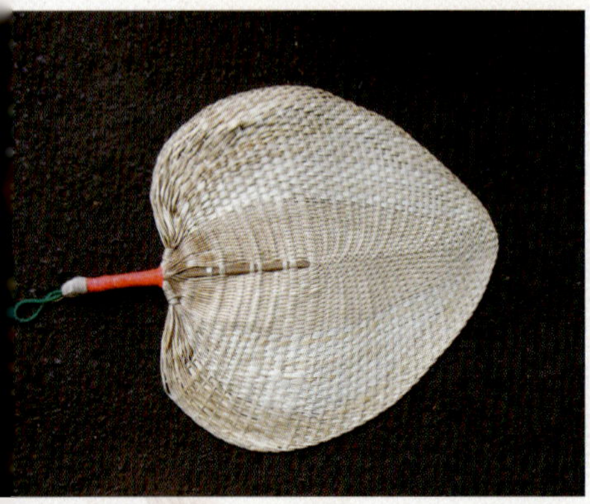

2.特殊用具

屏风，中国传统家具，用于室内隔断视线或挡风，有地屏风、床上屏风、梳头屏风、灯屏风、折屏、围屏、座屏、挂屏、插屏、镜屏、桌屏等种类。

博古架，也称“多宝格”，是架子上有格下有柜，置于室内用来陈设古玩、玉器等艺术品，隔断室内空间的家具。

匾额，也称“扁牍、牌额、门额”，简称为“匾”或“额”，是悬挂在门楣上方屋檐下，说明建筑物名称和功能性质，集辞赋诗文、书法篆刻、漆艺绘画等于一体的装饰标志物。按材料可分为石刻匾额、木刻匾额、灰塑匾额三种；按内容则可分为宅第匾、庙堂匾、牌坊匾、旌表匾、酬贺匾、字号匾、名人匾、格言匾等。匾额的书写有横、竖两种方式。

楹联，也称“桃符、对偶、门对、春贴、春联”，俗称“对联、对子”，起源于古代“桃符”，是在纸、布上写上或在竹、木等上刻上对偶语句，并贴挂在门两侧柱子上的装饰物。楹联由门框两侧的上联、下联和门楣的横额组成，上联称“出句”，下联称“对句”，与对联内容紧密相关的横额，称“横批、横披”。楹联言简意深，对仗工整，平仄相对，仄起平落，词性相当，位置相同，内容相关，字数相等，结构相称，是汉语言独特的艺术形式和优秀的中国传统文化。按内容分有节令联、喜庆联、哀挽联、名胜联、行业联、题赠联、杂感联、趣巧联等。

书画，也称“字画”，中国传统书法、国画艺术品的统称。

玄关柜，摆放在门口与室内过渡空间，阻挡视线的隔断家具，通常用鞋柜、衣帽柜等储物柜作为玄关柜。

梯子，用两根粗长相等的杆做边，两杆之间用若干横杆穿连为梯，用于攀爬登高的日常生活用具。梯子按结构分有直梯、人字梯，伸缩梯、折叠梯、单侧梯、双侧梯、多功能梯等，按材质分有木梯、竹梯、铝合金梯、不锈钢梯、玻璃钢梯、塑料梯、绳梯等。

锁，由锁、钥匙及其附件组成。古锁初称“牡、闭、钥、链、钤”等。春秋战国时期有鲁班木锁，东汉时有金属簧片结构的三簧锁（沟槽锁），明清时期有广锁、花旗锁、首饰锁、密码锁、刑具锁四大类，广锁又分为横式锁、三簧锁、撑簧锁、枕头锁。古锁有一开锁、二开锁、三巴掌锁、三道箍虾尾锁、四开锁、五开锁、龙凤锁、双元锁、迷宫锁（定向锁）、底开锁、转冲锁、倒拉锁、暗门锁、无钥锁、方锁、炮仗锁、马缰绳锁、牛角锁、牛尾锁、举梁锁、文字密码锁、数字密码锁等。按材质分有木锁、金锁、银锁、铜锁、铁锁、景泰蓝锁等，以铜锁、铁锁为主；按造型分有圆形锁、方形锁、枕头锁、文字锁、人物锁、动物锁、密码锁、暗门锁、倒拉锁、炮筒锁、直开锁、横开锁等；按功能分有长命锁、挂锁、门锁、箱锁、橱锁、盒锁、抽屉锁、库房锁等。

20世纪50年代，现代锁陆续进入我国，主要有低焊钩锁、叶片锁、弹子锁等。现代锁有圆柱形销栓的弹子锁和机械密码锁。弹子锁也称“弹珠锁、珠锁、锁簧锁、销栓锁”，有挂锁、抽斗锁、弹子门锁、插芯门锁、球形门锁、转舌锁、玻璃门锁、连插锁、按钮锁、链子锁等。现代电子锁有电子密码锁、磁控锁、声控锁、超声波锁、红外线锁、激光锁、电磁波锁、电子卡片锁、指纹锁、视网膜锁、遥控锁等。

柚子龟，用柚子果皮加工制作而成的龟形工艺品，产于酉阳土家族苗族自治县酉酬镇、酉水河镇等地。土家族人将柚子龟作为腰间饰品，用于盛装火草、火镰、火石等物品，故俗称“火种包”。2016年6月，重庆市政府公布酉阳柚子龟传统制作技艺为第三批市级非物质文化遗产。

火镰，形似小弯镰刀，与火石撞击能取火种的器具。古代取火器具由火镰、火石、火绒、火媒组成。火石，也称“燧石”，石英变种；火绒，用艾蒿嫩叶制成的条状接火物；火镰撞击火石，利用摩擦起火引燃火绒，再把缓慢燃烧的火绒放到火媒上，用嘴一吹，引燃火媒并得到明火，达到取到火种的目的。

烟袋，盛装旱烟的容具。烟袋材质、式样多种，有粗布烟袋、牛皮烟袋、山羊皮烟袋、猪尿包烟袋等，硬质烟盒有银烟盒、铜烟盒、铁烟盒、牛角烟盒、羊角烟盒、木烟盒等，烟袋、烟盒上穿有绳，紧拴在烟杆上。现代香烟也多用与香烟大小相当的硬质香烟盒。

烟杆，吸烟的用具，分旱烟杆、水烟杆两种。吸旱烟的称“旱烟杆”，由烟锅、烟杆、烟嘴、烟袋等组成，烟锅、烟嘴通常为铜、铁、锡、玉石制成，烟杆为空心细竹管、木管、铜管、铁管等。铜烟杆、铁烟杆的烟锅、烟杆、烟嘴都是连成一体，无需拼装。烟杆有棒子烟杆、竹头烟杆、狮子头烟杆、巴巴烟杆及各种长短烟杆。袖珍烟杆长三寸左右，小烟杆长五至七寸，短烟杆长一尺许，巫溪等地称“短烟锅”，土家族人称“枝枝花”“马棒”或戏称“随身宝”，万州地区俗称“烟棒、烟竿”，巴南区则称“烟吹棒”。长烟杆长三至四尺，巫溪人称“坐家货、万能烟锅”，涪陵地区则称“瓢儿脑壳”。袖珍烟杆、小烟杆、短烟杆随身携带，随时使用；长烟杆一般搁在家中，在赶场休闲或待来客时使用，晚上走夜路还可当防身武器用。吸丝烟的称“水烟杆”，也称“响水烟杆、水烟斗”，由水壶、烟丝筒、烟管、烟锅、烟夹与毛刷、纸媒子组成，有银制、铜制、锡制、竹制等多种，抽水烟时要用明火。民国时期，垫江苏竹水烟杆十分有名。

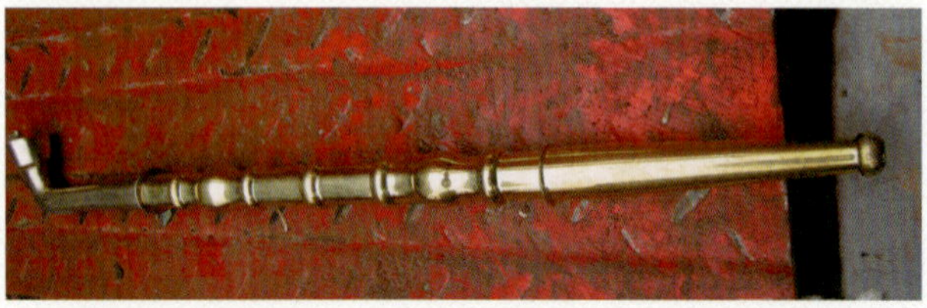

迎春接福
一顺百顺事事顺
千好万好

3.少数民族家居陈设

神龛，也称“佛龛”，放置神灵塑像，祖先或“天地君亲师”牌位，摆放在寺院、祠堂、堂屋内的小阁。在重庆民族地区，供奉祖的习俗，俗称“香火”。重庆巴渝民俗博物馆“巴渝第一龛”满金雕花家神龛，高4.7米,宽1.7米，属柜式神龛，仿楼阁结构，由座、身、顶组成，正中间是“天地君亲师”牌位，龛顶为二龙抢宝，两旁立柱缠绕四条飞龙，护卫牌位。

神位牌，也称“牌位、功德牌位、灵位、灵牌位”，书写神灵名号、封号、庙号或逝去先辈的姓名，供人们供奉祭奠的木牌。通常为木质，呈长方形，下设底座，立于供桌上。

供桌，也称“神案”，摆放在神灵塑像，祖先或“天地君亲师”牌位前，放置香炉、烛台、供品的条几。

石柱土司“皇恩浩荡”牌位，缕空吉祥花纹台式基座，两侧雕有缕空龙饰为边，顶部有缕空正面龙头，神位正中书“皇恩浩荡”四字，通体鎏金装饰，清代文物，现藏于万寿古寨土司文化陈列馆。

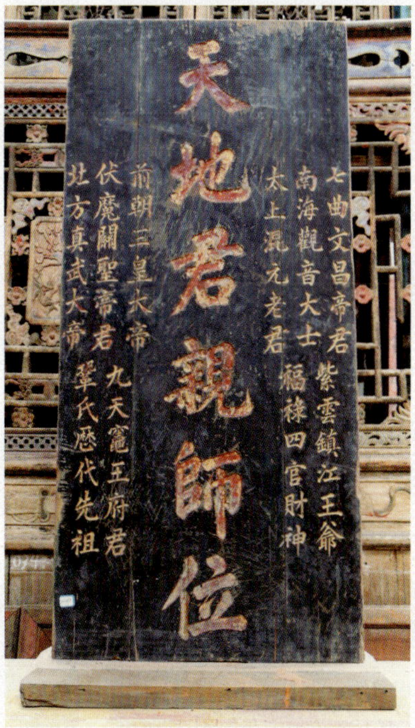

“天地君亲师位”木匾，“天地君亲师位”阴刻于木板上，通体生漆装饰，清代文物，现藏于石柱县博物馆。

香炉，焚香燃烛，供人祭祀或净化环境、提神醒脑、熏衣防虫的器具，有金银、铜铁、陶瓷、竹木、珐琅及玉石等材质，有博山炉、手炉、香斗、卧炉、香筒、倒流香炉等多种造型。

烛台，底部有带尖钉或圆管并能承接蜡油的承盘，在承盘上置放蜡烛的照明或祭祀的器具，有金银、铜铁、锡、陶瓷、木等材质和动物、花卉、人物、单管或多管等造型。

灰笼，也称“火笼、烘笼”，是用竹条编织成的圆筒网状，内置陶盆与炭火，可携带的取暖器具。

缸，口大底小、圆筒状的容器，有陶缸、瓷缸、玻璃缸等，常用于盛水、盛米、盛酒。

坛，俗称“坛子”，口小肚大的容器，有陶坛、瓷坛等，常用于盛水、盛酒、盛米、盛醋。

罐，俗称“罐子”，圆筒状、平底，口与底大小相当，有盖的容器，常用于盛盐、盛油、盛茶。

第二节　出　行

一、出行方式

出行方式是指人或货物从出发点到目的地的移动方式。传统出行方式是依托陆路（旱路）和水路，依靠人力或借助畜力，步行或使用传统交通工具出行；现代多乘坐汽车、列车、飞机、轮船等现代交通工具出行。

1.传统出行方式

传统出行方式是指借助人力或蓄力步行或使用舟楫、轿子、滑竿、独轮车、人力黄包车、人力三轮车等交通工具的出行方式。

步行，人依靠自身力量，徒步行走的出行方式。

驴、骡驮运，用骡、驴运送人或货物的出行方式。

坐畜力车，乘坐马车、牛车、骡车、驴车等畜力车的出行方式。

乘人力车，乘坐由人拉动的独轮鸡公车、三轮黄包车等人力车辆的出行方式。1929年，重庆老城区自七星岗起，经观音岩、两路口、上清寺至曾家岩的第一条马路竣工，有18辆黄包车开始运行。黄包车起步价为铜板1000文，每加一段多交800文，称之为“板板钱”，故现今出租车每天的租金也称“板板钱”。

坐轿子，乘坐由两人或多人抬行的轿子的出行方式。在1916年，重庆老城区有轿行108家，轿子2200顶。

坐滑竿，乘坐由两人抬行的滑竿的出行方式。

乘木船，乘坐传统木制舟船，来运送货物的出行方式。

2.现代出行方式

现代出行方式是借助汽车、轮船、火车、飞机等现代交通工具与设施的出行方式。

乘摩托车，借助摩托车的出行方式。

缆车，是采用钢绳牵引，从而在有一定坡度的轨道上运行的运输机械，多用于矿区、城市或风景游览区。图为朝天门缆车。

索道，是利用悬挂在半空中的钢索承托并牵引客厢的交通工具。图为长江索道。

二、出行设施与工具

1.交通设施

渡口，古称“津渡”，用船渡衔接江河两岸交通的地点。

码头，供船只停泊，乘客上下、货物装卸的交通设施。1926年，重庆商埠督办公署督办潘文华筹备建市，扩建市区时修建码头，朝天门沙嘴为日用百货码头，东水门为散杂货码头，太平门为竹子码头，储奇门为山货和药材码头，金紫门为柑橘水果码头，南纪门为蔬菜、牲畜码头，临江门为糖类、石灰码头，千厮门为纸、盐、炭、棉花、皮革码头，菜园坝为粮食码头，兜子背则为木材码头。

驿道，也称“驿路、官道”，是古代政府机构在道路上设有“驿”这一管理、服务机构的陆地交通要道，主要用于运输军用物资、传递官府文书和军令军情。重庆古代驿道有成渝古道、川黔古道、川鄂峡路、三峡古栈道、嘉陵古道、巴盐古道等，驿道上“五里一店、十里一铺、三十里一驿”，沉淀了千年的历史，留下了千年的足迹，承载了千年的古道，经历了千年的风雨，创造了千年的辉煌，形成了重庆地区独特的古道文化路线。

成渝古道，由南道“东大路”、北道“东小路”两条成渝古道组成。东大路，清代称“巴县大路”，民国初年改称“川东大路”，路由宽五至八尺的石板铺成，由重庆七星岗通远门、佛图关、大坪七牌坊、石桥铺、上桥车歇铺、二郎关、龙洞关、白市驿、走马铺、璧山来凤驿、永川、邮亭铺、荣昌、峰高驿、隆昌(隆桥驿)、安仁驿、内江、珠江驿、资中、简阳、龙泉驿等地至成都迎晖门，途经“两关一岗一坳”“五驿五镇三街子，九铺七十二团”，全长540千米。东小路由重庆七星岗通远门、佛图关、六店子、平顶山、小龙坎、杨公桥、歌乐山三百梯、高店子、西永、虎溪、璧山、铜梁、安岳、乐至、简阳、龙泉驿等地至成都迎晖门。

石柱巴盐古道，俗称“盐大路”，渝鄂古盐道的一条支线，位于石柱县西沱镇至冷水镇石门坎一线，青石板路宽约三尺，石柱境内全长约300千米，是历史上“巴盐济楚”的主要盐道。古道由石柱西沱古镇石槽溪、西界沱（或者石槽溪）、大树岭、朱家槽、楠木垭、王家坝、九岭子、石家坝、长坪、三块石、川楚堂、易牛坪、黄水河、黄水、锅厂沟、青杠坪、回念坡、天转溪、万胜坝、坟田坝、莫家坳、田湾、三岔矶、天坡、竹林口、冷水溪、菜籽坝，再由“川鄂屏障”七曜山冷水石门坎险关进入湖北黑洞子、杉木根、龙塘铺、高脚排、太阳星、中路、黄泥塝、石牌、张家梁子、花屋院子、大村，过七十二道回水湾、小村、清水塘、二台坪、狗崽坡、三条岭等地，再由鄂西北利川市汪营镇到恩施、宣恩、咸丰、来凤，再由来凤转运至湖南的龙山、桑植、张家界及凤凰等地。

公路，民间也称“马路”，是供车辆通行的道路。按功能等级可分为高速公路、一级公路、二级公路、三级公路、四级公路，其中，高速公路和一级公路为高等级公路，二级居中，三、四为低等级。按速度快慢可分为高速公路、快速公路、普通公路；按行政等级可分为国道、省道、县道、乡道、村道、机耕路。

石梁桥，俗称“石板桥”，由数块或一块条石搭建的简易石桥。

石拱桥，采用天然石料修筑的拱桥，是中国传统桥梁四大基本形式之一。

图为建于1870年的万州桥，为石砌拱桥，横跨苎溪河。该桥曾被茅以升载入《中国桥梁史》，1970年被苎溪河山洪冲垮。

风雨桥，也称“廊桥”，分布于重庆民族地区。桥身可为梁桥或拱桥，桥面上建有塔、亭、廊等，形成能遮挡风雨的长廊式的走道，故名“风雨桥”。

跳蹬桥，在较浅的河床上镶嵌若干略高出水面的石蹬，供行人踩踏从而渡过溪河，故俗称“跳墩桥”。

索桥，也称“吊桥、绳桥、悬索桥”等，古称“笮桥、绳桥”，是悬吊若干根平行排列的竹索、麻索、藤索、铁索等为桥梁，并在上面平铺木板为桥面的人行桥。

歪屁股船，俗称“歪沟子船”，因其船板厚实也称“厚板船”。古代乌江的主要船型，其特点是船头、尾高翘，船尾歪向左方，干舷极高，两舷外各有三根柄，结构特别坚硬，艄长约20米，挂于船后的歪尾上，下端伸向水中，上端伸向船舱篷顶，掌舵人立于船舱篷顶的木架上，居高临下以艄代舵，掌握操纵船只。这种船非常适应在滩凶水急的乌江上航行。

在19世纪90年代以前，重庆内河航运以木船为主。木船船型多达72种，其中用于运输的数量最大的木船船型有8种，分别为：中元棒、南河船、舵笼子、滚筒子、安岳船、敞口船、厚板船、三板船等，常见的有帆船、歪屁股船。20世纪初，近代蒸汽轮船开始出现在重庆。

栈道，也称“阁道、复道”，古代在悬崖峭壁上修建的驿道。重庆地区著名的古栈道遗迹有奉节瞿塘峡古栈道、巫溪大宁河古栈道、涪陵乌江古栈道、涪陵御泉河古栈道、城口峡口古栈道等20多条古栈道。

2.交通工具

独轮车，俗称“鸡公车”“手推车”，交通运输人力器具，相传源于三国时的蜀相诸葛亮发明的“木牛流马”。独轮车由车身、车轮、车架构成，车轮两边是载人、载物的货架，两个车把与货架连为一体，整体形状呈前头尖后端宽，后端的两个推把如同羊角，故又称“羊角车”。使用时，在两车把之间绑上绳索为“车襻”，推拉者将“车襻”挂在肩上，两手持车把，保持独轮车的平衡，推拉前行。

板板车，俗称“架架车”，车身为木板，车头两个把手与车身相连，车架下有一对车轮的运输工具。

滑竿，用竹木制成的简易小轿，是由轿子简化而来供旅客乘坐的交通工具。滑竿由长一丈二左右的两根竹竿，按二尺左右宽度平列绑上，竹竿两头横扎一竹块为“抬肩”，两竹竿中间绑上竹椅或藤椅，椅子前垂脚踏板，椅上铺柔软的垫褥，椅上方用竹弓撑起一块挡雨遮阳的篷布。乘坐时，旅客躺坐在中间的椅子上，由前后轿夫抬着滑竿前行。

扁背，用木、竹、牛皮等材料制作而成用以背运货物的工具。扁背由背身、背架、背系等组成，扁背用整木挖凿成中间小两头略大、高约一尺二的方柱形背身，牛皮背系拴在背身左右两边，背身下面为背底，上面加横木板和左右两根短竹棍为货架，货架上端一边拴竹筒水壶，供力夫途中饮水，一边拴用细竹篾条做成环状的“篾刮子”，方便力夫刮去脸上的汗水。

背夹，山区运送货物的人力背负工具。背夹是用木条做成上下两格、上小下大的梯子形。下部一格为靠背部分，用竹篾绕着架子两面编织而出或用两块簿木板镶嵌在中间，两边有竹篾编织成的辫子状背系，上面一格绑上绳索用于捆绑货物。背夹有平背夹、弯背夹两种。

打杵，是力夫在背负货物时，供途中歇息的工具。打杵有“丁”字形打杵、“丫”字形打杵，使用时将打杵放到背负工具如扁背、背篓的底部，直接承载背负工具的重量，与两只脚形成三角支撑，减轻双肩的压力，达到使背负人歇息的作用。

洋马，是用两根“丫”字形树杈的捆扎而成用于肩扛货物的工具。羊马是用两根树杈，在两“丫”的中间用木条或竹块相连作为扁担，“丫”上面的树杈分别用竹、木条绑牢，运输时将货物放在两“丫”之间，用肩扛着行走，在山区爬坡上坎、途中歇息十分方便。

油篓，是装运油类等液体货物的容器。油篓一般用细竹篾编织壶状，外表糊上薄纸、涂抹生漆。

油桶，用木材制作的扁桶形状、装运油类等液体货物的容器，外表涂抹桐油、生漆。

亮槁，也称“火槁”，俗称“火把”，夜晚出行的照明工具。常见的亮槁有竹火槁、竹火槁、葵花亮槁、油亮子（即松树疙瘩）、杉树皮亮槁等。葵花亮槁，是将向日葵收割后，将茎杆在水塘中浸泡一两个月，待茎杆表皮与芯腐烂后，取出晒干扎成把状即可使用。走夜路时，一般在持亮槁人的前面只走一人，持亮槁人后可走多人，俗称“前照一后照七”。

竹桶水壶，是用竹节制作而成的简易水壶。

雨伞，用油纸、油布、绦纶、尼龙、PG布、塑料布等制作而成，遮阳或遮蔽雨、雪的工具。雨伞由伞布、伞骨、中棒、伞头、伞尾组成，传统雨伞有油纸伞、油布伞，现代雨伞有折叠伞、太阳伞、双人伞等。

马鞍，两头高，中间低，木框外包软物、皮革，放在马背上供人骑坐的马具。

第五章　岁时节日民俗

第一节 传统岁时节日

腊八节，俗称“腊八”，是在农历腊月初八时煮食腊八粥，祭祀祖先和神灵，祈求丰收吉祥的民俗。相传佛祖释迦牟尼在菩提树下修行，十分饥饿，得一牧女施粥以食后，方才在腊月初八得道成佛，故这天成为佛教盛大的节日“法宝节”。民间在每年农历腊月初八，用米、红枣、红豆、绿豆、黑豆、花生、莲子、杏仁、核桃等多种杂粮、干果煮成腊八粥，全家团聚在一起食用，或馈赠亲朋好友。寺院在这天都要诵经祈福，用腊八粥祭拜佛祖，香客也争食腊八粥，以祈求佛祖保佑。腊八粥因食材在八种以上，故也叫“八宝粥”。九龙坡华岩寺每年举办的腊八节活动，也成为民众到寺庙吃腊八粥、祈福的民俗。2009年9月，重庆市政府公布九龙坡区华岩寺腊八节为重庆市第二批非物质文化遗产。

办年货，民间在春节前采购春联、年画、鞭炮、灯笼、衣服、猪肉、牛肉、鸡肉、鱼肉、烟酒、糖果等春节必备货物，欢度春节的习俗。民间有“吃了腊八饭，就把年来办”的俗语，每年腊月初八一过，人们就开始逢场赶集办年货。

祭灶王，俗称“送灶王”，每年腊月二十三时，民间在家中厨房祭祀灶王的民俗。传说腊月二十三日灶王爷要回天庭向玉皇大帝汇报去年每家每户的生活情况，玉皇大帝就会根据灶王爷的汇报来进行奖惩。在祭祀时，人们在厨房灶台上摆放灶王爷神位和麻糖（饴糖）、瓜果等供品，将麻糖涂在灶王爷的嘴上，然后向灶王爷点烛、敬香、磕头、烧轿马，洒酒三杯，送灶王爷回天庭述职。灶王爷吃了供品就会向玉皇大帝说甜蜜的好话，保佑全家人平安幸福。每年的祭灶王民俗也标志着春节揭开了序幕。土家族在祭祀灶王爷后，就开始祭拜祖宗，“二十三，祭灶官”也成为土家族“过小年”开始的标志。

打扬尘，每年腊月二十四时，民间都要清除、打扫屋内屋外、房前屋后、猪牛羊圈的杂草、垃圾、“扬尘”（灰尘）、蜘蛛网等，要用水把家具、厨具等生活用具擦洗一遍，然后将杂草、垃圾、“扬尘”在院外焚烧或深埋。打扬尘实际上是迎接新年的一次卫生大扫除。

贴春联，俗称“贴对子”，每年腊月三十时，民间都要在大门上“贴对子、贴门神”，来迎接大年初一春节的到来。家中有长辈过世，守孝期未满的第一年用白纸，第二年用绿纸，第三年用黄纸，第四年守孝期满才恢复用红纸。寺院庙宇贴春联则用黄纸。

九龙楹联习俗，是九龙坡区九龙镇民间广泛流传的撰写楹联的习俗。九龙楹联形式生动、格调高雅、韵味独特，以传统书画、金石篆刻为表现形式，以木、石、竹匾额为载体，具有极高的艺术性与观赏性。1991年4月，重庆市文化局命名九龙镇为“楹联之乡”，1995年11月国家文化部命名九龙镇为“中国民间艺术（楹联）之乡”，2000年3月，九龙楹联获得了“巴渝十大民间艺术”的称号，2016年6月，重庆市政府公布九龙楹联习俗为重庆市第五批非物质文化遗产。

江津楹联习俗，是江津区民间广泛流传的撰写楹联的习俗。江津楹联有春联、寿联、婚联、行业联、三朝联（生小孩）、金榜题名联、挽联等多种，根据民俗功能又可分为节庆联（春节、元宵、中秋等）、贺联（三朝、金榜题名、婚嫁）、挽联等，至今江津保留了皇帝联、庙宇联、墓联、教育（书院）联、行业联、民居联、祠堂联、风景联、宗教联、移民联、古镇联等丰富的楹联遗存。2014年1月，重庆市政府公布江津楹联习俗为重庆市第四批非物质文化遗产。

杀年猪，民间在春节前杀年猪，宴请左邻右舍、亲戚朋友共同庆贺春节的年俗。

荣昌杀年猪习俗，是在每年农历腊月到“封刀之日”的腊月二十九期间杀年猪、过春节的年俗。杀年猪有“看期择日、约刀儿匠（杀猪匠）、祭刀、挖灶搭锅、请客、迎宾、祭祀、放生、肥猪出槽（赶猪出栏）、宰杀放血、吹气、刨毛、开边、分肉、扫圈和祭厕神、挂喜肉、发红包、吃刨猪汤”等环节，“刨猪汤”宴席的主菜通常有血旺汤、回锅肉、炒猪肝等菜肴。2009年9月，重庆市政府公布荣昌杀年猪习俗为重庆市第二批非物质文化遗产。

炕腊肉、灌香肠，在春节前，民间有炕腊肉、灌香肠的年俗。

推汤圆，在春节前，民间有先将糯米用水浸泡数天后，再用石磨将糯米磨成汤圆粉，准备元宵时吃汤圆的年俗。

吃年饭，也称“吃团年饭、吃团圆饭”，民间在除夕晚上一家团圆时吃年饭的年俗。在春节前，远在他乡的子女们都必须提前回家与家人在除夕晚上一起吃团圆饭。吃年饭前，要在堂屋神龛上摆放菜肴、碗筷，燃香烧纸，由长者口念祭词和列祖列宗的名字，恭请诸位先祖回来过年，请祖宗们先“吃”，然后放团年鞭炮，全家人入席吃饭。开席时，首先从小到大由晚辈轮流向最年长的长辈敬酒，祝老人快乐长寿，表达美好的祝愿。

守岁，民间在腊月三十除夕的晚上，一家人吃了年饭后，看春晚，通宵不睡觉，一起等待新年的降临、庆贺新年到来的年俗。守岁时，当午夜新旧年交替的时刻，燃放烟花爆竹，迎接新年的到来，然后再热几个小菜，围着火炉吃夜宵，看春节晚会，直至天明。

春节，俗称“过年”，也称“新年、大年、新岁”。传说农历正月初一时，有个吃人的怪兽叫“年兽”，害怕红色、火光和爆炸声，人们就在大年初一这天，贴大红春联、放爆竹来驱赶年兽。按照旧习俗，春节实际上是从腊月二十三祭灶王或“过小年”至正月十五日都叫“过年”，过年期间要打扬尘、办年货、推豆腐、杀年猪、吃刨汤肉、熏腊肉、灌腊肠、粘米米、推汤圆、贴春联、贴门神、吃团年饭、守岁、拜年等。

压岁钱，是在春节期间，晚辈给长辈拜年时，长辈给晚辈发的红包，也有父母在夜晚待子女睡熟后，将红包放在他们的枕头下，故称“压岁钱”。

元宵节，农历正月十五，也称“上元节”“小正月”“元夕”“灯节”，是春节期间的最后一个节日。正月十五是农历元月第一个月圆之夜，古人称夜为“宵”，故称“元宵节”。元宵节夜晚要吃元宵，举办灯会、猜灯谜、玩狮子、玩火龙、划采莲船、踩高跷、花车游街等民俗活动，将春节从除夕开始推向高潮，故也称“闹元宵”。

江津白沙“闹元宵”习俗，清乾隆时期起，江津区白沙镇就以春节、元宵节为核心，从农历腊月二十三开始直到新年的正月十五午夜，都要举办“码头请水祭祀—大拜年—文化民俗巡游展演—送神祭祀”的民俗活动，正月十五还要举办迎五福、祭码头、抓龙麟、舞龙狮、烧龙灯、舞龙凤、打莲枪、划花船、踩高跷、炸龙灯、打铁水、音乐焰火等闹元宵的民俗文化活动，场面十分热闹。

梁平接龙习俗，梁平在春节期间有接龙习俗，将象征吉祥幸福的天龙接进自家，祈求天龙庇护，期盼来年风调雨顺、太平康宁。正月初一至初五前，玩龙灯的队伍向场镇居民、商铺、乡村院落等发送拜帖，正月初六至正月十五就挨家挨户玩龙送福，接龙的人家则在大门前摆上香蜡纸烛，龙灯队伍则在堂屋绕行一周，沾沾龙气，男女老幼前呼后拥再送龙灯到下家。接龙持续至元宵午夜才结束。

清明节，也称“踏青节”，祭祖和扫墓的传统节日。清明是农历二十四节气中的第五个节气，清明节与端午节、春节、中秋节并称为中国四大传统节日，清明、中元、寒衣也是中国传统的三大鬼节。清明节这天，禁烟火，只吃清明艾叶粑等冷食，一家人或男女相约携酒开展春游踏青、扫墓祭祖、上坟添土、插坟飘、放风筝、荡秋千、拔河等户外活动；旧时还要办“清明会”，同姓宗族在祠堂燃烛烧香，行三叩九拜礼，祭祀先祖列宗。在重庆渝东万州等地，清明节前后有“上野坟”的习俗，三三两两的女子于郊外野餐，还可邀请不相识的男子入席同乐。

端午节，俗称“端阳节”，是在每年农历五月初五时，人们挂菖蒲、蒿草、艾叶及吃粽子、喝雄黄酒、熏黄烟、驱五毒、佩香囊、洗艾水澡、赛龙舟、抢鸭子等以祭祀诗人屈原的习俗。重庆地区过端阳节分“小端阳”和“大端阳”。农历五月初五，屈原投江这天叫“小端阳”；农历五月十五日，叫“大端阳”。石柱土家族地区的端午节习俗更是与众不同，初五为头端午，十五为大端午，二十五为末端午，三个端午节中，只有头端午悬艾叶、挂菖蒲，过大端午时，吃粽子、喝雄黄酒，将雄黄酒点洒在院落周围，驱蛇虫，辟邪气，小孩脑门上用雄黄酒画上“十”字或“井”字，可驱妖避邪。旧时，石柱在端午节期间，端公扮成张天师，手持令牌菖蒲剑，骑在用艾枝编织成的老虎身上，由四人用两根竹竿抬着，前面由人扮成蝎子、蜈蚣、蛇、壁虎、蟾蜍五毒，敲锣打鼓，沿街作法，每到一户家门前，张天师便脚踏天罡北斗步法，高唱“端阳五月五，天师骑艾虎，手持菖蒲剑，特来扫五毒”，这一民俗叫“出端午佬”。

七夕节，也称“乞巧节、七姐诞”，是民间妇女在农历七月初七时祭拜织女或七仙女的民俗。这个节日源于古代牛郎织女在天河相会的故事。七夕节这天，妇女摆香案、设瓜果祭拜织女或魁星，乞求仙女保佑自己聪明漂亮，织锦绣花更加心灵手巧。随着时代、观念进步，七夕节也演变成为中国的“情人节”。

中元节，也称“七月半”，俗称“鬼节”，佛教则称“盂兰盆节”，是在农历七月十五时祭祀祖先、悼念亲人、超度亡魂的民俗。传说在农历七月十五这天，阎王要开鬼门关，放鬼魂回家，所以，在农历七月期间，家家户户打扫清洁，不许吵闹，不许赤身露体，不许打蛇虫等小动物，如有蚂蚱、飞蛾从外飞进屋内，它们则是祖先回来讨香火的化身，只能点香烛、烧纸钱把它们送走，不能驱赶它们。农历七月十五清晨祭祀时，要在纸上写上已故亲人的名字，然后将纸钱包成“封包”，供奉在神龛上，献上清茶，焚香燃烛，烧钱化纸，行三叩礼，请祖宗回家；中午时，将酒菜摆放

在桌上，全家跪拜后方可进餐；天黑前，将“封包”送到野外路边，摆放好瓜果等供品，一边呼唤逝者们的名字，一边将封包、纸钱等焚烧，以示哀悼，再用香烛插成“路烛”的小径，烧纸钱敬送逝者还归九泉，同时，也要给孤魂游鬼焚香烧纸，俗称“烧封包”，石柱土家族地区在除夕、清明、七月半时都有此民俗，则另称“烧袱子”。过节后，还要用稀饭拌上烧过的纸钱做成“鬼稀饭”，洒在门外路边，表示送逝者赶路。农历正月十五上元、七月十五中元和、十月十五下元，这“三元”分别是道教神祇中的天官大帝、地官大帝、水官大帝“三官大帝”的诞辰。农历七月十五地官大帝生日时，祈求地官大帝赦免亡魂罪孽，希望他们早日安息，故称“中元节”。佛教僧侣信徒在这天为追荐祖先诵经作法，举行“中元普渡”“施孤”等佛教活动来超度孤魂野鬼，保佑家宅平安，故称“盂兰盆节”。在农历七月十五的晚上，人们还有放河灯悼念亲人的民俗。放河灯，也称“放荷灯”，即扎成荷花形的纸灯，内盛清油点燃后放在河中漂流。

中秋节，又称“团圆节”，是在农历八月十五进行祭月、赏月、拜月、玩花灯、猜灯谜、打糍粑、吃月饼、赏桂花、饮桂花酒、家人团圆等活动的民俗。在中秋节晚上，儿童们在月饼中间挖个圆洞来看月亮上的嫦娥与吴刚，叫“照月亮”；在脸盆中装上清水，让月亮倒映在脸盆中，用小石子打盆中的月亮，叫“打月亮”；用手去捞水中的月亮叫“捞月亮”。在重庆民族地区有中秋节拜丈人、孝敬女方父母的传统民俗。中秋节的清晨，女婿就携带猪蹄膀、月饼等礼品前往丈人家拜节，丈人家回馈糍粑给女婿。最具特色的是土家族、苗族在过中秋节时的“摸秋”民俗。中秋节晚上，人们三五成群去偷别人菜园中的瓜果，偷得的南瓜或冬瓜系上红布，敲锣打鼓送到无子之家，叫“送瓜”，“南”“男”同音，瓜中有子，“送瓜”即“送子”。

重阳节，是在农历九月初九举办登高、赏菊、插茱萸、佩茱萸囊、放纸鹞（风筝）、吃重阳糕、饮菊花酒等活动的民俗。“九”为阳数，九月九日，日月并阳，两九两阳相重，故称“重阳节”，也称“重九节”。“九”有长久长寿的含义，“九”又与长久的“久”同音，九九重阳是长寿的象征。1989年，国务院将农历九月初九重阳节公布为全国法定“老人节”。重庆民族地区称农历九月初九为“小重阳”，九月十九叫“大重阳”，要杀雄鸡、喝重阳酒、打糍粑、推豆腐、敬五谷神和土地神等来欢渡大重阳，有“重阳不打粑，老虎要咬妈；重阳不推豆腐，老虎要咬屁股”之说。

立春，俗称“打春”，是在农历二十四节气之首的立春前后举办各种迎春、祭祀活动的农事民俗。古时，在立春这天，石柱民众组织舞龙队、舞狮队、锣鼓唢呐队，关于民间故事的抬阁亭子，竹编纸糊的春牛、句芒神、五谷仓等抬桌，汇集在县衙门院坝内，立春之日清晨，鸣炮三响，锣鼓喧天出行，旗牌衙役开道，狮子、龙灯游街，各行各业簇拥着县太爷直奔春牛坝（现民族广场）。祭祀时，县太爷焚香顶礼，敬拜祈祷，亲自扶犁耕田，撒下五谷，扮演春官的人则鞭打春牛，说唱迎春。如今，这种鞭春牛、浴蚕种、祈求丰收的打春民俗，在石柱已演变为“玩牛”民俗。

牛王节，农历四月初八是重庆石柱土家族祭祀牛王，祈愿耕牛身躯健壮、无病无灾的节日。在石柱土家族地区，人们感激耕牛辛勤耕耘，为它建牛王庙，立祠祭祀；每逢农历四月十八时，让耕牛休耕，并喂给它精美的饲料，还要办牛王会，唱牛王戏，跳“玩牛”舞，祈求牲畜兴旺，来年五谷丰登。

龙抬头，是在农历二月初二龙抬头的日子，人们祭龙祈雨，祈求龙王保佑丰收。农历二月初二以后，春回大地，天气渐暖，万物复苏，故民间有“二月二，龙抬头”之说。

开秧门，石柱俗称“栽秧酒”，重庆民族地区每到春季插秧时期，都要看期择吉日开始插秧的民俗。在选好开秧门日期的前一天开始扯秧，插秧时就叫“开秧门”，秧子插完后则叫“关秧门”。开秧门时，由一位德高望重的长者第一个扯秧，扯秧时要面向东方扯半个秧，再面朝南方扯另一半秧，然后合拢在一起，用稻草捆扎，两半叉开，置于田坎上，老者大声喊道“开秧门啰”并说上一段吉祥丰收的祝福话语。开秧门后，主人便把酒菜和糍粑送到田间，给帮忙的人们吃喝并在插秧领头人的碗中放块盖碗肉。在插秧时则边喝酒边唱栽秧歌，相互打趣嬉闹并比赛插秧，看谁插秧插得最快，插得慢的人往往会被插得快的人围住，最后被关在秧田中间出不来，这叫“关猪笼”。这时候，先插完的人就抓起泥巴向被关在猪笼中的人砸去，叫“糊仓”，身上泥巴糊得越多，收成就越好。关秧门是插秧到最后一块田，最后几行秧时，需把手中多余的秧苗全部栽在田边水中，留作以后补秧用。

第二节 少数民族节日

王家坝红苗秋坡会，也称“赶秋节、调秋节”，是万盛苗族民众在每年农历立秋时举办荡秋千、吹芦笙、唱歌跳舞、谈情说爱等活动来纪念苗族女儿婉妮嘎和庆祝秋收的苗族传统节日。

凤来大石箐香会，是每年农历六月十九日前后几天，武隆民间在石林寺举办庙会，民众前来烧香礼佛、求子求财的民俗。石林寺古建筑群，县级文物保护单位，建于清顺治年间，有无常殿、夫子殿、黑神殿、老君殿、太阳殿、正殿、人王殿、观音堂、祖师殿、子午宫、鲁班殿、玉皇殿十二重殿宇和鬼门关、仙人石、仙人田、奈何桥、月光桥、凉风洞、银沙泉等景点，有“小丰都”鬼城之称。

万盛苗族踩山会，俗称“踩山坪”，是苗族男女老少在每年正月初二至初五时，身穿盛装聚集在山坪上，举办吹芦笙、唱情歌等娱乐活动的苗族传统节日。

万盛关坝镇苗族砍火星节，砍火星在苗语里叫“若琐”，是苗族在每年农历八、九月间，一个家族或家庭范围内举办祭拜鬼神、驱祸禳灾、跳芦笙舞、民歌对唱、喝“合心酒”等活动来欢庆秋收、祈求神灵保佑的苗族传统节日。2014年1月，重庆市政府公布万盛关坝镇苗族砍火星节为第四批市级非物质文化遗产。

秀山苗族羊马节，也称“苗家五月年”，主要流行于秀山县龙池、石堤、里仁、涌洞一带的苗族地区，是苗族在每年农历四月二十六至二十八举行的传统节日。明末清初，官军围攻苗寨，苗族采用羊击鼓、马拖树叶扬尘的办法迷惑吓退了官军，苗族为了感激羊、马救了全寨苗族，而将这天定为节日，因这天农历地支属午（马）和属未（羊），故称“羊马节”。在节日当天，家家户户杀猪宰羊、舂糯米、做血肠粑粑、饮水酒、品佳肴，团聚欢庆。2014年1月，重庆市政府公布秀山苗族羊马节为第四批市级非物质文化遗产。

荣昌尝新节，一般在夏至节前后举行，是在稻谷收获时吃新米饭、祭祀神灵的民俗。“尝新”当天，农户主人煮新米饭，杀鸡宰鸭，先敬天、敬地、敬狗、敬祖宗，然后按辈份高低，依次进行“尝新”。

铜梁龙灯会，是铜梁在农历正月初八至十五期间，展示彩扎工艺和表演龙灯、狮灯及其他杂剧的民俗。铜梁龙灯是集彩扎工艺、灯彩造型、表演艺术为一体的民间艺术，铜梁有“中国龙灯之乡”之称。

黔江区马喇龙灯习俗，是黔江区马喇镇民俗。相传马喇龙灯锣鼓由马喇镇莲花社区四组吴姓人氏“湖广填四川”时由江西传入，始为黄龙（又称“老龙”），后有黄龙、红（火）龙、绿（青）龙、白龙，四龙以黄龙为长，每逢庆典、灯会、丧事等，必以老龙为先。马喇龙灯锣鼓有锣、鼓、钹、手锣（又称“马锣、耷子”）等打击乐器，是龙灯舞的伴奏器乐。表演时，龙灯伴随锣鼓的节奏舞出蛟龙出水、翻江倒海的气势，锣鼓演奏者也随龙舞变换演奏动作，一同表演。马喇龙灯习俗在年末腊月间开始筹办，正月上九“出灯”，出灯前要给祭龙开光，祈求四季平安。正月十三为“正灯”，家家户户（戴孝家庭则三年不接灯）都要接龙灯到自家堂屋，龙灯则以大进小的方式绕堂屋一圈以扫瘟神，舞龙者高喊“恭喜发财”“万事如意”等吉祥语言为主人家祈祷。正月十五元宵夜时，五条龙灯穿行大街小巷进行表演。元宵节后还要择吉日烧灯，烧灯时，先祭龙，读祭文，祈求风调雨顺、国泰民安，然后龙灯尾朝前、头朝后倒着走到焚烧场地，跪送龙神升天。在马喇镇民间，家逢丧事，必请龙灯锣鼓参加葬礼。

丰都楼子山迎春狮舞会，是民间庆贺春节、缅怀祖先、祈祷丰年的民俗。楼子山狮舞会起源于清朝初年，由“湖广填四川”的孙氏家族传承至今。狮舞会通常是在农历腊月二十四筹备，正月初二至正月十五巡游表演狮舞，正月十五晚上举办盛会送狮神归位，表演仪式有说春、出土地、采茶、谢茶。

万盛更鼓红苗“绷鼓”仪式，是万盛区青年镇更鼓村苗族举行制作桶鼓仪式和祭祀祖先、祈求神灵保佑的民俗。桶鼓是苗族的圣物和图腾。

赶年，土家族、苗族的年俗。月大在农历腊月二十九过年，月小在农历腊月二十八过年，比汉族提前一天过年，故称“过赶年”。

三月三，土家族、苗族的情人节。农历三月三这天，土家族、苗族的青年男女聚在一起，对唱情歌，以歌为媒，踩脚定亲，寻找终生伴侣。三月三是农历三月第一个“巳”日，称“上巳日”，古称“上巳节”，民间自古就有“二月二，龙抬头；三月三，生轩辕”的说法，三月三在汉代就是祭祀轩辕黄帝诞辰的节日，魏晋以后，“上巳节”改为三月三；后代沿袭，遂成水边饮宴、郊外游春踏青、缅怀始祖功德的节日。

苗年，苗语称“能央”，是苗族的年俗。苗族是以“十月岁首”的纪年法确定春节，苗年，一般在农历九月至正月期间，人们举行祭祀祖宗神灵，杀猪，宰杀鸡鸭，打糯米粑，摆长桌宴，喝酒唱歌，跳芦笙舞、铜鼓舞和斗牛、斗鸟等活动，历时三五天或十五天。

六月六，俗称“晒衣节”，是汉族、土家族、苗族凉晒衣物、书籍，驱散霉气的民俗。故在民间有“六月六，晒龙袍”的说法，苗族称六月六为太阳节，是祭天的节日。

水龙会，是在每年农历的六月初六，民众舞龙祭祀龙王，祈求风调雨顺、五谷丰登、人畜兴旺、国泰民安的民俗。在重庆万盛黑山、石柱西沱、铜梁安居、丰都社坛一带都有玩水龙的习俗。每到农历的六月初六，人们都要用稻草或柏树枝叶编织的水龙来祭龙求雨。玩龙时，街道两侧的居民就用喷水专用的竹水枪和水瓢、水桶、水盆、水缸等向龙泼水，一直把龙舞到河边，将水龙投入河中，叫“玩水龙”。

第六章　人生礼仪和民间崇拜民俗

第一节　生　育

在重庆民间，生育习俗上有求子、怀孕、分娩、贺生、报喜、贺喜、打三朝、坐月子、满月、周岁、学步、断奶、换齿、命名、上学、成丁、生日、做寿等相应的人生礼俗和禁忌。其中，术子、抓周等部分礼仪和禁忌现已不提倡。

求子，是旧时夫妇在婚后无子或连续生女不生男而向神灵祈祷求子的民俗。求子习俗有请端公还愿做法事、祈求送子观音或王母娘娘、农历八月十五“摸秋送瓜”等方式。

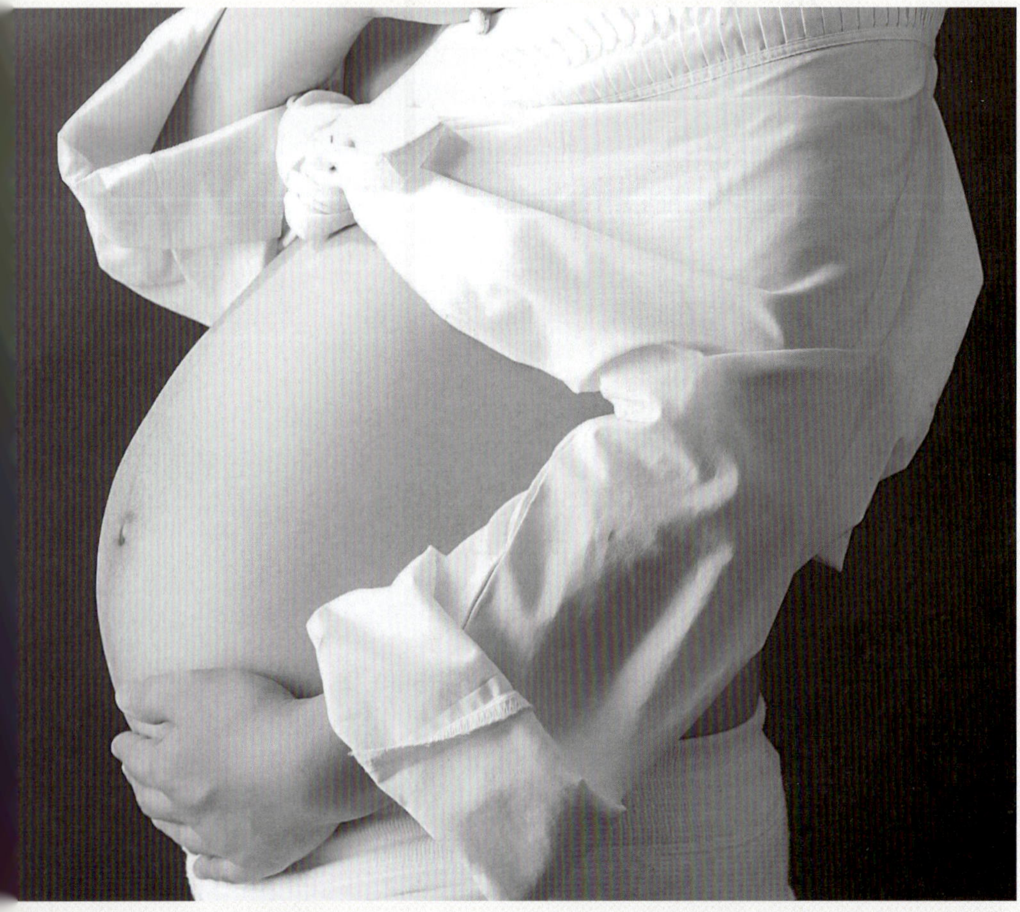

有喜，也称“有身子”，俗称“害喜”，即妇女怀孕。妇女有喜后，在家中的地位也会提高，一是不会让孕妇做重体力劳动，二是还要给孕妇增加营养。同时，孕妇的禁忌也很多：不能吃狗肉，认为吃了狗肉将来孩子爱咬人，分娩时也会难产；不能吃螃蟹，认为吃了螃蟹孩子要流清口水，也会让胎横难产；不能吃生姜，认为吃了生姜小孩会生六指；认为要多吃藕，小孩就能心眼聪明，多吃猪蹄膀，小孩将来就会早走路；等等。孕妇怀孕期间，家中禁止动土、敲板壁、动床铺、移家具、钉钉子，更不得对孕妇挥刀扔斧，以防惊了胎气。

接生，俗称“捡生”，孕妇分娩时请接生婆接生的民俗。接生时，孕妇的房间的门窗只开一条小缝，凡屋内的衣柜、箱子等家具都要打开，人们认为这样婴儿就会快些出生。婴儿出生后，接生婆就用白线结扎婴儿的脐带，若是男孩就要用父亲的衣服包裹，女孩则用母亲的衣服包裹，给婴儿擦洗的水不能乱泼。孕妇分娩后，要将寝室反锁三天，以防止怀着孕的“四眼人”看见婴儿，偷走婴儿的魂魄。坐月期间，丈夫不能进房间，只能让婆婆服待“月母子”。

报喜，是妇女生婴儿后，孩子的父亲到岳丈家中报喜的民俗。在孩子出生的当天，女婿就携带一只鸡、两斤酒、两斤肉、两斤糖等礼品，到岳丈家中报喜。报喜时，生男就送公鸡，生女送母鸡，若是双胞胎，就提上两只鸡去报喜，岳父、岳母见了报喜鸡便会知道自己的女儿是生男还是生女。女婿报喜后立即回家，岳父、岳母就开始准备“打三朝”的礼物。

踩生，也称“逢生”，妇女生小孩后，款待第一个来到产妇家的生人的民俗。民间认为第一个来到产妇家的生人的性格决定了小孩将来的性格，因此，主人无论生人贵贱、亲疏，都要热情款待。吃醪糟鸡蛋，讨他欢心，让他说些吉利话，讨个大吉大利。在民间还有“男逢女生，戴银穿金；女逢男生，财发人兴”“女踩男，福寿全”“男踩女，要中举”等说法。

三朝酒，也称“送粥米、看月、送饭”，俗称“打三朝”，是娘家人庆贺外孙出生的民俗。婴儿出生三天后，娘家人选择吉日，邀请亲朋好友，挑着谷子、阴米、面条、鸡、蛋、糖果、糍粑、布匹以及婴儿的鞋袜衣帽等礼品，成群结队去产妇家庆贺婴儿出生。重庆民间还有在婴儿出生第三天，用艾叶、枫球、青蒿等煎水洗澡，以祛秽免疫，俗称“洗三朝”。现在多在婴儿满月后，将打三朝、满月酒或周岁酒合并在一起庆贺。

满月酒，是为庆贺婴儿出生三十天和回敬贺客而举行宴席的民俗。婴儿出生一个月后，亲戚朋友前来送礼品，祝贺婴儿“满月”，主人则办满月酒款待客人，吃完满月酒后，还要分给客人两个红蛋，让客人带“喜”回家。

坐月，俗称“坐月子”，是妇女生下婴儿后，在家卧床静养调理、恢复身体、休息一个月的民俗。旧时称产妇为“月母子”，而不称“产妇”，因“产”通“惨”音而犯讳。在坐月期间，产妇不做家务、农活，不能出门，不能吹风、沾冷水，不能裸露手脚，不能行房事，要吃蹄膀、老母鸡等催乳发奶的上等补品。

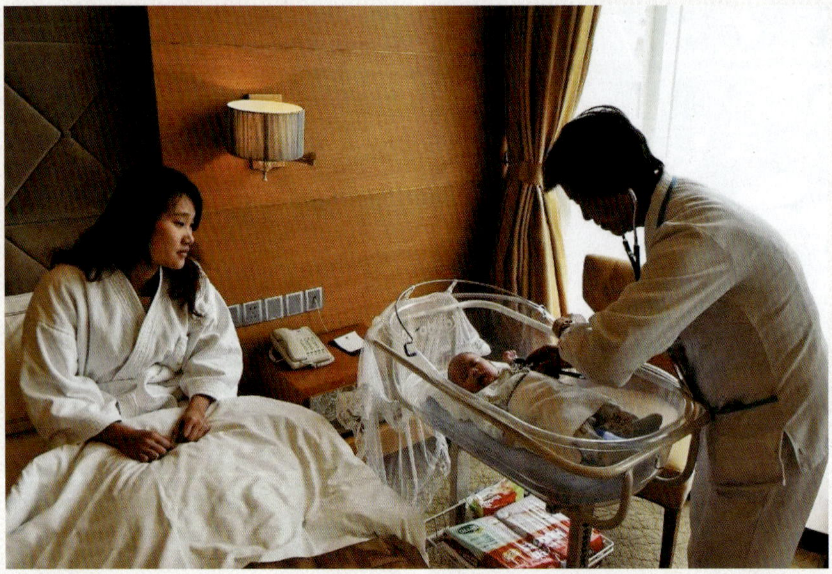

剃胎头，也称“剃胎毛”，是在婴儿出生一个月后第一次剃头发的民俗。婴儿满月后，请剃头匠来家中将婴儿大部分头发剃掉，只在头前留下一小块，俗称“锅巴铲”，以示保命，并一直留到十二周岁后才剃掉。剃下的婴儿头发用红布包好，藏于家中的箱底。婴儿剃头后，用艾叶、紫苏、蒜皮、枫香叶等熬成药水给婴儿洗头，洗后用熟鸡蛋在婴儿头上滚遍，保佑婴儿躲避风火，叫“滚风火”。

过百日，也称“百日酒”，俗称“满百日”，是庆贺婴儿出生一百天的民俗。重庆民间认为第一百天时是婴儿的“关口”，在这天婴儿容易受到鬼神、疾病的侵害，所以这天要格外照顾好婴儿，要大门紧闭，不能让外人看婴儿，到次日午时才能将婴儿抱出来玩耍。婴儿过百日的习俗，现在已演变成为宴请三亲六戚、庆祝婴儿过生的习俗。

安名，是小孩出生后，父母要给小孩取名的民俗。取名前要请先生给孩子“算八字”，要根据生辰八字，测算孩子的五行搭配是否得当，如果出现偏枯或者缺少其他什么，就要通过取名来弥补。如五行缺“土”，就在名字中放入属“土”的字。

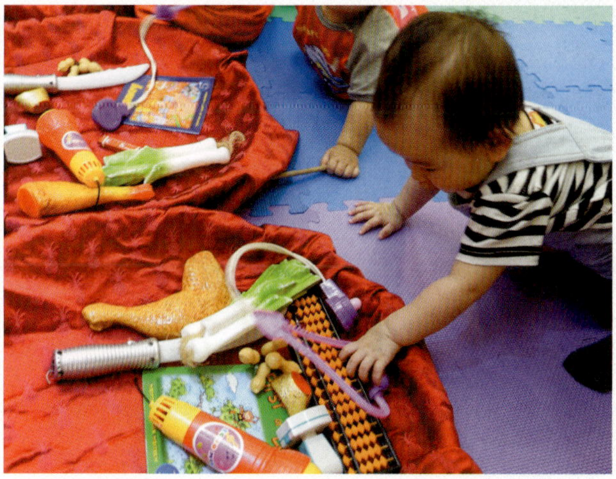

抓周，是父母庆贺孩子满一周岁的民俗。抓周时，在桌子上摆放钱币、算盘、书籍、纸笔、升、秤、刀、剪等物品，让小孩自己去抓，抓到什么东西，就意味着小孩将来会做什么。如小孩先抓到书籍、纸、笔，就预示孩子长大后会读书写字；如抓到钱币，就预示孩子将来会发财；如抓到刀枪，就预示孩子长大后能当将军，会成为英雄。

拜寄，也称“拜干亲”，是父母为了让小孩顺利健康成长，让孩子拜寄他人为干爹干妈的民俗。民间有孩子如果体弱多病、八字与家人相冲，就要拜寄干爹干妈来保佑孩子健康成长。拜寄时，孩子父母要带上礼物送给孩子的干爹干妈，干爹干妈则另外给孩子取一个名字，并给孩子送上一套新衣服、一个新碗、一个新勺，从此，两家也就成为干亲家。民间也有将山、水、树等作为孩子拜寄对象，如将小孩拜寄给水的就取名“水生”“水富”，拜寄给观音菩萨就取名“观音宝”“观音松”，拜寄给山岩、桥、猪狗等物的就取名“岩保”“桥保”“狗儿”等，更奇的是将小孩拜寄给叫化子的就取名“老告”或“老叫”。

第二节　婚　嫁

一、婚　仪

在新中国成立前，人们普遍遵循“父母之命、媒妁之言”的习俗，现在男女青年多是自由恋爱后结为夫妻。婚姻习俗自商周时代开始，就形成了纳彩、问名、纳吉、纳征、请期、亲迎完整的“六礼”，后来逐步发展成为“说媒、看门户、提亲、讨八字、定亲、看期、哭嫁、开脸、娶亲、送亲、退煞、拜堂、敬高堂、铺床、抢床、回门”等婚事仪典。旧时，重庆土家族还有兄逝弟娶嫂，弟逝兄收弟媳，俗称“坐床”。若姐婚后死，妹妹又续嫁姐夫，则叫“填房”。还有姑表可开婚，姑娘之女得先由舅家娶取，叫“接骨种”或“扁担亲”，石柱俗称“回头亲”，舅家若不娶，方可嫁于外人。

说媒，也称“做媒、托媒、说亲”，古称“纳采”，是男青年看中某家姑娘后，便请媒人到女方家撮合婚姻的民俗。旧时，青年暗中了解到某家姑娘未“放人户”后，就请媒人到女方家求婚。说媒时，媒人第一次去女方家，必须要带一把雨伞，进院落后，要将雨伞撑开倒立着放在大门外；女方家若将雨伞顺立过来，就表示着同意这门亲事，否则，表示不同意婚事，同时也有象征着团圆的意思。媒人第二次去女方家中，就要带礼品，雨伞仍撑开倒立于大门外，女方家将礼品收下，将雨伞拿到了火塘旁门边，说明亲事有了进展。媒人第三次去女方家说媒，女方经过三次说媒，通过媒婆对男方家庭人口、经济状况、邻里关系，男方青年是否勤快正直、脾气好否、身体是否健康、文化水平等情况进行了口头考察，如若同意婚事，女方就将雨伞拿进卧室，杀鸡招待媒婆，媒人与女方父母就可定下“看人户”的日期。从说媒开始一直到结婚的时间较长，男女两家都经常招待媒人吃喝，故民间称媒人为“三百杯”。

看人户，也称“相亲”，是青年男女在媒人牵引下相互见面，相互考察对方和家庭经济环境的民俗。看人户时，一般是女方在媒人的陪同下先去男方家中，男方家也请族人一起考察准媳妇的人品、相貌等，女方到男方看人户后，男方也择期去女方家中看人户。男女双方经过相互考察，如若同意亲事，双方就可择期“提亲”。

提亲，俗称“取同意”，是男方或女方父母看中对方青年子女后，委托媒婆到对方父母处求婚的民俗。取同意时，媒婆陪同男方青年按约定的时间，带着礼物去女方家，女方父母也借机再次考察未来的女婿，如无意见，便可择期“讨八字”。

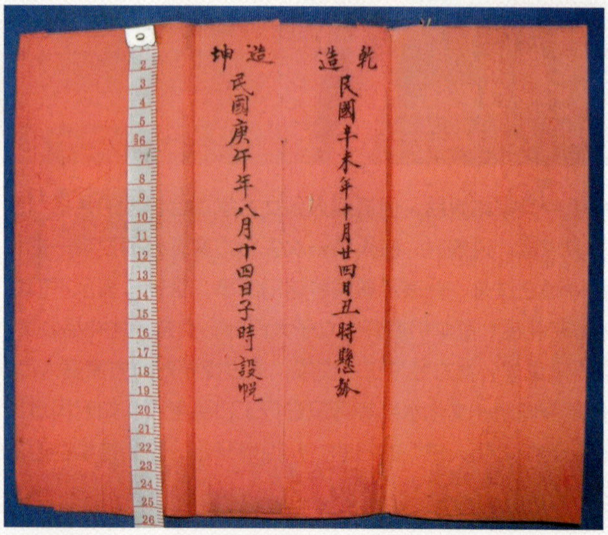

讨八字，也称“换帖、讨红庚”，俗称“合八字”，古称“问名”，是男女双方交换生辰八字的民俗。当男方求婚时，若女方口头上基本同意后，由媒人拿到男女双方的生辰八字、属相，请算命先生测算男女双方八字、属相是否相克相冲，预测婚后能否和睦相处。“合八字”带有迷信色彩，现已不提倡。

订亲，古称“纳吉”，是男女青年同意婚姻后，男女双方交换生辰八字庚书订婚的民俗。男女双方在八字相合后，由男方将红色庚书写上男方生辰八字，由媒人交给女方家长，并将女方生辰八字填入同一庚书后，就算正式订亲。男女双方的生辰八字庚书，就成为民间约定成俗的婚姻法律文书。订亲后，男女双方要“议聘”，来商定聘金数和嫁奁厚薄等，然后要选择吉日，邀请男女双方的长辈及亲朋好友、街坊四邻，举办“订亲酒”，向宗族和社会公开婚事，取得宗族和社会的认可。

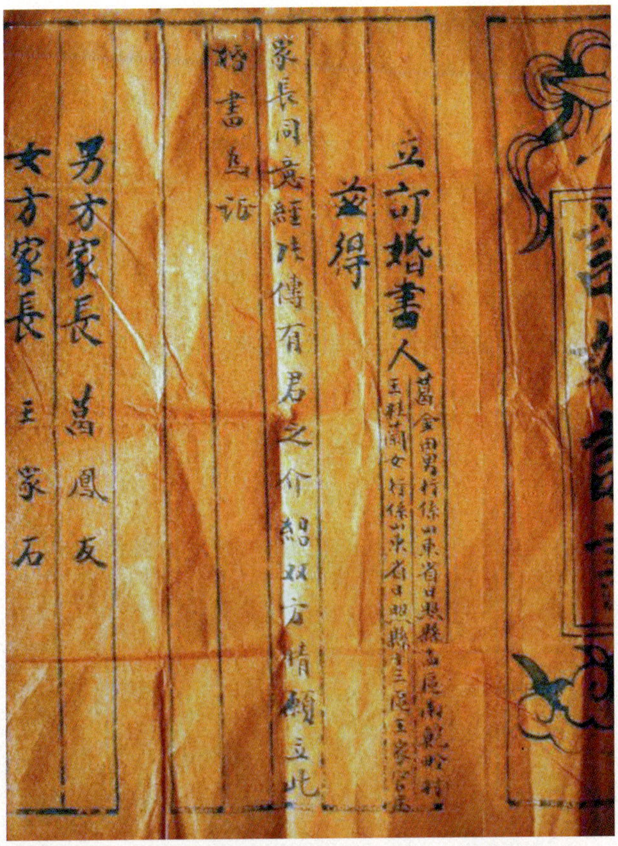

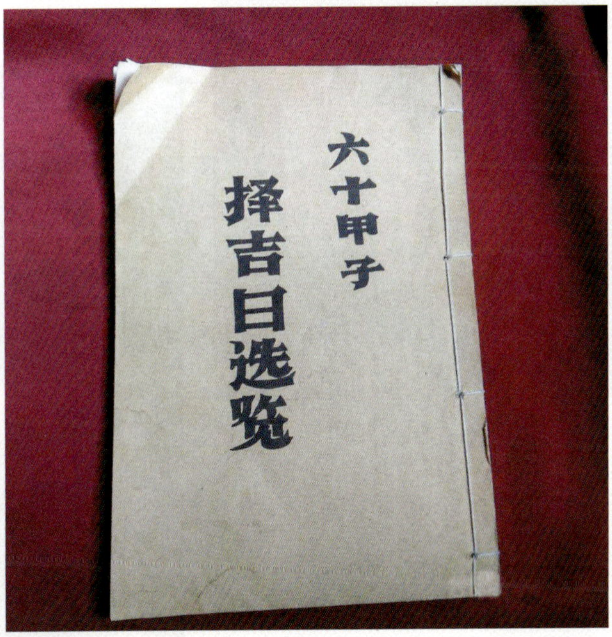

看期，也称“请期”,是已定婚的男女青年在婚前，由双方父母请端公或算命先生择吉日确定结婚日期的民俗。看期的主要内容是按男女双方的八字和黄历来确定娶亲、发亲等吉利的时辰。

下聘礼，也称“定庚”，古称“纳征”，是在订婚时，男方家给女方家送彩礼的民俗。

开脸，也称“绞脸”，是旧时在婚前请贤惠勤劳、儿女双全、夫妻和睦的妇女为新娘打扮的民俗。开脸有四道程序，第一道是扯汗毛，即将丝线折成双线，贴紧肌肤，将新娘脸部的汗毛绞去。第二道程序是拔眉毛，拔眉毛即是修眉，在扯汗毛的同时，拔去太浓或者太低的眉毛。第三程序是盘头，新娘在出嫁时要把辫子盘起来，在脑后挽成一个发髻，俗称梳“粑粑髻”。第四道程序是穿嫁衣，新娘在出嫁前夜全身从内到外都必须穿新衣，外套必须是红色。开脸时，开脸婆要边绞边唱《开脸歌》：“红绿丝线两头拿，姑儿今天你出嫁。我把丝线往左介，粉红的肉皮现出来。我把丝线往右介，桃花色气现出来。”女青年在出嫁前夜举行的开脸仪式，实际上就是一种成年礼，姑娘开脸扯汗毛，表示女子已经成年，盘头代表告别少女时代，将为人妇。

娶亲，也称“亲迎、迎亲”，是男方新郎到女方家中迎娶新娘的民俗。娶亲时，新郎家要组织娶亲队伍，由媒婆带着新郎、锣鼓队、唢呐队、抬盒队按“看期”确定的时辰出发，敲锣打鼓，吹号鸣炮，娶亲队伍用抬盒抬着礼金、大米、猪肉、衣物等聘礼，浩浩荡荡直奔女方家。娶亲时，新郎要从头到脚穿新帽、新衣、新裤、新鞋，娶亲队伍快到女方家时，要燃放鞭炮，表示娶亲的队伍已到，提醒女方礼官准备接客，女方家听到鞭炮声后，也会点燃一串鞭炮回应，表示已经准备妥当。

拦门，是民间娶亲的民俗。拦门时，男方接亲队伍来到新娘家朝门前，女方家的礼官就带着女方的族人，用一张大桌子拦住，与男方娶亲队伍的礼官对桌而站，男女双方的礼官相互提问，盘歌对唱对答。若男方礼官被女方提问、盘歌而无歌无言对答则为输，便要钻桌而进朝门娶亲；若女方礼管被盘输，则搬桌让路。一般情况尽兴而止，握手言欢，盘歌对唱对答之词，称“拦门礼词”。

发亲，也称“发轿”，俗称“送亲”，是女方嫁女的民俗。发亲前，男方娶亲队伍要将女方家中准备的嫁妆用抬盒、滑竿装载好，一般大件家具用滑竿抬运，小件嫁妆用抬盒抬运。待到发亲时辰一到就燃放鞭炮，女方礼官宣布发亲，新娘由自己的哥嫂或叔叔、姑姑从闺房背到堂屋，站在方斗上，踩上一双脚印，名曰“踩斗”，表示把富贵留在娘家，女方礼官点燃葵花杆或香树皮制成的火把，在新娘前后洒下火花，祝福新娘婚后灿烂如花，新娘则将事先备好的筷子，向身前身后撒去，祝愿兄弟姐妹与自己过上丰衣足食的生活，仪式结束后，新娘要穿上由婆家带来的绣花鞋，再由哥嫂背出堂屋送进花轿。有的地方在发亲时，新娘要拜祖别宗后方才发亲。娶亲队伍就按唢呐队、媒婆、礼官、男方娶亲的亲戚、新郎、新娘坐的花轿、女方送亲的亲戚、抬嫁妆队、锣鼓队顺序排列，热热闹闹地返回男方家。按习俗，在娶亲时拿帐钩和箱子钥匙的人，男方家还要给他们打发红包。在娶亲途中，遇到过河过桥，娶亲队伍就会停下来，把抬盒、嫁妆横拦在路上，不让新郎新娘过去，要新郎背着新娘过河过桥，或用咬苹果、站板凳、新郎跪搓衣板等游戏来“戏弄”新郎新娘，之后才继续前行，等到下一个目标，娶亲队伍又如法炮制，直到娶亲队伍回到男方家中。

退煞，俗称“跨火盆”，是旧时新娘进入男方家堂屋时，跨过火盆来驱除新娘在娶亲途中染上的邪气的民俗，带有迷信色彩。跨火盘有两个含义，一个是取火“旺”财，新娘跨过火盆，会给丈夫家中带来“旺火”，二是取火“避”邪，驱邪避祟，保佑丈夫家中平安无事。

拜堂，俗称“拜天地”，是新婚男女在婚礼时敬拜祖宗、男方父母的民俗。拜堂时，新郎新娘按照男左女右站在堂屋神位牌前，拜天地、拜祖宗、拜父母、夫妻对拜之后，新郎新娘双方立即抢先奔入洞房进入坐床。

坐床，也称“抢床”，是男女青年在婚礼时，争先恐后地抢占床铺的民俗。在举行婚礼时，双双拜堂后，新郎新娘要抢先进入洞房，谁要是抢先坐在床上，以后就可当家作主。坐床的规矩是男左女右，以正中为界。有心计的姑娘往往坐在界线上，新郎则要尽力把新娘挤到界线外去，双方各不相让。

掀盖头，也称“揭头纱、挑头盖”，进入洞房后，新郎要用秤杆揭开遮盖新娘头部的大红绸缎的民俗。

喝交杯酒，也称“喝合婚酒”，古称“合卺”，是新郎新娘进入洞房后先各饮半杯，然后两人手腕扣手腕一齐饮酒的民俗。

滚床，在结婚当天，新娘还没有进洞房前，找两个五六岁的小男孩儿，到婚床上打几个滚。打滚时，要从床脚滚到床头，再从床头滚到床脚，一共滚三个来回，取“滚床生小子”之意。

闹房，俗称“闹洞房”，是在新婚第一夜，来宾“戏弄”新郎新娘的民俗。闹房时，男女老少拥入洞房，要新郎新娘唱歌跳舞，讲恋爱经过，新娘给来宾点烟，新郎拥抱并亲吻新娘，或要他们同吃一颗糖，或要他们过板凳，等等，以此逗捧新婚夫妇。闹房时，新娘新郎则不准生气，只能想法自救。儿童在闹新房时，主人还要打发“红包”，以示吉利。

敬改口茶，也称“敬高堂”，是新婚夫妇在婚后第二天，以茶敬奉和拜见男方父母及长辈的民俗。婚后第二天，新娘就要早早起床，执掌茶食敬拜男方父母，再拜高曾祖，再遍及伯、叔远房及舅、姑、姨六亲，长辈们喝茶后则要给新娘红包，俗称“脸面钱”。

整交待，是在婚礼的第二天，男女双方父母告诫新郎新娘将来要相敬相爱、夫妻和睦、百年好合的民俗。新郎新娘在拜堂、敬改口茶后，女方父母就坐在堂屋左侧，男方父母就坐在堂屋右侧，新婚夫妇坐于堂屋正中，女方父母告诫自己的女儿要孝公婆、守妇道，也要对新郎及男方父母提出保障新娘人权的要求，男方则要一一做出承诺。仪式结束后，女方父母也算将女儿正式交到男方家中，故嫁女也俗称“放人户、交待女、打发女”。

回门，俗称“回娘家”，是婚后新娘回省父母，新郎拜见岳父母的民俗。民间盛行“三朝回门”，婚后第三天清早，新郎新娘携带鸡、鱼、肉、米等礼物，一同去女方家拜谢女方父母，女方家邀请亲朋好友前来陪新姑爷，新郎新娘坐上席，举家欢宴。新婚夫妇回到娘家不能同房，出嫁女儿也不能扫屋。回门时，新娘走在前，新郎走在后；回门必须当天返回，绝对不能在娘家住宿，返回家时则相反，新娘不能回头张望娘家。

安床，俗称“铺床铺”，是举办婚礼时，新娘未进洞房前，男方请儿女双全、夫妻和睦的已婚妇女为新婚夫妻铺床的民俗。铺床时要一边铺床，一边唱《铺床歌》，如：“铺床铺床，四角鸳鸯；这头睡个天仙女，那头睡个状元郎；铺床铺床，四角鸳鸯；先生儿子，后生姑娘。”铺床前，男方将红包藏在床单或棉絮内，让铺床人在铺床时自己找到，作为主人感谢铺床人的打发“红包”。

谢媒婆，是男女青年经媒婆牵线搭桥成为夫妻后，男方父母感谢媒婆的民俗。当媒婆成全一桩婚事后，男方就要宴请媒婆，宴请时请媒婆坐上座，新郎新娘敬酒谢媒，还要给媒人送一个猪头、一个猪后蹄膀、一只公鸡、三瓶酒、三尺六寸青布等礼物以示感谢。

二、婚 俗

綦江苗族传统婚俗，是綦江苗族独有的婚俗。綦江苗族男女青年通过踩脚、对唱山歌等相互认识后开始恋爱；踩脚，也叫“踩妹脚”，是綦江苗族男女青年表示爱情的一种方式。经过踩脚确定了恋人关系后就可频繁约会，最后由双方父母确定婚期。男女双方在结婚前不能见面，结婚的前一天，男方把聘礼送到女方家，聘礼必有一张又大又厚的糯米粑粑，表示婚后新郎新娘团团圆圆，丰衣足食。在娶亲的路途中举行重要的仪式——“回车马”，途中娶亲队伍停下来，把煮熟的母鸡及米饭拿出来，让大家用手抓着吃，来祭祀天地，感谢大地苍生。綦江苗族还保留着古老的抢亲习俗，男女双方共同商定抢亲的时间、地点，由男方邀约伙伴把新娘抢回家，同时还要提防女方家的人把新娘抢回家，如新娘被抢回家了，新郎又要重新到女方家去迎娶。把新娘抢回男方家后，再按苗家的规矩举行婚礼。同时，男方要派人带着礼物去女方家说明情况，赔礼道歉，女方家也会斥责和吵骂几句，接着便收下礼物，新娘一到男方家，就成为男方家中的成员，再也不能随便回娘家。

江津塘河婚俗，是重庆市江津区塘河镇独特的婚俗。塘河婚俗始于宋代，兴于明代，清代传至重庆的永川、巴南、綦江以及四川的合江，贵州的赤水、习水等地。塘河婚俗的婚礼仪式非常烦琐，有说媒、做相、开庚、男方办接妆、女方办嫁妆、出阁、送亲(迎娶)、拜堂、办宴席酒、闹房、参厨、谢媒、回门13道程序，仅出阁一项就有踩斗、丢筷子、骂媒、父亲压轿、哥哥背上轿、哭嫁6个内容。

铜梁坐歌堂，也称“坐花园、坐花堂、陪十姊妹”，是在新娘出嫁前夜，在吃过娘家的“花筵酒”后，摆茶点歌台，新娘与爹妈、姑嫂、姊妹、女友等叙离别之情，为告别、饯行而举办的一场歌会。坐歌堂源于唐代，铜梁安居坐歌堂是明清时期“湖广填四川”时从湖南等地传来，歌会有起歌堂、陪场、哭爹娘、劝姑娘、骂媒、说真话、拆歌堂等过程和对歌、盘歌、赛歌等形式，是极富地方特色的民间婚庆礼仪。

合川坐歌堂，是新娘在出嫁前夜，邀请闺蜜们，为自己出嫁而举行唱歌等娱乐活动的民俗。坐歌堂有迎灯、起歌堂、歌堂赛歌、撤歌堂、送灯等过程。

哭嫁，是土家族、苗族的女青年在出嫁前的婚俗。哭嫁时，新娘在闺房，由姊妹姐嫂陪同新娘一起哭，哭嫁歌内容有“哭父母”“哭哥嫂”“哭伯叔”“哭姐妹”“哭媒人”“哭梳头”“哭戴花”“哭辞爹离娘”“哭辞祖宗”“哭上轿”等，土家族把能否会哭嫁作为衡量女子才智和贤德的标志。

旅行结婚，是以旅行来举行婚礼，是进入21世纪后年轻人喜欢的结婚方式。

集体婚礼，是多对男女青年共同举行结婚仪式。

上头，也称“上梳、盘头”。在以前，姑娘未出嫁时通常梳辫子，临出嫁才把辫子改梳成发髻，并戴上头饰，是女子加笄的礼仪和成年的标志。

嫁妆，女子出嫁时，从娘家带到丈夫家的衣被、家具及其他物品，故又称“陪嫁”。

喜酒，也称“婚宴”，是为庆贺结婚而举办的宴席。

花轿，也称“喜轿”，是传统婚俗中迎娶并供新娘乘坐的轿子。花轿通常雕刻精美、轿帏华丽、图案吉祥、色彩绚丽，因多用红色或金、银色，故俗称“大红花轿”。

抬盒，婚娶时放置聘礼的木制礼盒。抬盒的底部是带围栏的长方形木盘，内可装三至五层木盒，两端横梁中心有抬扛孔，全身通常漆大红色或朱红色，因在使用时只能由二人抬着，故称“抬盒”。

第三节　寿　诞

做生，也称“过生、祝生、祝寿”，俗称办“生日酒”，是祝贺长辈寿辰的民俗。祝寿过生时，三亲六戚通常用茶盆装上寿鞋、寿衣等贺礼，用“传盆”的方式前来祝寿，或送上用锦缎绣制寿仙拜寿图案的寿幛和祝寿匾额，还有大米、长寿面、鸡蛋、寿粑等礼物。在寿庆举行时，寿星坐在寿堂的方桌旁，晚辈们叩头三次来给长辈祝寿，寿星家则大办生日酒宴请宾客。寿宴结束后，寿星家还要给客人们回赠寿碗等礼物。

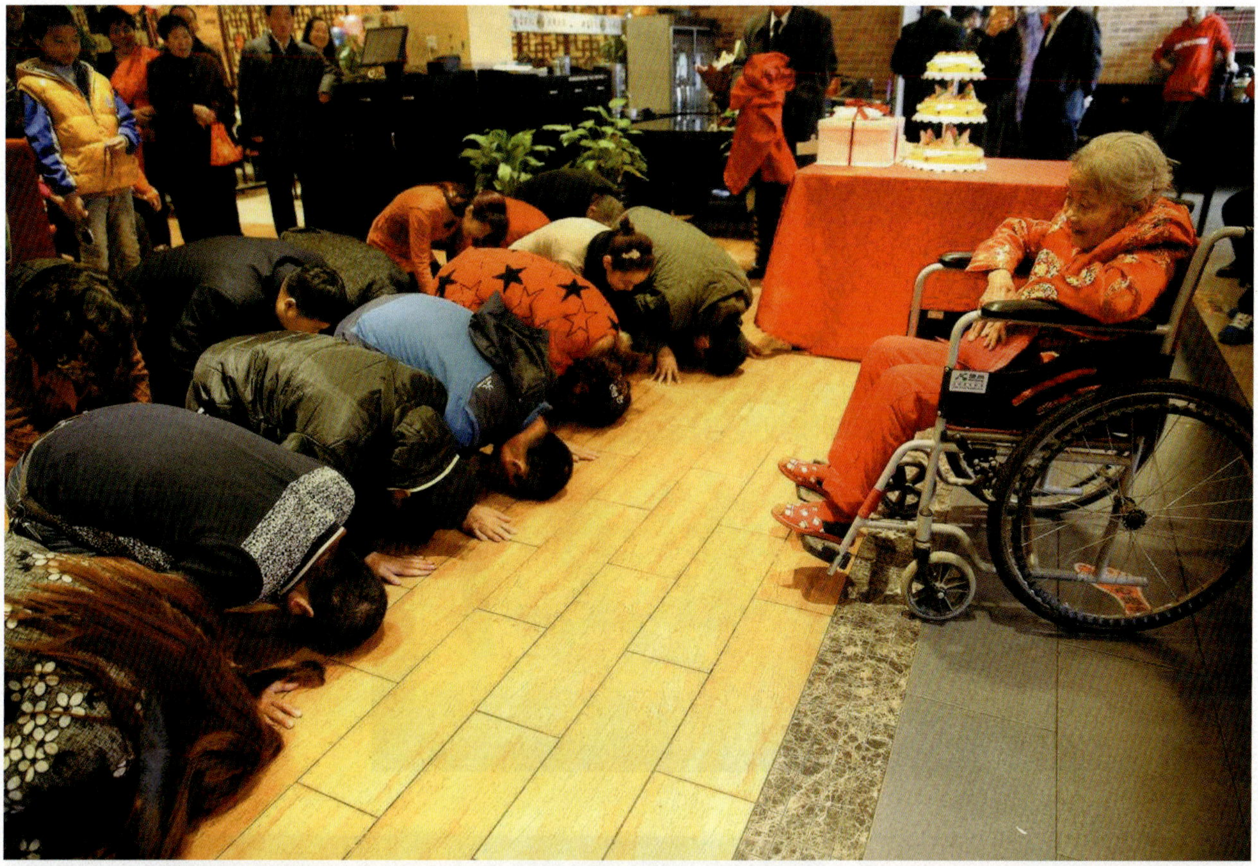

寿仪，是祝贺长辈寿辰的礼仪。祝寿时要在家中的堂屋设寿堂、燃寿烛、结寿彩，寿星要穿着新衣，坐中堂，接受亲友的祝贺。

寿礼，祝寿的礼品。寿礼有寿桃、寿面、寿糕、寿幛、寿匾、寿联、寿碗、寿棺、寿屏、寿镜、寿图等。

寿幛，也称“寿帐”，在整幅或大幅布帛题写上吉语贺辞，祝贺寿辰的礼物。

寿联，是给长辈祝寿时送的楹联。寿堂一般设在堂屋，寿联通常挂在堂屋中央的“寿”字的两侧，内容多为“福如东海，寿比南山”“日月双辉，河山并寿”“名高北斗，寿比南山”等吉祥词语。

寿匾，是给长辈祝寿时送的礼物。寿匾一般为木制，四周有花纹装饰，匾额内刻有祝寿的吉祥词语。如为男性祝寿，则称“耆老”“大德望”“大硕德”“大懿德”等，祝词就写“寿比南山”“南极星辉”“名寿齐辉”“松柏同春”“大椿长荫”等；为女性祝寿，称为“大阃范”“大壶范”“大淑德”“大壶仪”等，匾额就写“萱荫桂兰”“萱荣桂茂”“甲挺坤贞”“瑞蔼金萱”“宝婺星辉”等。客人在得知过生者的生日前，就邀约三亲六戚筹资制作寿匾，叫“邀匾”；送寿匾时，主人要率子女们在朝门外燃放鞭炮，迎接客人送匾，叫“迎匾”；主人接过匾额后，要赞美匾额的图案和文字，叫“赞匾”；在寿宴后就燃放鞭炮，敲锣打鼓，寿星端坐在堂屋中央，司仪读祝寿词，子女们便按照辈份从大到小依次向寿星叩头，献茶献酒，然后将寿匾升挂在堂屋后壁上，叫“升匾”。

寿面，也称“长寿面”，是民间庆贺寿辰必备的食品。在庆贺寿辰的宴席上，都要让寿星或来宾们吃寿面，用细长的面来象征长寿。

寿碗，是民间老年人过生日或高寿老人过世办丧事的时候，主人家为来客准备的碗。在川渝一带特别盛行偷寿碗、讨寿碗或赠寿碗的习俗，有沾上老人的长寿之气的寓意。

第四节 丧 葬

重庆丧葬民俗由于受到儒、释、道、巫文化影响，丧葬礼仪混杂变异、兼容并蓄，融合汉文化的习俗，又有巴、蜀、楚民俗的影子，体现出独特的地域与民族特点，形成了奇特而丰富多彩的丧葬礼俗。

在重庆民间，对逝者有特定称呼，未满3岁而夭折的称“化生子儿”，暗指这小孩是父母的前世孽债；未满12岁而死的称“短命鬼”；未满30岁而死的称“少年亡”；兄弟、夫妻之间称先死的为“死鬼子”；年过六旬而死的才视为正常，就不能不说死，通常说“老了”“过了”“拿了脚”“走了路”，或说“已故”“逝世”“仙逝”等。民间称结婚是“红事”，为逝者举办葬礼是人生中的喜事，称“白事”，故有“红白喜事”之说。

一、丧 礼

丧礼，俗称“送终”“办丧事”。丧礼主要有送终、招魂、停尸、报丧、入殓、吊丧、出殡、下葬等仪式。

打寿木，也称“打枋子”，是在逝者生前为其准备棺材的葬俗。寿木，也称“寿料、大料、寿枋、灵柩、棺材、枋子”，按结构可分为整墙和三箱盖两种。整墙即整箱，是指棺材的墙子、底子、盖子由整棵树木做成，无镶、接、补、填、添。三箱盖是指采用镶、接、补、填、添方法而做成的棺材。做寿木一般选用耐腐杉木，富裕人家则多用昂贵的楠木、柏木、樟木、檀木做寿材。拼装棺木称“和木”，和木时要选一个吉日在堂屋里进行，木匠要把两只木马一前一后对准堂屋神龛和正大门。第一斧砍下来的木渣溅落得远，主人阳寿就越长，所以木匠在砍第一斧时，要念咒画符，来祈求主人家的吉祥。寿木做成后，外用生漆刷成黑色，内刷红色，显得庄严凝重，又可防潮防腐。在逝者生前为其备好寿木的习俗，有为老人添寿和显示儿女的孝心的含义。寿木做好后一般摆放在堂屋。

制寿服，是在逝者生前为其准备寿帽、寿衣、寿鞋等寿服的葬俗。制寿服时要选择吉日，请裁缝上家来做寿服。寿服的件数为单数，3件或5件，由5件单衣单裤组成的是褂子（长衫）、袍子、马甲、衬衣、里衣，取“五行命运好”之意。寿服不用扣子只用带子，扣子会克扣了逝者的子孙。寿服颜色为外青内白，面料选用棉布，不能用锻子布，逝者要后代子孙“绵长”而不能“断子”。第五层内衣内裤只能用白布，认为逝者到了阴曹地府，行刑的人剥到白衣白裤就会认为已剥到死者的肉皮，多这一层白衣白裤，逝者就少受剥剐之苦。寿鞋一般是女儿、媳妇来做。寿鞋为白底、红帮、红里、青布面。鞋底上不能用麻线，只能用棉线，认为麻线会给死者带来麻烦。鞋底不能用密针粗线纳制，只能稀稀地缝7针，前3针后4针，也可用毛笔画些黑色的圆圈，表示钉上了鞋钉，走路稳当。寿服做好后，一般在老人60大寿时献出来作为老人的生日礼物，人们认为这是给老人添寿的好礼物。

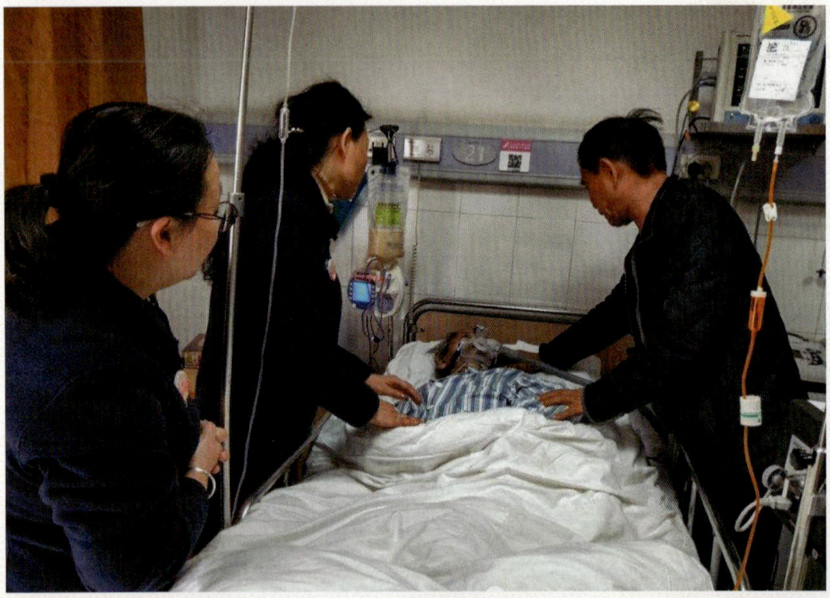

送终，是在老人临终时晚辈与其告别的葬俗。民间认为临终时有儿孙给自己送终是一种福气。在老人病危时，晚辈围坐在病榻前，想法子给老人喂参汤、茶水来“吊气”（延续生命）。同时不断地呼喊“现在去不得，还有××未到”。当晚辈都到齐了，老人再也没什么遗憾时，会在孝子们“都到齐了，你安心去吧”的祝福声中停止呼吸。

放落气炮，是在老人逝世时，立即燃放火炮，妇女随即嚎丧，向乡邻街坊报丧的葬俗，带有迷信色彩。放落气炮一是告知乡邻，说明自家有人去世，二是通过燃放火炮，驱鬼避邪，让逝者的亡魂顺利到地府报到。

烧落气纸，是在老人逝世之时立即烧纸钱的葬俗。老人在逝世之时，儿女们要立即烧纸钱，还要将老人的生卒年月写于纸上，装在用纸钱做成的信封内，信封外写逝者姓名，一岁一封地烧掉，让他在前往阴曹地府的途中，有钱做盘缠，有钱疏通关节，免受鬼魂的刁难。带有迷信色彩，现已不提倡。

哭丧，也称“嚎丧、号丧、闹丧”，是老人逝世后，孝子用边哭边唱的形式来表达悲痛的情感，哀悼逝者的葬俗。在丧葬活动中的各个环节里都要哭丧，哭丧的歌词有固定和非固定两种，内容多为歌颂逝者生前的为人处事如功绩、勤俭及抚育儿女等，对不同身份的人以不同的歌词现编现唱。

选地看期，是逝者的儿女请端公或阴阳先生，根据逝者的生辰八字选择墓穴位置、朝向，按黄历的吉凶来确定丧期长短、发丧安葬时辰的葬俗。选地看期时，端公要根据逝者的子女、媳妇、孙儿等晚辈的生辰八字与逝者的生辰八字是否“冲”“合”，再按老人的生辰八字和山形地貌的风水为其选择好墓穴；老人逝世后，端公根据黄历的凶吉、老人的生辰八字，测算逝者丧期长短及坐夜、发丧、下井安葬的具体时辰，测算出来的丧期短则三到五天，长则一个月左右。带有迷信色彩，现已不提倡。

报丧，俗称“放信”，是将逝者死讯及安葬时间等信息报送给亲戚朋友的葬俗。逝者去世的当天，丧家就派专人将端公看期所确定的丧期及坐夜、发丧时辰等分头通知亲朋好友、街坊邻居等，众人接信后就准备挽联、祭幛、鞭炮等祭品前往吊唁逝者。

披麻戴孝，是旧时在举办丧事期间，逝者的亲属要头戴白色孝帕、身披麻布衣服的葬俗。办丧事时，丧家要给亲朋好友按亲疏辈分发一段七尺、五尺或三尺白布包在头上，叫“开孝”，发一段叫“单孝”，发两段叫“双孝”。其中，直系亲属戴的孝帕是用长条白布缝成的尖尖的帽子，帽子后面还要披戴一段白布条。白布条披得越长，就说明此人与死者关系越密切。一般客人就将白布在头上围成一个圈戴着即可。

灵堂，是祭奠逝者、举办丧事的场所。灵堂一般设在堂屋里，用孝帏将灵堂分隔为前后两部分，孝帏前设一香案摆放逝者遗像，香案上放香烛、斋果等祭品，两边贴上用白纸写就的对联、挽幛；孝帏后摆放灵柩，在灵柩下面的地上摆放长明灯和擦汗的水；在堂屋外大门上书有“灵堂”二字。客人送来的祭帐、花圈等都摆放在大门外两侧。灵堂的大门用松柏树枝搭建，松柏树上扎满白花。

含口钱，也称“压口钱、衔口钱”，古称“含口、饭含”，是逝者口中所含的钱币（带有迷信色彩，现已不提倡）。古代，人死后，都要在逝者口中放置玉或钱币，让逝者的灵魂在去阴间时用玉或钱币支付渡过冥河的摆渡船费，从而能够顺利地到达地府。也有在死者口中放米饭的，称“含口饭”，让逝者在去阴间时不会挨饿。

苫脸纸，遮盖逝者脸部的黄表纸。人过世后，让逝者仰面朝天躺着，用一张轻薄的黄表纸或白纸把逝者的脸盖上。

做道场，是请端公或道士为逝者消灾去祸，超度亡灵的葬俗。为了让逝者的亡灵顺利通过十大冥府殿狱，有“小十王”“大十王”“隔夜素堂”“一竖桅”“二竖桅”“七竖桅”等不同规格的道场，但一般都有下柳床、开路、荐亡、交牲、上熟、散花辞解、解灯、打烧棺、辞灵、扫堂等程序。逝者亲属披麻戴孝，跟随端公或道士行丧礼，还请人唱孝歌，敲道场，以哀吊亡人。土家族做道场时，要在灵堂两边挂上东岳大帝、南岳大帝及十殿阎王的神图，端公或道士身穿道袍，做道场时吹拉弹唱、作法念经，到凌晨零点逝者入殓时，再做“转逍遥”“踏八卦”道场，做道场时的伴奏乐器有簧、笛、箫、二胡、唢呐、锣、鼓、磬等，演出内容和音乐都较为丰富。带有迷信色彩，现已不提倡。

吊唁，俗称“吃天圆、烧香”，是亲朋好友为逝者送挽联、祭幛、花圈、香、烛、鞭炮、纸钱等祭品，参加丧事祭奠，悼念逝者，安慰丧家亲属的葬俗。逝者的至亲好友，为了显示孝心和隆重，就送上肥猪、活羊、公鸡大三牲祭和鸡、兔、鱼小三牲祭，现在甚至还要送上乐队表演、舞狮子表演作为吊唁礼物。吊唁时，来宾要在灵堂内向逝者行礼致哀，围绕灵柩看望逝者后，再安慰逝者家属，逝者家属要对前来吊唁的客人跪拜答谢并迎送。旧时，丧家还要在朝门外设“报丧鼓”，见吊唁的客人进门时就击鼓二下，丧家亲属听见鼓声就号哭迎接，客人再向逝者行礼哀悼。吊唁期间，丧家子女要至始至终披麻戴孝地跪在灵案边陪祭。

打绕棺，也称“跳丧、穿花”，土家语称“撒尔嗬”，是土家族在丧祭时围绕棺材边歌边舞，为逝者歌功颂德，安慰逝者家人的葬俗。打绕棺时，端公先念法咒召告亡灵后，绕棺方可开始。打绕棺一般由五或七人，由端公或年长者在前面领舞领唱，众人鸣锣击鼓，绕棺唱歌。歌词内容多为唱赞逝者生平、安慰生者。打绕棺时，凡来参加丧祭的人，皆可参与打绕棺活动，众人齐聚，打丧鼓、唱丧歌、跳丧舞，追祀亡灵，歌舞以祭逝者，气氛愉悦而热闹，这种“热热闹闹送亡人，欢欢喜喜办丧事”的民俗，承袭了古代巴人“绕尸而歌”的古老遗风。

出殡，俗称“发丧、上山、抬丧”，是丧葬时出柩的葬俗。发丧前，在端公的引导下开棺让亲朋好友最后一次瞻仰遗容。发丧所定的吉时一到，端公口里念着咒语，将雄鸡的鸡冠咬破，鸡血滴在棺材上，再将一只装有水的碗向棺材砸去，并打碎花碗，方可发丧。发丧队伍由端公在前施法引路，一人执火开路，沿路撒下买路钱，燃放鞭炮，接着是引魂幡，随后是孝子端着遗像或灵牌，众人抬着灵房、花圈、孝幛，随后再是“八大行”抬着的棺材、锣鼓孝狮队，最后是孝女、孝媳号哭相送。发丧途中，灵柩不能落地，逢水过桥，逢山登梯，每遇险阻，长子抱着灵牌领着孝子们跪在灵柩前，跪拜接灵，焚香烧纸，恭请各路神灵借路发丧。如途中遇亲戚家宅前，亲戚家则备香烛、饭菜等祭品，设祭桌于路旁以祭之，叫“路祭”。

守灵，也称“守夜、坐丧”，俗称“坐夜”，是在发丧前的晚上，用打丧鼓、打围鼓、唱孝歌、丧堂唱、孝狮玩桌子等形式悼念逝者和守灵的葬俗。这一夜逝者家都要办宴席款待来客，叫“人死饭门开”。坐夜是一种只唱不跳的丧俗，时间至少在一个通宵或几天几夜，直到出殡下葬为止。坐夜时，先由锣鼓开场，孝狮祭拜逝者，诵读祭文，然后孝子坐在棺材周围，三至五位歌师坐在灵堂前，歌师们击鼓伴唱，用领唱、帮唱、接唱、对唱等形式，唱词的内容多为颂扬逝者一生辛劳和讲述神话传说、历史故事等，以此悼念逝者，安慰生者。故清乾隆《石砫厅志》有：“葬亲后行三除灵，皆男女杂沓，百十成群，堂屋逼窄则设席街巷，供应如流水，较纳彩纳币附身棺材之用，不啼数倍矣。”

挖井，为逝者挖掘墓穴的葬俗。在发丧前，丧家要请端公和壮男到埋葬地提前挖好墓穴，端公按墓穴处的风水确定墓穴的朝向，选好开挖时辰方可挖井，带有迷信色彩。

下葬，也称“下井”，是将逝者灵柩安葬在墓穴中的葬俗。下井时，端公先将雄鸡血洒在井底和墓穴周围以镇邪驱鬼，再清井扫井，把亡魂扫进，将生魂扫出，发丧队伍中有孝狮送丧的，就由孝狮在墓穴中“狮子滚井”来清井。然后再由端公在井底用大米撒成八卦图案或咒符，念咒祭拜土地山神，买冥地契烧给逝者，表示把逝者安葬在吉穴上，并于墓穴的四角烧纸念咒，放五谷茶叶，再诵赞辞。最后向四周抛撒米粒，叫撒“长生米”或“撒禄米”，孝子们则跪于井前用衣服兜接米粒，接到的禄米越多，子孙福禄就越多，端公再诵赞逝者，孝子要一一对答。下棺时要鸣炮奏乐，众人抬柩下井，端公用罗盘拨正棺材的方位后，再由一孝子跪在棺木上，在井底四角各挖一锄，告禀土地山神，逝者已有阴宅地契。孝子还要站在棺材上来回走一次，表示谢天谢地，祈祷鬼神保佑逝者的子孙。然后孝子先撒三把土在棺材上面，逝者的亲属们再各捧一把土撒在棺材上，最后众人一齐挖土掩埋。下井时，不管是晴天还是阴天，都要用白布遮盖墓穴，挡住人影，才能安葬灵柩，如果让棺木压住人影，就会带走生者的灵魂，带有迷信色彩。

扫墓，俗称“上坟、上香”，为逝去的亲人扫墓祭奠的民俗。清明节及农历七月十五、十月初一、腊月三十或正月初三都是上坟的日子。上坟时，先清除坟墓及周边的杂草，给坟墓培土，然后在坟墓前摆放香蜡纸烛、扣肉米饭、水果白酒等供品，在坟头插上表示怀念亲人的“坟飘”，按先幼后长的顺序跪拜祭祀，最后烧纸钱、燃烧鞭炮。

二、葬 式

葬式，是埋葬逝者的方法。重庆地区的现代葬式有土葬、火葬，古代葬式有悬棺葬、捡骨葬（二次葬）等。

火葬，是将尸体焚化成骨灰后，安置在骨灰龛中存放在陵园或埋于地下，或撒于水中、空中的葬式。

土葬，是将死者尸体装殓入棺后埋入土中的葬式，有土穴墓、木椁墓、砖石墓等墓式。土葬是源于原始社会的古老葬俗，土葬时，先将尸体装在内椁，再将内椁置于外棺内，形成外棺内椁的丧葬形式，然后掘地为墓穴，埋棺于其中，堆土为坟茔，立碑为墓首，在坟前修筑拜台或祭台以供后人祭奠。

崖葬，是一种将尸体置入棺内，凌空悬挂于悬崖峭壁上的葬式，有悬棺葬、崖棺葬、崖洞葬、崖隙葬等类别。唐代《朝野佥载》卷十四载："五溪蛮，父母死，于村外搁其尸，三年而葬，打鼓踏歌，亲属饮宴舞戏，一月余日。尽产为棺，于临江高山半肋凿龛以葬之。自山上悬索下柩，弥高者以为至孝，即终身不复祀祭。"悬棺葬大都采用自上而下缒挂悬棺的方法。

悬棺葬，是将逝者的棺材凌空悬挂于绝壁上的一种古老葬式。悬棺葬是在悬崖凿孔插桩，棺材横放于悬崖的木桩上。

岩棺，也称“岩棺葬”，是将逝者葬于河岸悬崖绝壁上的一种古老葬式。在唐代以前，石柱的土家族先人们有“凿岸为穴，置棺为葬”的岩棺葬习俗，据石柱第三次全国文物普查成果资料，石柱岩棺有纵穴、横穴式两种葬式，在石柱龙河流域两岸的悬崖绝壁上，分布着61处、579穴岩棺。

崖隙葬，是将逝者的棺材置放在悬崖绝壁上的天然崖缝中的葬式。

崖洞葬，是将逝者的棺材置放在悬崖绝壁上的天然崖洞内的葬式。

捡骨葬，也称“二次葬、迁葬、洗骨葬”，是将死者的尸体和遗骨进行两次或两次以上分别处理的葬式。现在捡骨葬多用于墓葬搬迁。

陵园，是墓地的一种类型。陵园原指帝王或诸侯的墓地，今通称以陵墓为主的陵园。陵园可分为革命烈士陵园、名人纪念陵园、皇家陵园、公墓。

重庆歌乐山烈士陵园，革命烈士陵园，位于重庆市西北部，是国民党“军统”特务重庆集中营（1939—1949）和“中美特种技术合作所”（1943—1946）的旧址，是关押革命志士的监狱，是1949年“11·27”大屠杀（国民党杀害著名共产党人罗世文、车耀先、江竹筠，爱国将领杨虎城、黄显声等革命志士）的发生地。1955年修建烈士公墓和烈士纪念塔；1956年被列为四川省重点文物保护单位；1963年建重庆中美合作所美蒋罪行展览馆，对外开放，定名“中美合作所重庆集中营美蒋罪行展览馆”；1985年更名为“重庆歌乐山革命烈士陵园”；1988年，国务院公布其为全国重点文物保护单位。

秦良玉陵园，名人纪念陵园，位于石柱土家族自治县三河镇，重庆市重点文物保护单位，是安葬明末清初巾帼英雄秦良玉和石柱土司马氏家族的墓地。

重庆宝山公墓，位于巴南区长江南岸边，是为城乡民众提供的公共墓地。

第五节　民间崇拜

民间崇拜属原始宗教范畴，经历了万物有灵、自然崇拜、多神崇拜、图腾崇拜、祖先崇拜、鬼魂崇拜、信鬼尚巫的漫长历史阶段，形成了自身的宗教观念和宗教活动。改土归流后也信奉佛教、道教，近现代也有部分土家族信奉基督教。

重庆曾经是古代巴国的核心地域，巴人信巫鬼，重淫祀，尚巫术，尊佛道，守禁忌。在现代民俗中，也能看到巴人的民族性格。

山神崇拜，是民众将山岳神化，进行祭祀、祈祷等活动，崇拜自然的民俗。古代巴人信巫鬼，重淫祀，视天地、山林、水泽为神鬼精灵，形成了具有巴地特色的民间信仰，如山有山神，水有水神，刮风下雨皆有神灵支配，民间崇拜山神源于此。山神崇拜是自然崇拜的形式之一，民众称山神为“山王”，或称“山王菩萨”，为了崇拜山神，通常建山王庙，并在庙内供奉山王、龙王、川主、药王等神像。

水神崇拜，是民众祭拜掌管江、河、湖、泉等的神祇，崇拜自然的民俗。崇拜的神祇有禹王、李冰、巫山神女或龙王、河伯等，民众常建寺庙祭祀，祈福风调雨顺、五谷丰登。

土地崇拜，是民众将大地神化，进行祭祀、祈祷等活动，崇拜自然的民俗。土地神，也称“福德正神、后土、土正、社神、土伯”，俗称“土地公公、土地爷”，源于古代的“社神”，是掌管地方、保佑乡里、生养万物的保护神。

石柱县洗新乡保合村土地庙，祭祀土地神的建筑。土地庙通常为石砌或木构建筑，内塑土地公公、土地婆婆神像。每逢农历二月初二，民众都要祭拜土地公的诞辰，逢农历八月十五祭拜土地公成道升天。

渝中区禹王宫，也称“湖广会馆、三楚公所”，俗称“禹王庙”，是祭祀大禹的庙宇和旧时湖北、湖南商会的会馆。会馆位于渝中区东水门正街4号，始建于清乾隆二十四年（1759年），清道光二十六年（1846年）扩建。现存会馆内有湖广会馆、广东会馆（又名南华宫）、齐安公所（又名黄州会馆）以及江西会馆、江南会馆等部分遗迹。2000年，重庆湖广会馆被列为重庆市文物保护单位；2006年，被列为第六批全国重点文物保护单位。

江津白沙川主庙，也称“二王庙、清源宫、万天宫”，俗称“川祖庙、川主庙、川祖宫、川主堂”，位于重庆市江津区白沙镇江津第三中学校旁，建于明代，是祭祀秦蜀郡太守李冰父子的庙宇。2018年6月，重庆市政府公布其为重庆市第一批优秀历史建筑。二郎庙则是祭拜李冰儿子李二郎的庙宇。

树神崇拜，是民众将百年以上的古树当作神灵祭祀、祈祷，崇拜自然的民俗。重庆土家族、苗族的民众把大树、古树、怪树看作是神树来崇拜。

图腾崇拜，大约出现在人类原始社会的旧石器时代中晚期。“图腾”是印第安语totem的音译，意为“它的亲族”或“它的氏族”。图腾崇拜是认为某种动物或植物等特定物体与本氏族有亲缘关系或其他特殊关系，并对其崇拜的行为，是原始宗教的最初形式。图腾崇拜是古代氏族的标志，同时也包含着氏族社会的仪礼、禁忌、习俗等。

土家族白虎崇拜，是重庆土家族崇拜白虎的民俗。《华阳国志·巴志》载“廪君死，魂魄世为白虎”，《后汉书·南蛮西南夷列传》载“巴氏以虎饮人血，遂以人祠焉”。在渝东南地区的土家族作为廪君的后裔，以白虎为图腾，他们将其作为民族的标志，以“还人头愿”这一最原始的祭祀方式来敬奉白虎，祈求廪君保佑氏族部落。白虎图腾最早见于三峡地区战国时期出土文物巴式柳叶剑、虎纹戈、乐器虎钮錞于上的虎纹图案。在渝东南地区有很多以虎命名的地名，如石柱黄鹤乡白虎岭、三河镇麦虎威、黄鹤乡黑虎岭、中益乡黑虎寨、鱼池镇虎头寨、马武镇木虎槽、石家乡马虎岭等。在1949年前，石柱石家乡、枫木乡等地的农户家中堂屋里都贴上白虎图以驱百邪；就连红白喜事，都要用白虎图案床单，铺在拜桌上和挂在灵前来避讳驱邪。在石柱马武镇、黄鹤乡地区，每逢农历七月二十七或腊月，都要请巫师祭祀白虎神，祈保家人平安。在当今的日常生活中也随处可见白虎的影子，建筑上用白虎门钉、虎头铺首（门环），在堂屋的中梁上挂虎面的“吞口”，俗称“吞口镇白虎”，用虎来驱恶镇邪。石柱土家人称老虎为“大猫”，所以在日常生活中对猫特别呵护，小孩头戴虎头帽，脚穿虎头鞋，身盖“猫脚迹”花衾被。另外，在土家族地区还存在敬白虎和赶白虎的习俗，“当堂坐的是家神”，是保佑之神，“过堂白虎”是邪恶之神。“白虎当堂过，无灾也有祸”，当妇女生病遇灾，小孩出现犯痉挛、翻白眼、吐白沫等病症时，人们认为是白虎作祟，害怕灵魂被白虎招走，所以都要请端公“赶过堂白虎”，驱邪赶鬼，祛病消灾。其作法程序是：在门外坪坝中插一竹竿，上挂一只公鸡，端公手执桃树枝叶满屋乱打，并撒五谷，听到屋外公鸡一叫，表示“过堂白虎”已被赶走。

彭水蚩尤九黎城九黎神柱，是目前世界上高度最高、直径最大、雕刻鬼神像最多的苗族图腾柱。苗族经历了无数次的迁徙和融合，支系繁多、分布广泛，形成了神犬（盘瓠）、凤凰、蝴蝶、鱼、龙、燕、鹰、水牛、黄牛、野猪、猴、竹、枫树等多种多样的图腾，但各地不尽相同，在渝东南地区的苗族图腾多以龙、虎、蛇、牛、蝴蝶、犀牛为主。九黎神柱底部直径3米，暗藏“道生一、一生二、二生三、三生万物”的道家哲学内涵，柱高24米，象征24个节气，柱上雕刻苗族古歌里的三十六堂鬼、七十二堂神的雕像。

龙纹图腾，龙是源于远古的图腾崇拜，鳞虫之长，常用来象征祥瑞，是中华民族最具代表性的文化象征。

祖先崇拜，是同一文化的部落族群或同一血亲世系的氏族、宗族，眷恋缅怀祖先、祈求祖先保祐后代的崇拜习俗。祖先崇拜将祭祀祖先、保佑后代的观念结合于一体，是一种精神信仰和道德体现。祖先崇拜的对象依其社会发展阶段的不同，具有层次性，如部落祖先崇拜、氏族祖先崇拜、家族祖先崇拜、家神祭拜等。

家神祭拜，是家庭祭祀自己祖先的祖先崇拜习俗。民众一般在家中堂屋正中设祖先神位，每逢节庆或重大事件都要祭祀祖先。姑娘出嫁时要举行祭祖告别仪式，请祖先放行并保祐自己。在吃饭时，先用筷子夹点菜放在饭碗里静默一会儿以祭祀祖先。如果是婚丧酒席吃饭时，众人围站在桌子四周，由辈份最高的长者带领众人敬奉祖先和过世的亲人，一边请祖先喝酒，一边将酒洒在地上，然后才宣布入席。上图为石柱县洗新乡保合村柳氏宗族土家祖先木雕像。

家族祖先崇拜，是同一宗族在祠堂里祭拜家族祖先的祖先崇拜习俗。祭拜祖先时，男女身着盛装，依辈份排列于祠堂大门外。祭祖的事情准备就绪后，族长率领族人进入祠堂，按辈份高低、年龄长幼、男左女右，在祠堂正殿内左右排列。族长盥洗后取出神主，按祖宗辈份高低，依次放好，由族长亲自点燃香烛，摆上祭品，鸣放鞭炮，叩头祭拜祖宗，然后族内众人按先男后女集中三拜后退出。祭祖完毕后，进行同族行礼，众族人向族长拜礼，晚辈向长辈行礼，同辈之中年幼的给年长的行礼，表示尊重祖先与长辈，同时也是教育族人要“长幼之序，秩然有伦”。

还人头愿，也称“还人愿、还天王愿、还相公愿、还牛头愿、还白帝天王愿”等，重庆土家族地区的祖先崇拜习俗。还人头愿主要是土家族祭祀廪君、祖先和白虎图腾的原始宗教仪式，源于旧石器晚期，流行于渝东南土家族地区。《万历野获编》卷三十：“明万历年间，永顺土司祭祀时，杀人亦献首于其庙……闻楚徼外，保靖、石砫、酉阳诸土司皆然。”石柱的还人头愿习俗后来演变成以“草人、人血和猪羊代祭”来还人头愿。还愿一般要历时两夜一天，最后的仪式是“祭扫红山”或“歼头”，由巫师在自己的头上“开血口”（划开一个小口），滴血于长串纸钱上祭神，当众悬挂在还愿人家的大门上，然后烧掉，即所谓“以我之血，祭尔之祖”。这种仪式一定要“见红”，才能“落愿”生效，有“见血才能落愿”之说。

敬伏波将军，是西南地区民众崇拜伏波将军马援的民俗。东汉时期，伏波将军马援奉命南征，平定西南，开辟道路，兴办水利，福泽深远，西南各地民众奉其为神，建伏波庙而祭祀。图为石柱万寿古寨扶风堂马援塑像。

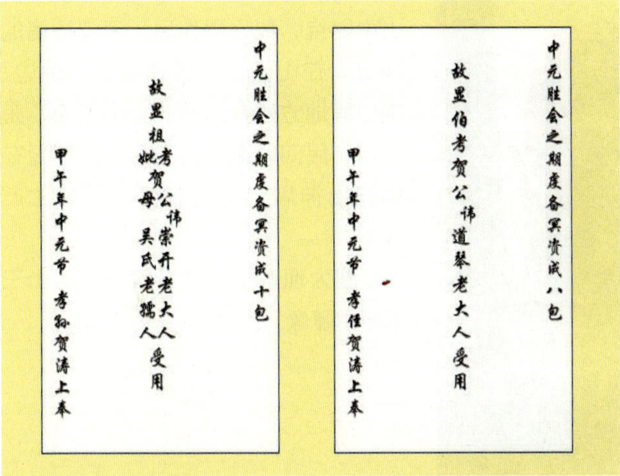

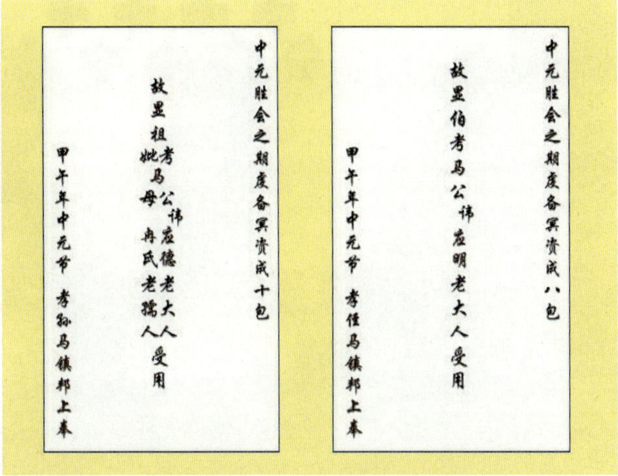

烧袱子，也称“烧封包”，是一种民间祭祀祖先的习俗。每逢农历七月十五清晨，人们将装着写有祖宗三代姓名的红笺的袱子供奉在家中的神龛上，燃烛焚香，烧钱化纸，献上清茶，行三叩首礼以示迎请祖宗回家。中午，将备好的佳肴置于供桌上，全家跪拜行礼，然后全家才聚餐。黄昏前，将神龛上供奉的袱子取下，送到路边或空地上，跪拜行礼后焚烧，以示送祖还归九泉。富裕家庭还要在晚上请端公做烧封包仪式，烧之前，先用牛皮纸做成大纸袋，内装钱纸、稻谷、豆类，在外写上已故祖宗和亲友的姓名，将其封好，俗称“封包”。封包放在供桌上，端公做法事，并将所有封包一齐烧掉，以示主人向祖宗和亲人送去了钱粮。

山神，也称“山王菩萨”，是守护山中财宝，能兴雨作风、消灾祛病的神灵。在山区，一般在河边、桥边、路口等地方建有山神庙、山王庙、王爷庙，民间每逢农历正月十五都要在祭祀山神后，方可开始一年的生产劳作。

图为现藏于石柱县博物馆的山王菩萨木雕像。

神龛，是放置祖先牌位和佛像、道教神仙塑像的小阁，也是祭祀类器物。神龛一般镶嵌在墙壁上，神龛上部为龛，下部为底座（神柜）。上部形如古代建筑的门楼，有四柱三门（开间）或六柱五门（开间），有屋檐二到三重，飞檐翘角，内置二级台阶，置放祖先牌位；下部为以柜作为龛的底座，作为放置祭祀器物之用。一般祖宗龛无垂帘，有龛门。龛内台阶按辈份高低自上而下设放置牌位。神龛均为木制，采用浮雕、透雕等手法，雕刻戏文故事、历史人物、神话传说、祥禽瑞兽、动物云纹等吉祥图案。神龛两边书写有与家族历史有关的对联。一般农户家在堂屋正中后壁置一条几或方桌代替神龛，墙壁上书写“天地国亲师位”或“天地君亲师位”来代替祖先牌位。

第七章　游艺竞技民俗

第一节　音乐歌舞

一、音　乐

吹打乐，俗称“锣鼓、鼓吹乐”，民间传统器乐种类，是由吹奏、打击两类乐器演奏的音乐。重庆著名吹打乐有被列入国家级非物质文化遗产名录的巴南接龙吹打、万盛金桥吹打、綦江永城吹打；被列入重庆市非物质文化遗产名录的綦江三角吹打、丰都龙孔吹打、忠州吹打乐、璧山吹打、武隆鸭平吹打、丰都梁山吹打、酉阳吹打。

巴南接龙吹打，源于古代巴渝歌舞，成形于明朝末期，是以唢呐、鼓、大钹、大锣、大马锣、大擦等为主要演奏乐器的民间音乐。接龙吹打主要有“大号牌、朝排、将军令、水龙吟、南锣、六幺令、风入松”等曲牌，有“吹打乐、锣鼓乐、吹打唱”三大类、983首乐曲，有丫溪调、青山调、下河调、昆词、教仪调、将军锣鼓、伴舞锣鼓7大乐种，其中：丫溪调吹打乐曲152首，经典乐曲是“鸭子下滩”；下河调吹打乐曲125首；青山调吹打乐曲108首。接龙吹打具有品种多样、曲调丰富、师传乐班、流派纷呈的特色。

万盛金桥吹打，原名“青山吹打”，形成于唐宋时期，是以鼓、锣、钹、镲、马锣等为主要演奏乐器的民间音乐。有喜庆类、生产生活类、丧事类、民间传说类等类别，有“正宫调、花灯、大曲牌、朝牌、宫堂、水上沟、青山水落音、采桑调、鸡公调、蛟龙翻身”等曲牌和“品打、刁打、散打、干打、夹打、刁散打、竹叶吹奏、口哨”等演奏技艺，曲目达1000余首，代表曲目有“闹春耕、蛟龙翻身、蜜蜂围着菜花飞、庆丰收、喜鹊牌、点江曲”等。金桥吹打具有音域宽、音量大、力度厚、音正节稳、音质纯洁、清晰清脆、音色明快、穿透力强等特点，金桥吹打“马风声”派就代表这种演奏风格。

綦江永城吹打，也称“永城唢呐艺术”，成形于明末清初，是以叽呐子、三台、二台、头台、莽台、大台、特台七种唢呐和川钹、堂鼓、大鼓、竹节鼓、苏镲、铰子、钩锣、荡锣、小马锣，以及哨子、马鸣器等为主要演奏乐器的民间音乐。永城吹打属“马蜂派”。吹打内容有婚庆、寿庆、丧礼、祭祀、节会、农事等类别，按表演形式有坐堂、行路两种，演奏形式有惯吹惯打、夹吹夹打，演奏技艺按吹法和打法，可分为“品打、刁打、散打、干打、夹打、刁散打、竹叶吹奏、口哨”等形式，吹打曲牌主要有吹打80余首、夹吹夹打50余首、满打180余首、刁打30余首、干打80余首、品打40余首等，约1000首，仅迎亲嫁娶时有发亲、起轿、行路、过桥、回车马、拜堂、开席等12个曲牌，送亲吹“哥哥送亲”，娶亲过河吹“小娇过河”，拜堂吹“拜堂词”，入洞房吹“大开门”，闹房吹“闹新娘、金娃娃”等，精典名曲有“阳雀报春、安逸、安灯儿逸、将军令、阳雀报春”等。永城吹打最具特色的是唢呐，有叽呐子、三台、二台、头台、莽台、大台、特台七种大小不同的唢呐，叽呐子杆长最小仅15厘米，三台杆长30厘米，特台杆长180厘米；唢呐组合音域宽、力度厚、破空透远、粗狂泼辣、气势豪迈、声区配搭得当；唢呐模仿力极强，可模仿百鸟争鸣、人欢马叫，甚至还能模仿生、旦、净、末、丑等戏剧角色的唱腔道白。

綦江三角吹打，属綦江民间唢呐艺术中的“宫娥派”吹打，是以叽呐子、头台、二台、三台、大台、横笛、锣鼓等为主要演奏乐器的民间音乐，具有音色明亮、优美动听、舒缓柔和的民间音乐风格，代表曲牌有“斑鸠上树、金鸡叫、斑鸠浮水、小开门、观音扫店、戏茶花”等。

丰都龙孔吹打，源于清朝宫廷礼乐，是以唢呐、二胡、笛子、号（莽）、小锣、包锣、荡锣、铰子、梆子、七星锣、鼓等为主要演奏乐器的民间音乐。龙孔吹打曲牌由“小引子、调、占子、放朝”等四部分组成。小引子，由2支大唢呐加打击乐演奏。调，由大、小唢呐加打击乐演奏。占子，由二胡、小唢呐加打击乐演奏。放朝，由大、小唢呐及笛子、号加打击乐演奏，形成吹打乐的高潮部分。龙孔吹打曲牌都以“号”为开曲前奏，接下来是唢呐吹奏，经典曲牌有“一字、大开门、小开门、迎官接诏、小引子、海棠、占子、将军调”等，融汇民间乡土情韵和宫廷礼乐风范，极富巴渝地域特色。

忠州吹打乐，是以大、小唢呐，竹笛，二胡，京胡，鼓，大、小钹，大、小锣等为主要演奏乐器的民间音乐。忠州吹打乐按乐器组合可分为“牌子曲、调子曲、锣鼓曲”等三大类，每次连续演奏6至18个段子，代表曲调有“小开门、海棠红、剪刀架、大排朝、老引子、花癞子、状元游街、大舅公、海棠红、赵巧儿接媳妇、回龙宫、正字调、浪淘沙、离娘调、将军调、灯歌”等500多首；按演奏形式可分为“大吹打、小吹打、轮吹打”三种。唢呐、锣鼓等多种乐器演奏的大吹打用于婚庆寿诞等喜事；丝竹乐器和打击乐器协同演奏的小吹打用于嬉闹玩耍等娱乐场面；唢呐和锣鼓轮流演奏的轮吹打用于开张庆贺等喜庆场面。

璧山吹打，也称“璧南吹打”，是以唢呐、锣、马锣、鼓、钹等为主要演奏乐器的民间音乐。璧山吹打经民间艺人将劳动小调加工演绎而成多人组合吹打乐种，与川剧座唱的形式十分神似，代表曲牌有“回响、璧山围鼓丰、璧山鼓韵”等。

武隆鸭平吹打，源于明末清初，是以唢呐、鼓、锣、钵、马锣(碗锣)、钗子等为主要演奏乐器的民间音乐。鸭平吹打以唢呐吹奏的曲调“眼子”可分为“凡字调、一字调、小公调、正公调、车字调”五音五调，各个调门均有不同的工谱牌子(曲牌)和堂述牌子(曲牌)。工谱牌子只吹不打，堂述牌子的曲目又吹又打。工谱牌子曲目吹奏时，一般有三种套路，除自身的一套吹打调子，另外还有“大开门、小开门”两种调子。堂述牌子按吹奏音调又分为“点江、粉笛、画眉、架桥”等四堂牌子。鸭平吹打曲牌十分丰富，工谱牌子中的“凡字调”主要有“汉中山、秋香、黄莺、普安惠”等曲牌。堂述牌子中的“点江”曲目有“夕阳回、青板、千秋岁、元林号”等；“粉笛”曲目有“上小楼、黄龙滚、笛子范、集三枪”等曲牌；“画眉”曲目有“画眉序、涤流子、风儿顺、江儿水”等；“架桥”曲目有“胡板、耍蛇儿、道师令、铁脚板”等。另外还有“拗锣、上天梯、倒脱鞋、牛擦痒、凤点头”等曲牌。表演时分文场和武场，演奏形式分别坐堂、行走，演奏时唢呐手先吹工谱牌子，再吹堂述牌子，结尾曲为“大开门”。

丰都梁山吹打，是以唢呐、京锣、大钹、马锣、京铰、鼓、二胡等为主要演奏乐器的民间音乐。代表曲牌有“倒流水、十样景、过街撬、剪巴郎、猛虎下山、梁山小赖子、菜籽花、三月番、梁山正赖子、六夹赖子、无名赖子、四句、六句、追板、腾板、补缸、海棠红、流水板、白大姐”等。梁山锣鼓演奏分为坐堂吹打和行路吹打。演奏大牌子时，由2支唢呐加大锣、钹、小锣、京铰、包锣、鼓等打击乐器演奏。演奏小牌子时，由大、小唢呐各1支加打击乐器演奏。演奏占子（也称“炸子”）时，小唢呐、二胡各1个加打击乐器演奏。

酉阳吹打，也称“酉阳耍锣鼓”，是以盆鼓、大钹、马锣、大锣等为主要演奏乐器的民间音乐。酉阳吹打一般由4人各执一件乐器进行表演，各种乐器在打击时都有不同的技巧，轻、重、柔、强、闷、亮、散、边、吱等，融入和吸收了地方戏曲锣鼓和打溜子的技巧，有独特的地域特色，使乐曲显得灵跃、热烈，极具震撼力和感染力。

梁平癞子锣鼓，以二鼓、马锣、钹、大锣、钩锣、钗为主要乐器和“十八癞子”为主要曲调的民间音乐。“十八癞子”由18个段子组成，分别有“老癞子、花癞子、鸳鸯癞子、刁癞子、奥癞子、干癞子、重葫芦、南山网”等，演奏“十八癞子”时，要3个段子编为一组演奏，分6组演奏，每个组由马锣、钹和大锣开头。因梁平区在1952年前称“梁山县”，故又名“梁山癞子锣鼓”。

渝北小河锣鼓，俗称“耍锣”，是以大、小唢呐及大锣、更锣、小钵、铛锣、马锣、小鼓、脚盆鼓等为主要演奏乐器的民间音乐。小河锣鼓具有“乐器小巧、以鼓振节、包锣显点、夹吹夹打”等特点，代表曲牌有“顺头牌、下八牌、满堂红、一四七、双狮子、闹五更、双头子、五关虎、水龙音、猴子爬岩、问答、三佛四音、吹幺、拍音、笛子音、豹子头、送妹、断头、上坡累、长捶排、翻山岭、蛇过河”等约280首。

石柱土家断头锣鼓，成形于清末民初，是石柱土家族以大锣、小锣、钹、鼓为主要演奏乐器，以本地锣鼓为基础，吸收川剧锣鼓的演奏技法，采用去头掐尾、直接演奏锣鼓曲牌的演奏形式的民间音乐，故名“断头锣鼓”。演奏时，鼓师先击鼓，用鼓点表明曲牌名称，然后大锣、小锣、钹随鼓点节奏变化，曲牌转换时，则以俗称“夹丁丁”的短短“过桥”，随鼓师的鼓槌动作与鼓点自然地进行两个曲牌之间的转换，鼓不停、锣不断，达到连续演奏的效果。代表曲牌主要有“牛榜栏、天鹅抱蛋、观音坐莲台、栀子花夹双飘带、蝴蝶飞、竹叶青、貂耳上树、鸡婆下蛋、青蛙跳水、岩鹰闪翅、怀中抱月、开山子、上天地、过街调、道士引、双飘带、吉溜子、怀中抱月”等。

石柱土家斗锣，也称“赛锣”，是石柱土家族以大锣、小锣、掌锣、双小锣（二锣子）、钹、鼓为主要演奏乐器的民间音乐。石柱土家族有休闲“小斗小闹”，正月十五晚上“月下斗锣”，进行锣鼓演奏竞赛、争斗的民俗。斗锣时，争斗双方各据一方，以约定的锣鼓曲牌进行争斗，也可即兴选定曲牌开头和结尾来自由搭配组合，以锣鼓曲牌演奏完整、节奏稳健、曲牌转换自然流畅为胜。代表曲牌有“牛擦痒、母鸡生蛋、扯唧唧、鸭子欠毛、枝枝瓣、八锤、猛虎下山、岩鹰展翅、鲤鱼闯滩、狮子霸林、金银地、剪刀叉、烂筲箕、红绣球、长路行、干钹、十八顺癞子、十八倒癞子、二十四个绞绞癞”等。

薅草锣鼓，也称“薅草号子”，俗称“打闹歌”，是土家族在农事劳作时，跟随鼓、钲、钹、马锣等打击乐器节奏，一边劳作一边唱的民间音乐。土家人劳作时，一人持锣，一人持鼓，行走在薅草劳作人群的前面，鸣锣击鼓，边打边唱，即编即唱，为劳作者消疲助兴。薅草锣鼓具有相对固定的结构格式，它一般由“歌头（俗称“引子”）、请神、扬歌、送神歌”四个部分组成，基本上是伴随着每日的劳动顺序依次进行的。歌头是开场白；请神是祈求神灵护佑；扬歌是主歌，唱词有历史故事、民间传说等传统段子，也有俗称“见子打子”的现编现唱劳作场面的歌词；送神歌是结尾部分，当一天劳作接近尾声时就唱送神歌。

秀山薅草锣鼓，俗称“打闹”，集传统打击乐、地方民歌与戏曲为一体的民间音乐。秀山薅草锣鼓音域宽广、浑厚，具有节奏明快有力、唱调高亢悠扬的地域特色，以长调和清唱翻八度喊“尖声”自成独立体系，代表曲目有“上田号、送郎号、梭罗号、溜溜号、花花号、滴水号”等百余首，秀山享有“薅草锣鼓之乡”的誉称。

云阳薅草锣鼓，是巴人时期驱赶野兽、祭祀山神而击鼓鸣锣吆喝，结合劳作山歌演变成的民间音乐。演唱时采用高腔唱法，锣鼓穿插帮衬，唱词均为五字四句，是酉阳古歌的重要组成部分。

黔江薅草锣鼓，是国家第一批非物质文化遗产南溪号子中的一种，也称“打闹台”，是采用鼓、钲、钹、马锣等打击乐配“尖声”或假声唱法的民间音乐。黔江薅草锣鼓的歌词多属即兴创作，唱腔粗犷豪放、高亢嘹亮，极具鲜明的地方与民族特色。

城口薅草锣鼓，俗称“打锣鼓草、薅锣鼓草、撵锣鼓草”，是由两人或四人敲锣击鼓领唱或对歌，鼓舞劳作热情的民间音乐。唱词为“五字句、七字句、十字句”等，以大巴山区歌调为唱腔，唱词可即兴编词，根据上午、下午、歇气抽烟、开饭、收工等不同时段的劳作场景或劳作情绪来演唱。

万州甘宁鼓乐，源于“赶山锣鼓”，是以唢呐、鼓、小锣、包锣、马锣、钹等为主要演奏乐器，注重吹打的民间音乐。甘宁鼓乐的演奏形式分为鼓吹乐、吹打乐、锣鼓乐三种。鼓吹乐以唢呐主奏，配合锣鼓套打，代表曲牌有“公母引、钻山引、四句引”等；吹打乐以唢呐、锣鼓并重演奏，代表曲牌有“道师丁、老聊子、新聊子、点将”等；锣鼓乐仅用打击乐器演奏，俗称“耍锣鼓”，代表曲牌有“单捧圣、双凤头、剪刀架、山花艳”等。内容分为迎亲锣鼓、薅草锣鼓、孝歌锣鼓、抢彩锣鼓、川剧锣鼓五类。

黔江谢家锣鼓，是以木皮鼓、大锣、马锣、钹等为主要演奏乐器的民间音乐。相传在明宣德年间，谢氏族人谢子栗在龙灯伴打锣鼓曲调的基础上，吸收彩龙船灯伴打锣鼓曲调，新创“谢家锣鼓十三板曲牌”，故名“谢家锣鼓”。谢家锣鼓演奏有轻击、重击、伏击、侧击等多种技法，轻、重、缓、急层次分明，颤音效果显著。代表曲牌有“二回头、双飘带、滚龙珠、豹子头、点水雀、咚波浪、单梅花、双梅花、大道师令”等。

铜梁福果民间礼仪音乐，是以竹笛、二胡、大阮、中阮、琵琶、笙、扬琴、古筝、云锣、铛子等乐器为演奏乐器，是道教正一派科仪音乐融合地方戏曲、曲艺、山歌、民乐等音乐元素演绎而成的民间音乐。福果民间礼仪音乐具有道家音乐风格浓郁，道教科仪完整，祭祀内涵显著，唱、念、吹、打、写俱全等特点，代表曲牌有“一唱四赞、八腔八调”等。

大足西山神歌，是无伴奏乐，即兴演唱的民间音乐。神歌有高亢明亮、节奏自由的高腔神歌，有连说带唱、节拍规整、旋律平稳的平腔神歌，有声音柔和、轻声吟唱、妇女所唱的奴家神歌三类，内容涉及生产生活、民俗文化、历史地理、民间传说、传奇故事等方面，代表曲目有“等郎等成二三更山、望郎”等数百首。

涪陵御锣，也称“苏锣”，是以箫、笙、笛等丝竹吹奏伴以堂鼓、苏锣、包锣打击，带有江南苏杭鼓乐韵味的民间音乐。相传，清乾隆皇帝游江南时聆听苏锣后，遂钦定其为宫廷音乐，乾隆后期，光禄大夫太子太傅兵部尚书周煌衣锦还乡时将其带入涪陵，故称“涪陵御锣”。御锣演奏时先鼓乐后箫笛，然后复合吹打，跌宕起伏，浑然一体，典雅恢宏，清新悠扬。御锣乐队共有乐器6种17枚，演奏时分为2排，前排对称地排有小鼓一、小锣二，小手锣四；后排有洞箫、玉笛各四，笙各一，分成两边。代表曲牌有“喜马、玉娥郎、言柳斯、竹叶青”等40余首。

巫山巫音，也称“神歌”，是民间以歌酬神，集祈福、表演、祭祀和音乐、诗歌、舞蹈、器具为一体，具有巫文化色彩的民间音乐。巫音的唱腔与打击紧密相扣，腔与板曲牌固定，节奏平稳，速度舒缓，旋律流畅。巫音按内容可分为“跳神（端公马脚）、做斋（道士作法）”两大类，由歌曲与打击、吹奏乐组合成“九板十三腔”的套曲。九板为打击乐，有“六钹板、大小天下同、三钹两钗、三副铙钹、倒插子板、铁门坎、鬼挑担、龙摆尾、虎咝牙”9种曲牌；十三腔有“大慈悲、鬼挑担、龙摆尾、虎咝牙、六钹板、大小天下同、三钹两钗、三副铙钹、倒插子板、铁门坎、鬼哭夜、三点弯、九点弯”13种歌曲的唱腔。

耍锣鼓，也称“三人锣鼓”，俗称“打家伙、斗引子”，源于民间端公戏“耍坛”，是以鼓、锣、钵、马锣、铰子等为主要演奏乐器的民间音乐。耍锣鼓突出了不分场合地点与人多人少、休闲农忙而自娱自乐“玩耍”的文化特性，演奏上具有“鼓打全面，铜锣压阵，钵填空嵌花，马锣、铰子同音而出”等特点，曲牌有单奏曲牌、套曲两类，乐器由盆鼓、马锣子、大锣与大钹四件组成，演奏上吸收了湘西打溜子及川剧锣鼓的技巧，代表曲牌有“狮子霸林、猛虎下山、狮子头、龙摆尾、凤点头、岩鹰展翅、黄莺展翅、老鸹飞、飞蛾扑火、牛擦痒、十八顺癞、十八倒癞、二十四个绞绞癞、母鸡下蛋、鸭子欠毛、头子、尾子、懒翻山、丁丁、圆圆、聊子、朝天冲、七姊妹、庆典、红绣球、仙女下凡、仙女上天梯、仙女撒花、仙女过街”等。

彭水道场音乐，是以敲唱为主，以鼓、马锣、大锣、大钹、包包锣（形如铓锣但小）、大铙钹、中铙钹、小铙钹、铰子（形如钹但比钹小一倍）、铃、磬、木鱼等十多种乐器演奏的民间音乐。彭水道场音乐源于民间祭奠超度亡灵的丧葬仪式，主要有“满庭芳、柳合烟、南乡子”等三十多支曲牌，一般道场有“下柳床、开路、荐亡、交性、上熟、散花辞解、解灯、打烧棺、辞灵、扫堂”等程序，有“小十王、大十王、隔夜素堂、一竖桅、二竖桅、七竖桅”等道场名称。

黔江帅氏莽号，是以渝东南土家族莽号为吹奏乐器的民间音乐。莽号，系藏传佛教法器，最初土家山民用杉树皮卷筒做成，后改用竹筒，再改用青铜或黄铜制成，长约 1.5 米，由吹盘、号杆、出音盘（盘口）三个主要部件组成，音量洪大低沉，音色粗犷奔放，颇为昂扬雄壮。莽号最初用于集会、催工、发令等信号传递，现主要用于红白喜事、节日、庆贺等重大活动。帅氏莽号乐谱简单，有单三翻和双三翻两种吹奏法，代表曲牌有“迎春曲、莽号迎宾”等。

昆词，是以堂鼓、竹节鼓、马锣、钹、镲、唢呐、莽号、长笛等为主要演奏乐器，将江苏昆山戏曲与重庆民间吹打融合而成的吹、打、唱一体的民间音乐。

綦江横山昆词，由昆腔演变而来，吸收粗旷开朗的山歌曲风，旋律流动异于苏昆和川昆唱腔曲体，是集吹、打、唱于一体的民间乐种。横山昆词乐班一般有司鼓1人（板鼓和盆鼓），大锣、大钹、小锣（兼马锣）、堂鼓（兼铰子）各1人，吹奏乐2人，唢呐、笛子各1人，共7至9人，演员演奏乐器时还兼清唱，内容有“放朝、点将、昆词、快锣鼓、慢锣鼓、轻三调、干打、干吹”等几类，曲牌丰富，牌名繁多。吹、打、唱的演出程式是以“三吹三打”开场，转奏若干支唢呐套打曲牌，再接唱几首昆词曲牌，最后用锣鼓、唢呐套打结束。代表曲牌有“一封书、一江风、元林好、大还卓、梁州序、小梁洲、干支戈、玉芙蓉”等。綦江横山昆词在不同演奏场合也有不同名称，为婚礼演奏叫“走轿子”，为寿诞演奏叫“吹坐场”，为丧事演奏叫“打锣鼓”。

巴南跳石昆词，沿袭了昆腔的引子、过曲、尾声等正格规律，吹打分为“硕朝、排鼓、点将、昆词、公堂、小吹打”等几大类别，并有单吹、单打及吹打结合等几种形式，以坐唱、吹打联奏形式演唱；内容有文场、武场，武场激昂澎湃，文场轻舒悦耳；代表曲牌有“小梁州、风入松、江儿水、一封书、一江风、锦棠月、青板、六毛令、梁州序、红绣鞋、老年高、好家乡、渝调”等。

长寿义和锣鼓，是以鼓、大锣、钹、马锣等为主要演奏乐器的民间音乐。义和锣鼓有“耍耍锣、道场锣鼓”两类，曲牌分为“头子、引子、尾子”三部分，代表曲牌有“大凤春花、小凤春花、四喜、新嫁女”等。

涪陵龙潭八牌锣鼓，是以脚盆鼓、金鼓(铜质)、大锣、马锣、包包锣、碗锣、钹等为主要乐器演奏的民间音乐。八牌锣鼓演奏时鼓居中，马锣、包包锣居右，钹、碗锣居左。少数曲牌由马锣发点，其余由鼓点指挥。鼓、碗锣、包包锣三种乐器同时演奏时叫“干鼓”，五种乐器同时演奏时叫“辽子”。“干鼓”多用于演奏曲子的前段和中间；“辽子”多用于演奏曲子的中间和结尾，有点子密集、旋律紧凑明朗的特点。八牌锣鼓有“一龙摆尾、金鸡放草、一金、花辽子、新十枝、点水曲、一把伞、一匹草”八个成套曲牌，演奏乐器又为锣、鼓两种，故称“八牌锣鼓”。八个曲牌中，每曲牌里又包含多个子曲牌，代表曲牌有“一龙摆尾、二凤点头、三狮摇铃、四象翻身、五虎擒羊、六豹金钱、七牛擦痒、八马过河、九猴狮洞、十猪八戒、多鸡放草、双燕含泥、丹凤朝阳、四马投唐、五郎收兵、六位高升、七贤过关、八仙过海、九龙翻身、十龙过江、状元图、快活山、白帝垭”等400多首。

合川七子鼓，俗称“架香锣鼓”，是由七个人组成的乐班，以包锣、大锣、钵儿、小鼓、马锣（2个）等为主要演奏乐器的民间音乐。内容有祭祀类的“豹子头”和参土地、参法门的“鬼扯脚（参条）”，丧葬类的“一顺风（伦冬冬）”，有“观音殿、鱼扳子、鸡爬翅、大米月、小米月、金钩金、梅花燕、金钱花、凤穿花、金银锭、懒翻身、如人美”等曲目。

唢呐，是以唢呐为主要演奏乐器的民间音乐。唢呐是在中国各地广泛流行的传统吹管乐器，巴渝地区称唢呐演奏者为“吹鼓手”。唢呐由哨、气牌、侵子、杆和碗五部分构成，木制的杆上开有8个音孔，杆上端装有铜质侵子，侵子上面套有气牌和芦苇做的哨，杆下端安着碗。唢呐的音色高亢而洪亮，常用作独奏、对奏或伴奏、吹奏过场等。

长寿海棠唢呐，乐班一般由两唢呐、一鼓、一锣、一磬五个人组成。锁呐一般有七个音孔，前六后一，而海棠唢呐只有六个孔，却能吹奏不同音调的曲牌；海棠唢呐有独奏、合奏、对奏等多种演奏形式，演奏者还能一人吹两只或三只唢呐，嘴、鼻均可吹奏；代表曲牌有“闹年花、发牌曲、千担箍、排脚马、喜洋洋、案板上开花、闹莲花、大开门、小开门、蚂蚁子上树、问路”等，曲风高亢激昂、粗犷热烈、欢快活泼。

垫江高安唢呐，俗称“五丈唢呐”，常用唢呐配以鼓、锣、钹一起演奏，故又称“吹打”。高安唢呐音色高亢明亮、抑扬顿挫；演奏分路行、坐吹两种，有“连奏、单吐、双吐、三吐、弹音、花舌、箫音、滑音、颤音、叠音、垫音”等演奏技巧，甚至还可模仿飞禽鸣叫声；代表曲牌有“闹莲花、大开门、小开门、四平头、瑞引子、句句段”等。

打闹，是边劳作边敲锣打鼓边唱山歌、嘻闹。

南川金佛山打闹，也称“薅打闹草歌”，起源于唐代，有“说唱、对白、盘鼓、盘歌、请茶歌”等演唱形式，以“说、唱、跳、打”著称，主要曲牌有“紧号、慢号、花号、歇号、过山号、数板、山歌”等，代表曲目有“金山风情、薅草歌、请茶歌、望郎歌、采笋山歌、闹春、采笋山歌、山区闹春”等。

彭水苗山打闹，俗称“打闹号子”，按表演地点可分为“水闹、旱闹”两种，水田薅秧叫“水闹”，旱地薅草叫“山闹”；按参与演唱的人数又分为“四人闹、三人闹、两人闹”；按打闹时敲锣击鼓的旋律和节奏还可分为“陡鼓闹（快鼓）、平鼓闹（慢鼓）”。打闹形式多为领合、轮唱和对唱，唱词有五字句、七字句、十字句，代表套曲有“上田号、排翼号、午时号、辞别歌、收工号、煞闹号、冷号”等，套曲又夹着分支曲牌，如“转坡号、犟牯号、溜溜号、野猫号、车车号、冷号、大郎号、屋檐号、山歌号、采茶号、口号、花号、盘歌号”等。

木叶吹奏，是用橘、柚、杨、枫、冬青、榕树等无毒的树叶作为单簧气鸣乐器吹奏的民间音乐。重庆地区有酉阳木叶吹奏、武隆石桥木叶吹奏，内容丰富，形式变化多样，代表曲目有“木叶情歌、阿西里西、三月三、栀子花开、送郎调、情深意长”等，在酉阳民间至今还保留传承着“大山木叶烂成堆，哥妹相爱哪用媒，几时吹得木叶叫，只用木叶不用媒”的婚俗，木叶吹奏也成为青年男女谈情说爱的方式。

梁平吹手，是以唢呐、小鼓、梆子、勾锣等打击乐器演奏的民间音乐。梁平吹手演奏可单吹，也可一人同时口吹、鼻吹两支唢呐；采用独特的“当当词”记谱方法，传统曲目分为“红会、白会”。红会曲目气氛热烈喜庆，多用于节日庆典、迎亲祝寿、赶庙进香等活动场合；白会曲目哀怨凄婉，常用于丧葬活动。传统曲目108调，每调有引子5个，共540首曲子，代表曲目有“大开门、小开门、将军令、过堂、刮地风、一条枪、众星伴月、闹莲花、倒四句、九板、小桃红、云庭翻、点将、拜寿、律音牌子、和音牌子、过街调、闹沙河、三响锣、双探妹、太公钓鱼、打锣槌、瞎子过街、鱼吃水、满堂红”。

酉阳咚咚喹，是使用自制的吹管乐器“咚咚喹”，以吹唱结合的形式表演的民间音乐。咚咚喹用细竹管制作，管身长15～20厘米，内径0.4厘米，竹管上端留有竹节，节下切一斜口削出薄片为簧；管身正面将外皮削平，开有3~4个音孔。演奏有独奏、齐奏、合奏等多种形式，传统曲牌有“咚咚喹、耍调、赶集、巴列咚、呆嘟哩、乃哟乃、拉帕克”等。

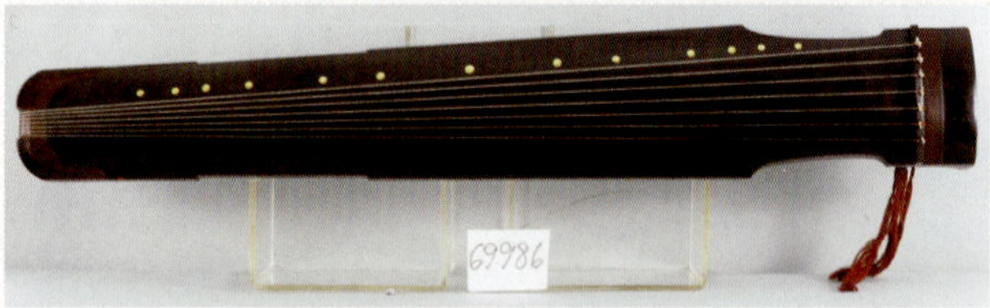

重庆中国三峡博物馆共计收藏历年古琴48张，是目前国内外各大博物馆中藏琴数量最多、品质最好的单位之一。在这48张琴中，有36张琴都在琴底、琴腹（个别在琴面）雕刻或书写有款识，其中既有著名人物，也有地方名家，既有古代的，也有近代的，既有诗词，也有短文，这些题识无论是从文学艺术还是从书法、雕刻等方面，都具有很高的价值。同时这批琴唐、宋、元、明、清诸朝一代不缺，十分珍贵，从而形成完整、连续的古琴序列。这批琴中名琴众多，如唐代“襄”琴、宋代“松石间意”琴等。

1985年，重庆文史馆馆员、古琴家杨清如在演奏古琴。

北碚颂雅琴社自2007年成立以来，长期致力于古琴和琴歌的研讨交流与教学传播工作，尤其在追复传统琴歌上有深入实践，被誉为“缙云山下的人文客厅”。琴社拥有丰富的古琴图书、影像类资料，并藏有诸多当代斫琴名家的古琴。

大渡口泛川派古琴艺术，由川派古琴发展而来，形成于清咸丰、同治年间，在演奏风格、琴曲创作等方面，承袭了稳健豪放、朴实无华的川派古琴风格，形成了清和坚实、刚柔相济、劲健圆融、奔放沉雄的泛川派古琴艺术特点，以“滚、拂、绰、注”指法演奏的古代名曲《流水》中的第六段，形象鲜明，情景交融，有“七十二滚拂”之称。1956年全国古琴调查，被定名为“泛川派”，位列全国琴派之首。

二、民 歌

川江号子，也称“川江船工号子”，是长江上游川渝地区川江水系船工们驾船劳作时，为统一动作和节奏，由“号头子”领唱，众船工帮腔、合唱，一领众和式的民歌音乐。川江号子主要流传于金沙江、长江及其支流岷江、沱江、嘉陵江、乌江、大宁河等流域，故“金沙江船工号子、嘉陵江船工号子、岷江船工号子、沱江船工号子、乌江船工号子、奉节瞿塘峡船工号子、云阳新津船工号子”等也属于川江号子。川江号子又可按地域细分为嘉陵江、岷江、沱江等长江支流及金沙江地域的“内河号子”，以涪陵为中心的“上河号子”，以奉节为中心的“下河号子”，各自具有不同的艺术风格。川江号子有“四平腔数板、懒大桡数板、起复桡数板、快二流数板、落泊腔数板”等腔型类别，有26种词牌和千计以上曲目。按河段水系不同可分为“大河号子、小河号子”；按船行方向可分为“上水号子、下水号子”，上水号子有“撑篙号子、扳桡号子、竖桅号子、起帆号子、拉纤号子、大斑鸠号子、幺二三号子、抓抓号子、蔫泡泡号子”等，下水号子有“拖扛号子、开船号子、平水号子、二流橹号子、快二流橹号子、幺二三交接号子、见滩号子、闯滩号子、下滩号子、莫约号子、桡号子、龙船号子”等；在闯滩时还有“懒大桡号子、起复桡号子、鸡啄米号子、绞船号子、交加号子”等。代表曲目有“十八扯、八郎回营、桂姐修书、魁星楼、拉纤号子、捉缆号子、橹号子、招架号子、大斑鸠、小斑鸠、懒龙号子、立桅号子、逆水数板号子”等，号子的歌词多以沿江的地名、物产、历史、人文景观为题进行编创。

奉节瞿塘峡船工号子，俗称“哈哈号子”，是以喊号子为主，喊唱结合的民歌音乐。号子分“砍桡号子、抽桡号子”两种，有“拖扛、搬艄、推桡、拉纤、收纤、撑帆、摇橹、唤风、慢板”等94首，代表曲目有“拖杠号子、出艄号子、摇橹号子、掌力号子、拉纤号子”等。

云阳新津船工号子，是以“号子头或号子哥”领唱，众船工合唱帮腔的民歌音乐。新津船工号子由“平水号子、见滩号子、上滩号子、交架号子（学者称“拼命号子”）、下滩号子”等组成。号子中“数板”唱词，由号子头即兴编唱，并无定式，代表曲目有“冲滩号子、下滩号子、船工号子”等。

黔江南溪号子，源于唐代，是以一人领喊，二到三人伴唱高音，众人则低音帮腔，形成多声部和声演唱的民歌音乐。南溪号子由劳动号子和山歌号子发展而来，号子歌词通常即兴创作，多为四句，一句七字，并配衬词；唱腔唱法较为固定，唱腔主要有“大板腔、九道拐、三台声、打闹台、南河号、喇叭号”等十余种，代表曲目有“送郎调、盘歌、喇叭号、字谜好、干妹号、连八句、闹五更、敬酒歌、情歌调、打杵号、幺妹调”等。

合川三江号子，源于南宋时期，是以合川为中心的嘉陵江、渠江、涪江三江流域的船工号子。三江号子从地域上分有“涪江号子、保宁河（嘉陵江）纤子、渠江桡子”；从水流方向又分为“上水号子、下水号子”，上水号子有“立桅号子、上纤号子、缓水号子、抓抓号子、榨榨号子、拦挽号子、踏脚斑鸠、踢脚斑鸠、二流水号子、数板号子、交接号子、打标汇桅、滩头号子、收纤号子、拖浅号子、岩弯号子”等，下水号子有“起桡号子、幺二三号子、交夹号子、过滩号子、报路号子、数板号子、抓抓号子、进档号子”等；还有节庆时的“龙舟号子”等。曲调吸收了民歌、川剧、车灯、金钱板等调式，内容有历史故事、风物传说、民风民俗、行善积德等，还能随时即兴编唱。

长寿龙溪河拖滩号子，是以领唱喊号子为主，喊唱结合的民歌音乐。拖滩号子有“平水号子、急水号子、进滩号子、斗滩号子、拼命号子”等。

云阳打夯号子，源于清朝山歌唱腔班，是用石夯在筑堤、筑坝、筑坎、筑路中夯实泥土时，即兴编唱的民间音乐。打夯号子多以唱为主，唱中夹话白，音律舒展、层次感强、粗犷激昂，代表曲目有“孟姜女哭长城、十八女儿陪裁缝”等。

巫山龙骨坡抬工号子，也称“抬帮号子”，是将抬重物时的吆喝与民间歌谣结合起来的民歌音乐。龙骨坡抬工号子是将民间山歌和五句子歌的曲调结合，方言唱腔句式整齐，领和对称，具有原生态民间音乐的特点；歌词简单朴实，幽默诙谐。龙骨坡抬工号子行走时有“报路号子”，按行走和音乐速度分为“快腿号子、慢腿号子”两大类。上坡就唱“哟嗬号子、哟耶哟嗬嗬”等慢腿号子，平路与下坡就唱“联箫号子、嘻嘻白、倒采茶、啄啄号子、倒采茶”等快腿号子。

云阳抬工号子，是在劳作时以领唱、合唱为主的民间音乐。号子分为“上坡号子、下坡号子、平路号子”等，按行走节奏可分为“快腿号子、慢腿号子”等，曲词音韵协调，句式整齐。

石工号子，也称“开山号子、岩工号子、送石号子”，是石匠在开山采石、抬石时喊唱的民间音乐。

大渡口跳蹬石工号子，用大锤击打巨石时喊唱“大锤号子”或“开山号子”，撬动石料时喊唱“撬石号子”或“拗石号子”，拉走石料时喊唱“滑石号子”或“滚石号子”，搬运石料时喊唱“抬石号子”。石工号子曲目风格各异，“大锤号子”音乐粗犷豪壮，“撬石号子”柔和流畅，“抬石号子”节奏鲜明。歌词有无特定内容的劳动吆喝呼号、触景生情的即兴编唱、传统叙事歌词等。

长寿石工号子，包括“开山号子、拗石号子、滑石号子、抬石号子”四种。“开山号子”俗称“大锤号子”，是石工在开山采石时唱的号子；“拗石号子”俗称“撬石号子”，是用钢钎或撬棍，撬动毛石料时唱的号子；“滑石号子”是把山上开出来的石料撬滑到山下时唱的号子；“抬石号子”俗称“抬工号子”，是抬运石料时唱的号子。石工号子语言风趣诙谐，节奏明快平稳，韵律优美严谨，生活气息浓厚。

忠州石工号子，“领合式”演唱形式，曲式结构完整，歌词多用象声词做衬腔，如“嘿、哟”等。曲调雄浑壮阔，豪迈粗犷，紧张有力，气势磅礴，民族风格浓郁。代表曲目有“打大山、不怕你这石头那么硬”等。

黔江黎水拗岩号子，俗称“喊号子”，拗岩号子按劳动场景和工种可分为“拗岩号子、抬岩号子、情妹号子、幺妹号子”等类别，拗岩号子和抬岩号子属踏步号子，是步子快慢与调门长短合拍的协作性指令。拗岩号子曲目结构为套歌形式，唱腔固定，以大板高腔为主，前面的长句由“号子头”一人领唱，两人伴音，后面的众人帮腔“嗨咝咪”等语气词。号子歌词多为即兴创作，其曲目中诙谐幽默的荤号子，俗称“花号子”。拗岩号子曲目句法有“半句号、两声号、三声号、四声号、五声号、大声号”等，代表曲牌有“姨妹哥、大留郎、小留郎、干哥子、登板、罗幺姐、点点红、海棠花、柳叶儿红、大叶儿、小叶儿、蓝采和”等。

垫江开山号子，有“素号子、荤号子”两大类，素号子内容有时政、劝诫、农事、日常生活、情感等，荤号子的特点是语言粗俗，多用于男女间相互调侃。开山号子按劳动场景可分为开场号子、大锤号子、撬石号子、滑石号子、卷石号子、扯石号子，具有“调子优美，节奏高亢；句式整齐，合辙押韵；语言朴实，诙谐幽默；触景生情，即兴编唱；内容丰富，有人有事”的特征。代表曲目有“大锤号子、滑石号子、搬山号子、抬工号子”等。

榨菜踩池号子，流行在涪陵、丰都、万州等地，是在腌制榨菜时，由一人领唱导引，众人帮腔喊唱的民间音乐。腌制榨菜时，要将池内铺上一层一层菜头，用脚踩踏，众多踩池人为了脚步协调一致，口喊号子、脚踩榨菜，当地人俗称“踩池子”。号子唱词多根据民歌、山歌进行改编创作，或领唱者根据现场劳作情况即兴创作。丰都榨菜踩池号子，原始古朴，颇有古代巴人踏歌风韵。

黔江马喇号子，也称“高炉号子”，俗称“山号子”，诞生于明清“湖广填四川”时期，一般由“号头”一人领唱，若干人合唱，旋律高亢悠长，类似蒙古长调。歌词内容有即兴创作、套用山歌两种，号子有固定的套路和曲牌，唱腔有“九板十三腔”，有“老号子、过街号、过河号、过桥号、棋盘号、大哟哈号、小哟哈号、定庚号、哥妹号、羊角号、大唢呐、小唢呐、雪花飘、路边花、九道拐、单来声、懒梳头、道师令、小郎回家、一杯酒、二杯酒、数板”等30余种曲牌，代表曲目有“三声号、太阳出来正当中、哟呵号、过河号”等4首。

巫山邓家背二哥号子，力夫俗称“背二哥、背脚子”，背二哥号子是力夫背运货物行走时喊唱的民间音乐。走在最前头的背二哥负责领喊号子，领喊时还要将路况喊唱出来，后面的人就跟着应和。背二哥上坡喊“慢号子”，平路或下坡喊“快号子”，曲式结构多为上下两个乐句的单段体。

巫山大溪穿扬号子，古称“蛮腔”，是以歌和号相互穿插演唱的民间音乐。吟唱方式必须“一歌一号”并匹配成套，“歌”以七言五句为体裁，“号”以五言四句为体裁，按早、中、晚三个时段，分别有“早扬歌、中扬歌、晚扬歌”及男穿号、女扬歌，有“百歌十八号，九板十三腔”之称。有独唱、领唱、合唱等演唱形式，演唱时配以同韵律的锣鼓相伴。歌词以祭祀礼仪、情歌内容为主，即兴创作，旋律高亢嘹亮，节奏宽广自由，代表曲目有“太阳当了顶、太阳大了晒坏人、太阳落土、送太阳神、妹乐哥乐吔、四句号儿、八句子号、薅草绝窍”等。

长寿翻叉号子，也称“圆场号”，俗称“翻叉歌”，是长寿、涪陵一带在晒场上翻晒农作物时“领合”式的民间音乐。翻叉号子一领众和，曲调旋律简单，结构短小，节奏鲜明，易于学唱。代表曲目有“翻叉十字歌、跑江湖、太阳落土、小船下江”等。

梁平抬儿调，也称“抬工号子”，是在抬运重物时喊唱的民歌音乐。旧时，托运工在梁平地区俗称“抬角（儿）”“抬脚（儿）”或“抬二哥”，抬工团体称“龙杠会”或“杠子会”，故抬工号子称“抬儿调”。抬儿调按抬运对象分为“踏脚调、四轿调、龙杠调”三大类“调子”，抬运重物时叫“踏脚调”，抬花轿时只吼不唱叫“四轿调”，办丧抬棺吼“龙杠调”，又叫“上山调”。歌词多为四句或八句，第一、二、四句押韵，第三句可押可不押。

万州三峡背二歌，是力夫背运货物行走时喊唱的民间音乐。三峡背二歌腔调多样，有独唱、对唱、合唱等，合唱时多为一人领，众人合唱。号子唱词有长短句、七字句和五字句，有情歌、劳动歌、喊峡歌、喊山歌、时政歌等内容。

石柱土家啰儿调，是石柱土家族的民间音乐。啰儿调旋律简单，每曲音域都在八度以内，腔中少有装饰，行腔起伏得当，易于掌握传唱。调式多为徵、羽、商调式。既有传统曲目，又有现场发挥的即兴曲目。曲调相同而词不同，可现场即兴填词，歌词句式大多为七字句，有“竹枝词”遗风。歌词反映当地土家人的生活、劳动、民风、民俗、情感、宗教等内容，民族风格浓郁。特别是曲目中大量的运用“啰儿”“啰儿啰”“啰喂”等方言衬词，使曲子的音调与当地土家方言的四声声调结合得十分紧密，从而形成了独特的风格和艺术韵味。蜚声中外的经典民歌《太阳出来喜洋洋》就是石柱土家啰儿调的代表作。

民歌，是民间大众口头创作、口头流传的，可供吟唱的民间音乐。民歌按内容分为劳动歌、时政歌、仪式歌、情歌、儿歌、生活歌六大类，按调式可分为号子、山歌、牧歌、田秧歌、船歌、童谣、小调、风俗仪式歌等，句式结构多样，歌词多为韵文。重庆经典民歌有《太阳出来喜欢洋洋》《黄杨扁担》及“川江号子”等。

巴南木洞山歌，由古代“巴渝歌舞”，经战国时代的“下里巴人”、汉代的“巴子讴歌”、唐代的“竹枝词”，直至明清演化形成而来。木洞山歌主要是薅秧歌的“禾籁”曲牌，另有少量的啰儿调、小调、山歌曲牌。禾籁属中国民歌中的稀有品种，地域特色浓郁，曲调丰富，有数以千计的曲目。禾籁曲调体式以多段体结构著称，曲调中有“高腔禾籁、矮腔禾籁、平腔禾籁、花禾籁、连八句”等多种调式，调式下又有若干子调式，如“高腔禾籁”，下有“依呀禾籁、也禾籁、锣鼓腔、依依腔、呀呀腔、四平腔、噢嗬腔、呜哦腔、悠呵腔”等调式，内容有劳动号子、民俗歌以及伴随玩龙灯、舞狮子、打莲箫、划彩船、赛龙舟等边舞边唱的舞歌等，代表曲目有“山歌好唱口难开、走进深山雨要来、什么红来红满天、白鹤飞起白又白、正月喂猪腊月肥、太阳大来晒死人、清一早起来把门开、花不逢春不乱开、赶场、冬寒菜”等。

秀山民歌，有劳动歌、山歌、风俗歌、生活歌四大类，其中的秀山民歌《黄杨扁担》《一把菜籽》脍炙人口，名扬天下。秀山民歌在音乐织体和演唱形式、节奏节拍、调式音阶、音调、词曲结构、衬词和衬腔等的运用上都有显著的地域特征。秀山民歌十分丰富，仅秀山花灯类歌曲就有24大调，千余首曲子，代表曲目有“划船调、对歌、盘歌、情歌、豇豆林、绣荷包、哭爹娘、哭媒人”等。

酉阳民歌，曲调丰富，优美流畅，可分为小调类、劳动号子类、山歌类三大种类，有1700多首，歌词多采取比喻、夸张等手法，代表曲目有“不要愁来不要焦、太阳去了坡背凉、木叶情歌、这边岭来那边梁”等。

酉阳古歌，是土家族巫傩师（梯玛）在祭祖崇拜、祈求丰产、驱邪还愿等法事活动中吟诵或唱诵的巫傩诗文。古歌体裁有双句押尾韵的自由体和两句一节、四句一节句尾押韵的格律体，多为四言七言句式，有高腔、平腔两种唱腔，代表作有赞美诗《东岳齐天是齐王》《来也匆匆，去也匆匆》，风俗诗《藏身躲影》《鸣锣会兵》，诀术诗《一年四季》等。

彭水苗族民歌，曲调多达120余个，歌词一般七言为句，四句为段，每段分领唱、助唱，有主音、尾调，一唱一和，一问一答。苗族民歌以彭水县鞍子镇的“鞍子苗歌”尤为丰富，有劳动歌(如打闹歌、采茶歌、刺绣歌等)、时政歌、仪式歌、情歌、生活歌、历史歌、儿歌、杂歌等类别。按表现形式分有独唱、合唱、对唱、一领众唱（打音）、多领众唱、齐唱等；按唱腔分有高腔、平腔、混腔三大类；按曲式分为号子、小调、连句、盘歌等。代表曲目有“娇阿依、花线囊、情妹妹下河洗白菜、过山号、莽号、太阳去了四山阴、联八句、连八首、正月麦草青、十绣、逢春歌、郎在对门打伞来、倒采茶”等。

黔江后坝山歌，有固定的腔调和唱法，歌词多为四句一段、一句七字，类似绝句，类别有儿歌、情歌、谐趣歌、叙古歌、哭嫁歌、劝世歌、生活歌、劳动号子等。

南川大有民歌，有劳动歌曲，如石工号子、打夯号子、扯箱号子、抬工号子、撵石号子，有日常生活歌，如妇女生活歌、情歌、哭嫁歌、哭丧歌、风俗歌曲及小调等类别。曲子不长，歌词一般四句、八句，最长不过十六句，起承转合明显，唱腔滑音多，代表曲目有“脸皮薄不好说、太阳歌、乱劈柴、贼娃子”等。

武隆后坪山歌，有劳动歌、生活歌、情歌、仪式歌、时政歌等类别，演唱形式有独唱、盘歌、合唱或配合唢呐、鼓乐唱等，具有音调沉稳浑厚，跳跃性强及歌词内容丰富，表现形式多样的特点，民族特色浓郁。歌词句式有四句头、五句头、六句头、七句头、八句头和长段，代表曲目有“打闹山歌、开盘锣鼓、清官图、蟒蛇记、劝郎歌、剥苞谷小调、望郎歌、情郎歌、干妹歌、十爱、十想、十二月丝线”等。

巫山民歌，尤以小三峡马渡山歌最具代表性，歌词有当地俚语，易懂易记，朗朗上口，韵味无穷，地方生活气息浓郁。民歌以歌代话，成为地民间的“第二语言”，旋律多为级进，音域多在2至9度之间，高亢嘹亮、音域宽广，具有浓郁的地方特色。代表曲目有“豌豆苞谷、杨柳叶儿细、倒采茶、十杯酒、十爱姐、十把扇、十块帕、叹郎歌、老表哥、露水夫妻不久长、问郎几时来、手扶栏杆叹十声、小郎上四川、手扶栏杆”等。

彭水梅子山歌，兼具山歌和号子的特点，是以“亦歌亦号”的喊唱方式为主，主要曲目有“黄板溜号、连八句号、花号、老鸦号、过山号、梭子号、嗬嗬号、九转号、么姨娘号、碾田号、吃茶号、回笼号、排号、下田大号、清风冷号、冷号、下山号、茶号、黄羊号子、红羊号子、围腰号子、歌郎号子、烧香号子”等。

涪陵焦石民歌，源于古代巴渝民歌竹子歌（亦称“巴渝曲、巴渝辞”），有生活歌谣、劳动歌谣、时政歌谣、风俗歌谣、儿歌等五类，内容包括出情歌、盘歌、樵歌、栽秧歌、薅秧歌、打场歌、薅草打闹、开山号子、抬脚号子、船工号子、哭嫁歌、上梁歌、唱财神等100多个小类近3000多首，涵盖了历史传说、自然地理、生产生活、民俗宗教等多个方面；有独唱、对唱、领唱、联唱、轮唱等多种演唱形式，旋律简洁，唱腔质朴，行腔流畅；代表曲目有“打连盖、上梁、山歌流淌、扯秧歌、打闹草、翻查除草歌、幺妹清早去砍菜”等。

綦江民歌，有山歌、薅秧歌（田歌）、盘歌、石工号子、小调、风俗歌、苗歌等七大类，数十个歌种1200余首，类型齐全，内容丰富，乡土特色浓郁。曲调以五声为主，句式顺畅，旋律激越悠扬。代表曲目有“大河涨水浪沙洲、大河涨水浪打浪、大河涨水小河满、大河涨水小河浑、太阳出来红彤彤、太阳当顶又当中、太阳出来落坡照过沟、太阳落坡坡背黄、清早起来摘花戴、久不唱歌忘了歌、叫我唱歌就唱歌、有心跟哥不怕穷、十对花、绣荷包”等。

彭水太原民歌，有劳动歌、时政歌、仪式歌、诀术歌、哭嫁歌、福事歌以及孝歌、酒歌、情歌、历史歌、儿歌等类别，演唱形式上有独唱、合唱、对唱、坐唱，还可边歌边舞。“溜溜调”唱腔，节奏感强，婉转抒情，代表曲目有“齐田大号、四季溜溜歌、十劝姑娘家、梳头打扮跟你走、盘歌、劝郎歌、十绣古人、这山没有那山高”等。

黔江石城情歌，以交情歌体例和反映爱情内容为主，按场合可分为“木叶情歌、采茶歌、砍柴歌、赶马歌、放牛歌、翻山调、劳动歌、哭嫁歌”等；唱腔有“高腔山歌、平腔山歌”两种，“平腔山歌”居多；句式以七言四句为主，兼有七言五句或七言八句；曲牌有“号头、半声子、上下句、四句子、五句子、叫五句、六句子、连八句、穿号子、赶号子、串句子、穿尾子”等结构形式；歌词多用比兴、比物、比景、比情、比人等手法。演唱时可独唱、对唱，曲调动听，语言独特，通俗易懂，易记易唱，代表性曲目有“十把扇子、小乖乖、太阳落土四山黄、滩小妹、望郎、劝郎莫打牌、干妹歌、郎也乖来妹也乖、对门情妹长成人”等。

开州民歌，源于巴人竹枝歌，有独唱、盘歌等演唱形式，代表曲目有“螃蟹调、探郎歌、盼郎歌、开州号子”等176首。

薅秧歌，是反映田间劳作或男女情感的传统民歌。薅秧歌一般有两句、四句，以二二三节奏的七言组成一个完整的曲调；有“歌、调、号”三种，有一人领唱、多人合唱，对唱等演唱形式；调子有高腔、平腔、短腔等，曲调复杂，声腔高亢豁亮，音色雄浑圆润。隋唐时期流行的“竹枝词”多取材此类民歌。垫江高峰薅秧歌，内容丰富，调子优美，节奏高亢，句式整齐，语言朴实，诙谐幽默，还可现场见子打子，即兴编唱。代表民歌有《下田薅秧》《太阳出来》《太阳当头》《太阳落土》《苞谷》等数十首。

璧山薅秧歌，也称“薅秧号子”，曲调悠扬，旋律简洁流畅，歌词通俗易懂，内容含蓄幽默，至今已有八百余年的历史。

武隆平桥薅秧号子。

大足薅秧山歌，节奏自由，声调高亢悠扬，响亮而尖锐，代表民歌有《四季》《十二个月》《郎打哨子应条沟》《做个荷包塞冤家》等。

江津永兴吆喝，是以吆喝的形式演唱，属薅秧歌范畴的民间音乐。永兴吆喝因帮腔部分为众人合唱，被当地称为“吆”而得名。有高腔、平腔两类唱腔，有独唱、对唱、领唱加合唱（即吆喝）三种形式，歌词内容丰富，代表曲目有“太阳出来要晒人、凉风绕绕天要晴、情妹出来薅海椒、大路趟趟下白沙、靠船调、薅秧歌、打谷歌、端午歌、烧火姥歌”等300余首。

五句子歌，流行于巫溪、云阳长江三峡等地区，大抵由七言五句组成，前四句表意，最后一句写实，五句为一段的民间小调。其中，巫溪五句子山歌分平腔、高腔两种，平腔旋律优美，高腔高亢宛转；平腔多用于五句子山歌，高腔多用于五句子山歌中的“鸳鸯号子”，两种唱腔有时也可交错互用。五句子山歌形成了“一喊、二唱、三穿号子、四小调、五儿歌”五种演唱风格，一喊即高腔，二唱即矮腔，三穿号子即两人或多人将歌和号子相互穿插演唱，四小调即哼唱里巷小调，五儿歌即儿童唱的歌。曲牌有“赶五句、联八句、采茶调、一字调、对声子、穿号子、杂号子、九声板、喇叭调”等。五句子歌以情歌为主，歌词朴实无华，极易上口。五句子山歌结构形式独特，一段可独立成章，多段五句子联缀成章则称“赶五句”或“排子歌”。代表曲目有“空房梦、抛枪歌、郎在高山打伞来、吃不得山上壳大麦、哪有黄河水倒流、转丧鼓、打丧鼓、禹步舞、七姊妹儿舞”等。

渝北华蓥高腔，也称“华蓥山歌”，是以高腔为主的民间音乐。华蓥高腔有情歌、劳动歌、生活歌和历史传说歌等，有独唱、对唱、合唱，还可一人领唱半句，多人帮腔合唱。华蓥高腔风格独特，音高洪亮，转音独特，代表曲目有“高腔山歌、开场歌、采茶歌、女儿歌、梭衣歌、放牛歌、薅秧歌、吃黄瓜、丝瓜花南瓜花”等。

梁平孝歌，也称“唱孝歌”，俗称“打夜锣鼓”，是在举办丧事仪式时演唱的民间音乐。孝歌由最初的清唱逐渐演变成由鼓、锣等打击乐伴奏的表演形式，一般有两人或三人，一人打鼓，一人敲锣，围着棂柩边舞边唱，一应一对，或后随一人跟唱。歌手按照乐师敲打的节奏吟唱，曲调哀婉，唱词押韵，内容丰富朴实。根据逝者性别、年龄不同，所唱的曲牌也不同，甚至还可根据逝者的生平经历即兴编唱，见物唱物，见事唱事，表达哀思。孝歌有醒悟歌、戒嫖歌、戒淫歌、戒赌歌等类别，代表曲目有“开堂歌、扫堂歌、十二殿、十月怀胎”等104首。

彭水诸佛盘歌，是以一问一答的盘歌为主要形式，以清唱为演唱方式的民间音乐。诸佛盘歌源于古代巴歌，始于唐宋，盛于明清。音型独特，曲调优美，内容以情爱为主，代表曲目有“石头背上长青苔、刺芭林里谈家常、白脸小郎哥、打鱼郎、新织米兜焦咪黄、扬州起火、牛郎织女、石头背上长青苔、刺芭林里谈家常、白脸小郎哥、打鱼郎、新织米兜焦咪黄、扬州起火”等。

三、舞 蹈

秀山花灯，也称“跳花灯、耍花灯、花灯戏”，是集歌、舞、戏剧、杂技、纸扎艺术和民间吹打于一体，以歌舞表演为主的综合性民俗歌舞。花灯表演有“设灯堂、祭灯、启灯、开财门、观灯、送寿月、闹红灯、拜年祝贺、谢主、辞神、烧灯”等程序。表演通常从农历正月初二开始，至正月十五结束，十六以后叫“厚脸灯”。花灯由一旦（幺妹子）、一丑（癞花子）两人表演的称“花灯二人转”或“单花灯”，四人表演的称“双花灯”，多人表演的称“群花灯”，两人在几张重叠的方桌上进行花灯二人转表演，叫“高台花灯”，俗称“跳宝塔”。秀山花灯按音乐可分为声乐和器乐两大类，以声乐为主，声乐按内容可分为“灯调、正调、杂调、小调”四大类；曲目有“黄杨扁担、一把菜籽、四季相思、绣荷花、黄花草、上茶山”等500余首，打击乐曲牌有“懒龙过江、猛虎下山”等40余个。花灯戏又名“单边戏”，有生、旦、丑等角色，将演唱故事、乐器伴奏与花灯舞蹈紧密结合，剧目有《花子醉酒》《牧童看牛》《看牛下棋》《三媳敬寿》《箍桶匠》《小媳妇》《盘花》《徐氏教子》《徐氏做媒》《玉乐瓶》《闹江州》《陈姑赶潘》《四季景》《万花池》《宝儿搂姐》《裁缝偷布》《打鱼救生》《百花赠剑》《安安送米》等30余折。

酉阳摆手舞，是土家族人民以摆手为基本特征，以祈求幸福吉祥为主题，集歌、舞和打击乐伴奏于一体的祭祀性舞蹈。摆手舞分为“大摆手、小摆手”两类。“大摆手”主要表现古代战争等宏大场面，其舞粗犷劲勇；“小摆手”主要表现日常生产、生活的场面，其舞轻柔细腻。

忠州矮人舞，是头戴竹篓，肚皮上画出脸谱，装扮成“小矮人”来欢庆丰收的娱乐舞蹈。矮人舞由民间“藏猫”游戏演变而来，表演时演员头罩大竹篓至胸部，将头和脸罩住，竹篓就成了“帽子”；胸部绑两根竹条，从衣袖中穿出为“手”；腹部裸露并画上眉毛、眼睛、鼻子为“脸”；肚脐眼则做“嘴”，形成头大、脸宽、身短的“小矮人”，滑稽夸张，憨态可掬。

龙舞，也称“舞龙”，俗称“耍龙、耍龙灯、玩龙灯”，是以鼓、锣、钹等打击乐为伴奏音乐，舞动龙形道具的民间舞蹈。龙的形象源于中国古代图腾，是中华民族的象征。龙形道具按制作材料可分为“布龙、纱龙、纸龙、草龙、钱龙、竹龙、棕龙、板凳龙、百叶龙、荷花龙、火龙、鸡毛龙、肉龙”等，主要有“戏水逐浪、腾云驾雾、金龙绕柱、临阵神威、引龙出洞、玉龙出水、龙头穿花”等动作套路。

铜梁龙舞，兴起于明，鼎盛于清，盛于当代。龙舞有龙灯舞、彩灯舞两大系列。龙灯舞有“大蠕龙、火龙、稻草龙、笋壳龙、黄荆龙、板凳龙、正龙、小彩龙、竹梆龙、荷花龙”10个品种，其中以“大蠕龙、火龙”闻名于世；彩灯舞有“鱼跃龙门、泥鳅吃汤圆、三条、十八学士、亮狮、开山虎、蚌壳精、犀牛望月、猪啃南瓜、高台龙狮舞、雁塔题名、南瓜棚”12个品种。龙舞套路丰富、动律谐趣，伴奏音乐独特，道具构思巧妙，造型夸张，服饰简朴大方；铜梁龙舞中的铜梁火龙更是独具魅力，打铁水、喷火花，火中舞龙，场面热烈。

巴南姜家舞龙习俗，有“火龙、柑子龙、黄荆龙（亦称“水龙”）、虾子龙、萝卜龙、草龙、扁担龙、板凳龙、旱龙（俗称“旱龙船”）、独龙、女子龙、彩龙、箩筐龙、肉龙、墨龙、童子龙、孝龙”等近20个品种。农历三月三“娘娘会”舞柑子龙，四月二十八龙王生日舞黄荆龙，五月初五端午节舞旱龙，八月中秋舞板凳龙，腊月二十三敬灶神舞萝卜龙，春节期间舞火龙，喜添贵子请女子来舞龙贺喜，祝寿要舞彩龙，丧事舞孝龙，店铺开张舞板凳龙，商人出门经商舞草龙，挑夫出行舞扁担龙。

武隆平桥耍龙，平桥龙灯是在龙的腹部点上以竹麻浸泡桐油后做成的“燃烛”（今为电池灯），形成有“龙”有“灯”的龙灯，也可用作夜晚照明。舞龙时，还有一个个亮着灯光的“排灯”随龙而行。平桥龙灯有“长龙、草把龙、板凳龙”等种类，舞龙以“玩耍龙”为主，从正月初九开始“出龙”，然后天天晚上都要玩龙，直至正月十五元宵夜“龙送大年”后，玩龙才停止。

潼南花岩彩龙舞，始于清光绪年间，由四人表演，其中一人玩宝珠，一人舞龙头，一人舞二节子和三节子，一人舞四节子和龙尾，有“开财门、黄龙缠腰、五龙归位、首尾相连、长蛇阵、反跳顺跳、八阵图、青蛙晒肚、龙腾虎跃”等动作套路。

潼南五节龙舞，因龙头、龙身、龙尾共五节而得名，表演时一人执龙头，一人持龙身两节，一人持龙身与龙尾两节。五节龙有“草把五节龙、灯火五节龙、彩色五节龙”等，主要有“举龙、二龙出水、翻滚游江，缠腰戏耍、卧台翻滚，彩虹飞驾，高台吸水”等动作套路。

黔江马喇龙灯习俗，从正月初九出灯开始玩龙灯，俗称“上九龙”，一直要玩到正月十五元宵节后烧掉龙灯才结束，主要有“雪花盖顶、黄龙缠腰、古树盘根、二龙抢宝、懒龙翻身”等动作套路。

江津小彩龙舞，也称“舞小龙”，俗称“耍小龙”，因舞龙时所用的小型龙形道具而得名。小彩龙舞常为三人舞，也可二人或一人舞龙，以“小、巧、灵”而著称，主要有“三官骑大马、顶罗汉、三层楼、金钱吊宝、青龙过海、二龙戏珠、钻天入地、鲲鹏展翅、盘根错节”等动作套路。

永川双石小金龙，由龙头、龙身和龙尾构成，长约3.5至5米，龙身有五个手把，一到三人都可以舞龙，通常二至三人舞龙较多，一个人舞动时一只手握3个手把，另一只手握2个手把舞龙，主要有“跳龙把、龙翻身、龙晒肚、龙摆尾、龙盘柱、龙朝水、龙飞天”等动作套路。

火龙，俗称“玩火龙灯”，是在舞龙的过程中始终伴随打铁水花、放烟花、施焰火、喷烟雾、燃爆竹，龙在火中舞的表演形式。打铁水花是先将生铁块在火炉中熔化成液状，用铁勺舀起抛至合适高度（70～80厘米），用木板用力拍打至龙及舞龙者的身上。铜梁火龙有“之字拐、两边倒、8字花、龙升天”等20余种动作套路。

彭水普子铁炮火龙，是包括龙灯、油练（龙身内的油灯）、黄烟与铁末火花制作技艺和舞龙的民俗。普子铁炮火龙一般在农历正月初九辰时请龙，龙头开光，申时出龙，农历正月十五元宵夜亥时后烧龙，共玩七个夜晚。舞龙时，牌灯投帖通知村寨各家各户接龙，接龙主人备烈酒款待舞龙汉子，俗称“灌龙肠子”；舞龙时，铁炮轰鸣，黄烟绕龙，铁末火花烧龙等助兴，舞龙有“黄龙出洞、黄龙滚滩、黄龙盘腰、黄龙穿尾、黄龙跃门、黄龙穿花、滚龙入海”等动作套路。

黑山请水习俗，是在丰收后，敲锣打鼓，以全猪全羊做供品，舞水龙、唱戏，馈谢龙王的习俗。请水习俗主要有“请水、还水”两大活动，是一年一度的庆丰收节会，故当地称“水龙节”。

丰都水龙祈雨，祈雨的内容主要分为祭祀和龙舞表演。水龙祈雨有“募钱量、扎制水龙、养龙、祭祀、舞水龙、龙游四海”等过程。水龙祈雨时，每到一家门口，主人在燃香点烛，恭迎水龙后，便向水龙泼水，水龙被泼得越湿，下雨的希望就越大。

石柱西沱古镇水龙会，民间舞龙求雨、祈求丰收的民俗。水龙会有“请龙出山、龙游云梯、泼水迎龙、群龙抢宝、祭龙祈福、龙归大海”等过程。

荣昌河包肉龙，是用彩扎的龙头、龙身，由真人裸背，弯腰伏地相互连接扮演龙身，表演舞龙的民间舞蹈。肉龙队伍分为耍宝、龙头、龙背、龙尾四个部分，舞龙时由一人领唱“扭连妞”（莲箫调），全体舞龙者帮腔；有“龙洗澡、龙过江、龙翻身、龙钻洞、龙缠腰”等动作套路。通常在正月初八下午到河边祭祀，叫“请龙”，初九正式开始舞龙，叫“出龙”，正月十五舞龙结束后，到河边烧掉龙首、龙尾，叫“回龙”。

梁平礼让草把龙，是用稻草编织、捆扎成龙珠、龙头、龙身、龙尾，表演舞龙的民间舞蹈。龙身呈圆柱形，一般有7节至15节不等，龙身是一节节的草把，有“顺盘龙、反盘龙、龙咬尾、八字形、排山倒海”等动作套路。每逢农历四月初八，梁平礼让就要舞龙祈雨，家家户户都要在堂屋中间置盆清水和五谷杂粮以敬奉草龙，在舞龙时向草龙泼水，为草龙润身，祈求草龙降雨，结束后来到河边，烧掉草龙，送龙回宫。

板凳龙，俗称“玩板凳、耍凳子”，以长板凳的四只凳脚为龙爪，将纸扎龙灯或木雕龙形道具捆绑在板凳上，表演舞龙的民间舞蹈。板凳龙通常由三人舞，两人舞龙头，一人舞龙尾，也可两人舞龙头，一人舞龙尾；可多人用多条长凳，凳上安放彩扎花灯，串联起来舞龙。板凳龙有“二龙抢宝、黄龙穿花、金龙戏水、金蝉脱壳，黄龙盘身”等动作套路。

北碚北泉板凳龙，最初也是三人舞龙或单人舞龙，一人耍龙头，两人耍龙尾，仅有“套翻身（又称“板凳花”）、两边侧（又称“龙摆尾”））”两个简单动作，现在发展为数条乃至十余条板凳的大型组合，增加了逗宝人。有“游龙、摆龙、盘龙、大小板凳花、踏龙背、上天梯、龙缠身、群龙抢宝”等动作套路，逗宝人也有“滚宝、抛宝、亮宝、藏宝、舞宝、盘磨腿藏宝、穿龙腹、鱼跃抢宝、踏龙背、骑龙、引龙”等动作套路，形成了舞龙者“翻、摆、缠、游、跃、闹、穿、窜、盘”和逗宝人“亮、抛、藏、举、托、骑、踩、引、钻”等舞蹈用法。在伴奏上，也由口念锣鼓经的“肉锣鼓”发展成为以大鼓、镲、锣、唢呐、钹等打击乐器伴奏。

石柱板凳龙，分为草龙、彩龙两种，草龙用杂草或稻草编扎而成，彩龙以彩扎工艺制作而成。两人、三人均可舞龙，有“龙游四海、滚龙过江、惊龙出洞、卧龙翻身、双龙戏水、群龙聚首”等动作套路。

南川石溪板凳龙舞，其板凳龙是用竹篾片、稻草、青草、彩纸等制作成龙形置于板凳上，画上龙的图案而成。舞龙一般有四人，一人舞宝，三人舞龙，有“翻、腾、滚、跳、跃、跑”等舞蹈动作。

万州武陵板凳龙，有一条板凳三人舞龙，多条板凳多人舞龙两种表演方式，逗宝人头戴“笑和尚”面具，以口说吉祥祝福的“说词”（也称“颂词”）而著称。

云阳高阳板凳龙，俗称“梅竹灯”，有“独凳龙”和“多凳龙”两种舞龙方式。独凳龙中一人舞龙；多凳龙舞龙队共由三十八人组成，其中一人舞龙宝，十八人舞龙，九人舞绸带，十人奏乐，舞龙队分六组，三人一组舞一条龙，共六条龙。板凳龙主要有“龙出场、过龙身、穿花、变花、涌浪、盘龙、游龙、跳龙门、龙吐火”等动作套路，伴奏音乐为民间吹打乐。

狮舞，俗称“玩狮子”，是用形似狮子的道具来模仿狮子动作的民间舞蹈。舞狮由两人合扮一头狮子，一人双手持狮头面具戴在头上，一人俯身双手抓住前者的腰带，身披花布或棉麻、羊毛编织而成的狮皮进行表演。表演时，由一人扮“笑和尚”（也称“大头和尚”），手执葵扇逗引狮子进行表演，叫“笑和尚耍狮”，表演程式有“出洞、上山、巡山会狮、采青、入洞”等，动作套路有“抓痒、舔毛、打滚、抖毛、啃爪、常态、奋起、疑进、迎宝、施礼、惊跃、审视、酣睡、出洞、发威、过山、上楼台”等，以大锣、大鼓、大钹等民间吹打乐器伴奏。

万州龙驹狮舞，有一人表演独角狮舞和多人表演群狮舞两种形式，尤以耍梅花桩、高空上桌和群狮混演而著称。表演动作有“玩、跳、翻、滚、攀、爬”等，有“攀爬铁杆、高空旋狮、走梅花桩、狮子上桌、狮子过桥、顶天立地、金鸡独立”等动作套路，“攀爬铁杆”系龙驹狮舞独创动作。

万盛后坝狮舞，以在堆叠起来的12张八仙桌上表演“翻翠楼”狮舞而著称。狮舞有“朝天拱、双狮抢宝、狮猴过西天、偷梁换柱、啃狗腿、青蛙立洞、穿肠过肚、啃马槽、狮子锁喉、跳龙门、狮子吐匾”等动作套路，逗狮的“大头和尚”有“金钩钓鱼、穿心、跳八字、甩半边云、跳角、鳖鱼吃水”等动作。万盛区万东镇团结村后坝、干龙洞一带以“狮子玩翠楼，和尚啃狗腿”这一民间俗语来描述后坝狮舞。

双桥狮舞，有“地狮子、高台狮子、耍孝堂”三类狮舞形式，以“高竿狮舞”惊险和逗狮“孙猴子”（孙悟空）滑稽表演最具特色。

开州瑞兽金狮，是集“地浪狮子、高台狮子、高杆狮子”为一体的狮舞。两至三人逗狮，两人逗狮时，一人扮土地佬，一人扮大头和尚；三人逗狮时就加一个“孙猴子”。

南岸狮舞，是集武术、舞蹈、民俗等为一体的狮舞表演形式，狮舞技巧有艺术性，动作有舞蹈性，文化有多元性。

大足狮舞，也称“狮灯”，有“地盘狮子、高台狮子、高桩狮子、竿竿狮子”四类狮舞形式。地盘狮子舞蹈段子较多，高台狮子、高桩狮子、竿竿狮子的杂技动作特点显著，最特别的是“笑头和尚”和“猴角”诙谐风趣、动作惊险，让人惊叹。

梁平狮舞，分“文狮、武狮”两类；文狮温顺，活泼可爱，武狮彪悍，动作惊险。

潼南狮舞，属于南狮，有“文狮、武狮”两类狮舞形式，“跃、扑、扎”动作特点显著，醒狮形神俱备。

潼南花岩女子狮舞，属于“文狮”类狮舞，在狮舞的基本动作上加入了妇女梳头、洗脸、打扫庭院等摸拟动作，使粗犷雄浑的舞狮平添女性的细腻和妩媚。

酉阳高台狮舞，在多张重叠的方桌上表演，表演有“祭师（请师）、出灯、玩灯、回灯”四个过程，有“跳板凳、打板凳、扯板凳、拆角、飚滩、四角拜煞、鸡走路、狮钻桌、抖气、狮子梳毛、钻圈、鹞子翻叉、搔痒、舔毛、打滚、抖毛、摇头摆尾、跳跃、跌扑、腾转、滚球、立掌、取天书、打空心跟斗”等动作套路。

彭水高台狮舞，狮舞有“地面狮舞、高台狮舞”两种形式，彭水狮舞以“高台狮舞”著称。高台狮舞多用于节日庆典和比赛，表演时用方桌重叠搭成高台，通常在7至24张方桌间，最多者可达108张，有“蹬黄冬儿、打羊角桩、鹞子翻叉、扯链盖拐、翻天印、黄龙缠腰、奶牛困塘、狗连裆、扯海趴狗、钻圈、高杆夺球、游走板凳”等动作套路。

忠县左家坪高台狮舞，在多张重叠的方桌上表演，表演有“打羊角桩、鹞子翻叉、独狮过江、翻天印、踩斗拜四方、黄鹰展翅、冲天倒立”等动作套路。

第二节　戏剧曲艺

一、戏　剧

川剧，俗称“川戏”，是流行于川、渝、黔、滇、桂、鄂等地，融汇高腔、昆曲、胡琴（即皮黄）、弹戏（即梆子）、四川民间灯戏5种声腔艺术而成的地方剧种。川剧分“生、旦、净、末、丑”5个行当，各行当“唱、念、做、打”自成体系，并各有自己的川剧脸谱，各行当尤以生、旦、丑和变脸的表演最具特色。川剧有胡琴腔为主的川西派、高腔戏为主的资阳河派、弹戏为主的川北河派、多种声腔融汇的下川东派四大流派。下川东派川剧以重庆为中心，具有多种声腔相融、演出剧目丰富、表演技艺精美等特点，代表剧目有“柳荫记、玉簪记、白蛇传、昭君和番、秋江、情探、江姐、金子、李亚仙”等。重庆川剧多以座唱为主，故民间俗称川剧为“打围鼓、打玩友”。

川剧与川剧音乐，川剧包括川西派、资阳河派、川北河派、下川东派四大流派，重庆是下川东派的中心。下川东派的川剧与川剧音乐在唱腔、曲牌、锣鼓、伴奏等艺术形式与组合方法上，以及“唱、念、做、打”等表演上，都具有独特性。

川剧变脸，是川剧表演的特技。在表演川剧时，演员瞬间变换脸谱来表现人物性格与形象。变脸手法有“抹脸、吹脸、扯脸、运气”四种技巧。

厉家班京剧艺术，是京剧教育家厉彦芝于1936年在上海创办的京剧科班。1942年入渝扎下班营，1956年5月，厉家班更名为“重庆市京剧团”。厉家班的厉氏五兄妹厉慧斌、厉慧森、厉慧敏、厉慧兰、厉慧良被誉称为“厉家五虎”，陈慧君、陈慧霖、邢慧山有“慧氏三杰”之称。代表剧目有“岳母刺字、法门寺盗宗卷、问樵闹府、打棍出箱、失印救火、八大锤、王佐断臂、珠帘寨、战太平、走麦城、艳阳楼、英雄义、赚历城、闹天宫、铁笼山、长坂坡、挑华车、钟馗嫁妹、金沙滩、火烧望海楼、六号门”等。

石柱土戏，流行在石柱县沙子镇、中益乡、冷水镇、桥头镇、三益乡等土家族地区的民间原始戏剧。因当地土著人自称“土巴族”，故称“土戏”。土戏剧目分神事类的还愿戏、民事类的喜庆戏两类，神事剧目有“引生、请神、发帖、拨路、蹬生、回熟、放牛、陈公、急事催愿、土地报台、镇宅、发二奏、清宅、通圣、勾愿（大、小勾愿）、龙船、狮子、送神”等共18折，民事剧目有“红灯记、四值功曹、拨路先锋、八仙庆寿、二郎降孽、金童玉女、二王伐纣、打菜姣、安安送米、二王下山、谢财神、苏秦背剑、山王捉蛇、太公钓鱼、背鞭过关”等15折，唱腔主要为当地的山歌腔、坛腔，伴奏乐器有盆鼓、大鼓、大锣、甩锣、大钹等。

酉阳面具阳戏，有“脸壳戏、木脸戏、鬼脸壳戏、跳戏”多种俗称，以戴木质面具，以锣、鼓、唢呐伴奏，亦歌亦舞、有唱有白为主要表演特色，还傩愿、酬神娱人的民间戏剧。阳戏最初由“傩愿戏”和“扬花柳”演变而来，结构分三个部分、七个段落。第一部分有“请神、关爷镇殿、庞氏夫人镇台”三个段落；第二部分为“正戏”一个段落；第三部有“送神、关爷扫殿、掌坛师投蛋”三个段落，正戏是阳戏的主体，有生、旦、净、末、丑5个角色，唱腔曲牌有皇生腔、丞相腔、元帅腔、小生腔等，代表剧目有“大孝戏、子孙戏、耍戏、蟒蛇记、恩哥记、征东、征西、薛刚反唐、唐王落难、比武招亲、穆桂英”等。

秀山阳戏，是以娱人和纳吉为主要内容的民间戏剧。秀山阳戏有生、旦、净、丑4个角色，唱腔有“赶板调、翻山调、后山调、正宫调、一流、二流”等，打击乐器有鼓、堂锣、头钹、二钹、马锣，曲牌有“闹台锣鼓、伴奏锣鼓”两种，代表剧目有“白锣裙、打金枝、七仙女下凡、三孝堂、三娘教子”等80余折。

巴南接龙傩戏，是用以驱鬼逐疫、祭祀的民间戏剧。接龙傩戏，属武陵傩派，包括阳戏、庆坛戏、延生戏、丧戏、师坛戏、杂俗戏、祈丰会戏、贺神会戏、行业神会戏、祭祖会戏共10类和科仪类戏剧含戏因、代神演仪、扮神演仪、戏仪交错、戏仪相融、以戏演仪、将仪戏化、戏仪并行、隐仪显戏共9大艺术形态。

秀山余家傩戏，是用以驱鬼逐疫、祭祀的民间戏剧。余家傩戏分“冲傩”和“还傩愿”两种，“还傩愿”又分“正戏”与“杂戏”；表演时都要先用竹子扎成三个圆圈，举行“抛国洞”开洞仪式，请出三洞的戏神，方能演出；傩戏演出一般为“开坛、开洞、闭坛”三个阶段，有“请神、迎神、敬神、酬神、娱神、祈神、送神”等主要内容。

巫山踩堂戏，也称“巴东踩堂戏、土家踩堂戏、堂戏、花鼓戏”，俗称“稿荐戏、人大戏”，是在堂屋内表演的民间戏剧。踩堂戏相传由皮影戏和“三步戏”演化而成，演员不多，分生、旦、净、丑等行当，饰景、道具简单，表演有“说、唱、走、跳”等形式，伴奏有“二胡（或京胡）、梆子、锣、鼓、钹”等乐器，唱腔有“四平调、南调、北路、花鼓调、一流、二字”等曲牌，代表剧目有“醉打金枝、南山耕田、正德王访贤、送寒衣、山伯访友、店主招亲、点丹、四姐下凡、天仙配、王麻子打妆、借妻回门”等。

巴渝木偶，是用木刻偶像表演故事的民间戏剧。巴渝木偶属“杖头木偶”类，源于1935年遂宁木偶艺人罗青云带领的永胜乐班，1953年在永胜乐班基础上成立重庆新蜀木偶剧社，1985年剧社更名为“重庆木偶艺术团”。代表性剧目有“槐荫记、白蛇传、过巴州、双枪陆文龙、三打白骨精、别洞观景、小萝卜头、巴蔓子将军、小红帽、西门豹、真假李逵、猪八戒化斋百花村、猪八戒吃西瓜、张飞审瓜、南瓜仙子、东郭新传、变脸、吐火”等。

巫山三峡皮影，是用兽皮或纸板做成人物剪影来表演故事的民间戏剧。三峡皮影一般长七八寸，动物有牛、马、龙、虎、狗、鸟等，人物头型有100多种，生、旦、净、末、丑一应俱全。表演一般是3人，最多5人，演员有统子（俗称“上手”），负责司鼓管调门；下手负责锣、钹、梆子等乐器；文场负责二胡、唢呐、笛子等乐器；拦门（俗称“走影”）负责摇皮影。剧目有古代戏、现代戏两类，代表剧目有“封神榜、西游记、三国演义、水浒传、杨家将、西厢记”等。声腔主要有“九板十三腔”，音乐唱腔揉合了川剧、湖北梆子戏、土家族“端公舞”等音韵，并加进了巫山本地的山歌和民间小调，还借用、创新了呆呆调、花鼓调、可可调、唢呐板、堂戏调等。

秀山辰河戏，属民间戏剧汉戏的一个分支，因沅水中、上游在秀山称“辰河”，故名“辰河戏”。辰河戏源于湖南辰州（现今沅陵），大约在20世纪初传入秀山。辰河戏有高台（舞台演唱）、低台（木偶戏）、围鼓堂（坐唱）三种演出形式，有高腔、昆腔、低腔、弹腔四种声腔。高腔由唱腔、唢呐帮腔、锣鼓伴奏组合而成，有100余种曲牌；昆腔用竹笛伴奏，与高腔混合演奏，也做过场音乐；低腔由唢呐伴奏，做唱腔起句，也做过场音乐。弹腔是辰河戏用得最广泛的声腔，曲牌有“南路、北路、反南路”三种，另有“南夹北、四平调、草鞋板、补缸调、绑子腔、勾勾板、朵朵词”等，板式有“导板、三眼板、一流（原板）、二流（流水板）、三流（散板）、肖眼（摇板）、滚板、哭头”等。辰河戏的演出乐器分弦乐器、打击乐器；服装有蟒、靠、甲、折子、头盔、靴等；道具有刀、枪、剑、戟、钩、叉、棍、棒、桌围、椅搭等。辰河戏剧目有100余折，代表剧目有“至秀山、乌杨过江、目连、金盆捞月”等。

秀山保安灯儿戏，也称“酉戏”，是由四川灯戏融合辰河戏、京剧、傩戏演变而来的民间戏剧。灯儿戏角色有生（老生、小生、须生、娃娃生）、旦（老旦、正旦、小旦、摇旦）和丑，极少出现净和末；音乐唱腔有“四平调、灯调、倒板、叫喊”等；音乐伴奏有打击乐、丝弦乐两类；代表剧目有“父子会、槐荫别、山伯访友、观画送行、赵甲烤火、瞎子闹店、南山放牛”等30余折。

彭水木腊庄傩戏，是祭祀鬼神、驱鬼避邪、延生接寿的民间戏剧。傩戏表演时有“起锣焰火、立楼扎寨、开坛持席、申文奏疏、搭桥迎宾、抛傩上转、合影祭坛、开洞盘洞、祭兵领牲、勾愿还愿、撤楼造船”等仪式，办坛时还有“上刀山、破域（端红火盆）、下油锅、煞铧”等驱鬼神、避邪怪的法事活动；在法事活动的间隙，才“出戏”跳耍神，愉悦鬼神和宾客，由掌坛师带领法师、学徒身穿袍帽冠服，扮演生、旦、净、末、丑。现存仪式戏剧有120余种，代表剧目有“伏羲姊妹治人烟、兴周灭纣、出二郎、出灵官、出土地”等历史剧目和“太子送子、歪嘴婆娘”等俚俗“花戏”。

黔江濯水后河戏，是在汉戏、南戏的基础上，并与昆山腔相融合演变而来的民间戏剧。后河戏唱腔分为南路、北路、上路三大类，南路有“倒板、一字、二流、扣扣、尖子、哀子、垛垛板”等曲牌,北路有“倒板、一字、二流、三板、肖眼”等曲牌，上路有“倒板、一字、二流、四平调、南北杂”等曲牌。锣鼓曲牌有134种，分闹台锣鼓、演出锣鼓两大类。濯水后河戏大致可称得上是半台锣鼓半台戏。锣鼓分轻重缓急，悲欢刚柔，戏着重唱、念、做、打，形体动作和面部表情统一，虽分南、北、上三路唱腔，但仍属皮黄戏一类。代表剧目有“穆柯寨、九件衣、打渔杀家、陈州放粮、望江亭、杀狗惊妻、打雁回窑、春到阿蓬江、分家”等。

梁平傩戏，是祭祀鬼神、驱凶纳吉的民间戏剧。梁平傩戏由古代的民巫衍变而来，戏剧内容可分为驱邪消灾、还愿、民间故事三大类，表演时演员头戴各种面具（即开脸子）演出。傩戏有上坛“大送”和下坛“小送”两种类型，上坛有请圣、栽花、送鬼、造桥等节目，下坛有拜星辰、牵头、解冤出山洞、还愿、退病、造桥、造刀、出二郎、出土地、庆罗公、交财等节目。代表剧目有“二郎扫邪、土地勾愿、七星童子、打草降孽、唐二回熟、雕梁画栋、太子游四门、和梅山、收黑虎、收蓝蛇、送花盘、拆坛”等。

云阳亚亚戏，是在婚俗、节庆、寿诞、丧俗中表演，由祭祀舞蹈演变而来的民间戏剧。“亚亚”的土语是“好”的意思，故称“亚亚戏”。戏剧角色有小旦、老旦、小生三人，表演时以合唱为主、领腔为辅，打击乐为伴奏乐器，有“金银锭、翠耳环、倒划船”等锣鼓曲牌。唱腔由吹打乐“壮壮灯、绣鞋歌、十月子飘、四季调、彩船调、端公调”等小调演变而成，内容根据剧情和现场气氛自编自演、即兴演唱。一个剧目分为若干个板，每一板有四句，上下各两句。代表剧目有“苏三女、状元郎、哭家家、四季调、卖杂货、思英台”等。

西阳苞谷灯戏，俗称“花戏”，是集歌舞、戏剧、念白、吹打乐、琴弦乐、民俗礼仪为一体的民间戏剧。表演时有唱、念、做、打与歌舞结合，唱腔融合了当地的民歌、山歌、小调、戏曲等曲调，形成了具有地域风格的音乐形态。代表剧目有“天官赐福、王小二放牛、李四打草鞋、大渡河、劝夫戒赌”等。

梁山灯戏，也称“梁平灯戏”，与梁平竹帘、梁平年画一同被誉称为“梁平三绝”，是以二胡、笛子、唢呐、锣鼓等为演奏乐器，以“梁山调腔系”唱腔来表演故事的民间戏剧。梁山灯戏是从“玩灯”舞蹈动作和“秧歌戏”说唱表演发展而来，表演以“嬉笑闹”与“扭拽跳”为特点，方言道白，唱词通俗，嬉闹诙谐，动作夸张，自然活泼，极富生活气息。代表剧目有“吃糠剪发、送京娘、湘子度妻、请长年”等200多折。唱腔由“胖筒筒·灯弦腔、神歌·高腔、小调·时曲”三类组成，在地方戏曲声腔中首屈一指。

二、曲 艺

四川评书，是源于唐代的“说话”和明代的“评话”，用重庆和四川方言说唱的民间曲艺。四川评书有“清棚、雷棚”两种风格，“清棚”注重语言文采，是善于讲述人事情景的“文书”；“雷棚”强化语气节奏，是有利于表演战场氛围的“武书”。重庆的四川评书，“清棚”派以程梓贤为代表，代表评书《金竹寺》；“雷棚”派以徐勍为代表，代表评书《红岩》，尤其是经他们演绎而极具地方特色的系列评书《重庆掌故》更是风靡巴渝。

四川竹琴，也称“道琴、道情”，是以弹、说、唱方式表演的民间曲艺。四川竹琴的道具由一根长二尺五至二尺八的竹筒和一对竹板组成，筒为竹琴，也称“渔鼓道琴、道筒”，板为简板，又因琴音近“畴”，简板音似“尺”，故民间俗称“尺嗙嗙”。四川竹琴唱腔分为中和调、扬琴调两大流派，万州四川竹琴属中河调，故也称“川东竹琴”，表演有坐唱、站唱两种形式。唱腔曲牌大致为“九板十三腔”；代表曲目有《东周列国志》《三国演义》《三战吕布》《华容道》《琵琶记》《铡美案》《白蛇传》《花木兰》《浔阳江》《渔夫辞剑》《韩湘子》《吕洞宾成仙》《小菜打仗》等。

开州车车灯，俗称“车幺妹、幺妹灯、玩车灯、彩莲船、跑旱船”，源于唐宋时期风行的“闹花灯”民俗，是集歌舞表演于一体的民间曲艺。车车灯是用水竹、花布编扎而成的轿子，男扮女相的“幺妹”新媳妇坐于彩船上，一人扮小花脸“烧火佬”，另一人扮丑角“媒婆”且手执彩扇，另二人扮车夫或艄翁在彩船旁边歌边舞。表演者按“转元宝、挽蚂蚁、筛莲花”等套路变换队形，舞蹈动作有“车、旋、跳、转、走场、打浪、过河、走抬桥便步、十字步”等；伴奏乐器有“二胡、月琴、三月、四胡、锣、鼓、四面板”等；唱腔有高腔、平腔两种，单曲体结构，唱词帮腔的尾句唱“金钱梅花落”是其显著特征。

潼南太安扯扯灯，也称“车灯”，因“车”与“扯”在重庆方言中发音接近，故俗称“扯扯灯”。表演队伍由幺妹一人，花脸一人，抬轿车夫四人，随行人员六人，以及二胡、板胡、铙钹、鼓的乐队组成。表演时依次面向东南西北四个方向表演，每个方向上的动作大致相同，但每个方向的唱词不同，唱词有结婚、打三朝、祝寿、修房等内容。

四川清音，是用重庆、四川方言说唱表演的民间曲艺。重庆地区的四川清音曲调分为“大调、小调、小令体曲牌”三类，调体和曲牌有200余支。大调具有“背、月、皮、簧、勾、马、寄、荡”等8个大调；小调的曲调短小，乐句简练，单体曲式，可独立成篇；小令体曲牌，乐句曲式都较简单，不单独使用，常插用于联套体曲式中。演唱伴奏的主奏乐器是琵琶，配以二胡、中胡、中阮、洞箫、古琴等乐器组成伴奏乐队。表演时，演员左手持一根竹筷，击打面前用竹架支起的一个特制竹鼓，右手碰击檀板，自打自唱，乐队配合并烘托其演唱，有坐唱、站唱、走唱、对唱、群唱等多种表演形式。重庆的四川清音曲目约500个，代表曲目有《悲秋》《小乔哭夫》《断桥》《尼姑下山》《思凡》《红娘传柬》《出北寨》《伯牙碎琴》《昭君怨》《秋江》《闺怨》《江竹筠》《英雄少年刘文学》《红军飞夺泸定桥》《铁人颂》《盼红军》《卖火锅》等。

万州金钱板，是由快板、莲花闹演变而成，以说唱方式表演的民间曲艺。金钱板是3块长约一尺、宽约一寸、厚二分五的楠竹片，每块竹板各代表1道，竹板敲打响声动听，板中嵌小铜钱，既做伴奏乐器，又做表演道具。表演时，竹板敲打声与金钱碰撞声相互交融，十分动听。金钱板分“花派、杂派、清派”三类，“花派”板式花哨，眉眼身法灵活自如；“杂派”唱词长短运用自如，说中带唱；“清派”字正腔圆，动作文雅。唱词通俗易懂，全篇多一韵到底。代表曲目有《三国》《水浒》《游江南》《武松赶会》《武松闹庙》《武松打店》等。

花鼓，俗称“花鼓子、花鼓戏”，是用小鼓、小锣边敲边唱的民间曲艺。花鼓曲牌有“小调、花调、快板调、自由调”四类，表演时连说带唱，唱词优美，音韵和谐，曲目结构严谨。代表曲目有《昭君出塞》《孟姜女》《秦香莲》《自画像》《过了一山又一山》《昭君出塞》《祝英台》《月下盘貂》《走江湖》等。

酉阳三棒鼓，俗称“花鼓子”，源于唐代的三杖鼓，是集说、唱、舞于一体的民间曲艺。三棒鼓通常由三至五人组成，一人击鼓唱词，一人锣鼓配乐，一人耍花棒。花棒三根，长一尺，舞者左右手各执一根，将另一根抛在空中，手中花棒左右挥舞，击打空中花棒不让其落地。三棒鼓分为文、武两戏，文戏抛棒，武戏抛刀。一人表演时，将鼓放在鼓架上，锣挂在鼓架下，脚板系绳连着锣棒，一边手击鼓、脚踩锣，一边唱词。三棒鼓击鼓技艺有“单跨花、砍四门、绞花、织布、单鼓花、双鼓花、麻雀钻竹木、白蛇吐飞剑、乌龙搅水”等；抛刀、棒技艺有“雪花盖顶、金钱吊葫芦、狮子摇铃、白蛇吞箭、野鹿含花、美女梳头、鹤鹰展翅、犀牛望月、白马悬蹄、锦鸡独立、观音坐莲”等，抛舞花样繁多。唱词多为“三五一七”句式，即各句字数为五、五、七、五，句式简洁，通俗易记；表演时通常有“闹春耕、收割打场、庆丰收、拜年节”四套，分“鲤鱼跳龙门、玉女穿梭、板岩漂滩”等项目；曲调融花鼓、民歌为一体，代表曲目有“闹五更、洛阳桥、开财门、十恨、十绣、、月望郎、孟姜女、叹五更”等。

荷叶，也称“四川荷叶”，是由川剧派生出来，主要由单人说唱的民间曲艺。荷叶因主要乐器“苏镲”系以红绸下垂，且状如荷茎托叶而得名。荷叶一般分为开场导语、主词演唱、谢词三部分，表演时用一根小棒敲打在用铜制作的“荷叶”上，边唱边打。代表曲目有《良心》《耗子告猫》等。

四川盘子，也称“唱盘子、唱小曲、碟子小调”等，是以竹筷敲击盘子作为说唱伴奏的民间曲艺。表演时击盘为节，边敲边舞边说唱，敲击方法有敲盘沿、点盘心、平敲、轮敲、急奏、慢夺、颤、滚、滑等技巧，曲调多为当地民间小曲，代表曲目有《土地改革》《抗美援朝》《成渝路通车》《看女儿》《三个媳妇争婆婆》等。

谐剧，是一种介于曲艺与戏剧之间的艺术种类。演员通过方言独白、动作等表演技巧来展示故事情节，因以四川方言表演，语言幽默风趣，寓庄于谐，故名“谐剧”。1939 年冬，谐剧创始人王永梭自编自演第一出谐剧《卖膏药》，1943 年他将这一艺术表演形式正式定名为“谐剧”，此后，王永梭的代表作有《扒手》《黄巡官》《赶汽车》《开会》《喝酒》《在火车上》《打百分》《结婚》《自来水龙头》等剧目。

相声，是以说、学、逗、唱为形式的民间曲艺。表演时由于穿插运用了重庆方言，具有独特的巴渝特点。

民间故事，是民众在日常生活中口头创作、口头流传的民间文学。

九龙坡走马镇民间故事，内容丰富，类型多样，数量巨大，讲述者众。主要包括巴人图腾龙蛇传说、神话仙话、风物传说、动植物传说、民俗传说、生活故事等，代表故事有《九龙坡的传说》《白市驿板鸭》《走马魁星楼传说》《慈云寺的变迁》《神农皇帝制五谷》《轩辕皇帝制衣服》《夏禹王疏通九河》《二郎担山压太阳》《关羽降世》《太阳和月亮》《月亮和云是啷个生的》《巧媳妇过河》《石达开招女婿》《刘湘失算》《飞毛腿——伍时英》等，现存民间故事多达10915则，民间歌谣3000余首，谚语4000余条，歇后语、俗语等4000余条；走马镇民间故事家多达共316人，其中能讲述1000则故事的有2人，500至1000则故事的3人，200至500则故事的10人。

南岸广阳镇民间故事，有神话传说、地方风物故事、历史人物故事、生活故事及笑话等内容，代表故事有《破鼓救月》《公鸡为啥早晨叫》《广阳坝的来历》《明月沱的鸡刨凼》《鲁仙庙的传说》《大佛寺的传说》《耿巴县断案》《乾隆下江南》《十二生肖的传说》《鲁班造木鸢》等，现存民间故事4800余则，歌谣800首，谚语2000条；有民间故事讲述者50余人，其中能讲述故事100则的有5人，200则的有3人，300则的有2人，500则的有1人，800则的1人，1000则的1人。

巫溪民间故事，深受巫巴文化、盐文化、药文化、宗教文化的影响，故事有地方传说、人物传说、历史故事、动植物传说、风俗传说、神话故事、幻想故事、生活故事、人物故事、寓言、笑话、吟诗作对等内容，具有较强的地域特征。代表故事有《泉水当酒卖》《茶的来历》《白鹿引泉》《白龙过江》《剪刀峰》《令牌石》《朝阳石林》《七蟒峡》《傻女婿》《小木匠娶媳妇》《不提酒字》《长年斗地主》《公公坐月子》《乌鸦拍马屁》《一叶蔽目》《怕堂客》《母牛在赶骚》《吹牛》《人石坝的传说》《黑龙潭》等。

第三节　游艺竞技

一、游　艺

踢毽，古称“踢燕子、打鸡”，民间娱乐性体育项目。毽子是用绒线、羽毛等插于圆形底座上制成，有鸡毛毽、皮毛毽、纸条毽、绒线毽等种类。踢毽子可一个人单踢、二人对踢或者是几人同踢；基本动作有“盘、拐、磕、蹦”四种，用脚内侧交踢为“盘”，俗称“盘毽子”；用肢外侧反踢“拐”，俗称“打拐拐脚”；用膝盖将毽子向上弹起为“磕”；用脚尖踢毽为“蹦”，俗称“叮叮猫打镖鸡”。踢毽时边踢边数，一般逢五遇十就将毽子停于脚面一次，以踢毽时间长、次数多、花样多、毽未落地者胜，败者则向胜方“贡毽”，即将毽子抛向胜方让其踢毽，直到胜方没有接住“贡毽”为止。踢毽子源于汉代，盛行于唐宋，鼎盛于清代。1963年，踢毽子被列为国家体育活动项目。1984年，国家体委正式将踢毽子列为全国比赛项目，并颁布了《毽球竞赛规则》，改称“踢毽”为“毽球”。

跳房子，也称“修铁路”，民间儿童娱乐游戏。游戏前先在地上画出长方形、正方形、圆形、三角形等各种形状组成的方格来象征“房子”与“铁路”，并在方格内用数字按由近到远依次标明顺序。游戏者还要选好自己的游戏工具——“子”，“子”通常用薄石片、瓦片、木块等片状物，也可用线将算盘珠子、田螺壳、杏核等穿成一串。游戏者要把“子”掷于“房子”最远处一格，以抛出距离的远近来确定游戏先后次序。游戏时，玩者按“房子”从小到大的顺序，单脚跳入，将“子”踢入下一格，依次转完一圈后，再将“子”掷于第二格内，开始跳下一圈，跳完一圈便可“占房”一间，下次跳到自己的“房间”时，便内可双脚落地休息，别人则只能跳过自己的“房间”。玩时，脚“子子”或“子”压线都算犯规出局。最后，以谁占的“房子”多为胜。“修铁路”的玩法与“跳房子”一样，只是图形上有变化。

捡子，也称“抓子”，民间儿童娱乐游戏。“子”是杏核、小鹅卵石等颗粒状物。游戏时，将“子”撒开，再将手中的一枚“子”向上抛起，同时抓起地面上的“子”，并马上接住先抛起的一枚“子”。抓“子”时，可抓单抓双，抓多者为胜。捡“子”时，手碰触了其他不该捡的“子”或没有接住向上抛出的“子”出局，接着由别人捡，依次轮换。

弹珠子，民间儿童娱乐游戏。游戏时，用食指弹出自己的玻璃珠，设法击中对方的，击中了便赢得对方的珠子。有时还在地上挖三个或多个小窝洞，按约定小窝洞的顺序依次弹入。如无玻璃珠时则用杏核来代替，玩法与弹珠子相同。

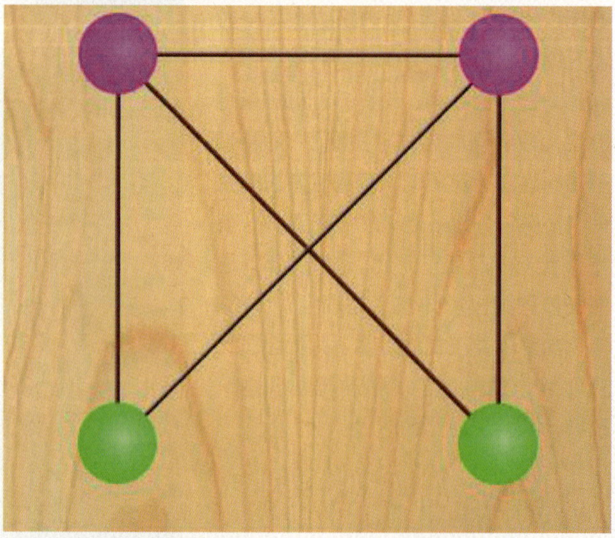

裤裆棋，民间娱乐益智游戏。裤裆棋因其形似短裤而得名，棋盘酷似简体中文的“区”字，也称“区字棋”。游戏时，双方各执两子，只要一方将另一方的棋子围困得无法移动则为胜。

五马棋，俗称“和尚棋、老爷棋”，民间娱乐益智游戏。玩法是沿直线每人下一步棋，一方棋子走到对方两颗棋子中间的一空格时，就能“挑吃”对方两颗棋子。反之，一方的棋子走到对方的一颗棋子两侧，并配合另一颗棋子，将对方的那颗棋子夹在一条直线上的中间时，就能吃掉对方的棋子，叫“卡吃”或“夹吃”。当双方都在同一直线上，一方有两颗棋子，对方只有一颗棋子，且棋子中间无空格，两颗棋子方就能吃掉一颗方的棋子，叫“打吃”。一方把对方的棋子吃完或逼到庙里无法走动时为胜。

打豆腐干，民间儿童娱乐游戏。游戏前先将纸张折叠成三角或正方豆腐干形状；游戏时，一方先将豆腐干放地上，另一方寻找豆腐干与地面的缝隙，用自己的豆腐干掷地铲扇对方的豆腐干，若将对方的豆腐干铲翻为胜，则可赢获对方的豆腐干，若铲扇不翻，豆腐干则归对方。在20世纪六七十年代时，将糖纸、香烟盒包装纸折成长条形作为豆腐干，游戏时，双各出豆腐干，按糖纸产地的城市级别、香烟本身价格的高低来决定玩耍的先后次序，其他的玩耍规则基本相同。

抱蛋，也称“甲鱼护蛋”，民间儿童娱乐游戏。游戏时，先在地上画一圆圈，内放三个鸡蛋大小的石块做蛋，一人扮护蛋的母鸡，半爬在地上，护蛋于胸下，抢蛋者们要设法偷袭抢蛋，护蛋者不停用单腿扫、蹬、踢等方式还击抢蛋者，被踢中者则与护蛋者交换角色，若三个蛋被抢完，则护蛋者败。

丢手巾，也称“丢手绢”，民间儿童娱乐游戏。游戏时由数人蹲下围成一个圆圈，拿手绢的人在圈外环绕走动，乘人不备将手绢丢在某人后面，再跑一圈将未发现手绢的人抓住。被抓者要表演一个小节目，然后捡起手绢代替丢手绢的人。玩游戏时还要唱歌：“丢，丢，丢手绢，悄悄放到一个人后面，大家不要告诉他，快点快点抓住他。”

打蹓蹓脚，也称“斗鸡”，俗称“顶牛”，民间儿童娱乐游戏。打蹓蹓脚可两人对抗玩耍，也可多人玩耍，多人玩耍时则分成两甲、乙两队，队员一只脚用手抱着成三角状，膝盖朝外，另一只脚独立在地上跳动，边跳边用膝盖向对方进攻，采用磕、压、顶、砸等技巧撞击对方，被撞倒或双脚着地者为输。

跳橡皮筋，民间儿童娱乐游戏。跳橡皮筋是将橡皮筋连接成约3~5米的环形，两人扯开拉直固定，供单人或多人游戏，有“点、迈、顶、勾、绕、压、挑、踩、摆、碰、掏、踢”等十余种腿部基本动作，也可将动作进行组合，编跳出若干式样。游戏时，按规定动作边跳边唱儿童歌谣，橡皮筋就从脚跟、脚腕、膝部、胯部、腰部、腋下、肩膀、耳朵、头顶、手小举、手高举依次向上升高，动作全部完成者为胜。游戏时跳者只能用脚勾橡皮筋，动作跳错、手触摸橡皮筋时就要出局，换另一人跳橡皮筋。

跳绳，民间体育项目。跳绳分为单人跳、多人跳，可以单脚跳，也可双脚跳。单人跳时，由自己舞动绳子跳绳，多人跳由两人舞动绳子，其他人来跳绳，以一定时间内跳动的次数越多者为胜。

抽陀螺，也称“打陀螺”，俗称“地笃笃、地骡子”，民间儿童娱乐游戏，现已成为成人锻炼身体的体育项目。陀螺木制，上部为圆柱形，下部削为圆锥形，锥尖上镶嵌钢珠或钉上小钉，有利于旋转和耐磨损。游戏时，用一根短棍，棍前端系根一尺多长的细绳做抽鞭，将鞭绳按顺时针方向缠绕陀螺，放在地上用力一拉，陀螺便会在地上直立旋转起来，然后不时按陀螺旋转的方向用抽鞭抽打，以陀螺旋转时间长者为胜。两人或多人玩陀螺，则抽打驱动陀螺相互撞击，陀螺倒地者为败。现代陀螺多为钢铁或复合材料制成，并能发光发声，成为人们喜爱的健身体育器材。

捉迷藏，也称“躲猫猫、藏猫、逮猫”，民间儿童娱乐游戏。游戏时，寻找者用双手或手帕蒙着眼睛，其他人在一定范围内躲藏起来，然后由寻找者四处搜寻并捉住隐藏者即告胜利，被捉者就变为寻找者。

老鹰抓小鸡，俗称“抓小鸡”，民间儿童娱乐游戏。游戏时，一人扮演老母鸡站在前面，数人一个接一个拽着老母鸡的衣服后摆连成长长一队，最后的人则为小鸡。另一人扮演老鹰，站在老母鸡对面，左右移动来抓队伍最后面的小鸡，老母鸡张开双臂阻拦，后面的小鸡则左躲右闪，不让老鹰抓到小鸡。

翻绞绞，俗称“翻茶杯、翻花”，民间娱乐益智游戏。游戏时，一人将圆圈的线绳套在双手的手指上，另一方又从对方手中接过来，通过手指穿插、交错、缠绕等技巧，将线绳变换成床、门窗、鱼、面条、麻花、担架、降落伞、太阳、锯子等各种图案，同时还要随口说出所翻出来的图案的名称，相互来回变换，无法变换者为输。

斗草，古称“斗百草”，俗称“打官司”，民间儿童娱乐游戏。斗草是端午节习俗之一，是用花草比试韧性或以花草名称相互斗智的游戏。斗草分“武斗”和“文斗”，武斗玩拔根，文斗对花名。“武斗”游戏多为男孩，是将三棱草、车前草等植物的茎干以上挽成草头，然后茎干相交结，两人捏住相拽，比试草茎韧性，断者为输，坚韧者胜；“文斗”游戏多为女孩，是两人或多人以用花草名称一问一答的形式来相互斗智，互报的花名、草名要对仗，如一人问“我有观音柳”，则答“我有罗汉松”，又问“我有君子竹”，则答“我有美人蕉”，等。

放风筝，民间娱乐游戏。在清明节前后，男女老少均爱携风筝到田野、到广场、到河边等空旷地带放飞风筝，比谁放得高、放得稳，比谁扎得好看、带哨的音响大。放风筝时，还可将小纸剪成图案套在风筝线上，凭借风力吹送让小纸沿风筝线缓缓上升，俗称“送饭”或“打电话”。如放风筝的线断了，风筝也就随风飘走，故重庆方言中的“放风筝”有“没有诚信”的含义。

挤油渣，民间儿童娱乐游戏。游戏时选有墙角的墙壁，众人背靠墙而立，用肩、腰、腿部的力量向墙角挤推，被挤出者为输，被挤出者也可回到队尾再次加入游戏，如此反复进行。

骑竹马，民间儿童娱乐游戏。游戏时将一根短竹竿放于两腿之间，一手握住竹竿头，竿尾拖地，另一手持带竹叶的竹梢做马鞭，口喊“驾、驾、驾”的吆喝声，模仿古代将士骑马打仗。另还可玩骑马打仗游戏，游戏时，三人一组，一人在前站立做马头，另一人在他背后，双手搭在他的双肩上，弯腰做马身，第三人为骑马者，骑在做马身者的背上，通过撞、拉、拽等方式，让对方下马则为胜，也可数马同向前跑，快者为胜。唐代诗人李白在《长干行》里用“郎骑竹马来，绕床弄青梅。同居长干里，两小无嫌猜”的诗句来描绘骑竹马的游戏，“青梅竹马”“两小无猜”就由此而来。

过家家，民间儿童娱乐游戏。是儿童模仿成人日常生活的游戏，儿童扮作父亲、母亲、奶奶、哥哥、姐姐、弟弟、妹妹等角色，模仿居家过日子、操持家务、社会往来等生活现象。

打水漂，俗称“打漂漂”，民间娱乐游戏。游戏时用力将片状的小石片或小瓦片，在平静的水塘或河流边水平地抛向水面，石片擦水面飞行，碰水面后因惯性及水面张力而再次向上弹起，在水面上跳跃向前，直至沉入水中。游戏是以抛出去的石片、瓦片在水面飞行的距离和点击水面的次数来决定胜负。重庆话“钱钱一哈哈就打水漂”，打水漂就成了“无法收回”的意思。

官兵捉强盗，民间儿童娱乐游戏。游戏时，一队扮成官兵，一队扮成强盗，双方通常躲藏、搜索、抓捕，特别是营救强盗和官兵阻止营救并乘机抓捕更多的强盗，双方施展各种战术和诡计，直到官兵一方把强盗一方全部捉完才结束。

折纸，民间娱乐益智游戏。游戏是用纸张折成各种不同形状，是有益身心、开发智力和思维的艺术活动。

手影，民间娱乐益智游戏。游戏是利用光影，以不同手势投映出猪、牛、马、狗、羊、猫、兔子等形象。

跳马，也称“跳山羊”，民间儿童娱乐游戏。游戏时一个人弓着腰，其他人借助双手从其背上跳过去。

翘翘板，民间儿童娱乐游戏。游戏是利用杠杆平衡原理，在一块长板中间加上支撑点，两人或多人分坐两端，进行上下运动。

戏脸壳，俗称“戏梁壳”，以纸壳或布壳加工成的彩色脸谱面具。面具图案多取材于历史戏剧、神话传说等，可做儿童玩具和戏剧脸谱道具。

泥人面塑，俗称“捏面人”，民间工艺。面塑是用面粉、糯米粉或陶土为主料，调成不同色彩，经“捏、搓、揉、掀”等手法塑造成各种人物或动物造型。

滚铁环，民间儿童娱乐游戏。铁环是用铁丝做成的直径30～50厘米的环，另制一把带钩的推手，玩耍时将铁环立起，用推手的钩套住前推，使铁环快速而持续地向前滚动。

积木，以木头或塑料制成的智力玩具。积木有动物、房屋、水果、数字等类型，游戏时通过摆放、堆叠各种立体造型来开发儿童智力。

七巧板，也称“七巧图、智慧板”。游戏时用七巧板拼成各种人物、动物、建筑等图案来开发儿童智力。

竹蜻蜓，民间竹制儿童玩具。竹蜻蜓由竹柄、翅膀两部分组成，竹柄长约20厘米、直径4~5毫米，翅膀是一块长18~20厘米、宽约2厘米、厚0.3厘米的竹片，中间打一个直径4~5毫米的小圆孔，用于安装竹柄，小孔两边对称各削一个斜面。游戏时，双手将竹柄一搓，手一松，竹蜻蜓就会飞上天空。

万花筒，利用光学原理制作的儿童玩具。万花筒是圆筒中间放置三块镜子，一头用开孔玻璃密封，另一头放上彩色纸屑，由孔中看去即可观测到对称的美丽图像，微微一转，图案就千变万化，故称“万花筒”。

水枪，是用竹筒与布条活塞，利用水压原理做成的玩具。用一根直径2~5厘米、长20~40厘米一头有节的竹筒，在竹节处钻上一个小孔做成喷嘴，将筷子一头缠上布条做成活塞，插入竹筒的另一端，将竹筒放入水中，拉动活塞就可吸水。游戏时，向前推压活塞就可将水射出，射程远者为胜。

纸枪，也称“纸炮枪”，是用竹筒做成活塞，利用气压原理射出纸弹的儿童玩具。用手指粗的竹筒，将筷子一头缠上布条作为射击的活塞，将纸用水浸泡柔软后作为枪弹。游戏时要先将泡软的湿纸团放入竹筒最前端，将筷子活塞从另一端插入，猛然向前一推，竹筒内的气压突然增大，即可射出纸弹，并发出“砰”的声音。

三轮车，民间儿童玩具。游戏时，车上可坐一人，另一人推着前进，也可在坡上借惯性向下滑行。

纸风车，也称“风车车”，民间儿童玩具。纸风车是用正方形纸张，沿对角线各剪开一小半，将剪开的四角折向中心并粘牢，再钻个小孔，用竹签穿入并粘牢，然后将其插在一根二尺长的细竹竿上即成。

弹弓，俗称“弹枪”，是利用橡皮拉力制成的儿童玩具。弹弓为“丫”字形枝桠或用铁丝弯成“丫”字形，并在“丫”字形两头系上橡皮筋，橡皮筋中段系上可包裹小石子等弹丸的包皮。游戏时，一手握弹弓手柄，另一手捏住包裹在包皮中的小石子向后拉，瞄准目标后随即松手，弹丸射出。

拨浪鼓，民间儿童玩具。拨浪鼓是用羊皮、牛皮、蛇皮制成的带柄小鼓，鼓两侧缀有两枚弹丸，转动鼓柄时弹丸击鼓则发出声音，也成了行商走贩的叫卖工具。

不倒翁，民间儿童玩具。不倒翁是形状像人，上轻下重，不管怎样摇摆，静止时始终保持直立状态的玩具。

布老虎，民间儿童玩具和工艺品。布老虎是用布与棉花缝制成老虎形状，有“单头虎、双头虎、四头虎、子母虎、情侣虎、布老虎枕头、套虎”等式样。当孩子出生时赠送布老虎，能驱邪避灾，保佑孩子平安吉祥。

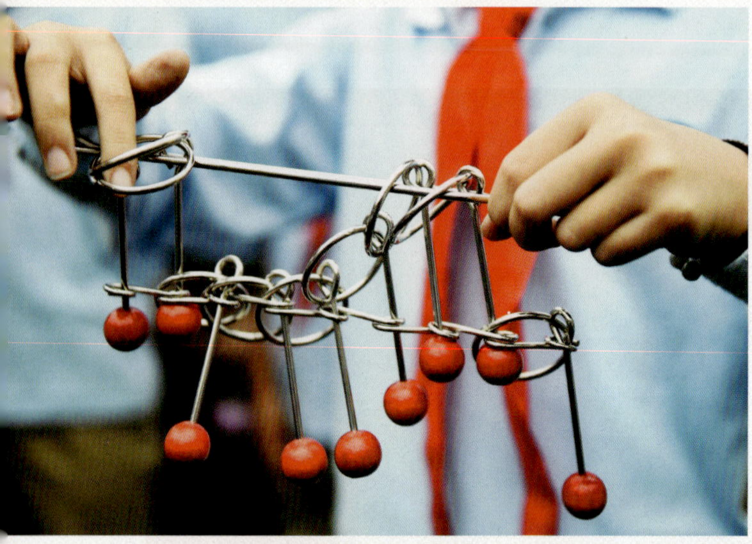

九连环，民间娱乐益智玩具。九连环是环环相连的九个环，九个环还同时穿在剑形环柄上，环柄两端分别是柄把和柄钗，环就从柄钗这一端套上或取下。游戏时，要将九个环分别从环柄上解开或还原。

孔明锁，也称“八卦锁、鲁班锁”，民间娱乐益智玩具。孔明锁源于中国古代建筑的榫卯结构，看似简单，实则复杂，解锁困难。

纸翻花，也称“翻天印、变花、十八变、十八翻”，民间儿童玩具与工艺品。纸翻花用各色纸张，经折叠、粘贴、凿切、罩染等20多道工序制作而成，造型多样。

石头、剪刀、布，民间博弈游戏。即握拳为石头，伸出食指和中指为剪刀，打开手掌为布，按剪刀剪布、布包石头、石头打剪刀的顺序来决定胜负。另一种用筷子作为道具，按棒打老虎、老虎吃鸡、鸡吃虫子、虫子蛀棒来决定输赢。

划叉，俗称“叉子佛爷”，民间博弈游戏。划叉是用手势来决定胜负的游戏，与石头、剪子、布形式相同。大拇指代表“佛爷”，手掌代表“刀”，“八”字手形代表“叉子”，佛爷胜刀，刀胜叉，叉又胜佛爷。游戏时，两人同时嘴吟“矢”音，等“矢”音一落，同时做出手势，按规则决定胜负。

猜谜，古称“射覆”，今称“猜灯谜”，民间娱乐益智游戏。谜语由“谜面、谜目”和“谜底”三部分组成，猜谜是根据已知的“谜面”和所属范围的“谜目”来寻找“谜底”。猜谜活动通常在元宵节、中秋节灯会时举行，家家户户把写有谜语的纸条贴在灯笼上供众人猜，增加节日气氛。

秀山三六福字牌，也称“金六福字牌”，俗称“黄十八”，民间博弈游戏，是用写有大写壹至拾和小写一至十的纸牌组成，故称“字牌”，因它本为“符”，代表祈福心愿，故称“三六福”。字牌搏弈方式多样、繁杂，有“麻雀福、对对福、黄六福、搏福、黑碰、黄十八、三六福”等玩法，其中“三六福”最为复杂。字牌玩法一般是四个人博弈，对弈程序有“叫庄、洗牌、抬牌、数巽、扯牌、打牌、碰牌、开召、截牌、比牌、数游子、福牌”。

川牌，俗称“长牌、戳牌、幺地人”，民间博弈游戏。川牌由各种点子组成，天牌、斧头、四六、梅子、红九、黑九、人牌、平八、三五、高脚、三四、二五、猫猫、二红、长三、幺四、拐子、和牌、板凳、丁丁、地牌，共21种牌，每种牌有4张，共84张，加财神、听用的共92张。川牌玩法与麻将相似，但玩法多样，主要有定方位、定庄家、碰牌、吃牌、杠牌、和牌等方式。

四十张，古称“叶子戏、马吊牌”，民间博弈游戏。全副牌有40张的纸牌，分为“十字门、万字门、索字门、文钱门”4种花色，其中，十字门共11张，索字门共9张，万字门共9张，文钱门从无一文钱的空汤到半文钱的枝花，再从一至九文钱的牌共11张。索字门、文钱门的牌面上分别画有索、钱的图形。十字门、万字门、索字门以数大则大，数小则小，文钱门则相反，以小为大，数大为小。40张纸牌可分为庄家、闲家，庄家可轮流坐庄，3个闲家也可合力攻击庄家使之下庄。40张玩法与扑克牌相似，由4人各取8张牌，剩余8张放在桌子中间，4人轮流出牌、取牌，按牌面的大小顺序以大吃小。

打麻将，俗称“搓麻将”，民间博弈游戏。麻将由唐朝40张牌的叶子戏、明代中期马吊牌发展而来，也称“麻雀牌、雀牌”。麻将共136张牌，分索、万、筒及东、南、西、北风和中、发、白板10类，索、万、筒一至九各4张，其余各4张。4人相搏，各起牌13张，每3张为一联，同类相联，另一对牌做将牌即可以和牌。近年来玩麻将去掉风和中、发、白28张牌，只剩下索、筒、万108张，有血战到底的成都麻将、万州麻将的换三张、白板配、倒倒胡等玩法。

玩扑克，俗称“打牌”，民间博弈游戏。常见玩法有“斗地主、追猪、升级、打百分、双抠”等。

象棋，民间博弈游戏。象棋由两人对弈，棋子共32枚，红黑各半。红方以帅统仕、相、俥、傌、炮各二，兵五；黑方以将统士、象、車、馬、砲各二，卒五。棋子在九条平行的竖线和十条平行的横线相交组成和标有“楚河、汉界”字样的“棋盘”上行走。博弈时双方轮流行棋，以“将死”或“困毙”对方将（帅）为胜。

围棋，民间博弈游戏。围棋是在方形格状棋盘上各自摆放黑、白二色扁圆形棋子进行对弈；棋盘有纵横各19条线段将棋盘分成361个交叉点，棋子走在交叉点上，双方交替行棋，以成活的棋子围地多者为胜。

五子棋，民间博弈益智游戏。五子棋的棋具与围棋通用，双方分别使用黑、白两色棋子，棋子摆放在棋盘上线条的交叉点上，以五子先连成直连线者为胜。

跳棋，民间博弈益智游戏。跳棋为六角形棋盘，棋子有六色，每种颜色有10或15枚棋子，摆放在角上。游戏时，按照“相邻跳、等距跳”的行走方式，已方全部棋子先到对角者为胜。跳棋可供2至6人同时游戏。

打三棋，土家族博弈益智游戏。游戏时，在地面、石板或纸上画棋盘，二人各持几颗不同颜色的棍棒、纸团、石子为棋子，轮流将棋子摆放于直线相交处，并将三子连成一条直线，同时还要利用棋子占据位置，阻止对方三子连成一条直线。当三子连成一条直线时称“打三”，就可用自己的棋子任意压住对方不利于自己的一颗棋子。当双方都摆满24颗子后，就可取去双方“打三”时压掉的棋子，再由后起手方先走动一子，然后双方轮流依次动子。当一方三子又连成一条直线，另一方则可去掉对方不利于己方的一子，即为“打三”，直至一方只剩下两子，或虽剩三子以上，但仍被对方塞死不能挪动，或被对方阻断道路，三子无法连成一条直线时为输，或摆放棋子被对方堵住，造成棋子不能动弹的局面也为输。

古典戏法，也称“变戏法、魔术、幻术”，民间传统魔术。戏法分“大戏法、小戏法”两种，大戏法称“落活”，由一个人身穿长袍、手持毡毯表演，小戏法主要是以手上动作快为特点。重庆市杂技团的“碎铸还原、仙人换身、腹上断碑、四亮、二十四孝、十三太保、十八罗汉”等戏法保留至今。

西洋镜，也称“西洋景、拉羊片”，民间游戏器具。西洋镜是根据光学原理在密封匣子内装着多张连续图画，匣子外看孔上装有放大镜，观看时转动暗箱中的图画，即可获得动画的艺术效果。因图画内容多为西洋画，故称“西洋镜”。

二、竞 技

杂技，也称“杂伎”，民间表演艺术。杂技是指柔术（软功）、车技、口技、顶碗、走钢丝、变戏法、舞狮子等各种高难度技艺，杂技由古代百戏演变而来。

荣昌县清江黄氏杂技，主要包括乔装动物、形体技巧、平衡技巧、高空、耍弄、武术等类别，表演项目主要有高台狮子舞、高台空翻、托物空翻、障碍空翻、定点空翻、牙叼长凳、牙叼人梯、耳朵托物、轻功绝技、腹部碎石、钢丝缠颈、火流星、吐火、飞镖、魔术等，其中以高台狮子舞最有特色。高台狮子舞在九张垂直重叠的八仙桌上表演，有狮双脚站立、桌上筋斗、下爬点、悬桌脚、叠罗汉、睁眼、洗须、舔身、抖毛等高难度动作。

双桥杂技，演出时有开场“办交割”、中途小丑串场、各类型的杂技表演等，节目分类分组、紧缓交替、张弛有度、编排有序地进行。传统节目有肢体技巧、道具技巧、顶功、倒立、翻滚以及小型魔术、气功、高竿等10余个杂技类型，单项节目50余个，具有惊、险、奇、绝、美的艺术特征。

江津区石蟆百戏技艺，主要包括“猴子爬杆”的竿技、“翻五台”的狮舞、大头和尚以及小杂耍、幻术等节目，表演过程遵循严格的从请神到谢主的仪轨，是中国古代百戏传统的活化石。表演时融汇民间器乐、民间说唱、曲艺杂耍等民俗技艺于一体，其中猴子爬杆有“滑桩、左右鳌鱼、猛虎下山”等30个多个高难度表演动作，动作惊险，堪称巴渝一绝。

荣昌区万灵镇游艺系列，民间体育游艺与杂技。

赛龙舟，俗称“划龙船”，民间传统体育项目。龙舟的船头有木雕龙头，船尾有木雕龙尾，船中间则为龙身，长约九丈，宽约四尺，可坐十六七对桡手，另有头桡于一人，打鼓一人，舞旗和舵手各一人。龙船第一次进入码头要先送拜帖，俗称“拜码头”。龙船靠岸后，码头则给每位桡手一大碗饭，并在饭上盖两大块肉和时令蔬菜，俗称“供单”。桡手接过饭碗后将一部分饭泼入河中，以祭奠屈原，余下的饭则由自己吃。饭后再约定赛龙舟时间，赛龙舟以先到终点者为胜。

合川龙舟竞渡，合川地处嘉陵江、涪江、渠江三江汇合处，河面宽阔，为天然的龙舟竞渡场所。过去，每到农历四月初，各码头开始参赛准备，四月十五祭奠龙王和请龙下水，五月初游拜码头，端午节龙舟竞渡，竞渡结束后收龙沉船。端午节龙舟竞渡是活动高潮，河里除参赛龙船外，还有花船、画舫、买小吃的“双飞燕”船，有龙舟表演、龙舟竞赛、夺旗标、抢鸭子、花船游江等节目。近些年来，合川龙舟多次代表重庆市参加全国各种龙舟比赛，获得多项奖励。

南岸广阳龙舟会，在端午节前数月就开始打造龙船，端午节时举办龙舟赛；龙舟队员有站立在船头指挥的“踩头人”，站在船中间敲打节奏的“锣鼓手”，立在船尾的舵手“艄公”以及骨干“划船手”。

江津旱码头龙舟歌会，是融合龙舟、山歌赛为一体的民间节会，因在陆地上划“干龙船”、唱山歌，故称“旱码头龙舟歌会”。

巴南木洞龙舟，龙舟队员有踩头一人，甩腰旗一人，打锣和鼓的各一人，拿艄的二人，前面划分水的四人，后面划吊艄的四人，中间则是主力，有时还设打座炮的一人。比赛以到达终点时抢得的活鸭只数或旗帜、扇子的多少来定输赢。木洞龙舟的特点是在比赛时，踩头领唱龙舟号子外，还要翻跟斗或吹口哨来吸引观众，起划和到达终点时都要鸣放鞭炮助威。

万州牙齿顶板凳，民间传统杂技。牙齿顶板凳由民间杂技“顶功”演变而来，顶重的最重达百多斤，牙齿顶板凳第七代传承人郭国直能顶起15条板凳或多个汽车轮胎。

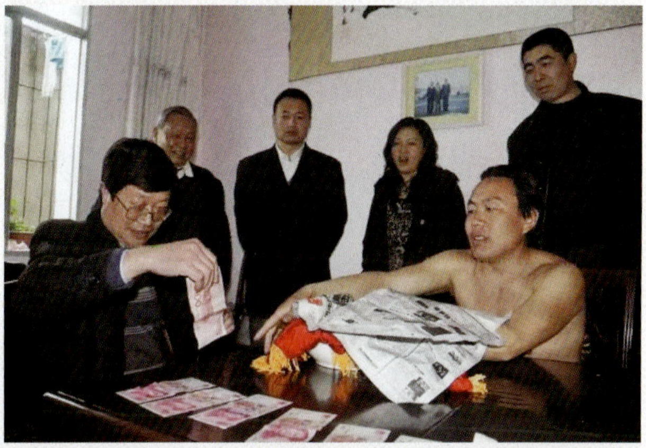

万州逃遁术，民间传统杂技。表演者能在空无一物的各种容器内取出种种物件，一会儿又在众目睽睽下让物件消失。

武术，传统体育项目。武术是运用肢体或兵器等攻击和防御的搏击技艺。中国武术，历史悠久，常见武术有长拳、太极拳、南拳、剑术、刀术、枪术、棍术等，现代体育项目将武术分为套路和搏击格斗两个类别。重庆武术门派众多，名家辈出，有少林门、武当门、余门、燕青门、形意门、太极门、六合门、八卦门等八大门派。

黔江中塘向氏武术，民间武术，传统体育项目。向氏武术，由晋时武安军节度衙前兵马使向宗彦所创，现存刀、枪、锏、棍、锤、鞭、镖、叉、拳等武术套路，具有古代战争和古代军队的传统武艺特点，保留了一些失传的古兵器实战技法。

荣昌缠丝拳，也称“蚕闭门、缠门、缠丝门、残门”等，民间武术，传统体育项目。缠丝拳是以龙门派道家武功和伤科为基础，吸少林及峨眉派之所长，以内家拳拳理功法为依据，以“螺旋缠绕”为核心，以蛇鹤相斗和引进落空为基础套路，创立以“无圆不成拳，无圈不成术”为特点的拳种。

渝北赵氏武术，民间武术，传统体育项目。赵氏武术具有南北拳法贯通、内家外家兼容、功架矮曲灵便、五峰六肘并用、刚柔相济、借力巧打等特点。

江津况氏武术，民间武术，传统体育项目。况氏武术现存有“龙爪千千手、夺命追风步、武官拳、七星拳、霸王拳、大红拳、小红拳、滩花拳、拐子拳、四水归池拳法、得胜拳、抠拳”等拳法；有“凤尾单刀术、敌拳枪术、青龙堰月刀术、双锏锏术、棍术、剐袍剑术、双刀术、板凳拳术、一马三箭”等兵器套路。

大足梅丝拳，民间武术，传统体育项目。梅丝拳拳法“钩挂如扭丝”，故称“梅丝拳”。再因以“震、巽、离、艮、中宫、坤、坎、乾、兑”九个灰堆为桩练习，故又俗称“九堆灰”。拳法有“总桩、二路、猫儿拳”等套路。

北碚复兴贺家拳，民间武术，传统体育项目。贺家拳属南拳系列，以“攻防结合、脚稳桩矮、手划圆弧、掌指变用、讲求实战、出拳有力、爆发力强、挨身靠打”为特征，代表功法有“嗨字劲（太子功）、正阳功”，嗨字劲因练功发劲时吐气发“嗨”字而得名，是贺家拳必修的硬气功法。基本手法有“沉托手、荷叶掌、十字锤、海底捞虾、踩边步、车车扣”等；拳法套路有“总策、七星拳、四门战锤、八步桩、板凳拳、跌伏拳、神武拳”等；兵器有“羊角骶、关王刀、南浦剑、月牙铲、子午棍、齐眉棍、双锤、贺家锏、贺家枪”等。

江津昆仑太极拳，也称“昆仑太极手”，民间武术，传统体育项目。昆仑太极拳属内家拳系列，以道家气功为根基，讲究动静相间、刚柔相济，以太极桩功、八段锦、易筋经等内功锻炼为基础，包括三个套路共九十一式，以松、宽、放、展、蹬、贯、侧、韧为主要特点，动作舒展大方，古朴自然。

江津蚕门武术，也称“蚕门拳”，民间武术，传统体育项目。蚕门武术由江津钟氏创始于清代，是一种模仿蚕的习性和姿态，集养生和实战为一体的世间稀有的象形拳，由拳经、武（硬）架、文（软）架、器械、四防（蚕丝劲）功、蚕门医药等六部分组成。

荣昌小洪拳，民间武术，传统体育项目。小洪拳由少林拳法套路演变而来，拳姿小巧玲珑，节奏分明；技法刚健有力，攻防兼备，简朴实用；基本拳法有“太祖子千捶、戳地龙、三合身（三角墩）、撕撕拳、镖翻、六合（六步桩）、挂印、边挂（八步缠丝）、九兑飞（九堆灰）、十字桩”十个套路。

梁平金家功，原名“姬家功夫”，民间武术，传统体育项目。金家功源于岳飞的心意六合拳，明末清初，姬夫子结合自己所学武术改良并更名为“姬家功夫”，后因金道人（原名金一望）师承姬夫子并将其发扬光大，后人尊金道人为祖祖，故改名“金家功”。金家功的主要拳法有“膀法、肘法、捶法、拿法、把法、四把捶、剪桩四把捶”等。

荣昌苏家拳，也称“苏门拳”，民间武术，传统体育项目。苏家拳注重基本功训练，讲究身桩中正，身法讲“六身”，腿上讲“六脚”，常有“出腿不见腿”之说，步法常用“催脚”。技法上连削带打，拳肘结合，六身六脚，刚脆快速。

九龙坡八卦掌，民间武术，传统体育项目。八卦掌属武当内家拳法，有“定式八掌、老八掌、六十四掌、八卦伏虎罗汉拳、降龙罗汉拳、八卦黑虎拳、八卦乌龙拳、八卦金猿拳、八卦银凤拳、八卦虎形、龙形、蛇形、马形、燕形、猴形、凤形、鹰形掌、八卦游身连环掌、八卦枪、鞭杆、八卦刀、八卦剑、八卦子午鸳鸯钺、八卦蛇形圈、八卦风火轮、八卦判官笔”等，九龙坡八卦掌的代表人物是“中国武林泰斗”“长江大侠”“国家武术九段获得者”、著名武术家吕紫剑。

蹬技，民间传统杂技。古代“踢”含有“蹬”的意思，表演小道具时称“踢”，表演大道具时称“蹬”。蹬技是以足蹬物，双足耍弄、平衡、表演、承重的杂技项目。表演者仰卧在小台上，双足向上，将各种轻重器皿家具置于脚上，靠脚的推动使其旋转、腾翻及至做出各种高难度动作，表演除蹬物之外，还可以蹬人，或让人在所蹬的物件上做表演。蹬弄纸伞、毯子、扇子、鼓、桶、板、积木等轻型物品称轻蹬技；蹬大缸、瓷坛、八仙桌、大木盆等称重蹬技。

酉阳上刀山，民间传统杂技。上刀山是巫傩文化中24堂科中的一段科仪，是土家族、苗族先民祭祀、祈福、驱邪的仪式。基本流程有设香案祭祀请神（请师），打铁栏杆，喝法水，化字符，封刀再竖刀，立还愿的刀杆，藏身躲影，盖神印，穿铁草鞋，上刀山，下刀，送神（送师）。上刀山的刀杆的长短一般根据避灾、解冤结的对象及其年龄来确定。

奉节夔龙术，民间武术，传统体育项目。

射箭，民间传统体育项目。射箭是用弓的弹力将箭射出，在一定的距离内比试精准度的体育运动。弓箭是古代狩猎工具，也是古代战争中主要的冷兵器。

拔河，民间传统体育项目。拔河时，数人分成两队相对站立，手握一根长15米至20米的绳索，中间划两条平行白线作为河界，绳中点系红绳或红色旗子，拉过己方白线一方为胜。

游泳，民间传统体育项目。游泳是人在水中凭借浮力通过肢体进行运动的体育项目。游泳分为竞技游泳、实用游泳。竞技游泳有蝶泳、仰泳、蛙泳、自由泳、花样游泳等；实用游泳有侧泳、潜泳、反蛙泳、踩水等。

摔跤，俗称“抱箍”，民间传统体育项目。摔跤是两人按约定规则，以各种技术、技巧徒手相搏，摔倒对手的体育运动。

斗牛，土家族、苗族传统表演项目。土家族、苗族在每年的重要节日都举行斗牛比赛，斗牛选用雄性水牛，斗牛赛最后胜出的牛为当年的牛王。

抢花炮，侗族、苗族竞技游戏，少数民族传统体育项目。苗族抢花炮一般在农历三月三或秋收以后举行，赛前备好数个约茶杯口大小的篾藤圆圈，圆圈外缠以红布，亦称“红炮圈”。抢花炮比赛时有三炮，第一炮是将红炮圈放在铁炮口上，放炮将其射向空中，让选手们争相抢夺，抢到者必须躲避他人的争夺，将红炮圈送交主持人者获胜，然后进行第二炮、第三炮比赛。

荡秋千，民间竞技游戏。秋千是在木架或者树杈上悬挂两绳，下栓小横板，游戏时人或站或坐，两手挽绳前后摇荡，以摇荡得高者为胜。

抢天地球，土家族传统体育项目。天地球源于土家先民祈求风调雨顺、五谷丰登的祭祀民俗，人们为了感念天地恩予，用竹条或细藤或皮革制成黑白分明代表天地的天地球，并配上彩色飘带来象征丰收的果实，大家以争相抢接天地球并投入筐内来模仿采摘果实的劳作情景，人们便把体育活动称为“抢天地球”。比赛时，抢到了天地球并投入筐内者得分，以分多者为胜。2015年8月，石柱土家族自治县代表重庆市参赛全国第十届少数民族传统体育运动会，荣获表演类竞技项目“抢天地球”二等奖。

竹铃球，土家族传统体育项目。竹铃球是用竹篾编织而成的，内装铃铛或其他金属片，摇动时能发出声音，故称“竹铃球”。比赛与篮球十分相似，在长方形平球场上两端设接球区，双方各设一名队员背着的小背篓作为篮圈，比赛双方以竹铃球投进本方队员身背背篓的多少来决定胜负，身背背篓的队员还可移动接球得分。比赛开始时，双方各派一名队员单膝着地争球，比赛中可采用手传球、地滚球、地面运球、脚截球等方式，也可从对方手中抢球，投篮上采用投、抛等动作，在对方禁区的接球圈内将球投入本方接球队员背着的背篼内得1分。一方得分后，再由另一方在得分队的接球圈端线外用手掷球进场继续比赛。2015年8月，石柱土家族自治县代表重庆市参赛全国第十届少数民族传统体育运动会，荣获表演类竞技项目“土家竹铃球”一等奖。

踩高跷，俗称“高脚马”，民间竞技游戏。高跷是在两根长齐肩部的竹子或者杂木上，安一块踏板做成，踏板离地面20至50厘米不等，以愈高者为技术水平越好。踩高跷有“夹夹脚、乌龙绞柱、观音坐莲、岩鹰展翅”等动作。踩高跷还可进行角斗比赛，比赛时在地面上划出直径几米、有中线的大圆圈，比赛双方分站中线两端，用身体撞、顶、挤或用高跷下端绊、扫等法攻击对方，下地或出边线一方为败。

扭扁担，民间体育项目。游戏时，两人各单手或双手握住扁担一端，各自用力勾腕向内扭转，先将扁担扭转90度者为胜。

抵扁担，民间体育项目。游戏前，先在地面上划出间距等于扁担长度的两条平行边线，中间划一中线，扁担中央悬挂一标志物对准中线，两人面对面站立于线外，相互以肩膀、腹部、手掌抵住扁担，并用劲向前抵推，先使扁担中央垂挂的标志物越过对方边线者为胜。此游艺用杠子代替扁担时，叫“抵杠子”。

掰手颈，俗称“掰手劲、掰手腕”，民间体育项目。游戏时，两人面对面或坐或立，中间隔一张桌子，各自将肘关节立在桌子上，互相握着对方的手掌或手腕，同时向相反的方向扭转，使对方手背或手腕贴于桌面的一方为胜。

斗鸡，民间博弈游戏。斗鸡时，在空地上用白布围成约二尺高的圆圈，观众在圆圈外观看，场内设有公证人，鸡的主人可入内。比赛时，将两只体重、高度相当的雄鸡置于场地上，使之互相啄斗，斗胜者为胜。

斗蛐蛐，即斗蟋蟀，俗称“斗灶鸡”，民间博弈游戏。儿童用来取乐和玩耍，成人则用蟋蟀争斗来打赌论输赢。蟋蟀一般以体形和颜色而命名，如“三段锦、象牙头、棺材头、梅花翅、大将军、蟹头青”等。斗蟋蟀时，将重量相当的蟋蟀放入陶瓷罐“打盆”，然后以草叶撩拨引逗蟋蟀的触须，让两只蟋蟀斗性大发，相互撕咬，斗败对方的蟋蟀为胜。

第四节 工艺美术

一、印染纺织刺绣

梁平蓝印花布制作技艺，古称“夹染或夹缬”，今称“靛蓝花布”，俗称“药斑布、浇花布”，民间传统手工技艺。蓝印花布始于明末清初，是用植物染料蓝靛（板蓝根）为染料，在土坯布（纯棉土布）上染印图案的民间印染工艺。制作过程是先用桐油纸镂雕成油纸印花版，覆盖在手工纺织的土布上，然后用豆腐与石灰制成的石膏泥刮入花纹空隙处从而漏印在布面上，晾干后再多次放入蓝靛液中浸染，即可印出蓝底白花的布料。蓝印花布有蓝底白花和白底蓝花两种形式，图案有“喜鹊闹梅、双凤朝阳、松鹤延龄、福寿多子、狮子滚绣球、鲤鱼跳龙门”和“团花、散花、梅花、菊花”等连续图案。

蜡染，土家族、苗族传统纺织印染手工技艺。蜡染与绞缬（扎染）、夹缬（镂空印花）是我国古代三大印花技艺。蜡染用蓝靛染料对布料进行浸染，主要工序有“染布打磨、点蜡花、染色、去蜡”等。蜡染时先用蜡刀蘸上蜡液，在土白布上描绘出花草动物图案，叫“点蜡花”，然后放进蓝靛液里浸染数次后捞出，放在锅里煮去蜡质，漂洗而成。蜡染批量印染有凸染法、平染法二种。凸染法是将图案透刻在软木或硬壳纸板上，做成模板，染浸时将布料夹在两块花模板之间，蒙影对准花纹后扣紧，然后将溶液灌入夹好的花板空心处即可。平染法则是将布铺展在桌面上，将预先雕刻的图案模板平铺在布面上，然后用染料刷染，最后再经过晾晒加工处理即成。

扎染，民间传统纺织印染手工技艺。扎染时，先将待染布料，按预先构图立意、图案主题，用白色的线绳捆、扎、绑、缝后放入蓝靛液内反复浸煮烹蒸，最后将煮好的布幅固色、清洗，在通风阴凉处凉干即成。布料结扎之处染料不能浸染，从而形成变幻无常的抽象图案。

荣昌夏布织造技艺，民间传统纺织工艺。夏布，古称“蜀布”，唐宋时称“斑布、筒布”，历代王朝贡品。荣昌夏布有“细布、粗布、罗纹布”三大类别，布纹细密平整，色泽莹洁润滑，且坚韧耐用，凉爽理汗，舒适宜人。生产工艺有“打麻、挽麻团、挽麻芋子、牵线、穿扣、刷浆、织布、漂洗、整形、印洗”等。

刺绣，古称“针绣”，俗称“绣花”，民间传统手工技艺。刺绣是用针、彩线在织物上绣出装饰图案。中国刺绣主要有苏绣、湘绣、蜀绣、粤绣四大门类。刺绣的技法有“错针绣、乱针绣、网绣、满地绣、锁丝、纳丝、平金、影金、盘金、铺绒、刮绒、戳纱、洒线、挑花”等。

渝中区蜀绣，民间传统手工技艺。蜀绣，也称“川绣”，是指四川、重庆境内的刺绣工艺，与苏绣、湘绣、粤绣号称“中国四大名绣”。渝中区蜀绣以传统的花卉、动物、戏装、脸谱、风景、城市建筑、仕女、现代人像等为创作题材，绣法以单面绣、双面绣、异形异彩绣为主，基本技法有“铺针、直针、斜针、穿针、参针、散套针、三排针、浮线针、覆盖针、压花、上飞色、下飞色”等，有完整而严密的刺绣针法体系。

江北蜀绣，民间传统手工技艺。

巫溪大宁河刺绣，简称“宁绣”，以其细腻逼真、正反如一、美观耐用等特点著称。在巫溪地区的女孩从12岁时就开始学习刺绣，将所绣的作品作为自己的陪嫁，所以宁绣又俗称“嫁花”。

北碚刺绣，以软缎、彩丝为主要原料，近年来将黄桷兰树叶作为一种新原料。刺绣针法有12大类，169种，常用的针法有直绣、盘针、套针、擞和针、抢针、平针、烧绣、施针、辅助针等，具有针法严谨、片线光亮、针脚平齐、色彩明快等特点。北碚刺绣常用晕针来表现绣品质感，使光、色、形融为一体。

沙坪坝琼缘刺绣，蜀绣分支，用料考究，工艺传统，严格遵循蜀绣技艺要求，主要工艺流程有“上绷、勾稿、配线、刺绣、落绷”等五个环节，以独特的“交叉针”针法著称。

大渡口乱针绣，也称“正则绣、锦纹绣”，根据西画笔触、透视等原理，创造了运针纵横交错的乱针绣法，以长短参差的直斜、横斜线条交叉，分层掺色的技艺，绣品层次丰富、艳丽明快，宛若油画，是西洋绘画与中国刺绣融为一体的手工艺术品。

鱼洞乱针绣，也称“针画”，结合现代色彩和素描衬影法，针法中融合笔调，采用长短交叉线条、分层加色的手法来表现画面，形成针法活泼、线条流畅、色彩丰富、层次感强、风格独特的绣品。

秀山金珠苗绣，图案具有传承文字、图像的功能，记载了苗族的历史、民族迁徙、宗教信仰，被誉为“穿在身上的史书”。金珠苗绣有平绣、雕绣、套绣、板丝绣、网绣等多种表现手法，绣品色彩鲜艳明快，图案造型夸张生动，构图对称和谐。

西蓝卡普，土家族织锦的音译，俗称“土花铺盖、土花被面”。土家织锦在秦汉时期称“賨布”，宋代称“溪布、溪峒布”，明代称“斑布”，即五彩斑斓之意。西蓝卡普是用一种古老的腰式斜织机，以棉纱为经，以五彩丝线、棉线、毛线为纬，以“通经暗纬、挖花挑织”的挖花技术，采用“反织法”工艺，手工挑织而成的各种图案花纹的织锦，以其独特的工艺和美妙的构图，与南京云锦、四川蜀锦、苏州宋锦、杭州织锦一同被誉称为“中国五大织锦”。土家织锦主要有纺捻线、染色、倒线、牵线、装筘、滚线、捡综、翻篙、捡花、捆杆上机、织布、挑织等十二道工序，图案纹样多以菱形结构、斜线条为主体，形成抽象神秘、夸张变形、几何对称的连续图案，图案配色古艳厚重，斑斓多彩，色彩绚丽，对比强烈。传统图纹约有409种，其中斜纹彩色图纹200余种，平纹素色图纹150余种，花带图纹50种，常见图案有“单八勾、双八勾、二十四勾、四十八勾、岩墙花、台台花、阳雀花、椅子花、猫脚迹、狗脚迹、螃蟹脚、称勾花、凤穿牡丹、老鼠嫁女”等。

北碚布艺，分为北碚布偶和北碚布贴画，是以传统图案为特色的手工艺品。布偶作品乖巧可人，形象夸张而生动，工艺简洁而精湛；布贴画极具民俗特色，构图简洁而明快，色彩生动而图案立体。

北碚蝶翅画，也称“蝶翼画”，民间传统手工技艺。蝶翅画是依托蝴蝶羽翅的色泽、图案、条纹、形态等，通过裁剪、修饰、拼接、粘贴等技法而制成的工艺品。制作有“回软、展翅、干燥、构图、裁剪、拼贴、防腐防虫处理”等30余道工序，作品栩栩如生，色泽绚丽，朴素天然。

二、雕塑雕刻

重庆面塑，俗称“捏面人、捏粉、江米人”，民间传统手工技艺。面塑是用面粉、糯米面为主料，调成不同色彩，用手和简单工具塑造各种人物、动物、植物等形象的民间手工艺品。重庆面塑在技艺上有“一印、二捏、三镶、四滚”的特点，艺术风格上吸收了北方面塑古朴、粗犷的风格，注重刻画人物的神态与表情，具有重庆浓郁的乡土气息。

巴渝民间泥塑，民间传统手工技艺。泥塑是以泥土为原料，以手工捏制成各种人物、动物、植物等形象的民间手工艺品。泥塑有“选泥土、拌和泥、搭骨架、塑雏形、雕‘血肉’、着色彩”等六道工序。巴渝民间泥塑以万州泥塑、合川泥塑、大足龙水泥塑、忠县邱氏泥塑著称。

木偶，是用木头雕刻成各种人物、动物、植物等形象的民间手工艺品。

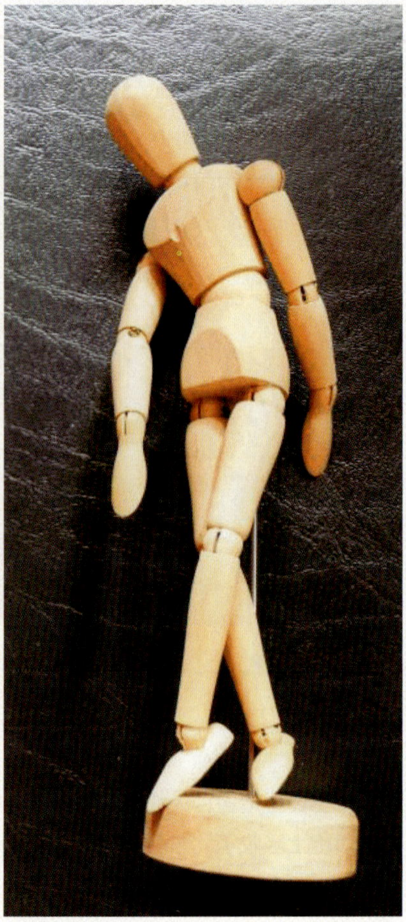

灰塑，古称“灰批”，民间传统手工技艺。灰塑是以石灰、纸筋、稻草、矿物质颜料为主料，在传统古建筑大门、墙壁、屋脊上或其他建筑部位上塑造各种人物、花鸟、虫鱼、瑞兽、山水等形象的民间手工艺。

合川峡砚，也称“墨玉宝砚、钓鱼城峡砚、三峡石砚台”，民间传统手工技艺。合川峡砚是以合川区草街镇嘉陵江沥鼻峡“黑玉石”为原料而雕刻制作的砚台，具有石质细腻、色泽淡雅、磨墨快速、不损笔锋，以及砚中蓄水，数日不干，储墨不腐的特点。合川峡砚在工艺上采用“平雕、浮雕、镂空雕、阴刻、钻花、镂雕、浮雕”等雕刻手法，图案造型优美、栩栩如生，与石柱金音石砚、夔砚一同被誉为“巴渝三大名砚”。

永川艺庐微刻，民间传统手工技艺。艺庐微刻是在青发或米粒大小的象牙等细小的材料上，以微刻手工技艺雕刻的微型手工艺品。

璧山微刻，民间传统手工技艺。璧山微刻是在头发、金、银、玉、陶瓷、牙骨、石等细小的材料上微刻书画或图案的微型手工艺品。

石雕，民间传统手工技艺。石雕是用各种石料，采用平雕、浮雕、圆雕、镂空雕、阴刻等多种手工技艺雕刻各种人物、动物、植物或图案的工艺品。石雕制作有“采料、构思、制图、泥塑、制模、雕刻、精雕、细磨、抛光”等工艺流程。大足石雕、万州石雕、长寿葛兰石狮艺术均被重庆市政府公布为重庆市非物质文化遗产。图为大足石雕佛像。

木雕，民间传统手工技艺。木雕是用椴木、桦木、楠木、樟木、柏木、银杏、沉香、红木、龙眼等木料，采用多种手工技艺雕刻各种人物、动物、植物或图案的建筑构件或其他工艺品。木雕是从我国古代建筑木工中衍生出来的，称“精细木工”，分为“观赏性、实用性”两类，有“立体圆雕、浮雕、镂雕”等多种技法，并上色施彩来保护木质和美化木雕。图为奉节阴沉木雕刻技艺。

角雕，民间传统手工技艺。角雕是用牛角、羊角、狍子角、鹿角等兽角材料，采用多种手工技艺雕刻的工艺品。

垫江角雕，分“花、素”两类。花即是在牛角上刻有图案的角雕工艺品，如龙头、凤头手杖也叫“花手杖”；素即是对牛角略加修饰，如牛角弯把手杖、T形手杖等也叫“素手杖”。在花、素两类中有4个大类150个品种。其工艺复杂、程序繁多。角雕有“蒸、煮、抽脂、火烧、油炸、雕刻”等工序，雕刻刀法有“单执刀法、双执刀法、刻法、凿法、划法、切法、铲法、刮法”8种，雕法有“浅雕法、留皮法、浅浮雕法、深浮雕法（也称“现地法”）、镂空雕法、圆雕法”6种。

忠州朽木虫雕，民间传统手工技艺。虫雕，也称“蛀木雕”，是以虫蛀废木材为原料，根据蛀孔的奇特纹路，以蛀孔为基础，取势蛀纹，采用蛀纹皴法技艺，通过裁剪、镶拼、粘贴等制作工序，雕刻而成的手工艺品。

竹雕，也称“竹刻”，民间传统手工技艺。竹雕是以竹为材料，利用竹根、竹节、竹片的自然造型，视物取态，采用“阴刻、阳刻、圆雕、透雕、镶嵌、深浅浮雕、高浮雕”等刀法雕刻各种装饰图纹的工艺品。竹雕工艺有“选料、去青、刨匀、蒸黄、晾晒、画形、浅刻、浑雕、打磨、刷漆、抛光”等工序，常见作品有笔筒、笔挂、帽筒、屏风、花瓶、首饰盒、多宝盒、花插、水烟杆等。左图为梁平竹雕。

根雕，民间传统手工技艺。根雕是以树身、树瘤、树根为材料，顺其自然造型及纹理，略略雕刻而成的手工艺品。根雕有着“三分人工，七分天成”的艺术价值，有着源于自然，又突破自然的“天然美”。根雕分为实用、观赏两大类。实用类主要有“根床、根桌、根椅、根凳、茶几、沙发、屏风、花架”等；观赏类有“人物、动物、景物、植物”等。

江北竹壳雕刻技艺，民间传统手工技艺。竹壳雕刻画是以俗称“笋壳”的竹壳为材料，经过去毛、蒸煮、整形、烘干、压平等十几道工艺流程后，在竹壳上采用雕刻、染色、装裱等技艺制作而成的手工艺品。

北碚印纽雕刻工艺，民间传统手工技艺。印章分为印面、印台、印纽、印鼻、穿銎、印墙、印背等部位，印纽是指印台以上突起的部分，具有装饰功能。印纽雕刻即是在印纽上雕塑龟、螭、驼、马、虎等形象的手工技艺。

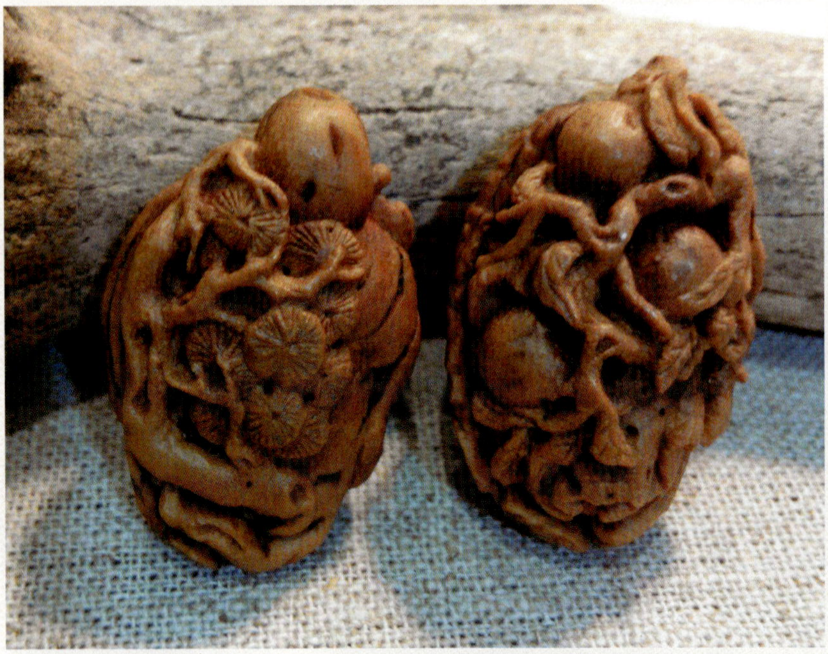

重庆饶氏桃核雕刻技艺，民间传统手工技艺。饶氏桃核雕刻是在桃核上雕刻人物、动物、植物或图案。桃核雕刻有“选材、去肉、定型、雕刻、打磨、上油”等数十道工序，有“浅雕、浮雕、镂雕”等雕刻手法。

大渡口关氏卵石雕刻技艺，民间传统手工技艺。卵石雕刻是根据卵石的天然造型和纹理进行绘画、雕刻。

剪纸，也称“刻纸、窗花、剪画”，民间传统手工技艺。剪纸是用剪刀或刻刀在纸上剪刻花纹图案的民间艺术品。剪纸有镌刻（阴刻）、镂刻（阳刻）、刺孔三种剪刻手法和折叠剪纸、剪影、撕纸三种剪纸技法，有“点染、套色、分色、填色、木印、喷绘、勾绘、彩编、立体”等剪纸艺术形式。

北碚剪纸，属于中国南派剪纸，剪纸作品融合了国画、版画、镶嵌画、布艺等艺术技法，偏重写实，注意细节，图案秀丽柔美，构图明快。

三、绘画扎糊编织

梁平木版年画，民间传统美术。梁平木版年画距今已有约300年历史，作品种类有花笺、花纸、门画等，作品内容大体有门神、神话故事、戏曲故事三类；在技法上继承了传统水印木版年画的工艺流程和川派雕刻技术，融合了徽派、金陵派的雕版套色技术和西洋绘画的焦点透视原理，远近分明，层次清楚，形成了构图饱满简洁、人物夸张变型、色彩对比强烈、动静处理得当、造型古朴粗犷的艺术风格。

綦江农民版画，民间传统美术。农民版画是在民间传统木雕、石刻、布贴、挑花、木版年画、剪纸、蓝印花布等技法上采用版画表现形式的艺术品。版画作品构图大胆新奇，不拘一格，黑白套印和独特的“阴转阳”粉印效果使作品情感饱满、质朴单纯、风趣幽默。

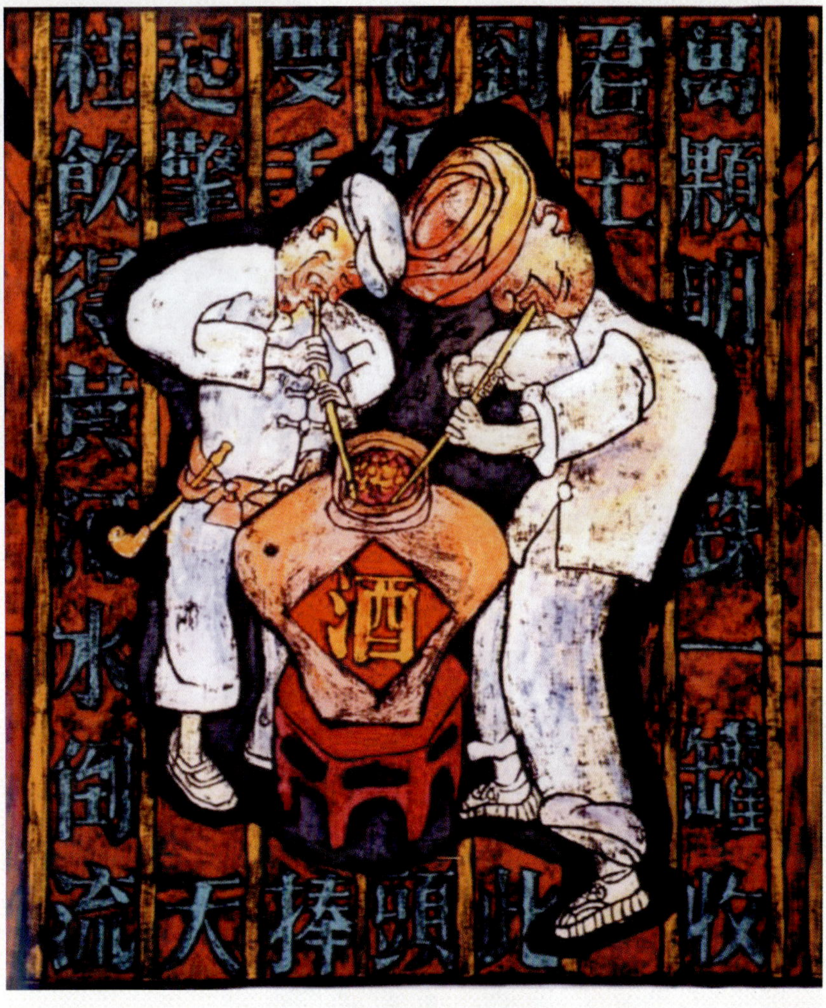

重庆漆器髹饰技艺，民间传统手工技艺。重庆漆器制作工艺已有上千年的历史，漆器品类有生活用品类、旅游纪念品类、陈设观赏收藏类、建筑装修装饰类等。漆器制作主要有“制漆、制胎、髹漆、装饰、打磨”等前后数十道工序，被誉为“百计千工”。其中，制漆有“透明漆、黑推光漆、厚料漆、明光漆、金足漆、快干漆”等工艺；制胎有“木胎、脱胎、竹篾编织胎、皮胎、压胎、花瓶、人像、大型浮雕”等工艺；髹漆有“灰底制作、髹漆”等工艺；装饰有“研磨彩绘、金银粉罩漆、堆漆、镶嵌、平绘、印漆、斑纹填漆”等工艺；打磨有“打磨、抛光”等工艺。漆器光润坚滑，色彩富丽，纹样丰富。

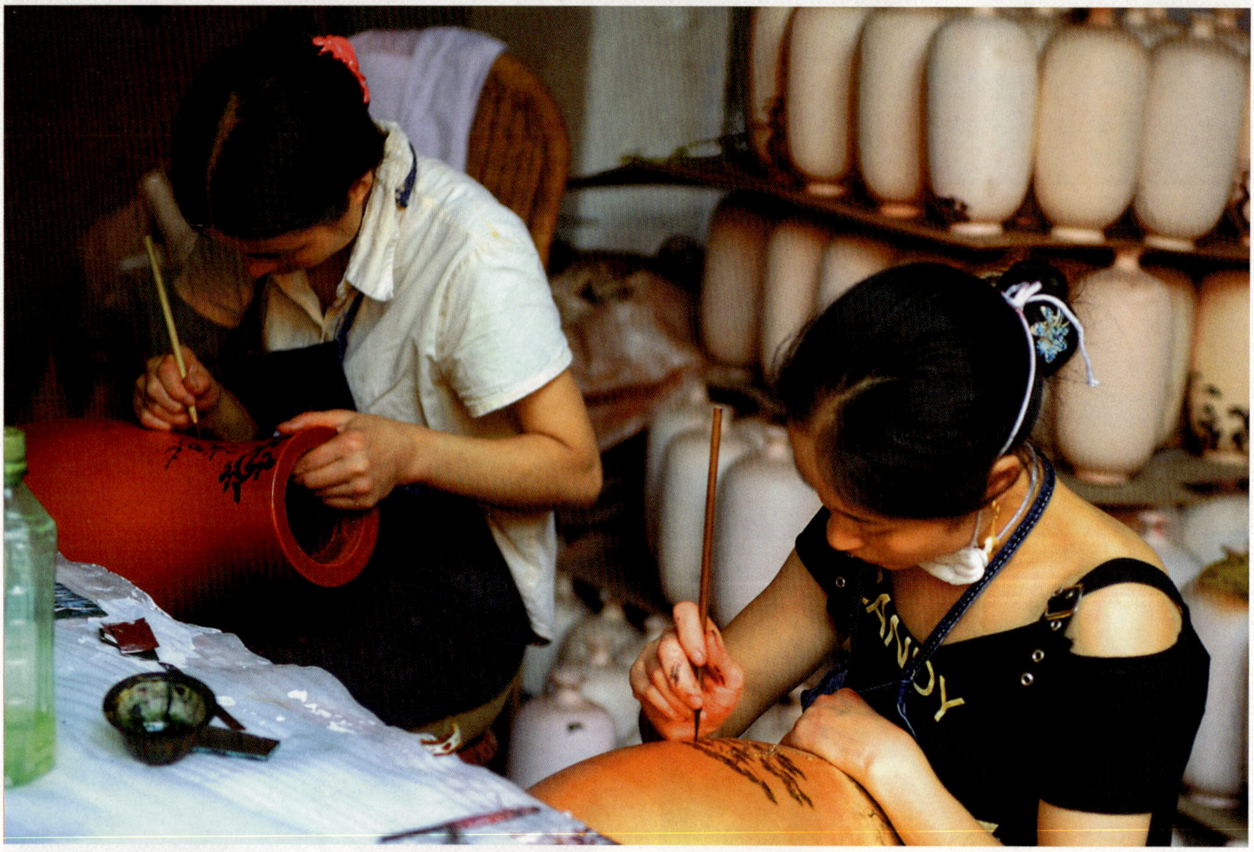

漆艺，民间传统手工技艺。漆艺是利用漆树身上分泌出来的一种液体——生漆，经脱脂、造型、抛光、擦、喷、雕、嵌、磨、勾、绘等工序加工成装饰器物的技艺。南岸巴人漆艺将“研磨彩绘”“蛋壳镶嵌”技艺运用到漆画创作中，并辅以“镶嵌、罩明描绘变涂、堆漆、雕填、晕染、晕金、针刻”等独特技艺，使漆画具有油画、国画、水彩画等艺术形式的表现效果与肌理特征。

大渡口麦草艺画，也称“麦秆画”，民间传统美术。麦草艺画是具有实用和装饰双重功能的工艺品，按用途可分为“装饰型、实用型”两类，按色泽则有“单色、多色”两种。麦草艺画集染色、黏合、绘画、雕刻等技艺于一体，具有古朴、自然、高贵、典雅之美，享有“中国民间艺术一绝”的美称。

重庆糖画，民间传统美术。糖画是以糖稀为“墨”，以勺、铲为“笔”来绘制各种图案的手工艺品，它亦糖亦画，可观可食。糖画绘制时是在红、白糖中加上少许饴糖，放在炉子上用文火熬制，熬到可以牵丝时就用小汤勺舀起溶化了的糖汁，在石板上画出各种传统图案造型，稍俟凝结后便可以黏上竹签，用小铲刀将糖画铲起即可。

北碚五谷粮食画，也称“五谷画、粮食画”，民间传统美术。五谷粮食画是以各类作物果实为原料，结合果实的本色与纹理，通过粘、贴、拼、雕等方法，运用构图、线条、明暗、色彩等造型手法，制作而成的山水、人物、花鸟、卡通、抽象等主题的绘画作品。

北碚复兴镇农村线描画，民间传统美术，是以“线”描画技法来表现农村题材。

荣昌民间道教绘画，民间传统美术。道教绘画是以工笔绘画技法，融合巴渝民间美术技法而形成的形式独特的民间工笔重彩画。绘画材质多以矿物颜料及金属颜料为主，有石青、石绿、云母、赭石及金、银箔料等。

烙画，也称“烫画、火笔画”，民间传统美术。烙画是将烙铁或钢丝用火烧烫后在物体上熨出烙痕形成图画的艺术作品。烙画技法有“勾、勒、点、染、擦、描”等手法，作品层次丰富，色调古朴，立体感强，酷似棕色素描和石版画，具有中国传统绘画风格和西洋画写实效果。渝中区葫芦烙画，也称“火绘葫芦、火笔葫芦、火针刺绣葫芦”，古称“火画葫芦”，是用天然葫芦做材料的烙画。

渝中区叶脉画，民间传统美术。叶脉画是利用树叶形态、纹理、颜色等因素制作而成的工艺品，有“选叶、去层、留筋、干燥防腐、绘画、描金、勾线”等三十余道工序与技法。

沙坪坝刘氏根雕书法技艺，民间传统手工技艺。根雕书法是用天然灌木小根茎，经过“采根、去皮、晾晒脱水、蒸煮脱脂、构思、选材、下料、剪裁拼版、修光、打磨、修琢、润色、上油、组合布白、装裱、配框、加盖印章”等工序，按照汉字字体进行拼装组合而形成的书法工艺品。

荣昌折扇，民间传统手工技艺。折扇是用则打开，收则折叠的扇子，始于北宋时期，在明嘉靖年间已作为朝廷贡品，民国时期远销东南亚及欧洲。荣昌折扇有正棕、全楠、皮底、硬青、串子、全棕、檀香、羽毛、胶质10大类345个品种，尤以传统黑纸扇、棕竹扇素享盛誉。荣昌折扇制作工艺有16个工段145个操作工序，集绘画、雕刻、镶嵌等精湛技艺于一体，与苏州绢绸扇、杭州书画扇一同被誉称为“中国三大名扇”。

开州临江油纸扇传统制作技艺，民间传统手工艺。开州油纸扇产生于清道光年间，折扇采用白甲竹做股子，牛角做窖子，再以自制的苟树叶、树皮纸作扇面，并刷以桐油，形成了具有防水耐用、驱蚊除邪的特点的临江油纸扇。

彩扎，古代称“纸扎、彩扎”（小型的彩扎又称“针扎”），民间传统手工艺。彩扎以竹、木、铁丝捆扎为骨架，用纸、布、丝帛为面料，通过艺术构思和捆扎、裱糊、彩绘等手工技艺而制成各种神仙、飞禽走兽、纸花绢花、楼房亭阁、戏曲故事、灯彩、灯笼、风筝、祭祀祭品等软雕塑工艺品。

铜梁龙灯彩扎工艺，源于明，盛于清，包括龙灯和彩灯两大系列。龙灯主要有“大蠕龙、火龙、正龙、小彩龙、二龙、稻草龙、竞技龙、板凳龙、竹梆龙、荷花龙、工艺小龙”等近20个品种；彩灯主要有“鱼跃龙门、彩凤、泥鳅吃汤圆、三条鲹、十八学士、猪啃南瓜、亮狮、开山虎、蚌壳精、华表龙、犀牛望月、南瓜棚、彩扎牌坊、瓜果灯、走马灯”以及各型灯组等数十个品种。工艺有扎、裱、绘、粘、装五大工序，即“竹编造型，纸绸裱糊，落墨彩绘，粘贴修饰，总装”。

北碚偏岩唐门彩扎工艺，包括扎制、绘画、雕塑三大类，其中尤以狮和龙、龟、虾、蟹、蚌、鲇鱼、鲤鱼、青蛙“水八仙”彩灯最为经典。

合川纸扎艺术，合川在巴渝地区素有“纸扎之乡”的美誉，彩扎工艺品有龙狮、鱼虾、花灯、彩船、花篮、风筝、亭台、楼阁及头盔、凤冠等纸扎川剧道具，其中“龙头蜈蚣”风筝最为著名。

永川高氏烟火架制作技艺，以彩扎架子炮著称。架子炮也称“烟火架”，是将绘画、烟花、鞭炮、皮影等传统民间艺术融为一体的中国古老焰火，每逢寿诞婚庆、佛事庙会、节令庆典，都会在夜晚集中燃放。“烟火架”主体呈圆桶状，高约2米，直径1.5米，四周是灯，内设若干层，每层若干格，每格图案字画内容不一，层层格格机关内外连贯，外层以竹篾加细铁丝编成。燃放时，烟火架挂在高处，点燃“引子”，引爆烟火架各层机关，进而引燃每层各格，每层每格分别展现图案，十分壮观。

武隆纸竹工艺，彩扎类民间传统手工艺。作品式样众多、制作精致，多用于红白喜事、寿诞、街头游乐、节日庆典，代表作品有《八仙庆寿》木偶戏子、药发木偶烟火架等。

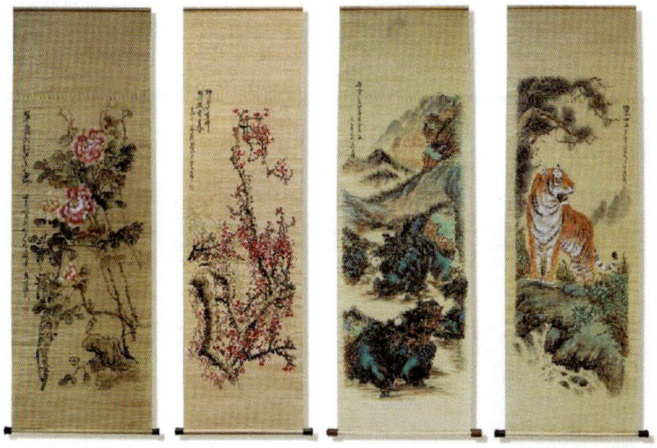

梁平竹帘，与梁平灯戏、梁平年画一同被誉称为“梁平三绝”，民间传统手工艺。“薄如蝉翼淡如烟,万缕千丝总相连。借得七仙灵巧手,换来天下第一帘”，梁平竹帘素有“天下第一帘”的美称。梁平竹帘是用竹丝做纬，优质蚕丝为经，用织布机编织，并绘有传统书画图案的手工艺品，有“刨青去节、截断破竹、划片启篾、分丝匀丝、搓揉清笔”等30道工序。竹帘按制作工艺可分为素心、堂心两类。

竹编，民间传统手工艺。竹编是以竹条为材料编织生产、生活及装饰用品，竹编工艺品分“细丝、粗丝”两种。常用竹编物件有竹席、竹帘、竹筒（即竹箱）、竹扇、竹篮、竹篓、竹筐等近百余种，编织图案有150余种。

秀山竹编，包括“篾丝、篾片”两类。篾丝类，俗称“圆篾”，经过伐竹、裁竹、破竹、开垛、派竹、刮竹、匀竹、编织等工序，采用经篾、纬篾或斜经篾、纬篾编成多种器具，花背篼、盂篼是篾丝类的代表作。篾片类，编织工序与篾丝类大致相同，工艺多用“二压二、三压三、四压四、五压五”编织法，也有用“六压六”或“七压七”等编织法，篾片类竹编主要有凉席、篓子、皮箩、晒席等，主要特点有篾片细薄均匀可折叠、平整光滑、图案精美、近乎半透明，凉席是篾片类的代表作。

垫江大石竹编，也称“灯塔石竹编”，采用慈竹为材料，经“伐、刮、破片、过碱蒸煮、染色、固色、清漂、阴干、蒸软”等工艺处理后，编织而成条幅、扇子、席子、农具、厨具等20多种手工工艺品。

大足铁山竹编，大足被誉为“竹编之乡”，自古盛产慈竹，竹编艺人们将慈竹经“去青皮、剖片、日晒、划篾丝、染色”等工序后，再经“编、绞、锁、插、穿、扣”等工艺，编织成丰富多样的竹编工艺品，有“帘类、扎类、席类、家具类、筐类、筛类、兜类、其他类”八类竹编工艺产品。

丰都包鸾竹席传统制作技艺，选用当地特产的冷竹、水竹作为竹编材料，有“选竹、砍竹、破竹、起篾、过篾、排头、编织、纠边、回边、打磨”等十多道工序。竹席起头一般采用斜向编排，先将对角线的两向篾交叉垂直，从中心起编，相互交压后分别向两边收缩，到最后都收成直角，再回边固定后编织完工。竹席篾丝薄细，柔韧细腻，折叠后无痕，图案有文字、铜钱、水波纹、老虎、狮子、雀鸟、龙蛇等。

开州三合水竹凉席传统制作技艺，以当地的白竹、水竹为竹编材料，有“砍竹、破竹（用二手刀）、启黄、启底蔑、丝匀、煮竹、刮青、打磨、擦编”等13道工序。该凉席以篾丝细薄著称，篾丝一般有1600头、1800头，最细可达2000头以上，凉席细腻柔软，能折叠收藏，产品有睡席、坐席、挂席、帘席等。

藤编，民间传统手工艺。藤编是用藤类植物的茎杆为原料的编织工艺品。藤编一般有“打藤去疤、拣藤、洗藤、晒藤、拗藤、拉藤、刨藤、削藤、漂白、染色、编织、上油漆”等十几道工序，藤编器物一般以竹、木或藤枝为骨架，然后用藤条或藤皮编织而成。重庆市开州区谭家镇蒲家湾街是以藤编为业的藤椅街，当地俗称“椅子街”。

北碚静观镇竹麻编扎技艺，民间传统手工艺。竹麻编扎技艺的主要产品为草鞋，草鞋造价低廉，穿着轻便，凉快透气，除湿除臭。草鞋分稻草、竹麻两种。

草编，民间传统手工艺。草编是以草本植物为材料编织而成的日常用品。草编产品主要有草衣、草帽、草鞋、蓑衣、草席、草凳、坐垫、草编玩具等，最常见的草编用品是草席。

草席，是以麻丝为经，用纤维柔软且韧性强的灯心草、蒲草、马兰草等草本植物为纬编织而成的床单，具有生态环保、色泽碧青、凉爽透气、柔软舒适、编织紧密、坚韧耐用的特点。

草凳，用干稻草编织而成的圆柱形的矮小凳子，质地柔软，冬暖夏凉。

附 录

1.重庆市国家级、市级非物质文化遗产名录

重庆市国家级非物质文化遗产项目名录

第一批（共12项）

<table>
<tr><th>序号</th><th>编号</th><th colspan="2">项目</th><th>类别</th><th>申报地区或单位</th></tr>
<tr><td>1</td><td>Ⅰ—17</td><td colspan="2">走马镇民间故事</td><td>民间文学</td><td>重庆市九龙坡区</td></tr>
<tr><td>2</td><td>Ⅱ—15</td><td colspan="2">石柱土家啰儿调</td><td>民间音乐</td><td>重庆市石柱土家族自治县</td></tr>
<tr><td>3</td><td>Ⅱ—24</td><td colspan="2">川江号子</td><td>民间音乐</td><td>重庆市艺术研究所</td></tr>
<tr><td>4</td><td>Ⅱ—25</td><td colspan="2">南溪号子</td><td>民间音乐</td><td>重庆市黔江区</td></tr>
<tr><td>5</td><td>Ⅱ—26</td><td colspan="2">木洞山歌</td><td>民间音乐</td><td>重庆市巴南区</td></tr>
<tr><td rowspan="2">6</td><td rowspan="2">Ⅱ—52</td><td rowspan="2">吹打</td><td>接龙吹打</td><td>民间音乐</td><td>重庆市巴南区</td></tr>
<tr><td>金桥吹打</td><td>民间音乐</td><td>重庆市万盛区</td></tr>
<tr><td>7</td><td>Ⅱ—53</td><td colspan="2">梁平癞子锣鼓</td><td>民间音乐</td><td>重庆市梁平县</td></tr>
<tr><td>8</td><td>Ⅲ—4</td><td colspan="2">龙舞（铜梁龙舞）</td><td>民间舞蹈</td><td>重庆市铜梁县</td></tr>
<tr><td>9</td><td>Ⅳ—12</td><td colspan="2">川剧</td><td>传统戏剧</td><td>重庆市川剧院</td></tr>
<tr><td>10</td><td>Ⅳ—77</td><td colspan="2">灯戏（梁山灯戏）</td><td>传统戏剧</td><td>重庆市梁平县</td></tr>
<tr><td>11</td><td>Ⅶ—10</td><td colspan="2">梁平木版年画</td><td>民间美术</td><td>重庆市梁平县</td></tr>
<tr><td>12</td><td>X-51</td><td colspan="2">秀山花灯</td><td>民俗</td><td>重庆市秀山土家族苗族自治县</td></tr>
</table>

第二批（共16项）

序号	编号	类别	项目	申报地区或单位	备注
1	Ⅱ-84	传统音乐	秀山民歌	重庆市秀山土家族苗族自治县	新选项目
2	Ⅱ-85	传统音乐	酉阳民歌	重庆市酉阳土家族苗族自治县	新选项目
3	Ⅱ-101	传统音乐	搬运号子（梁平抬儿调）	重庆市梁平县	新选项目
4	Ⅱ-101	传统音乐	搬运号子（龙骨坡抬工号子）	重庆市巫山县	新选项目
5	Ⅱ-37	传统音乐	唢呐艺术（永城吹打）	重庆市綦江县	扩展项目
6	Ⅲ-17	传统舞蹈	土家族摆手舞（酉阳摆手舞）	重庆市酉阳土家族苗族自治县	扩展项目
7	Ⅴ-76	曲艺	四川竹琴	重庆市	新选项目
8	Ⅴ-88	曲艺	车灯	重庆市	新选项目
9	Ⅶ-21	传统美术	蜀绣	重庆市渝中区	扩展项目
10	Ⅶ-51	传统美术	竹编（梁平竹帘）	重庆市梁平县	扩展项目
11	Ⅷ-102	传统技艺	夏布制作工艺（荣昌夏布）	重庆市荣昌县	新选项目
12	Ⅷ-127	传统技艺	漆器髹饰技艺（重庆漆器髹饰技艺）	重庆市艺术研究所	新选项目
13	Ⅷ-156	传统技艺	豆豉酿制技艺（永川豆豉酿制技艺）	重庆市永川区	新选项目
14	Ⅷ-159	传统技艺	榨菜传统制作技艺（涪陵榨菜制作技艺）	重庆市涪陵区	新选项目
15	Ⅷ-81	传统技艺	制扇技艺（荣昌折扇）	重庆市荣昌县	扩展项目
16	Ⅸ-5	传统医药	针灸（刘氏刺熨疗法）	重庆市渝中区	扩展项目

第三批（共10项）

序号	编号	类别	项目	申报地区或单位	备注
1	I-124	民间文学	酉阳古歌	重庆市酉阳土家族苗族自治县	新选项目
2	Ⅱ-123	传统音乐	锣鼓艺术(小河锣鼓)	重庆市渝北区	扩展项目
3	Ⅲ-5	传统舞蹈	狮舞(高台狮舞)	重庆市彭水苗族土家族自治县	扩展项目
4	Ⅴ-110	曲艺	四川评书	重庆市曲艺团	新选项目
5	Ⅴ-75	曲艺	四川扬琴	重庆市曲艺团	扩展项目
6	Ⅴ-77	曲艺	四川清音	重庆市曲艺团	扩展项目
7	Ⅴ-91	曲艺	金钱板	重庆市万州区	扩展项目
8	Ⅷ-211	传统技艺	土家族吊脚楼营造技艺	重庆市石柱土家族自治县	新选项目
9	Ⅷ-98	传统技艺	陶器烧制技艺(荣昌陶器制作技艺)	重庆市荣昌县	扩展项目
10	Ⅸ-4	传统医药	中医传统制剂方法(桐君阁传统丸剂制作技艺)	重庆市南岸区	扩展项目

重庆市非物质文化遗产名录

第一批（渝办发〔2007〕154号文件公布，共62项）

序号	编号	项目	类别	申报地区或单位
1	Ⅰ—1	走马镇民间故事	民间文学	九龙坡区
2	Ⅱ—1	川江号子	民间音乐	重庆市艺术研究所
3	Ⅱ—2	石柱土家啰儿调	民间音乐	石柱县
4	Ⅱ—3	南溪号子	民间音乐	黔江区
5	Ⅱ—4	接龙吹打	民间音乐	巴南区
6	Ⅱ—5	金桥吹打	民间音乐	万盛区
7	Ⅱ—6	梁平癞子锣鼓	民间音乐	梁平县
8	Ⅱ—7	木洞山歌	民间音乐	巴南区
9	Ⅱ—8	鞍子苗歌	民间音乐	彭水县
10	Ⅱ—9	永城吹打	民间音乐	綦江县
11	Ⅱ—10	秀山民歌	民间音乐	秀山县
12	Ⅱ—11	薅草锣鼓	民间音乐	秀山县
13	Ⅱ—12	酉阳民歌	民间音乐	酉阳县
14	Ⅱ—13	小河锣鼓	民间音乐	渝北区
15	Ⅱ—14	后坝山歌	民间音乐	黔江区
16	Ⅱ—15	梁平抬儿调	民间音乐	梁平县
17	Ⅱ—16	土家斗锣	民间音乐	石柱县
18	Ⅱ—17	甘宁鼓乐	民间音乐	万州区
19	Ⅱ—18	龙骨坡抬工号子	民间音乐	巫山县
20	Ⅱ—19	五句子山歌	民间音乐	巫溪县
21	Ⅲ—1	铜梁龙舞	民间舞蹈	铜梁县
22	Ⅲ—2	北泉板凳龙	民间舞蹈	北碚区
23	Ⅲ—3	摆手舞	民间舞蹈	酉阳县
24	Ⅲ—4	大傩舞	民间舞蹈	璧山县

续表

序号	编号	项目	类别	申报地区或单位
25	Ⅲ—5	巫舞	民间舞蹈	开县
26	Ⅲ—6	狮舞	民间舞蹈	潼南县
27	Ⅳ—1	川剧	传统戏剧	重庆市川剧院
28	Ⅳ—2	梁山灯戏	传统戏剧	梁平县
29	Ⅳ—3	面具阳戏	传统戏剧	酉阳县
30	Ⅳ—4	接龙傩戏	传统戏剧	巴南区
31	Ⅳ—5	阳戏	传统戏剧	秀山县
32	Ⅳ—6	余家傩戏	传统戏剧	秀山县
33	Ⅳ—7	石壕杨戏	传统戏剧	綦江县
34	Ⅳ—8	踩堂戏	传统戏剧	巫山县
35	Ⅴ—1	四川评书（重庆）	曲艺	重庆市曲艺团
36	Ⅴ—2	车灯	曲艺	重庆市曲艺团
37	Ⅴ—3	川东竹琴	曲艺	万州区
38	Ⅵ—1	中塘向氏武术	杂技与竞技	黔江区
39	Ⅵ—2	木洞龙舟	杂技与竞技	巴南区
40	Ⅶ—1	梁平木版年画	民间美术	梁平县
41	Ⅶ—2	蜀绣	民间美术	渝中区
42	Ⅷ—1	梁平竹帘	传统手工技艺	梁平县
43	Ⅷ—2	重庆漆艺	传统手工技艺	重庆市艺术研究所
44	Ⅷ—3	龙灯彩扎工艺	传统手工技艺	铜梁县
45	Ⅷ—4	荣昌陶器	传统手工技艺	荣昌县
46	Ⅷ—5	荣昌折扇	传统手工技艺	荣昌县
47	Ⅷ—6	荣昌夏布	传统手工技艺	荣昌县
48	Ⅷ—7	涪陵榨菜制作工艺	传统手工技艺	涪陵区
49	Ⅷ—8	合川桃片	传统手工技艺	合川区
50	Ⅷ—9	合川峡砚	传统手工技艺	合川区
51	Ⅷ—10	永川豆豉	传统手工技艺	永川区
52	Ⅷ—11	艺庐微刻	传统手工技艺	永川区
53	Ⅷ—12	龙凤花烛	传统手工技艺	秀山县
54	Ⅷ—13	老腊肉制作工艺	传统手工技艺	城口县
55	Ⅷ—14	朗溪竹板桥造纸	传统手工技艺	彭水县
56	Ⅷ—15	纸竹工艺	传统手工技艺	武隆县
57	Ⅸ—1	刘氏刺熨疗法	传统医药	渝中区
58	Ⅹ—1	秀山花灯	民俗	秀山县
59	Ⅹ—2	丰都庙会	民俗	丰都县
60	Ⅹ—3	万盛苗族踩山会	民俗	万盛区
61	Ⅹ—4	塘河婚俗	民俗	江津区
62	Ⅹ—5	尝新	民俗	荣昌县

第二批（渝府发〔2009〕94号文件公布，共97项）

序号	编号	项目	类别	申报地区或单位
1	Ⅰ-2	巴文化传说	民间文学	巴南区
2	Ⅰ-3	巴将军传说		渝中区
3	Ⅰ-4	巫溪民间故事		巫溪县
4	Ⅰ-5	男女石柱神话		石柱县
5	Ⅰ-6	吴幺姑传说		黔江区
6	Ⅰ-7	巫傩诗文		酉阳县
7	Ⅱ-20	跳蹬石工号子	传统音乐	大渡口区
8	Ⅱ-21	三江号子		合川区
9	Ⅱ-22	福果民间礼仪音乐		铜梁县
10	Ⅱ-23	西山神歌		大足县
11	Ⅱ-24	忠州石工号子		忠县
12	Ⅱ-25	忠州吹打乐		忠县
13	Ⅱ-26	巫 音		巫山县
14	Ⅱ-27	涪陵御锣		涪陵区
15	Ⅱ-28	大有民歌		南川区
16	Ⅱ-29	诸佛盘歌		彭水县
17	Ⅱ-30	彭水耍锣鼓		彭水县
18	Ⅱ-31	彭水道场音乐		彭水县
19	Ⅱ-32	马喇号子		黔江区
20	Ⅱ-33	帅氏莽号		黔江区
21	Ⅱ-34	横山昆词		綦江县
22	Ⅱ-35	海棠唢呐		长寿区
23	Ⅱ-36	义和锣鼓		长寿区
24	Ⅱ-37	璧山薅秧歌		璧山县
25	Ⅱ-38	璧山吹打		璧山县
26	Ⅲ-7	架香童子舞	传统舞蹈	合川区
27	Ⅲ-8	万古鲤鱼灯舞		大足县
28	Ⅲ-9	铜梁火龙		铜梁县
29	Ⅲ-10	钱棍舞		城口县
30	Ⅲ-11	夔州竹枝歌舞		奉节县
31	Ⅲ-12	普子铁炮火龙		彭水县
32	Ⅲ-13	高台狮舞		彭水县
33	Ⅲ-14	庙池甩手揖		彭水县
34	Ⅲ-15	石溪板凳龙舞		南川区
35	Ⅲ-16	玩 牛		石柱县
36	Ⅲ-17	打绕棺		石柱县、酉阳县、秀山县
37	Ⅲ-18	车车灯		开县
38	Ⅳ-9	巴渝木偶	传统戏剧	渝中区

续表

序号	编号	项目	类别	申报地区或单位
39	Ⅳ-10	厉家班京剧艺术		市京剧团
40	Ⅳ-11	三峡皮影		巫山县
41	Ⅳ-12	石柱土戏		石柱县
42	Ⅳ-13	辰河戏		秀山县
43	Ⅳ-14	保安灯儿戏		秀山县
44	Ⅳ-15	木腊庄傩戏		彭水县
45	Ⅳ-16	濯水后河戏		黔江区
46	Ⅳ-17	梁平傩戏		梁平县
47	Ⅳ-18	川剧与川剧音乐		沙坪坝区
48	Ⅴ-4	金钱板	曲艺	九龙坡区、万州区、铜梁县
49	Ⅴ-5	四川清音(重庆)		市曲艺团
50	Ⅴ-6	四川扬琴(重庆)		市曲艺团
51	Ⅴ-7	江北评书		江北区
52	Ⅵ-3	三六福字牌	传统体育、游艺与杂技	秀山县
53	Ⅵ-4	荣昌缠丝拳		荣昌县
54	Ⅵ-5	清江黄氏杂技		荣昌县
55	Ⅶ-3	大足石雕	传统美术	大足县
56	Ⅶ-4	麦草艺画		大渡口区
57	Ⅶ-5	重庆糖画		市文化艺术研究院
58	Ⅷ-17	重庆火锅	传统技艺	市火锅协会
59	Ⅷ-18	丘二馆炖鸡汤传统技艺		渝中区
60	Ⅷ-19	静观花木蟠扎技艺		北碚区
61	Ⅷ-20	重庆吊脚楼营造技艺		渝中区、石柱县
62	Ⅷ-21	北泉水磨手工面制作技艺		北碚区
63	Ⅷ-22	漆器髹饰技艺		沙坪坝区
64	Ⅷ-23	黄杨木雕刻工艺		沙坪坝区、市文化艺术研究院
65	Ⅷ-24	巴南茶叶制作技艺		巴南区
66	Ⅷ-25	大足冬菜酿制技艺		大足县
67	Ⅷ-26	龙水小五金锻打技艺		大足县
68	Ⅷ-27	谭木匠木梳传统制作技艺		重庆谭木匠工艺品有限公司
69	Ⅷ-28	松溉熊氏杆秤制作技艺		永川区
70	Ⅷ-29	松溉盐白菜制作技艺		永川区
71	Ⅷ-30	纸扎艺术		合川区
72	Ⅷ-31	鸡肉抄手制作技艺		合川区
73	Ⅷ-32	木匾工艺		铜梁县
74	Ⅷ-33	垫江角雕技艺		垫江县
75	Ⅷ-34	土法造纸技艺		忠县、城口县、梁平县
76	Ⅷ-35	石宝蒸豆腐制作技艺		忠县

续表

序号	编号	项目	类别	申报地区或单位
77	Ⅷ-36	忠州豆腐乳制作技艺		忠县
78	Ⅷ-37	“瑞兰斋”桃片糕制作技艺		云阳县
79	Ⅷ-38	郁山鸡豆花制作技艺		彭水县
80	Ⅷ-39	郁山擀酥饼制作技艺		彭水县
81	Ⅷ-40	秀山竹编制作技艺		秀山县
82	Ⅷ-41	濯水绿豆粉制作技艺		黔江区
83	Ⅷ-42	蓝印花布制作技艺		梁平县
84	Ⅷ-43	三耳火锅底料酿造技艺		九龙坡区
85	Ⅷ-44	太安鱼烹饪技艺		潼南县
86	Ⅷ-45	北碚玻璃器皿成型刻花工艺		北碚区
87	Ⅸ-2	桐君阁传统中成药制作工艺文化	传统医药	南岸区
88	Ⅸ-3	郭氏养生按摩手法		九龙坡区
89	Ⅸ-4	缙云山道医养生		北碚区
90	Ⅹ-6	姜家舞龙习俗	民俗	巴南区
91	Ⅹ-7	华岩寺腊八节		九龙坡区
92	Ⅹ-8	荣昌杀年猪习俗		荣昌县
93	Ⅹ-9	铜梁龙灯会		铜梁县
94	Ⅹ-10	龙舟竞渡		合川区
95	Ⅹ-11	宝顶香会		大足县
96	Ⅹ-12	礼让草把龙习俗		梁平县
97	Ⅹ-13	双桂堂庙会		梁平县

第三批（渝府发〔2011〕27号文件公布，共119项）

序号	编号	项目	类别	申报地区或单位
1	Ⅰ-8	吴癞子的传说	民间文学	江北区
2	Ⅰ-9	广阳民间故事		南岸区
3	Ⅰ-10	北碚民间故事		北碚区
4	Ⅰ-11	善　书		合川区
5	Ⅰ-12	大足石刻传说		大足县
6	Ⅰ-13	丰都县民间故事		丰都县
7	Ⅰ-14	石柱酒令		石柱县
8	Ⅰ-15	巫山神女传说		巫山县
9	Ⅱ-39	龙潭八牌锣鼓	传统音乐	涪陵区
10	Ⅱ-40	偏岩耍锣鼓		北碚区
11	Ⅱ-41	华蓥高腔		渝北区
12	Ⅱ-42	跳石昆词		巴南区
13	Ⅱ-43	七子鼓		合川区
14	Ⅱ-44	金佛山打闹		南川区

续表

序号	编号	项目	类别	申报地区或单位
15	Ⅱ-45	三角吹打		綦江县
16	Ⅱ-46	大足薅秧山歌		大足县
17	Ⅱ-47	大足陪歌		大足县
18	Ⅱ-48	三人锣鼓		城口县
19	Ⅱ-49	梁平孝歌		梁平县
20	Ⅱ-50	后坪山歌		武隆县
21	Ⅱ-51	鸭平吹打		武隆县
22	Ⅱ-52	仙女山耍锣鼓		武隆县
23	Ⅱ-53	邓家背二哥号子		巫山县
24	Ⅱ-54	巫山民歌		巫山县
25	Ⅱ-55	木叶吹奏		酉阳县
26	Ⅱ-56	三棒鼓		酉阳县
27	Ⅱ-57	梅子山歌		彭水县
28	Ⅱ-58	古　琴		渝中区
29	Ⅲ-19	龙驹狮舞	传统舞蹈	万州区
30	Ⅲ-20	后坝狮舞		万盛区
31	Ⅲ-21	双桥狮舞		双桥区
32	Ⅲ-22	小彩龙舞		江津区
33	Ⅲ-23	大足狮舞		大足县
34	Ⅲ-24	中敖火龙		大足县
35	Ⅲ-25	忠州矮人舞		忠县
36	Ⅲ-26	瑞兽金狮		开县
37	Ⅲ-27	梁平狮舞		梁平县
38	Ⅲ-28	石柱板凳龙		石柱县
39	Ⅳ-19	川　剧	传统戏剧	九龙坡区
40	Ⅳ-20	亚亚戏		云阳县
41	Ⅴ-8	花　鼓	曲艺	万州区
42	Ⅴ-9	荷　叶		长寿区
43	Ⅴ-10	金钱板		荣昌县
44	Ⅴ-11	花鼓子		奉节县
45	Ⅴ-12	四川盘子		重庆市曲艺团
46	Ⅵ-6	万州逃遁术	传统体育、游艺与杂技	万州区
47	Ⅵ-7	牙齿顶板凳		万州区
48	Ⅵ-8	双桥杂技		双桥区
49	Ⅵ-9	渝北赵氏武术		渝北区
50	Ⅵ-10	江津况氏武术		江津区
51	Ⅵ-11	大足梅丝拳		大足县
52	Ⅶ-6	万州石雕	传统美术	万州区

续表

序号	编号	项目	类别	申报地区或单位
53	Ⅶ-7	大渡口乱针绣		大渡口区
54	Ⅶ-8	堰兴剪纸		大渡口区
55	Ⅶ-9	九龙坡剪纸		九龙坡区
56	Ⅶ-10	江北蜀绣		江北区
57	Ⅶ-11	南山盆景技艺		南岸区
58	Ⅶ-12	北碚五谷粮食画		北碚区
59	Ⅶ-13	北碚复兴镇农村线描画		北碚区
60	Ⅶ-14	鱼洞乱针绣		巴南区
61	Ⅶ-15	綦江农民版画		綦江县
62	Ⅶ-16	荣昌民间道教绘画		荣昌县
63	Ⅶ-17	忠州朽木虫雕		忠县
64	Ⅶ-18	梁平竹雕		梁平县
65	Ⅶ-19	大石竹编		垫江县
66	Ⅶ-20	大宁河刺绣		巫溪县
67	Ⅷ-46	万县桐油手工压榨技艺	传统技艺	万州区
68	Ⅷ-47	涪陵油醪糟传统制作技艺		涪陵区
69	Ⅷ-48	吴抄手传统技艺		渝中区
70	Ⅷ-49	华生园传统糕点制作技艺		大渡口区
71	Ⅷ-50	熊鸭子传统制作技艺		江北区
72	Ⅷ-51	“白市驿板鸭”传统制作技艺		九龙坡区
73	Ⅷ-52	偏岩唐门彩扎工艺		北碚区
74	Ⅷ-53	静观镇竹麻编扎技艺		北碚区
75	Ⅷ-54	道竹芦笙传统制作技艺		万盛区
76	Ⅷ-55	金桥唢呐传统制作技艺		万盛区
77	Ⅷ-56	祝家山苗族服饰传统制作技艺		万盛区
78	Ⅷ-57	黔江珍珠兰茶罐窨手工制作技艺		黔江区
79	Ⅷ-58	黔江斑鸠蛋树叶绿豆腐制作技艺		黔江区
80	Ⅷ-59	长寿血豆腐制作工艺		长寿区
81	Ⅷ-60	江津酱油、醋酿造技艺		江津区
82	Ⅷ-61	江津烧酒酿造技艺		江津区
83	Ⅷ-62	江津米花糖制作技艺		江津区
84	Ⅷ-63	青草坝萝卜卷传统手工技艺		合川区
85	Ⅷ-64	东溪腐乳酿造技艺		綦江县
86	Ⅷ-65	荣昌卤白鹅制作技艺		荣昌县
87	Ⅷ-66	城口漆艺		城口县
88	Ⅷ-67	仙家豆腐乳传统制作技艺		丰都县
89	Ⅷ-68	包鸾竹席传统制作技艺		丰都县
90	Ⅷ-69	忠州传统制盐技艺		忠县

续表

序号	编号	项目	类别	申报地区或单位
91	Ⅷ-70	开县“冰薄月饼”传统制作技艺		开县
92	Ⅷ-71	三合水竹凉席传统制作技艺		开县
93	Ⅷ-72	临江油纸扇传统制作技艺		开县
94	Ⅷ-73	云阳泥溪土法造纸技艺		云阳县
95	Ⅷ-74	梁平张鸭子传统制作技艺		梁平县
96	Ⅷ-75	梁平土陶技艺		梁平县
97	Ⅷ-76	羊角豆腐干传统制作技艺		武隆县
98	Ⅷ-77	石柱黄连传统生产技艺		石柱县
99	Ⅷ-78	竹园鼈子鸡传统制作技艺		奉节县
100	Ⅷ-79	夔梳传统制作技艺		奉节县
101	Ⅷ-80	奉节土火纸制作技艺		奉节县
102	Ⅷ-81	奉节阴沉木雕刻技艺		奉节县
103	Ⅷ-82	酉阳西兰卡普传统制作技艺		酉阳县
104	Ⅷ-83	宜居乡传统制茶技艺		酉阳县
105	Ⅷ-84	彭水青瓦烧制技艺		彭水县
106	Ⅷ-85	彭水灰豆腐制作技艺		彭水县
107	Ⅷ-86	彭水普子火药制作技艺		彭水县
108	Ⅸ-5	燕青门正骨疗法	传统医药	渝中区
109	Ⅸ-6	邵氏烧烫伤消痕疗法		江津区
110	Ⅸ-7	鹿角镇民间蛇伤疗法		彭水县
111	Ⅹ-14	广阳龙舟会	民　俗	南岸区
112	Ⅹ-15	黑山请水习俗		万盛区
113	Ⅹ-16	角角调		黔江区
114	Ⅹ-17	旱码头龙舟歌会		江津区
115	Ⅹ-18	清源宫庙会		江津区
116	Ⅹ-19	铜梁坐歌堂		铜梁县
117	Ⅹ-20	楼子山迎春狮舞会		丰都县
118	Ⅹ-21	盐运民俗		石柱县
119	Ⅹ-22	薅草仪式		石柱县

第四批（渝府发〔2014〕1号文件公布，共110项）

序号	编号	项目	类别	申报地区或单位
1	Ⅰ—16	望娘滩传说	民间文学	大足区
2	Ⅰ—17	石宝寨的传说		忠县
3	Ⅰ—18	林贵福的故事		开县
4	Ⅱ—59	焦石民歌	传统音乐	涪陵区
5	Ⅱ—60	綦江民歌		綦江区
6	Ⅱ—61	石城情歌		黔江区

续表

序号	编号	项目	类别	申报地区或单位
7	Ⅱ—62	长寿石工号子		长寿区
8	Ⅱ—63	梁平吹手		梁平县
9	Ⅱ—64	龙孔吹打		丰都县
10	Ⅱ—65	开山号子		垫江县
11	Ⅱ—66	石柱土家断头锣鼓		石柱县
12	Ⅱ—67	瞿塘峡船工号子		奉节县
13	Ⅱ—68	新津船工号子		云阳县
14	Ⅱ—69	薅草锣鼓		云阳县
15	Ⅱ—70	打夯号子		云阳县
16	Ⅱ—71	抬工号子		云阳县
17	Ⅱ—72	大溪穿扬号子		巫山县
18	Ⅱ—73	酉阳耍锣鼓		酉阳县
19	Ⅱ—74	苗山打闹		彭水县
20	Ⅱ—75	彭水太原民歌		彭水县
21	Ⅲ—29	太安茶连箫		万州区
22	Ⅲ—30	武陵板凳龙	传统舞蹈	万州区
23	Ⅲ—31	含谷火龙		九龙坡区
24	Ⅲ—32	北碚年箫		北碚区
25	Ⅲ—33	接龙小观梆鼓舞		巴南区
26	Ⅲ—34	铜梁彩灯舞		铜梁县
27	Ⅲ—35	河包肉龙		荣昌县
28	Ⅲ—36	龙孔戏牛舞		丰都县
29	Ⅲ—37	平桥耍龙	传统舞蹈	武隆县
30	Ⅲ—38	潼南县花岩女子狮舞		潼南县
31	Ⅲ—39	潼南县花岩彩龙舞		潼南县
32	Ⅲ—40	潼南县太安扯扯灯		潼南县
33	Ⅲ—41	高阳板凳龙		云阳县
34	Ⅲ—42	高台狮舞		酉阳县
35	Ⅳ—21	川剧		渝北区
36	Ⅳ—22	川剧	传统戏剧	万盛经开区
37	Ⅳ—23	酉阳花灯		酉阳县
38	Ⅴ—13	麻柳荷叶	曲艺	巴南区
39	Ⅵ—12	复兴贺家拳		北碚区
40	Ⅵ—13	昆仑太极拳		江津区
41	Ⅵ—14	蚕门武术	传统体育、游艺与杂技	江津区
42	Ⅵ—15	小洪拳		荣昌县
43	Ⅵ—16	金家功		梁平县
44	Ⅵ—17	上刀山		酉阳县

续表

序号	编号	项目	类别	申报地区或单位
45	Ⅵ—18	蹬技		市杂技团
46	Ⅵ—19	古典戏法		市杂技团
47	Ⅶ—21	三峡根雕	传统美术	万州区
48	Ⅶ—22	烙画		渝中区
49	Ⅶ—23	竹壳雕刻技艺		江北区
50	Ⅶ—24	江北竹雕		江北区
51	Ⅶ—25	根雕技艺		南岸区
52	Ⅶ—26	北碚刺绣	传统美术	北碚区
53	Ⅶ—27	北碚印纽雕刻工艺		北碚区
54	Ⅶ—28	北碚木雕		北碚区
55	Ⅶ—29	北碚剪纸		北碚区
56	Ⅶ—30	大足剪纸		大足区
57	Ⅶ—31	葛兰石狮艺术		长寿区
58	Ⅶ—32	重庆面塑		市文研院
59	Ⅷ—87	诗仙太白酒传统酿制技艺	传统技艺	万州区
60	Ⅷ—88	花丝镶嵌传统工艺		渝中区
61	Ⅷ—89	九园包子传统制作技艺		渝中区
62	Ⅷ—90	重庆陆稿荐卤菜传统制作技艺		渝中区
63	Ⅷ—91	王鸭子传统制作技艺		渝中区
64	Ⅷ—92	正东担担面传统制作技艺		渝中区
65	Ⅷ—93	德元酸梅汤传统制作技艺		渝中区
66	Ⅷ—94	重庆大漆制作技艺		大渡口区
67	Ⅷ—95	重庆饶氏桃核雕刻技艺		南岸区
68	Ⅷ—96	桥头火锅调料传统熬制技艺		南岸区
69	Ⅷ—97	贾氏桂花酒传统酿造技艺		南岸区
70	Ⅷ—98	北碚豆花传统制作技艺		北碚区
71	Ⅷ—99	大足铁山竹编		大足区
72	Ⅷ—100	邮亭鲫鱼传统制作技艺		大足区
73	Ⅷ—101	土沱麻饼传统制作技艺		渝北区
74	Ⅷ—102	渝北老窖酿造技艺		渝北区
75	Ⅷ—103	西兰卡普(土家织锦)制作技艺		黔江区
76	Ⅷ—104	长寿薄脆传统制作工艺		长寿区
77	Ⅷ—105	合川肉片传统制作技艺		合川区
78	Ⅷ—106	永川高氏烟火架制作技艺		永川区
79	Ⅷ—107	荣昌角雕		荣昌县
80	Ⅷ—108	璧山微刻工艺	传统技艺	璧山县
81	Ⅷ—109	传统牛皮鼓制造工艺		璧山县
82	Ⅷ—110	竹雕加工工艺		璧山县

续表

序号	编号	项目	类别	申报地区或单位
83	Ⅷ—111	铜乐锻造技艺		梁平县
84	Ⅷ—112	袁驿豆干传统制作技艺		梁平县
85	Ⅷ—113	麻辣鸡块传统技艺		丰都县
86	Ⅷ—114	垫江酱瓜传统制作技艺		垫江县
87	Ⅷ—115	后坪木器制作工艺		武隆县
88	Ⅷ—116	羊角老醋传统制作技艺		武隆县
89	Ⅷ—117	乌杨白酒传统酿造技艺		忠县
90	Ⅷ—118	开州龙珠茶制作技艺		开县
91	Ⅷ—119	冉氏霉豆卷传统制作技艺		开县
92	Ⅷ—120	打耸拨正		奉节县
93	Ⅷ—121	巫溪传统手工制盐技艺		巫溪县
94	Ⅸ—8	李志沧传统中医正骨术	传统医药	涪陵区
95	Ⅸ—9	郭昌毕中医跌打损伤传统疗法		涪陵区
96	Ⅸ—10	赵氏雷火灸		渝中区
97	Ⅸ—11	老氏静卧养生法		大渡口区
98	Ⅸ—12	刘氏“捏膈食筋”疗法		黔江区
99	Ⅸ—13	柴氏推灸养生祛病法		奉节县
100	Ⅹ—23	禹王庙会	民俗	渝中区
101	Ⅹ—24	浴佛节		九龙坡区
102	Ⅹ—25	合川坐歌堂		合川区
103	Ⅹ—26	江津楹联习俗		江津区
104	Ⅹ—27	江津白沙“闹元宵”习俗		江津区
105	Ⅹ—28	关坝镇苗族砍火星节		万盛经开区
106	Ⅹ—29	梁平接龙习俗		梁平县
107	Ⅹ—30	水龙祈雨		丰都县
108	Ⅹ—31	秀山苗族羊马节	民俗	秀山县
109	Ⅹ—32	哭嫁		酉阳县
110	Ⅹ—33	郁山孝歌		彭水县

第五批（渝府发〔2016〕24号文件公布，共123项）

序号	编号	项目名称	项目类别	申报地区或单位
1	Ⅰ—19	钟云舫民间故事	民间文学	江津区
2	Ⅰ—20	巫山龙洞传说		巫山县
3	Ⅰ—21	巫咸孝文		巫溪县
4	Ⅱ—76	三峡背二歌	传统音乐	万州区
5	Ⅱ—77	谢家锣鼓		黔江区
6	Ⅱ—78	黎水拗岩号子		
7	Ⅱ—79	薅草锣鼓		

续表

序号	编号	项目名称	项目类别	申报地区或单位
8	Ⅱ—80	泛川派古琴艺术		大渡口区
9	Ⅱ—81	南山古琴艺术		南岸区
10	Ⅱ—82	翻叉号子		长寿区
11	Ⅱ—83	龙溪河拖摊号子		
12	Ⅱ—84	永兴吆喝		江津区
13	Ⅱ—85	薅草锣鼓		城口县
14	Ⅱ—86	梁山吹打		丰都县
15	Ⅱ—87	榨菜踩池号子		
16	Ⅱ—88	高峰薅秧歌		垫江县
17	Ⅱ—89	高安唢呐		
18	Ⅱ—90	石桥木叶吹奏		武隆县
19	Ⅱ—91	平桥薅秧号子		
20	Ⅱ—92	开州民歌		开县
21	Ⅱ—93	五句子歌		云阳县
22	Ⅱ—94	酉阳吹打		酉阳县
23	Ⅱ—95	咚咚喹		
24	Ⅲ—43	南岸狮舞	传统舞蹈	南岸区
25	Ⅲ—44	迎龙镇民间莲萧		
26	Ⅲ—45	双石小金龙		永川区
27	Ⅲ—46	双江莲萧		潼南区
28	Ⅲ—47	五节龙舞		
29	Ⅲ—48	新民春牛舞		垫江县
30	Ⅲ—49	左家坪高台狮舞		忠县
31	Ⅲ—50	大宁河巫舞		巫溪县
32	Ⅳ—24	川剧	传统戏剧	万州区
33	Ⅳ—25	涪州川剧		涪陵区
34	Ⅳ—26	苞谷灯戏		酉阳县
35	Ⅴ—14	花鼓	曲艺	长寿区
36	Ⅴ—15	谐剧		重庆演艺集团曲艺分公司
37	Ⅴ—16	相声		
38	Ⅵ—20	八卦掌	传统体育、游艺与杂技	九龙坡区
39	Ⅵ—21	石蟆百戏伎艺		江津区
40	Ⅵ—22	苏家拳		荣昌区
41	Ⅵ—23	万灵镇游艺系列		
42	Ⅵ—24	夔龙术		奉节县
43	Ⅶ—33	罗氏剪纸	传统美术	万州区
44	Ⅶ—34	巴渝民间泥塑（万州泥塑、合川泥塑、龙水泥塑、邱氏泥塑、）		万州区、合川区、大足区、忠县

续表

序号	编号	项目名称	项目类别	申报地区或单位
45	Ⅶ—35	渝州竹雕(万州竹雕、大足竹雕)		万州区、大足区
46	Ⅶ—36	叶脉画		渝中区
47	Ⅶ—37	葫芦烙画		
48	Ⅶ—38	关氏卵石雕刻技艺		大渡口区
49	Ⅶ—39	琼缘刺绣		沙坪坝区
50	Ⅶ—40	汉艺斋木竹雕刻技艺		
51	Ⅶ—41	巴人漆艺		南岸区
52	Ⅶ—42	北碚布艺		北碚区
53	Ⅶ—43	合川根雕		合川区
54	Ⅶ—44	秀山金珠苗绣		秀山县
55	Ⅶ—45	彭水苗绣		彭水县
56	Ⅷ—122	万州杂酱面传统制作技艺	传统技艺	万州区
57	Ⅷ—123	濯水石鸡砣土陶制作技艺		黔江区
58	Ⅷ—124	鲊(渣)海椒传统制作技艺		
59	Ⅷ—125	黔江鸡杂传统制作技艺		
60	Ⅷ—126	黔江牛肉脯传统制作技艺		
61	Ⅷ—127	涪州腌腊肉传统制作技艺		涪陵区
62	Ⅷ—128	重庆周氏古船模型制作技艺		渝中区
63	Ⅷ—129	陈氏抄手传统技艺		
64	Ⅷ—130	谢氏烧烤传统制作技艺		大渡口区
65	Ⅷ—131	刘氏根雕书法技艺		沙坪坝区
66	Ⅷ—132	磁器口陈麻花传统制作技艺		
67	Ⅷ—133	南泉豌豆面传统制作技艺		南岸区
68	Ⅷ—134	古佛徐氏手工面制作技艺		北碚区
69	Ⅷ—135	重庆泡菜传统制作技艺		
70	Ⅷ—136	飞泉鲜花椒油低温制作技艺		渝北区
71	Ⅷ—137	刘记永吉盐水鸭传统制作技艺		
72	Ⅷ—138	巴国阴米传统制作技艺		
73	Ⅷ—139	三不加酱油传统酿造技艺		南川区
74	Ⅷ—140	三不加食醋传统酿造技艺		
75	Ⅷ—141	来凤鱼传统烹饪技艺		璧山区
76	Ⅷ—142	何氏制墨技艺		铜梁区
77	Ⅷ—143	书画传统装裱与修复技艺		荣昌区
78	Ⅷ—144	烧酒房传统酿造技艺		
79	Ⅷ—145	黑山谷传统生态茶叶栽培与制作技艺		万盛经开区
80	Ⅷ—146	鸡鸣贡茶传统制作技艺		城口县
81	Ⅷ—147	永安梅咂酒传统酿造技艺		垫江县
82	Ⅷ—148	鸭江老咸菜传统制作技艺		武隆县

续表

序号	编号	项目名称	项目类别	申报地区或单位
83	Ⅷ—149	火炉药膳羊肉传统制作技艺		
84	Ⅷ—150	白马天然蜂蜜传统酿制技艺		
85	Ⅷ—151	谢氏铁匠传统锻造技艺		忠县
86	Ⅷ—152	良玉汤圆粉传统制作技艺		
87	Ⅷ—153	紫水豆腐传统制作技艺		开县
88	Ⅷ—154	南门红糖古法熬制技艺		
89	Ⅷ—155	陶器传统制作技艺		云阳县
90	Ⅷ—156	鱼泉酶豆渣传统制作技艺		
91	Ⅷ—157	斑鸠叶凉粉传统制作技艺		奉节县
92	Ⅷ—158	大昌雪枣传统制作技艺		巫山县
93	Ⅷ—159	老鹰茶传统制作技艺		巫溪县
94	Ⅷ—160	土家倒流水豆腐干传统手工制作技艺		石柱县
95	Ⅷ—161	辛家老店豆腐乳传统制作技艺		秀山县
96	Ⅷ—162	洪安腌菜鱼传统制作技艺		
97	Ⅷ—163	酉阳传统造纸技艺		酉阳县
98	Ⅷ—164	龙潭鸭子龙彩扎技艺		
99	Ⅷ—165	柚子龟传统制作技艺		
100	Ⅷ—166	龚滩镇绿豆粉传统制作技艺		
101	Ⅷ—167	酉阳白酒传统酿造技艺		
102	Ⅷ—168	土家油茶汤传统制作技艺		
103	Ⅷ—169	麻旺醋传统酿造技艺		
104	Ⅷ—170	藤茶传统制作技艺		
105	Ⅷ—171	苗族银饰锻制技艺		彭水县
106	Ⅷ—172	郁山泼炉印灶制盐技艺		
107	Ⅷ—173	彭水米花传统制作技艺		
108	Ⅸ—14	曾氏“正骨术”	传统医药	黔江区
109	Ⅸ—15	恒合正骨推拿术		渝中区
110	Ⅸ—16	武医合璧		九龙坡区
111	Ⅸ—17	陪都传统膏药制作技艺		南岸区
112	Ⅸ—18	九禽形意推拿功法		渝北区
113	Ⅸ—19	伍舒芳膏药传统制作技艺		合川区
114	Ⅸ—20	诸佛冯氏蜂毒疗法		彭水县
115	Ⅹ—34	马喇龙灯习俗	民俗	黔江区
116	Ⅹ—35	跳磴民居上梁习俗		大渡口区
117	Ⅹ—36	盂兰盆节		九龙坡区
118	Ⅹ—37	九龙楹联习俗		
119	Ⅹ—38	綦江苗族传统婚俗		綦江区
120	Ⅹ—39	更鼓红苗“绷鼓”仪式		万盛经开区

续表

序号	编号	项目名称	项目类别	申报地区或单位
121	X—40	王家坝红苗秋坡会		
122	X—41	凤来大石箐香会		武隆县
123	X—42	巫文化的禁忌		巫山县

2. 重庆市国家级历史文化名镇名村名录

重庆市第一至七批中国历史文化名镇、名村

批次	第一批	第二批	第三批	第四批	第五批	第六批	第七批
名镇	合川区涞滩镇 石柱县西沱镇 潼南县双江镇	渝北区龙兴镇 江津市中山镇 酉阳土家族苗族自治县龙潭镇	北碚区金刀峡镇 江津市塘河镇 綦江县东溪镇	九龙坡区走马镇 巴南区丰盛镇 铜梁县安居镇 永川区松溉镇	荣昌县路孔镇 江津区白沙镇 巫溪县宁厂镇	重庆市开县温泉镇 重庆市黔江区濯水镇	重庆市万州区罗田镇 重庆市涪陵区青羊镇 重庆市江津区吴滩镇 重庆市江津区石蟆镇 重庆市酉阳土家族苗族自治县龚滩镇
名村						涪陵区青羊镇安镇村	
合计	3	3	3	4	3	3	5

3. 重庆市国家、市级传统村落名录

重庆市中国传统村落名录

(1) 涪陵区大顺乡大顺村
(2) 涪陵区青羊镇安镇村
(3) 九龙坡区走马镇椒园村
(4) 綦江县东溪镇永乐村
(5) 忠县花桥镇东岩古村
(6) 忠县新生镇钟坝村
(7) 石柱土家族自治县金岭乡银杏村
(8) 石柱土家族自治县石家乡黄龙村
(9) 石柱土家族自治县悦崃镇新城村
(10) 秀山土家族苗族自治县梅江镇民族村
(11) 酉阳土家族苗族自治县苍岭镇大河口村
(12) 酉阳土家族苗族自治县西水河镇河湾村
(13) 酉阳土家族苗族自治县西水河镇后溪村
(14) 酉阳土家族苗族自治县南腰界乡南界村
(15) 涪陵区大顺乡大田村
(16) 酉阳土家族苗族自治县可大乡七分村
(17) 涪陵区蔺市镇凤阳村
(18) 大足区玉龙镇玉峰村

(19) 大足区铁山镇继光村
(20) 巴南区丰盛镇桥上村
(21) 黔江区小南海镇新建村
(22) 黔江区阿蓬江镇大坪村
(23) 黔江区五里乡五里社区程家特色大院
(24) 黔江区水市乡水车坪老街
(25) 江津区塘河镇硐寨村
(26) 江津区吴滩镇邢家村
(27) 江津区塘河镇石龙门村
(28) 江津区白沙镇宝珠村东海沱
(29) 合川区涞滩镇二佛村
(30) 永川区松溉镇松江村
(31) 永川区板桥镇大沟村
(32) 潼南县双江镇金龙村
(33) 潼南县花岩镇花岩村花岩场
(34) 梁平县聚奎镇席帽村
(35) 武隆县后坪苗族土家族乡文凤村天池坝组
(36) 武隆县沧沟乡大田村大田组
(37) 武隆县浩口苗族仡佬族乡浩口村田家寨
(38) 忠县洋渡镇上祠村2组
(39) 忠县永丰镇东方村9组
(40) 巫山县龙溪镇龙溪村2社
(41) 秀山土家族苗族自治县清溪场镇大寨村
(42) 秀山土家族苗族自治县清溪场镇两河村
(43) 秀山土家族苗族自治县洪安镇边城村
(44) 秀山土家族苗族自治县洪安镇猛董村大沟组
(45) 秀山土家族苗族自治县梅江镇凯干村
(46) 秀山土家族苗族自治县钟灵镇凯堡村陈家坝
(47) 秀山土家族苗族自治县海洋乡岩院村
(48) 酉阳土家族苗族自治县桃花源镇龙池村洞子坨
(49) 酉阳土家族苗族自治县龙潭镇堰提村
(50) 酉阳土家族苗族自治县酉酬镇江西村
(51) 酉阳土家族苗族自治县丁市镇汇家村神童溪
(52) 酉阳土家族苗族自治县龚滩镇小银村
(53) 酉阳土家族苗族自治县酉水河镇大江村
(54) 酉阳土家族苗族自治县酉水河镇河湾村恐虎溪寨
(55) 酉阳土家族苗族自治县苍岭镇苍岭村池流水
(56) 酉阳土家族苗族自治县苍岭镇南溪村
(57) 酉阳土家族苗族自治县花田乡何家岩村
(58) 酉阳土家族苗族自治县浪坪乡浪水坝村小山坡
(59) 酉阳土家族苗族自治县双泉乡永祥村
(60) 彭水苗族土家族自治县梅子垭镇佛山村
(61) 彭水苗族土家族自治县润溪乡樱桃村
(62) 彭水苗族土家族自治县朗溪乡田湾村
(63) 彭水苗族土家族自治县龙塘乡双龙村

（64）万州区太安镇凤凰村
（65）万州区罗田镇用坪村
（66）江津区中山镇鱼塆村
（67）潼南区古溪镇禄沟村
（68）城口县高楠镇方斗村
（69）武隆县平桥镇红隆村
（70）酉阳土家族苗族自治县麻旺镇亮垭村烂田沟
（71）酉阳土家族苗族自治县泔溪镇大板村皮都
（72）酉阳土家族苗族自治县板溪镇山羊村山羊古寨
（73）酉阳土家族苗族自治县可大乡昔比村
（74）酉阳土家族苗族自治县板桥乡井园村仡佬溪
（75）万州区燕山乡泉水村
（76）黔江区金洞乡凤台村
（77）大足区雍溪镇红星社区
（78）大足区高升镇双牌村
（79）武隆区文复苗族土家族乡铜锣村冉家湾村
（80）石柱县黄水镇金花村
（81）石柱县河嘴乡富民村
（82）石柱县中益乡坪坝村
（83）石柱县金铃乡石笋村
（84）石柱县金铃乡响水村
（85）秀山土家族苗族自治县平凯街道贵贤村大野山寨村
（86）秀山土家族苗族自治县隘口镇富裕村
（87）秀山土家族苗族自治县隘口镇岑龙村
（88）秀山土家族苗族自治县隘口镇东坪村
（89）秀山土家族苗族自治县溶溪镇红光社区曹家沟村
（90）秀山土家族苗族自治县官庄镇柏香村
（91）秀山土家族苗族自治县官庄镇鸳鸯村
（92）秀山土家族苗族自治县石堤镇水坝村
（93）秀山土家族苗族自治县梅江镇财塘村
（94）秀山土家族苗族自治县膏田镇茅坡社区熊家坡组
（95）秀山土家族苗族自治县溪口镇黄杨扁担村
（96）秀山土家族苗族自治县孝溪乡中心村
（97）秀山土家族苗族自治县大溪乡前进村
（98）秀山土家族苗族自治县涌洞乡新农村
（99）酉阳土家族苗族自治县麻旺镇青龙村青龙寨
（100）酉阳土家族苗族自治县麻旺镇光明村铧匠沟
（101）酉阳土家族苗族自治县大溪镇杉岭村四组
（102）酉阳土家族苗族自治县酉水河镇老柏村
（103）酉阳土家族苗族自治县酉水河镇长远村
（104）酉阳土家族苗族自治县苍岭镇岭口村杨家宅村
（105）酉阳土家族苗族自治县天馆乡魏市村宜居沟
（106）酉阳土家族苗族自治县庙溪乡庙溪村五龙村
（107）酉阳土家族苗族自治县楠木乡红霞村三组
（108）彭水苗族土家族自治县万足镇廖家村瓦厂坝村

（109）彭水苗族土家族自治县鞍子镇干田村木欧水村
（110）彭水苗族土家族自治县棣棠乡黄泥村担子峡村

重庆市级传统村落名录

黔江区
（1）小南海镇新建村谈家寨
（2）小南海镇桥梁村古枫寨
渝北区
（3）洛碛镇大天池村杨家槽
荣昌区
（4）铜鼓镇刘骥村天全寨
梁平区
（5）蟠龙镇扈槽村唐家坡
（6）新盛镇银杏村白果坝
垫江县
（7）坪山镇双丰村燕子溪上垣子
巫山县
（8）大溪乡大溪村沙落村
（9）建平乡青台村青台村
石柱县
（10）金竹乡上升村田湾
（11）大歇镇流水村瓦窑堡
（12）龙潭乡木坪村铜厂坡
（13）三星乡雷庄村高歇
（14）沙子镇兴隆村马兰坝
（15）沙子镇鱼泉村白水溪
（16）黄鹤镇山河村蹇家院子
（17）三益乡大堡村茶园沟
（18）王家乡光华村罗田大院
（19）悦崃镇水桥村古林寨
酉阳县
（20）板溪镇山羊村秋谷寨
（21）麻旺镇米旺村米田寨
彭水县
（22）鞍子镇罗家坨村罗家坨苗寨

编后记

《重庆市志·民俗图志》是重庆第二轮地方志编纂规划志书，由重庆市地方志办公室承编。2013年10月，重庆市地方志办公室启动编纂《重庆市志·民俗图志》，2019年6月完成初稿编纂，2019年12月通过初审，2020年6月通过复审。

《重庆市志·民俗图志》秉承“资政、存史、教化”的主旨，严格按照政治观点正确、体例严谨、资料翔实、内容全面客观真实、地方特色和时代特色鲜明的要求编纂，主要经历了三个阶段。一是篇目拟定和资料收集阶段。2013年10月至2015年3月，市志办多次组织专家讨论，确定了《重庆市志·民俗图志》的资料收集大纲。随后，市志办向全市各区县地方志办公室发出征集图片资料的通知，各区县地方志办公室积极响应，共收到民俗图片资料5000余幅。二是志书编辑阶段。根据收集的资料和志书编纂规范，重新拟定编纂篇目，并对资料进行编辑加工，对图片和章节配以文字说明，在祛除带有封建迷信、不良习俗等糟粕图片的同时，对篇目结构再次做了调整，最终形成约2000张图片、20余万文字的初稿。三是评审修改出版阶段。在初审、复审、终审的环节，编纂人员根据提出的意见反复修改，并对图片和文字进行了压缩，最终成稿。

重庆是巴文化的发源地之一，民间散落着许多灿烂的民俗文化及其实物，在现代化浪潮的冲击下，一些珍贵的民俗文化即将消失，而以图片形式记录保存这些尚存和即将消失的民俗文化，是编纂本书的主要目的，也是本书所期望的价值所在。编纂《重庆市志·民俗图志》是一项庞大的系统工程，编纂期间，得到了有关民俗专家、老同志以及全市各区县地方志机构的大力支持和帮助，并提出了大量宝贵的修改意见，我们表示衷心感谢！编纂过程中，我们深感对民俗的理解不深、编纂经验不足，志书水平有限，存在不少错误和疏漏，请读者不吝赐教，便于以后修订完善。

编　者

2020年6月